에듀윌과 함께 시작하면,
당신도 합격할 수 있습니다!

오랜 직장 생활을 마감하며 찾아온 앞날에 대한 막연한 두려움
에듀윌만 믿고 공부해 합격의 길에 올라선 50대 은퇴자

출산한지 얼마 안돼 독박 육아를 하며 시작한 도전!
새벽 2~3시까지 공부해 8개월 만에 동차 합격한 아기엄마

만년 가구기사 보조로 5년 넘게 일하다, 달리는 차 안에서도
포기하지 않고 공부해 이제는 새로운 일을 찾게 된 합격생

누구나 합격할 수 있습니다.
시작하겠다는 '다짐' 하나면 충분합니다.

마지막 페이지를 덮으면,

에듀윌과 함께
공인중개사 합격이 시작됩니다.

공인중개사 1위

15년간 베스트셀러 1위
에듀윌 공인중개사 교재

탄탄한 이론 학습! 기초입문서/기본서/핵심요약집

기초입문서(2종)

기본서(6종)

1차 핵심요약집+기출팩(1종)

출제경향 파악, 실전 엿보기! 단원별/회차별 기출문제집

단원별 기출문제집(6종)

회차별 기출문제집(2종)

다양한 문제로 합격점수 완성! 기출응용 예상문제집/실전모의고사

기출응용 예상문제집(6종)

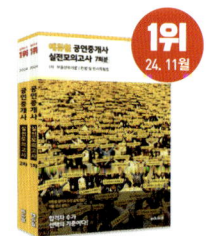
실전모의고사(2종)

* 2023 대한민국 브랜드만족도 공인중개사 교육 1위 (한경비즈니스)
* YES24 수험서 자격증 공인중개사 베스트셀러 1위 (2011년 12월, 2012년 1월, 12월, 2013년 1월~5월, 8월~12월, 2014년 1월~5월, 7월~8월, 12월, 2015년 2월~4월, 2016년 2월, 4월, 6월, 12월, 2017년 1월~12월, 2018년 1월~12월, 2019년 1월~12월, 2020년 1월~12월, 2021년 1월~12월, 2022년 1월~12월, 2023년 1월~12월, 2024년 1월~12월 월별 베스트, 매월 1위 교재는 다름)
* YES24 국내도서 해당분야 월별, 주별 베스트 기준

에듀윌 공인중개사

합격을 위한 비법 대공개! 합격서

이영방 합격서
부동산학개론

심정욱 합격서
민법 및 민사특별법

임선정 합격서
공인중개사법령 및 중개실무

김민석 합격서
부동산공시법

한영규 합격서
부동산세법

오시훈 합격서
부동산공법

신대운 합격서
쉬운민법

취약점 보완에 최적화! 저자별 부교재

임선정 그림 암기법
공인중개사법령 및 중개실무

오시훈 키워드 암기장
부동산공법

심정욱 합격패스 암기노트
민법 및 민사특별법

심정욱 핵심체크 OX
민법 및 민사특별법

시험 전, 이론&문제 한 권으로 완벽 정리! 필살키

이영방 필살키

심정욱 필살키

임선정 필살키

오시훈 필살키

김민석 필살키

한영규 필살키

신대운 필살키

더 많은
공인중개사 교재
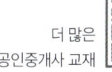

* 해당 교재의 이미지는 변경될 수 있습니다.

eduwill

공인중개사 1위

공인중개사,
에듀윌을 선택해야 하는 이유

9년간 아무도 깨지 못한 기록
합격자 수 1위

합격을 위한 최강 라인업
1타 교수진

공인중개사

합격만 해도 연 최대 300만원 지급
에듀윌 앰배서더

업계 최대 규모의 전국구 네트워크
동문회

* 2023 대한민국 브랜드만족도 공인중개사 교육 1위 (한경비즈니스)
* KRI 한국기록원 2016, 2017, 2019년 공인중개사 최다 합격자 배출 공식 인증 (2025년 현재까지 업계 최고 기록)   * 에듀윌 공인중개사 과목별 온라인 주간반 강사별 수강점유율 기준 (2024년 11월)
* 앰배서더 가입은 에듀윌 공인중개사 수강 후 공인중개사 최종 합격자이면서, 에듀윌 공인중개사 동문회 정회원만 가능합니다. (상세 내용 홈페이지 유의사항 확인 필수)
* 에듀윌 공인중개사 동문회 정회원 가입 시, 가입 비용이 발생할 수 있습니다.   * 앰배서더 서비스는 당사 사정 또는 금융당국의 지도 및 권고에 의해 사전 고지 없이 조기종료될 수 있습니다.

에듀윌 공인중개사

1위 에듀윌만의
체계적인 합격 커리큘럼

합격자 수가 선택의 기준, 완벽한 합격 노하우
온라인 강의

① 전 과목 최신 교재 제공
② 업계 최강 교수진의 전 강의 수강 가능
③ 합격에 최적화 된 1:1 맞춤 학습 서비스

쉽고 빠른 합격의 첫걸음 기초용어집 무료 신청

최고의 학습 환경과 빈틈 없는 학습 관리
직영학원

① 현장 강의와 온라인 강의를 한번에
② 시험일까지 온라인 강의 무제한 수강
③ 강의실, 자습실 등 프리미엄 호텔급 학원 시설

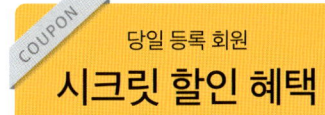 

설명회 참석 당일 등록 시 특별 수강 할인권 제공

친구 추천 이벤트

" **친구 추천**하고 한 달 만에
920만원 받았어요 "

친구 1명 추천할 때마다 현금 10만원 제공
추천 참여 횟수 무제한 반복 가능

친구 추천 이벤트
바로가기

※ *a*o*h**** 회원의 2021년 2월 실제 리워드 금액 기준
※ 해당 이벤트는 예고 없이 변경되거나 종료될 수 있습니다.

자세한 내용이 궁금하다면 1600-6700
* 2023 대한민국 브랜드만족도 공인중개사 교육 1위 (한경비즈니스)

공인중개사 1위

합격자 수 1위 에듀윌
7만 건이 넘는 후기

고○희 합격생

부알못, 육아맘도 딱 1년 만에 합격했어요.

저는 부동산에 관심이 전혀 없는 '부알못'이었는데, 부동산에 관심이 많은 남편의 권유로 공부를 시작했습니다. 남편 지인들이 에듀윌을 통해 많이 합격했고, '합격자 수 1위'라는 광고가 좋아 에듀윌을 선택하게 되었습니다. 교수님들이 커리큘럼대로만 하면 된다고 해서 믿고 따라갔는데 정말 반복 학습이 되더라고요. 아이 둘을 키우다 보니 낮에는 시간을 낼 수 없어서 밤에만 공부하는 게 쉽지 않아 포기하고 싶을 때도 있었지만 '에듀윌 지식인'을 통해 합격하신 선배님들과 함께 공부하는 동기들의 위로가 큰 힘이 되었습니다.

이○용 합격생

군복무 중에 에듀윌 커리큘럼만 믿고 공부해 합격

에듀윌이 합격자가 많기도 하고, 교수님이 많아 제가 원하는 강의를 고를 수 있는 점이 좋았습니다. 또, 커리큘럼이 잘 짜여 있어서 잘 따라만 가면 공부를 잘 할 수 있을 것 같아 에듀윌을 선택했습니다. 에듀윌의 커리큘럼대로 꾸준히 따라갔던 게 저만의 합격 비결인 것 같습니다.

안○원 합격생

5개월 만에 동차 합격, 낸 돈 그대로 돌려받았죠!

저는 야쿠르트 프레시매니저를 하다 60세에 도전하여 합격했습니다. 심화 과정부터 시작하다 보니 기본이 부족했는데, 교수님들이 하라는 대로 기본 과정과 책을 더 보면서 정리하며 따라갔던 게 주효했던 것 같습니다. 합격 후 100만 원 가까이 되는 큰 돈을 환급받아 남편이 주택관리사 공부를 한다고 해서 뒷받침해 줄 생각입니다. 저는 소공(소속 공인중개사)으로 활동을 하고 싶은 포부가 있어 최대 규모의 에듀윌 동문회 활동도 기대가 됩니다.

다음 합격의 주인공은 당신입니다!

더 많은
합격 비법

* 에듀윌 홈페이지 게시 건수 기준 (2024년 12월 기준)
* 2023 대한민국 브랜드만족도 공인중개사 교육 1위 (한경비즈니스)

SUBJECT 부동산공법 | 회독용 정답표

활용방법
- 교재에 정답을 바로 체크하지 말고, 본 정답표를 활용하여 여러 번 풀어보세요.
- 오지선다 뿐만 아니라 보기지문까지 본 정답표에 표기해보세요.
- **체크** 칸에는 문제를 풀면서 정확히 알고 풀었으면 ○, 찍었거나 헷갈리면 △, 전혀 모르면 ✕로 표시하세요.
- 파트별 **실력점검표**와 함께 활용하여 취약 단원을 파악하고, 보완하세요.
  회독용 정답표는 [에듀윌 도서몰 > 도서자료실 > 부가학습자료]에서 다운받아 추가로 사용하실 수 있습니다.

PART 1 국토의 계획 및 이용에 관한 법률

CHAPTER 01 총칙

번호	오지선다	보기지문	체크	번호	오지선다	보기지문	체크
예시	① ② ③ ● ⑤	ㄱ ㄴ ● ● ㅁ	○	04	① ② ③ ④ ⑤		
대표	① ② ③ ④ ⑤			05	① ② ③ ④ ⑤		
01	① ② ③ ④ ⑤			06	① ② ③ ④ ⑤		
02	① ② ③ ④ ⑤	ㄱ ㄴ ㄷ		07	① ② ③ ④ ⑤		
03	① ② ③ ④ ⑤						

CHAPTER 02 광역도시계획

번호	오지선다	보기지문	체크	번호	오지선다	보기지문	체크
대표	① ② ③ ④ ⑤			04	① ② ③ ④ ⑤		
01	① ② ③ ④ ⑤			05	① ② ③ ④ ⑤		
02	① ② ③ ④ ⑤			06	① ② ③ ④ ⑤		
03	① ② ③ ④ ⑤						

CHAPTER 03 도시·군계획

번호	오지선다	보기지문	체크	번호	오지선다	보기지문	체크
대표 1	① ② ③ ④ ⑤			07	① ② ③ ④ ⑤		
01	① ② ③ ④ ⑤			08	① ② ③ ④ ⑤		
02	① ② ③ ④ ⑤			09	① ② ③ ④ ⑤		
03	① ② ③ ④ ⑤			10	① ② ③ ④ ⑤		
04	① ② ③ ④ ⑤			11	① ② ③ ④ ⑤	ㄱ ㄴ ㄷ	
05	① ② ③ ④ ⑤			12	① ② ③ ④ ⑤		
대표 2	① ② ③ ④ ⑤			13	① ② ③ ④ ⑤		
06	① ② ③ ④ ⑤	ㄱ ㄴ ㄷ ㄹ		14	① ② ③ ④ ⑤		

번호	오지선다	보기지문	체크	번호	오지선다	보기지문	체크
15	① ② ③ ④ ⑤			18	① ② ③ ④ ⑤		
16	① ② ③ ④ ⑤			19	① ② ③ ④ ⑤		
17	① ② ③ ④ ⑤						

CHAPTER 04 용도지역·용도지구·용도구역

번호	오지선다	보기지문	체크	번호	오지선다	보기지문	체크
대표 1	① ② ③ ④ ⑤			14	① ② ③ ④ ⑤		
01	① ② ③ ④ ⑤			15	① ② ③ ④ ⑤		
02	① ② ③ ④ ⑤			16	① ② ③ ④ ⑤		
03	① ② ③ ④ ⑤			17	① ② ③ ④ ⑤		
04	① ② ③ ④ ⑤			18	① ② ③ ④ ⑤		
05	① ② ③ ④ ⑤			19	① ② ③ ④ ⑤	㉠ ㉡ ㉢ ㉣ ㉤	
06	① ② ③ ④ ⑤			20	① ② ③ ④ ⑤		
07	① ② ③ ④ ⑤			대표 3	① ② ③ ④ ⑤		
08	① ② ③ ④ ⑤			21	① ② ③ ④ ⑤		
09	① ② ③ ④ ⑤			22	① ② ③ ④ ⑤		
10	① ② ③ ④ ⑤			23	① ② ③ ④ ⑤		
11	① ② ③ ④ ⑤			24	① ② ③ ④ ⑤		
12	① ② ③ ④ ⑤			25	① ② ③ ④ ⑤	㉠ ㉡ ㉢ ㉣	
대표 2	① ② ③ ④ ⑤			대표 4	① ② ③ ④ ⑤		
13	① ② ③ ④ ⑤	㉠ ㉡ ㉢ ㉣		26	① ② ③ ④ ⑤		

CHAPTER 05 도시·군계획시설사업의 시행

번호	오지선다	보기지문	체크	번호	오지선다	보기지문	체크
대표 1	① ② ③ ④ ⑤	㉠ ㉡ ㉢ ㉣		12	① ② ③ ④ ⑤		
01	① ② ③ ④ ⑤			13	① ② ③ ④ ⑤		
02	① ② ③ ④ ⑤	㉠ ㉡ ㉢ ㉣		14	① ② ③ ④ ⑤		
03	① ② ③ ④ ⑤			15	① ② ③ ④ ⑤		
04	① ② ③ ④ ⑤			16	① ② ③ ④ ⑤		
05	① ② ③ ④ ⑤			대표 2	① ② ③ ④ ⑤		
06	① ② ③ ④ ⑤			17	① ② ③ ④ ⑤		
07	① ② ③ ④ ⑤			18	① ② ③ ④ ⑤		
08	① ② ③ ④ ⑤			19	① ② ③ ④ ⑤		
09	① ② ③ ④ ⑤			20	① ② ③ ④ ⑤		
10	① ② ③ ④ ⑤			21	① ② ③ ④ ⑤		
11	① ② ③ ④ ⑤			22	① ② ③ ④ ⑤		

CHAPTER 06 지구단위계획

번호	오지선다	보기지문	체크	번호	오지선다	보기지문	체크
대표	① ② ③ ④ ⑤			06	① ② ③ ④ ⑤		
01	① ② ③ ④ ⑤			07	① ② ③ ④ ⑤		
02	① ② ③ ④ ⑤			08	① ② ③ ④ ⑤		
03	① ② ③ ④ ⑤			09	① ② ③ ④ ⑤		
04	① ② ③ ④ ⑤			10	① ② ③ ④ ⑤		
05	① ② ③ ④ ⑤			11	① ② ③ ④ ⑤		

CHAPTER 07 개발행위의 허가 등

번호	오지선다	보기지문	체크	번호	오지선다	보기지문	체크
대표 1	① ② ③ ④ ⑤			16	① ② ③ ④ ⑤		
01	① ② ③ ④ ⑤			대표 2	① ② ③ ④ ⑤		
02	① ② ③ ④ ⑤			17	① ② ③ ④ ⑤		
03	① ② ③ ④ ⑤			18	① ② ③ ④ ⑤		
04	① ② ③ ④ ⑤	㉠ ㉡ ㉢ ㉣ ㉤		19	① ② ③ ④ ⑤		
05	① ② ③ ④ ⑤			20	① ② ③ ④ ⑤		
06	① ② ③ ④ ⑤			21	① ② ③ ④ ⑤		
07	① ② ③ ④ ⑤			22	① ② ③ ④ ⑤		
08	① ② ③ ④ ⑤			23	① ② ③ ④ ⑤		
09	① ② ③ ④ ⑤			24	① ② ③ ④ ⑤		
10	① ② ③ ④ ⑤			25	① ② ③ ④ ⑤		
11	① ② ③ ④ ⑤			26	① ② ③ ④ ⑤		
12	① ② ③ ④ ⑤			27	① ② ③ ④ ⑤		
13	① ② ③ ④ ⑤			28	① ② ③ ④ ⑤		
14	① ② ③ ④ ⑤			29	① ② ③ ④ ⑤		
15	① ② ③ ④ ⑤			30	① ② ③ ④ ⑤		

CHAPTER 08 보칙 및 벌칙 등

번호	오지선다	보기지문	체크	번호	오지선다	보기지문	체크
대표	① ② ③ ④ ⑤	㉠ ㉡ ㉢		02	① ② ③ ④ ⑤		
01	① ② ③ ④ ⑤			03	① ② ③ ④ ⑤	㉠ ㉡ ㉢ ㉣ ㉤	

PART 2 　 도시개발법

CHAPTER 01 　 도시개발계획 및 구역 지정

번호	오지선다	보기지문	체크	번호	오지선다	보기지문	체크
대표 1	① ② ③ ④ ⑤			07	① ② ③ ④ ⑤		
01	① ② ③ ④ ⑤			08	① ② ③ ④ ⑤		
02	① ② ③ ④ ⑤			09	① ② ③ ④ ⑤		
03	① ② ③ ④ ⑤			10	① ② ③ ④ ⑤		
대표 2	① ② ③ ④ ⑤			11	① ② ③ ④ ⑤		
04	① ② ③ ④ ⑤	㉠ ㉡ ㉢ ㉣		12	① ② ③ ④ ⑤		
05	① ② ③ ④ ⑤			13	① ② ③ ④ ⑤		
06	① ② ③ ④ ⑤						

CHAPTER 02 　 도시개발사업

번호	오지선다	보기지문	체크	번호	오지선다	보기지문	체크
대표 1	① ② ③ ④ ⑤			23	① ② ③ ④ ⑤		
01	① ② ③ ④ ⑤			24	① ② ③ ④ ⑤		
02	① ② ③ ④ ⑤			25	① ② ③ ④ ⑤		
03	① ② ③ ④ ⑤			26	① ② ③ ④ ⑤		
04	① ② ③ ④ ⑤			27	① ② ③ ④ ⑤		
05	① ② ③ ④ ⑤			28	① ② ③ ④ ⑤		
06	① ② ③ ④ ⑤	㉠ ㉡ ㉢ ㉣		29	① ② ③ ④ ⑤		
07	① ② ③ ④ ⑤			30	① ② ③ ④ ⑤		
08	① ② ③ ④ ⑤			31	① ② ③ ④ ⑤		
09	① ② ③ ④ ⑤			32	① ② ③ ④ ⑤		
10	① ② ③ ④ ⑤			33	① ② ③ ④ ⑤		
11	① ② ③ ④ ⑤			34	① ② ③ ④ ⑤		
12	① ② ③ ④ ⑤			35	① ② ③ ④ ⑤		
13	① ② ③ ④ ⑤			36	① ② ③ ④ ⑤		
14	① ② ③ ④ ⑤			37	① ② ③ ④ ⑤		
15	① ② ③ ④ ⑤	㉠ ㉡ ㉢ ㉣		38	① ② ③ ④ ⑤	㉠ ㉡ ㉢ ㉣	
16	① ② ③ ④ ⑤			39	① ② ③ ④ ⑤		
17	① ② ③ ④ ⑤			40	① ② ③ ④ ⑤		
대표 2	① ② ③ ④ ⑤			41	① ② ③ ④ ⑤		
18	① ② ③ ④ ⑤			42	① ② ③ ④ ⑤		
19	① ② ③ ④ ⑤			43	① ② ③ ④ ⑤		
20	① ② ③ ④ ⑤			44	① ② ③ ④ ⑤		
대표 3	① ② ③ ④ ⑤			45	① ② ③ ④ ⑤		
21	① ② ③ ④ ⑤	㉠ ㉡ ㉢ ㉣		46	① ② ③ ④ ⑤		
22	① ② ③ ④ ⑤			47	① ② ③ ④ ⑤		

번호	오지선다		번호	오지선다	
48	① ② ③ ④ ⑤		53	① ② ③ ④ ⑤	
49	① ② ③ ④ ⑤		54	① ② ③ ④ ⑤	
50	① ② ③ ④ ⑤		55	① ② ③ ④ ⑤	
51	① ② ③ ④ ⑤		56	① ② ③ ④ ⑤	
52	① ② ③ ④ ⑤				

CHAPTER 03 비용부담 등

번호	오지선다	보기지문	체크	번호	오지선다	보기지문	체크
대표	① ② ③ ④ ⑤			03	① ② ③ ④ ⑤		
01	① ② ③ ④ ⑤			04	① ② ③ ④ ⑤		
02	① ② ③ ④ ⑤	㉠ ㉡ ㉢		05	① ② ③ ④ ⑤		

PART 3 도시 및 주거환경정비법

CHAPTER 01 총칙

번호	오지선다	보기지문	체크	번호	오지선다	보기지문	체크
대표	① ② ③ ④ ⑤			03	① ② ③ ④ ⑤		
01	① ② ③ ④ ⑤			04	① ② ③ ④ ⑤		
02	① ② ③ ④ ⑤			05	① ② ③ ④ ⑤		

CHAPTER 02 기본계획 수립 및 정비구역 지정

번호	오지선다	보기지문	체크	번호	오지선다	보기지문	체크
대표 1	① ② ③ ④ ⑤			06	① ② ③ ④ ⑤		
01	① ② ③ ④ ⑤			07	① ② ③ ④ ⑤		
02	① ② ③ ④ ⑤			08	① ② ③ ④ ⑤		
03	① ② ③ ④ ⑤			09	① ② ③ ④ ⑤		
대표 2	① ② ③ ④ ⑤			10	① ② ③ ④ ⑤	㉠ ㉡ ㉢ ㉣	
04	① ② ③ ④ ⑤			11	① ② ③ ④ ⑤		
05	① ② ③ ④ ⑤			12	① ② ③ ④ ⑤		

CHAPTER 03 정비사업

번호	오지선다	보기지문	체크	번호	오지선다	보기지문	체크
대표 1	① ② ③ ④ ⑤	㉠ ㉡ ㉢		06	① ② ③ ④ ⑤		
01	① ② ③ ④ ⑤			07	① ② ③ ④ ⑤		
02	① ② ③ ④ ⑤			08	① ② ③ ④ ⑤		
03	① ② ③ ④ ⑤	㉠ ㉡ ㉢		09	① ② ③ ④ ⑤		
04	① ② ③ ④ ⑤			10	① ② ③ ④ ⑤		
05	① ② ③ ④ ⑤			11	① ② ③ ④ ⑤		
대표 2	① ② ③ ④ ⑤			12	① ② ③ ④ ⑤		

번호	오지선다	보기지문	체크	번호	오지선다	보기지문	체크
13	① ② ③ ④ ⑤			대표 4	① ② ③ ④ ⑤		
14	① ② ③ ④ ⑤			32	① ② ③ ④ ⑤		
15	① ② ③ ④ ⑤			33	① ② ③ ④ ⑤	㉠ ㉡ ㉢ ㉣	
16	① ② ③ ④ ⑤			34	① ② ③ ④ ⑤		
17	① ② ③ ④ ⑤	㉠ ㉡ ㉢ ㉣		35	① ② ③ ④ ⑤	㉠ ㉡ ㉢	
18	① ② ③ ④ ⑤			36	① ② ③ ④ ⑤		
19	① ② ③ ④ ⑤			37	① ② ③ ④ ⑤		
20	① ② ③ ④ ⑤			38	① ② ③ ④ ⑤		
21	① ② ③ ④ ⑤			39	① ② ③ ④ ⑤		
22	① ② ③ ④ ⑤			40	① ② ③ ④ ⑤		
23	① ② ③ ④ ⑤			41	① ② ③ ④ ⑤		
24	① ② ③ ④ ⑤			42	① ② ③ ④ ⑤		
25	① ② ③ ④ ⑤			43	① ② ③ ④ ⑤		
26	① ② ③ ④ ⑤			44	① ② ③ ④ ⑤		
대표 3	① ② ③ ④ ⑤			대표 5	① ② ③ ④ ⑤	㉠ ㉡ ㉢	
27	① ② ③ ④ ⑤			45	① ② ③ ④ ⑤		
28	① ② ③ ④ ⑤			46	① ② ③ ④ ⑤		
29	① ② ③ ④ ⑤			47	① ② ③ ④ ⑤		
30	① ② ③ ④ ⑤			48	① ② ③ ④ ⑤		
31	① ② ③ ④ ⑤			49	① ② ③ ④ ⑤		

CHAPTER 04　비용부담 등

번호	오지선다	보기지문	체크	번호	오지선다	보기지문	체크
대표	① ② ③ ④ ⑤			02	① ② ③ ④ ⑤		
01	① ② ③ ④ ⑤	㉠ ㉡ ㉢ ㉣					

PART 4　건축법

CHAPTER 01　총칙

번호	오지선다	보기지문	체크	번호	오지선다	보기지문	체크
대표 1	① ② ③ ④ ⑤			08	① ② ③ ④ ⑤		
01	① ② ③ ④ ⑤			09	① ② ③ ④ ⑤		
02	① ② ③ ④ ⑤	㉠ ㉡ ㉢ ㉣		10	① ② ③ ④ ⑤	㉠ ㉡ ㉢ ㉣	
03	① ② ③ ④ ⑤			11	① ② ③ ④ ⑤		
04	① ② ③ ④ ⑤			12	① ② ③ ④ ⑤		
05	① ② ③ ④ ⑤			13	① ② ③ ④ ⑤		
06	① ② ③ ④ ⑤	㉠ ㉡ ㉢ ㉣		14	① ② ③ ④ ⑤		
07	① ② ③ ④ ⑤			대표 2	① ② ③ ④ ⑤	㉠ ㉡ ㉢ ㉣	

번호	오지선다	보기지문	체크	번호	오지선다	보기지문	체크
15	① ② ③ ④ ⑤			18	① ② ③ ④ ⑤		
16	① ② ③ ④ ⑤			19	① ② ③ ④ ⑤		
17	① ② ③ ④ ⑤						

CHAPTER 02 건축물의 건축

번호	오지선다	보기지문	체크	번호	오지선다	보기지문	체크
대표 1	① ② ③ ④ ⑤			15	① ② ③ ④ ⑤		
01	① ② ③ ④ ⑤			16	① ② ③ ④ ⑤		
02	① ② ③ ④ ⑤			17	① ② ③ ④ ⑤		
03	① ② ③ ④ ⑤	㉠ ㉡ ㉢ ㉣		18	① ② ③ ④ ⑤		
04	① ② ③ ④ ⑤	㉠ ㉡ ㉢ ㉣		19	① ② ③ ④ ⑤		
05	① ② ③ ④ ⑤			20	① ② ③ ④ ⑤	㉠ ㉡ ㉢	
06	① ② ③ ④ ⑤			21	① ② ③ ④ ⑤		
07	① ② ③ ④ ⑤	㉠ ㉡ ㉢		22	① ② ③ ④ ⑤		
08	① ② ③ ④ ⑤			대표 2	① ② ③ ④ ⑤		
09	① ② ③ ④ ⑤			23	① ② ③ ④ ⑤		
10	① ② ③ ④ ⑤			24	① ② ③ ④ ⑤		
11	① ② ③ ④ ⑤			25	① ② ③ ④ ⑤	㉠ ㉡ ㉢ ㉣ ㉤	
12	① ② ③ ④ ⑤			26	① ② ③ ④ ⑤		
13	① ② ③ ④ ⑤			27	① ② ③ ④ ⑤		
14	① ② ③ ④ ⑤			28	① ② ③ ④ ⑤		

CHAPTER 03 건축물의 대지와 도로

번호	오지선다	보기지문	체크	번호	오지선다	보기지문	체크
대표	① ② ③ ④ ⑤			07	① ② ③ ④ ⑤		
01	① ② ③ ④ ⑤	㉠ ㉡ ㉢		08	① ② ③ ④ ⑤		
02	① ② ③ ④ ⑤			09	① ② ③ ④ ⑤		
03	① ② ③ ④ ⑤			10	① ② ③ ④ ⑤		
04	① ② ③ ④ ⑤			11	① ② ③ ④ ⑤		
05	① ② ③ ④ ⑤			12	① ② ③ ④ ⑤		
06	① ② ③ ④ ⑤			13	① ② ③ ④ ⑤		

CHAPTER 04 건축물의 구조 및 재료

번호	오지선다	보기지문	체크	번호	오지선다	보기지문	체크
대표	① ② ③ ④ ⑤			04	① ② ③ ④ ⑤		
01	① ② ③ ④ ⑤	㉠ ㉡ ㉢		05	① ② ③ ④ ⑤		
02	① ② ③ ④ ⑤			06	① ② ③ ④ ⑤		
03	① ② ③ ④ ⑤						

CHAPTER 05　지역 및 지구 안의 건축물

번호	오지선다	보기지문	체크	번호	오지선다	보기지문	체크
대표	① ② ③ ④ ⑤			08	① ② ③ ④ ⑤		
01	① ② ③ ④ ⑤			09	① ② ③ ④ ⑤		
02	① ② ③ ④ ⑤			10	① ② ③ ④ ⑤		
03	① ② ③ ④ ⑤			11	① ② ③ ④ ⑤		
04	① ② ③ ④ ⑤			12	① ② ③ ④ ⑤		
05	① ② ③ ④ ⑤			13	① ② ③ ④ ⑤	㉠ ㉡ ㉢ ㉣	
06	① ② ③ ④ ⑤			14	① ② ③ ④ ⑤		
07	① ② ③ ④ ⑤						

CHAPTER 06　특별건축구역 · 건축협정 및 결합건축

번호	오지선다	보기지문	체크	번호	오지선다	보기지문	체크
대표	① ② ③ ④ ⑤			05	① ② ③ ④ ⑤	㉠ ㉡ ㉢ ㉣ ㉤	
01	① ② ③ ④ ⑤			06	① ② ③ ④ ⑤		
02	① ② ③ ④ ⑤	㉠ ㉡ ㉢ ㉣		07	① ② ③ ④ ⑤		
03	① ② ③ ④ ⑤			08	① ② ③ ④ ⑤		
04	① ② ③ ④ ⑤			09	① ② ③ ④ ⑤		

PART 5　주택법

CHAPTER 01　총칙

번호	오지선다	보기지문	체크	번호	오지선다	보기지문	체크
대표	① ② ③ ④ ⑤			08	① ② ③ ④ ⑤		
01	① ② ③ ④ ⑤	㉠ ㉡ ㉢ ㉣ ㉤		09	① ② ③ ④ ⑤		
02	① ② ③ ④ ⑤			10	① ② ③ ④ ⑤		
03	① ② ③ ④ ⑤			11	① ② ③ ④ ⑤		
04	① ② ③ ④ ⑤			12	① ② ③ ④ ⑤		
05	① ② ③ ④ ⑤	㉠ ㉡ ㉢		13	① ② ③ ④ ⑤		
06	① ② ③ ④ ⑤			14	① ② ③ ④ ⑤	㉠ ㉡ ㉢	
07	① ② ③ ④ ⑤	㉠ ㉡ ㉢ ㉣		15	① ② ③ ④ ⑤		

CHAPTER 02　주택의 건설

번호	오지선다	보기지문	체크	번호	오지선다	보기지문	체크
대표 1	① ② ③ ④ ⑤			18	① ② ③ ④ ⑤		
01	① ② ③ ④ ⑤			대표 4	① ② ③ ④ ⑤		
02	① ② ③ ④ ⑤			19	① ② ③ ④ ⑤		
03	① ② ③ ④ ⑤			20	① ② ③ ④ ⑤		
04	① ② ③ ④ ⑤	㉠ ㉡ ㉢		21	① ② ③ ④ ⑤		
대표 2	① ② ③ ④ ⑤			22	① ② ③ ④ ⑤		
05	① ② ③ ④ ⑤			23	① ② ③ ④ ⑤		
06	① ② ③ ④ ⑤			24	① ② ③ ④ ⑤		
07	① ② ③ ④ ⑤			25	① ② ③ ④ ⑤	㉠ ㉡ ㉢	
08	① ② ③ ④ ⑤			26	① ② ③ ④ ⑤		
09	① ② ③ ④ ⑤			27	① ② ③ ④ ⑤		
10	① ② ③ ④ ⑤			28	① ② ③ ④ ⑤		
11	① ② ③ ④ ⑤			29	① ② ③ ④ ⑤		
12	① ② ③ ④ ⑤			30	① ② ③ ④ ⑤		
13	① ② ③ ④ ⑤			31	① ② ③ ④ ⑤		
14	① ② ③ ④ ⑤			32	① ② ③ ④ ⑤		
대표 3	① ② ③ ④ ⑤			33	① ② ③ ④ ⑤		
15	① ② ③ ④ ⑤			34	① ② ③ ④ ⑤		
16	① ② ③ ④ ⑤			35	① ② ③ ④ ⑤		
17	① ② ③ ④ ⑤	㉠ ㉡ ㉢ ㉣					

CHAPTER 03　주택의 공급

번호	오지선다	보기지문	체크	번호	오지선다	보기지문	체크
대표 1	① ② ③ ④ ⑤			09	① ② ③ ④ ⑤		
01	① ② ③ ④ ⑤	㉠ ㉡ ㉢ ㉣		대표 3	① ② ③ ④ ⑤		
02	① ② ③ ④ ⑤			10	① ② ③ ④ ⑤		
03	① ② ③ ④ ⑤			11	① ② ③ ④ ⑤		
04	① ② ③ ④ ⑤			12	① ② ③ ④ ⑤		
05	① ② ③ ④ ⑤			13	① ② ③ ④ ⑤		
06	① ② ③ ④ ⑤			14	① ② ③ ④ ⑤		
07	① ② ③ ④ ⑤	㉠ ㉡ ㉢		15	① ② ③ ④ ⑤		
대표 2	① ② ③ ④ ⑤	㉠ ㉡ ㉢ ㉣		16	① ② ③ ④ ⑤		
08	① ② ③ ④ ⑤			17	① ② ③ ④ ⑤		

CHAPTER 04　주택의 리모델링

번호	오지선다	보기지문	체크	번호	오지선다	보기지문	체크
대표	① ② ③ ④ ⑤			03	① ② ③ ④ ⑤		
01	① ② ③ ④ ⑤			04	① ② ③ ④ ⑤		
02	① ② ③ ④ ⑤			05	① ② ③ ④ ⑤		

PART 6　농지법

CHAPTER 01　총칙

번호	오지선다	보기지문	체크	번호	오지선다	보기지문	체크
대표	① ② ③ ④ ⑤	㉠ ㉡ ㉢		03	① ② ③ ④ ⑤		
01	① ② ③ ④ ⑤			04	① ② ③ ④ ⑤		
02	① ② ③ ④ ⑤	㉠ ㉡ ㉢		05	① ② ③ ④ ⑤		

CHAPTER 02　농지의 소유

번호	오지선다	보기지문	체크	번호	오지선다	보기지문	체크
대표	① ② ③ ④ ⑤			06	① ② ③ ④ ⑤		
01	① ② ③ ④ ⑤			07	① ② ③ ④ ⑤	㉠ ㉡ ㉢	
02	① ② ③ ④ ⑤			08	① ② ③ ④ ⑤		
03	① ② ③ ④ ⑤			09	① ② ③ ④ ⑤		
04	① ② ③ ④ ⑤			10	① ② ③ ④ ⑤		
05	① ② ③ ④ ⑤						

CHAPTER 03　농지의 이용

번호	오지선다	보기지문	체크	번호	오지선다	보기지문	체크
대표	① ② ③ ④ ⑤			03	① ② ③ ④ ⑤		
01	① ② ③ ④ ⑤			04	① ② ③ ④ ⑤		
02	① ② ③ ④ ⑤			05	① ② ③ ④ ⑤		

CHAPTER 04　농지의 보전

번호	오지선다	보기지문	체크	번호	오지선다	보기지문	체크
대표	① ② ③ ④ ⑤			03	① ② ③ ④ ⑤		
01	① ② ③ ④ ⑤			04	① ② ③ ④ ⑤		
02	① ② ③ ④ ⑤						

실력점검

CHAPTER별 ○(맞힌 문제), △(헷갈린 문제), ✕(틀린 문제)의 각 문항 수를 적고, 나의 취약 단원을 확인하세요.

PART 1

CHAPTER	○ 문항 수	△ 문항 수	✕ 문항 수	총 문항 수
01 총칙				/ 8
02 광역도시계획				/ 7
03 도시 · 군계획				/21
04 용도지역 · 용도지구 · 용도구역				/30
05 도시 · 군계획시설사업의 시행				/24
06 지구단위계획				/12
07 개발행위의 허가 등				/32
08 보칙 및 벌칙 등				/ 4

나의 취약 단원 ▶

PART 2

CHAPTER	○ 문항 수	△ 문항 수	✕ 문항 수	총 문항 수
01 도시개발계획 및 구역 지정				/15
02 도시개발사업				/59
03 비용부담 등				/ 6

나의 취약 단원 ▶

PART 3

CHAPTER	○ 문항 수	△ 문항 수	✕ 문항 수	총 문항 수
01 총칙				/ 6
02 기본계획 수립 및 정비구역 지정				/14
03 정비사업				/54
04 비용부담 등				/ 3

나의 취약 단원 ▶

PART 4

CHAPTER	○ 문항 수	△ 문항 수	× 문항 수	총 문항 수
01 총칙				/21
02 건축물의 건축				/30
03 건축물의 대지와 도로				/14
04 건축물의 구조 및 재료				/ 7
05 지역 및 지구 안의 건축물				/15
06 특별건축구역 · 건축협정 및 결합건축				/10

나의 취약 단원 ▶

PART 5

CHAPTER	○ 문항 수	△ 문항 수	× 문항 수	총 문항 수
01 총칙				/16
02 주택의 건설				/39
03 주택의 공급				/20
04 주택의 리모델링				/ 6

나의 취약 단원 ▶

PART 6

CHAPTER	○ 문항 수	△ 문항 수	× 문항 수	총 문항 수
01 총칙				/ 6
02 농지의 소유				/11
03 농지의 이용				/ 6
04 농지의 보전				/ 5

나의 취약 단원 ▶

시작하는 방법은
말을 멈추고
즉시 행동하는 것이다.

– 월트 디즈니(Walt Disney)

➕ 합격할 때까지 책임지는 개정법령 원스톱 서비스!

법령 개정이 잦은 공인중개사 시험. 일일이 찾아보지 마세요!
에듀윌에서는 필요한 개정법령만을 빠르게! 한번에! 제공해 드립니다.

에듀윌 도서몰 접속
(book.eduwill.net) ▶ 우측 정오표
아이콘 클릭 ▶ 카테고리 공인중개사
설정 후 교재 검색

개정법령
확인하기

2025
에듀윌 공인중개사

단원별 기출문제집 2차
부동산공법

시험안내

01 시험일정 연 1회, 1·2차 동시 시행

구분		인터넷/모바일(App) 원서 접수기간	시험시행일
2025년도 제36회 제1·2차 시험 (동시접수·시행)	정기(5일간)	8월 2번째 주 월요일 09:00~금요일 18:00	매년 10월 마지막 주 토요일
	빈자리(2일간)	10월 초	

※ 정확한 시험 일정은 큐넷 홈페이지(www.Q-Net.or.kr)에서 확인이 가능합니다.

02 응시자격 제한 없음

※ 단, ①「공인중개사법」제4조의3에 따라 공인중개사 시험 부정행위자로 처분받은 날로부터 시험시행일 전일까지 5년이 경과되지 않은 자, ② 법 제6조에 따라 공인중개사 자격이 취소된 후 시험시행일 전일까지 3년이 경과되지 않은 자, ③ 시행규칙 제2조에 따른 기자격 취득자는 응시할 수 없음

03 시험과목 및 방법

구분	시험과목	문항 수	시험시간	시험방법
제1차 시험 1교시 (2과목)	1. 부동산학개론(부동산감정평가론 포함) 2. 민법 및 민사특별법 중 부동산 중개에 관련되는 규정	과목당 40문항 (1번~80번)	100분 (09:30~11:10)	객관식 5지 선택형
제2차 시험 1교시 (2과목)	1. 공인중개사의 업무 및 부동산 거래신고 등에 관한 법령 및 중개실무 2. 부동산공법 중 부동산 중개에 관련되는 규정	과목당 40문항 (1번~80번)	100분 (13:00~14:40)	
제2차 시험 2교시 (1과목)	부동산공시에 관한 법령(부동산등기법, 공간정보의 구축 및 관리 등에 관한 법률) 및 부동산 관련 세법	40문항 (1번~40번)	50분 (15:30~16:20)	

※ 답안은 시험시행일에 시행되고 있는 법령을 기준으로 작성

04 합격기준

구분	합격결정기준
제1차 시험	매 과목 100점을 만점으로 하여 매 과목 40점 이상, 전 과목 평균 60점 이상 득점한 자
제2차 시험	매 과목 100점을 만점으로 하여 매 과목 40점 이상, 전 과목 평균 60점 이상 득점한 자

※ 1차·2차 시험에 동시 응시는 가능하나, 1차 시험에 불합격하고 2차만 합격한 경우 2차 시험은 무효로 함

05 시험범위 및 출제비율

구분	시험과목	시험범위	출제비율
제1차 시험 1교시 (2과목)	부동산학개론	1. 부동산학개론	85% 내외
		2. 부동산감정평가론	15% 내외
	민법 및 민사특별법 중 부동산 중개에 관련되는 규정	1. 민법	85% 내외
		2. 민사특별법	15% 내외
제2차 시험 1교시 (2과목)	공인중개사의 업무 및 부동산 거래신고 등에 관한 법령 및 중개실무	1. 공인중개사법 2. 부동산 거래신고 등에 관한 법률	70% 내외
		3. 중개실무	30% 내외
	부동산공법 중 부동산 중개에 관련되는 규정	1. 국토의 계획 및 이용에 관한 법률	30% 내외
		2. 도시개발법 3. 도시 및 주거환경정비법	30% 내외
		4. 주택법 5. 건축법 6. 농지법	40% 내외
제2차 시험 2교시 (1과목)	부동산공시에 관한 법령(부동산등기법, 공간정보의 구축 및 관리 등에 관한 법률) 및 부동산 관련 세법	1. 부동산등기법	30% 내외
		2. 공간정보의 구축 및 관리 등에 관한 법률 제2장 제4절 및 제3장	30% 내외
		3. 부동산 관련 세법 (상속세, 증여세, 법인세, 부가가치세 제외)	40% 내외

합격생들의 합격비법을 담은!

단원별 기출문제집 구성과 특징

합격비법 | 기출은 분석이 중요합니다.

합격생 A

기출문제를 풀 때는 시간에 구애받지 않고 꼼꼼하게 모든 지문을 분석해야 합니다. 왜 맞고 틀린 지문인지 생각해 보는 과정이 중요합니다.

합격생 B

저는 기출문제 분석을 통해 출제패턴을 파악했습니다. 긍정형과 부정형 문제의 패턴을 확인하고, 보기와 지문을 확실히 정리했습니다.

8개년 기출분석으로 만든 진짜 기출문제집

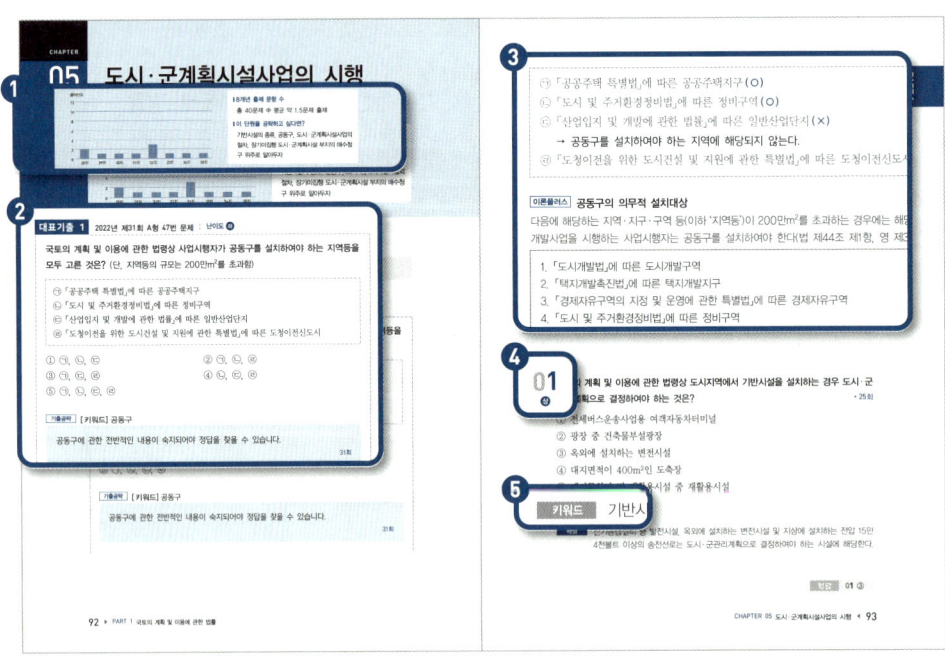

❶ 8개년 출제빈도 분석, 학습방향
❷ 대표기출문제, 기출공략법
❸ 지문별 첨삭 해설, 이론플러스
❹ 난이도 상/중/하 표기
❺ 문항별 키워드

합격비법 | 기출은 회독이 중요합니다.

합격생 C
기출문제 회독을 통해 내가 취약한 부분을 정확하게 확인하고 집중학습하는 것이 가장 중요합니다.

합격생 D
기출은 회독이 가장 중요합니다. 이해가 되지 않는 개념도 회독하다 보면 저절로 이해가 됩니다.

저절로 회독이 되는 기출문제집

회독용 정답표&실력점검표
회독 수를 늘리고, 취약 부분 확인

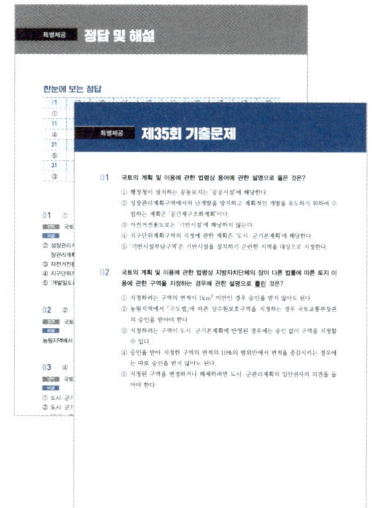

제35회 기출문제
단원별 기출문제를 풀기 전/후 실력 점검

중요 지문 OX
풀었던 기출문제의 중요 지문을 다시 한번 복기

저자의 말

시험 도전을 결심한 수험생들이 본격적인 학습을 시작하기에 앞서 학습의 방향을 판단하기 위해 보는 것이 바로 기출문제일 것입니다. 마찬가지로, 이미 이론을 공부한 수험생들도 자신의 실력을 점검하기 위해 기출문제 풀이를 빼놓지 않습니다. 이렇듯 기출문제 풀이는 모든 수험생들이 거쳐 가는 필수 관문입니다. 필수 관문을 무사히 통과하기 위해, 수험생들은 기출문제를 철저하게 분석하고 이해하고 있어야 하며, 이러한 이해도는 합격의 기준이 될 것입니다.

위와 같은 중요성을 감안하여, 본서는 기본서와 연계 학습이 가능한 단원별 구성의 기출문제를 수록했습니다. 본서를 통해 기출문제에 대한 이해는 물론, 이론을 응용하여 문제를 풀 수 있는 능력을 갖출 수 있기를 기대합니다.

부동산공법은 학습량이 방대하고 휘발성이 강해 수험생 입장에서는 공부하기 매우 힘든 과목입니다. 그렇지만 정확한 개념과 원리를 파악한 후, 체계적인 흐름을 잡고, 중요한 기출문제를 반복 학습하면서 시험에 자주 출제되는 부분 위주로 학습의 범위를 줄여간다면 충분히 쉽게 접근할 수 있는 과목이기도 합니다. 최신 개정법령을 반영한 단원별 기출문제를 반복 학습하면 합격에 한걸음 더 다가갈 수 있을 것입니다.

저자 오시훈

약력
- 現 에듀윌 부동산공법 전임 교수
- 現 경기도 농어촌시설 평가위원
- 現 대한전문건설협회 시험출제위원
- 前 한국산업인력공단 시험검토위원
- 前 서울시 노후공동주택 안전진단위원

저서
에듀윌 공인중개사 부동산공법 기초입문서,
기본서, 단단, 합격서, 단원별/회차별 기출문제집,
기출응용 예상문제집, 실전모의고사, 필살키, 암기장 등 집필

차례

특별제공 제35회 기출문제 … 12

PART 1　국토의 계획 및 이용에 관한 법률

CHAPTER 01 ｜ 총칙 … 40
CHAPTER 02 ｜ 광역도시계획 … 46
CHAPTER 03 ｜ 도시·군계획 … 52
CHAPTER 04 ｜ 용도지역·용도지구·용도구역 … 69
CHAPTER 05 ｜ 도시·군계획시설사업의 시행 … 92
CHAPTER 06 ｜ 지구단위계획 … 112
CHAPTER 07 ｜ 개발행위의 허가 등 … 121
CHAPTER 08 ｜ 보칙 및 벌칙 등 … 150

PART 2　도시개발법

CHAPTER 01 ｜ 도시개발계획 및 구역 지정 … 156
CHAPTER 02 ｜ 도시개발사업 … 168
CHAPTER 03 ｜ 비용부담 등 … 212

PART 3　도시 및 주거환경정비법

CHAPTER 01 ｜ 총칙 … 220
CHAPTER 02 ｜ 기본계획 수립 및 정비구역 지정 … 225
CHAPTER 03 ｜ 정비사업 … 238
CHAPTER 04 ｜ 비용부담 등 … 284

PART 4　건축법

CHAPTER 01 ｜ 총칙 … 290
CHAPTER 02 ｜ 건축물의 건축 … 305
CHAPTER 03 ｜ 건축물의 대지와 도로 … 327
CHAPTER 04 ｜ 건축물의 구조 및 재료 … 337
CHAPTER 05 ｜ 지역 및 지구 안의 건축물 … 344
CHAPTER 06 ｜ 특별건축구역·건축협정 및 결합건축 … 355

PART 5　주택법

CHAPTER 01 ｜ 총칙 … 366
CHAPTER 02 ｜ 주택의 건설 … 376
CHAPTER 03 ｜ 주택의 공급 … 412
CHAPTER 04 ｜ 주택의 리모델링 … 430

PART 6　농지법

CHAPTER 01 ｜ 총칙 … 438
CHAPTER 02 ｜ 농지의 소유 … 443
CHAPTER 03 ｜ 농지의 이용 … 451
CHAPTER 04 ｜ 농지의 보전 … 457

부록 중요 지문 OX … 464

특별제공

제35회 기출문제

2024.10.26. 실시

한눈에 보는 제35회 최신 출제경향

출제비중

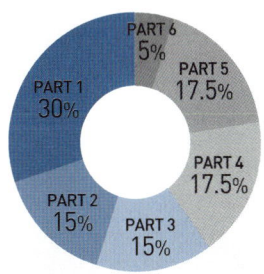

- PART 1 30%
- PART 2 15%
- PART 3 15%
- PART 4 17.5%
- PART 5 17.5%
- PART 6 5%

☑ **PART 1 국토계획법 약 30% 출제!**

부동산공법은 국토계획법에서 30%가 출제되어 가장 비중이 높았습니다. 5%의 비중인 농지법을 제외한 나머지 PART 2~5는 15~17.5% 내외로 고르게 출제되었다고 볼 수 있겠습니다.

난이도

☑ **체감 난도는 높은 편!**

수험생이 정답을 찾을 수 없는 난도 최상급의 문제가 8개, 상급의 문제가 8개 정도로 체감 난도가 높았겠으나 중하급도 24문제 출제되어 꾸준히 반복 학습한다면 답을 찾을 수 있었을 것입니다.

제35회 기출문제

01 국토의 계획 및 이용에 관한 법령상 용어에 관한 설명으로 옳은 것은?

① 행정청이 설치하는 공동묘지는 '공공시설'에 해당한다.
② 성장관리계획구역에서의 난개발을 방지하고 계획적인 개발을 유도하기 위하여 수립하는 계획은 '공간재구조화계획'이다.
③ 자전거전용도로는 '기반시설'에 해당하지 않는다.
④ 지구단위계획구역의 지정에 관한 계획은 '도시·군기본계획'에 해당한다.
⑤ '기반시설부담구역'은 기반시설을 설치하기 곤란한 지역을 대상으로 지정한다.

02 국토의 계획 및 이용에 관한 법령상 지방자치단체의 장이 다른 법률에 따른 토지 이용에 관한 구역을 지정하는 경우에 관한 설명으로 틀린 것은?

① 지정하려는 구역의 면적이 1km² 미만인 경우 승인을 받지 않아도 된다.
② 농림지역에서 「수도법」에 따른 상수원보호구역을 지정하는 경우 국토교통부장관의 승인을 받아야 한다.
③ 지정하려는 구역이 도시·군기본계획에 반영된 경우에는 승인 없이 구역을 지정할 수 있다.
④ 승인을 받아 지정한 구역의 면적의 10%의 범위안에서 면적을 증감시키는 경우에는 따로 승인을 받지 않아도 된다.
⑤ 지정된 구역을 변경하거나 해제하려면 도시·군관리계획의 입안권자의 의견을 들어야 한다.

03 국토의 계획 및 이용에 관한 법령상 도시·군계획에 관한 설명으로 옳은 것은?

① 도시·군기본계획의 내용이 광역도시계획의 내용과 다를 때에는 도시·군기본계획의 내용이 우선한다.
② 도시·군기본계획의 수립권자가 생활권계획을 따로 수립한 때에는 해당 계획이 수립된 생활권에 대해서는 도시·군관리계획이 수립된 것으로 본다.
③ 시장·군수가 미리 지방의회의 의견을 들어 수립한 도시·군기본계획의 경우 도지사는 지방도시계획위원회의 심의를 거치지 않고, 해당 계획을 승인할 수 있다.
④ 주민은 공공청사의 설치에 관한 사항에 대하여 도시·군관리계획의 입안권자에게 그 계획의 입안을 제안할 수 있다.
⑤ 광역도시계획이나 도시·군기본계획을 수립할 때 도시·군관리계획을 함께 입안할 수 없다.

04 국토의 계획 및 이용에 관한 법령상 도시·군관리계획의 결정에 관한 설명으로 옳은 것은?

① 도시·군관리계획 결정의 효력은 지형도면을 고시한 날의 다음 날부터 발생한다.
② 시가화조정구역의 지정에 관한 도시·군관리계획 결정 당시 이미 사업에 착수한 자는 그 결정에도 불구하고 신고 없이 그 사업을 계속할 수 있다.
③ 국토교통부장관이 도시·군관리계획을 직접 입안한 경우에는 시·도지사가 지형도면을 작성하여야 한다.
④ 시장·군수가 입안한 지구단위계획의 수립에 관한 도시·군관리계획은 시장·군수의 신청에 따라 도지사가 결정한다.
⑤ 시·도지사는 국가계획과 관련되어 국토교통부장관이 입안하여 결정한 도시·군관리계획을 변경하려면 미리 국토교통부장관과 협의하여야 한다.

05 국토의 계획 및 이용에 관한 법령상 해당 구역으로 지정되면 「건축법」 제69조에 따른 특별건축구역으로 지정된 것으로 보는 구역을 모두 고른 것은?

| ㉠ 도시혁신구역 | ㉡ 복합용도구역 |
| ㉢ 시가화조정구역 | ㉣ 도시자연공원구역 |

① ㉠
② ㉠, ㉡
③ ㉢, ㉣
④ ㉡, ㉢, ㉣
⑤ ㉠, ㉡, ㉢, ㉣

06 국토의 계획 및 이용에 관한 법령상 도시·군계획시설(이하 '시설'이라 함)에 관한 설명으로 옳은 것은?

① 시설결정의 고시일부터 10년 이내에 실시계획의 인가만 있고, 시설사업이 진행되지 아니하는 경우 그 부지의 소유자는 그 토지의 매수를 청구할 수 있다.
② 공동구가 설치된 경우 쓰레기수송관은 공동구협의회의 심의를 거쳐야 공동구에 수용할 수 있다.
③ 「택지개발촉진법」에 따른 택지개발지구가 200만m^2를 초과하는 경우에는 공동구를 설치하여야 한다.
④ 시설결정의 고시일부터 20년이 지날 때까지 시설사업이 시행되지 아니하는 경우 그 시설결정은 20년이 되는 날에 효력을 잃는다.
⑤ 시설결정의 고시일부터 10년 이내에 시설사업이 시행되지 아니하는 경우 그 부지 내에 건물만을 소유한 자도 시설결정 해제를 위한 도시·군관리계획 입안을 신청할 수 있다.

07 국토의 계획 및 이용에 관한 법령상 개발행위허가(이하 '허가'라 함)에 관한 설명으로 옳은 것은?

① 도시·군계획사업에 의하여 10층 이상의 건축물을 건축하려는 경우에는 허가를 받아야 한다.
② 건축물의 건축에 대한 허가를 받은 자가 그 건축을 완료하고 「건축법」에 따른 건축물의 사용승인을 받은 경우 허가권자의 준공검사를 받지 않아도 된다.
③ 허가를 받은 건축물의 연면적을 5% 범위에서 축소하려는 경우에는 허가권자에게 미리 신고하여야 한다.
④ 허가의 신청이 있는 경우 특별한 사유가 없으면 도시계획위원회의 심의 또는 기타 협의 기간을 포함하여 15일 이내에 허가 또는 불허가의 처분을 하여야 한다.
⑤ 국토교통부장관이 지구단위계획구역으로 지정된 지역에 대하여 허가의 제한을 연장하려면 중앙도시계획위원회의 심의를 거쳐야 한다.

08 국토의 계획 및 이용에 관한 법령상 용도지역에 관한 설명으로 옳은 것은?

① 용도지역은 토지를 경제적·효율적으로 이용하기 위하여 필요한 경우 서로 중복되게 지정할 수 있다.
② 용도지역은 필요한 경우, 도시·군기본계획으로 결정할 수 있다.
③ 주민은 상업지역에 산업·유통개발진흥지구를 지정하여 줄 것을 내용으로 하는 도시·군관리계획의 입안을 제안할 수 있다.
④ 바다인 공유수면의 매립구역이 둘 이상의 용도지역과 이웃하고 있는 경우 그 매립구역은 이웃하고 있는 가장 큰 용도지역으로 지정된 것으로 본다.
⑤ 관리지역에서 「농지법」에 따른 농업진흥지역으로 지정·고시된 지역은 「국토의 계획 및 이용에 관한 법률」에 따른 농림지역으로 결정·고시된 것으로 본다.

09 국토의 계획 및 이용에 관한 법령상 기반시설부담구역에 관한 설명으로 옳은 것은?

① 공원의 이용을 위하여 필요한 편의시설은 기반시설부담구역에 설치가 필요한 기반시설에 해당하지 않는다.
② 기반시설부담구역에서 기존 건축물을 철거하고 신축하는 경우에는 기존 건축물의 건축연면적을 포함하는 건축행위를 기반시설설치비용의 부과대상으로 한다.
③ 지구단위계획을 수립한 경우에는 기반시설설치계획을 수립한 것으로 본다.
④ 기반시설부담구역 내에서 신축된 「건축법 시행령」상의 종교집회장은 기반시설설치비용의 부과대상이다.
⑤ 기반시설부담구역으로 지정된 지역에 대해서는 개발행위허가의 제한을 연장할 수 없다.

10 국토의 계획 및 이용에 관한 법령상 개발진흥지구를 세분하여 지정할 수 있는 지구에 해당하지 않는 것은? (단, 조례는 고려하지 않음)

① 주거개발진흥지구
② 중요시설물개발진흥지구
③ 복합개발진흥지구
④ 특정개발진흥지구
⑤ 관광·휴양개발진흥지구

11 국토의 계획 및 이용에 관한 법령상 개발밀도관리구역에 관한 설명으로 틀린 것은?

① 개발밀도관리구역의 변경고시는 당해 지방자치단체의 공보에 게재하는 방법에 의한다.
② 개발밀도관리구역으로 지정될 수 있는 지역에 농림지역은 포함되지 않는다.
③ 개발밀도관리구역의 지정은 해당 지방자치단체에 설치된 지방도시계획위원회의 심의대상이다.
④ 개발밀도관리구역에서는 해당 용도지역에 적용되는 건폐율의 최대한도의 50% 범위에서 건폐율을 강화하여 적용한다.
⑤ 개발밀도관리구역은 기반시설부담구역으로 지정될 수 없다.

12 국토의 계획 및 이용에 관한 법령상 성장관리계획구역에서 30% 이하의 범위에서 성장관리계획으로 정하는 바에 따라 건폐율을 완화하여 적용할 수 있는 지역이 아닌 것은? (단, 조례는 고려하지 않음)

① 생산관리지역
② 생산녹지지역
③ 보전녹지지역
④ 자연녹지지역
⑤ 농림지역

13 도시개발법령상 환지방식의 도시개발사업에 대한 개발계획 수립에 필요한 동의자의 수를 산정하는 방법으로 옳은 것은?

① 도시개발구역의 토지면적을 산정하는 경우: 국공유지를 제외하고 산정할 것
② 1인이 둘 이상 필지의 토지를 단독으로 소유한 경우: 필지의 수에 관계없이 토지소유자를 1인으로 볼 것
③ 둘 이상 필지의 토지를 소유한 공유자가 동일한 경우: 공유자 각각을 토지소유자 1인으로 볼 것
④ 1필지의 토지소유권을 여럿이 공유하는 경우:「집합건물의 소유 및 관리에 관한 법률」에 따른 구분소유자인지 여부와 관계없이 다른 공유자의 동의를 받은 대표공유자 1인을 해당 토지소유자로 볼 것
⑤ 도시개발구역의 지정이 제안된 후부터 개발계획이 수립되기 전까지의 사이에 토지소유자가 변경된 경우: 변경된 토지소유자의 동의서를 기준으로 할 것

14 도시개발법령상 수용 또는 사용방식으로 시행하는 도시개발사업의 시행자로 지정될 수 없는 자는?

① 「한국철도공사법」에 따른 한국철도공사
② 지방자치단체
③ 「지방공기업법」에 따라 설립된 지방공사
④ 도시개발구역의 국공유지를 제외한 토지면적의 3분의 2 이상을 소유한 자
⑤ 도시개발구역의 토지소유자가 도시개발을 위하여 설립한 조합

15 도시개발법령상 한국토지주택공사가 발행하려는 토지상환채권의 발행계획에 포함되어야 하는 사항이 아닌 것은?

① 보증기관 및 보증의 내용
② 토지가격의 추산방법
③ 상환대상지역 또는 상환대상토지의 용도
④ 토지상환채권의 발행가액 및 발행시기
⑤ 토지상환채권의 발행총액

16 도시개발법령상 환지방식에 의한 사업 시행에 관한 설명으로 틀린 것은?

① 행정청이 아닌 시행자가 환지계획을 작성하여 인가를 신청하려는 경우 토지소유자와 임차권자등에게 환지계획의 기준 및 내용 등을 알려야 한다.
② 「집합건물의 소유 및 관리에 관한 법률」에 따른 대지사용권에 해당하는 토지지분은 분할환지할 수 없다.
③ 환지예정지가 지정되면 종전의 토지의 소유자는 환지예정지 지정의 효력발생일부터 환지처분이 공고되는 날까지 종전의 토지를 사용할 수 없다.
④ 도시개발사업으로 임차권의 목적인 토지의 이용이 방해를 받아 종전의 임대료가 불합리하게 된 경우라도, 환지처분이 공고된 날의 다음 날부터는 임대료 감액을 청구할 수 없다.
⑤ 도시개발사업의 시행으로 행사할 이익이 없어진 지역권은 환지처분이 공고된 날이 끝나는 때에 소멸한다.

17 도시개발법령상 도시개발사업 조합에 관한 설명으로 옳은 것은?

① 조합을 설립하려면 도시개발구역의 토지소유자 10명 이상이 정관을 작성하여 지정권자에게 조합설립의 인가를 받아야 한다.
② 조합이 설립인가를 받은 사항 중 청산에 관한 사항을 변경하려는 경우에는 지정권자에게 신고하여야 한다.
③ 다른 조합원으로부터 해당 도시개발구역에 그가 가지고 있는 토지소유권 전부를 이전받은 조합원은 정관으로 정하는 바에 따라 본래의 의결권과는 별도로 그 토지소유권을 이전한 조합원의 의결권을 승계할 수 있다.
④ 조합은 총회의 권한을 대행하게 하기 위하여 대의원회를 두어야 한다.
⑤ 조합의 임원으로 선임된 자가 금고 이상의 형을 선고받으면 그 날부터 임원의 자격을 상실한다.

18 도시개발법령상 도시개발구역지정 이후 지정권자가 도시개발사업의 시행방식을 변경할 수 있는 경우를 모두 고른 것은? (단, 시행자는 국가이며, 시행방식 변경을 위한 다른 요건은 모두 충족됨)

> ㉠ 수용 또는 사용방식에서 전부 환지방식으로의 변경
> ㉡ 수용 또는 사용방식에서 혼용방식으로의 변경
> ㉢ 혼용방식에서 전부 환지방식으로의 변경
> ㉣ 전부 환지방식에서 혼용방식으로의 변경

① ㉠, ㉢
② ㉠, ㉣
③ ㉡, ㉣
④ ㉠, ㉡, ㉢
⑤ ㉡, ㉢, ㉣

19 도시 및 주거환경정비법령상 '토지등소유자'에 해당하지 않는 자는?

① 주거환경개선사업 정비구역에 위치한 건축물의 소유자
② 재개발사업 정비구역에 위치한 토지의 지상권자
③ 재개발사업 정비구역에 위치한 건축물의 소유자
④ 재건축사업 정비구역에 위치한 건축물 및 그 부속토지의 소유자
⑤ 재건축사업 정비구역에 위치한 건축물 부속토지의 지상권자

20 도시 및 주거환경정비법령상 임대주택 및 주택규모별 건설비율에 관한 규정의 일부이다. ( )에 들어갈 숫자로 옳은 것은?

> 정비계획의 입안권자는 주택수급의 안정과 저소득 주민의 입주기회 확대를 위하여 정비사업으로 건설하는 주택에 대하여 다음 각 호의 구분에 따른 범위에서 국토교통부장관이 정하여 고시하는 임대주택 및 주택규모별 건설비율 등을 정비계획에 반영하여야 한다.
> 1. 「주택법」에 따른 국민주택규모의 주택이 전체 세대수의 100분의 (㉠) 이하에서 대통령령으로 정하는 범위
> 2. 공공임대주택 및 「민간임대주택에 관한 특별법」에 따른 민간임대주택이 전체 세대수 또는 전체 연면적의 100분의 (㉡) 이하에서 대통령령으로 정하는 범위

① ㉠: 80, ㉡: 20
② ㉠: 80, ㉡: 30
③ ㉠: 80, ㉡: 50
④ ㉠: 90, ㉡: 30
⑤ ㉠: 90, ㉡: 50

21 도시 및 주거환경정비법령상 정비사업의 시행방법으로 허용되지 <u>않는</u> 것은?

① 주거환경개선사업: 환지로 공급하는 방법
② 주거환경개선사업: 인가받은 관리처분계획에 따라 주택 및 부대시설·복리시설을 건설하여 공급하는 방법
③ 재개발사업: 인가받은 관리처분계획에 따라 건축물을 건설하여 공급하는 방법
④ 재개발사업: 환지로 공급하는 방법
⑤ 재건축사업: 「국토의 계획 및 이용에 관한 법률」에 따른 일반주거지역인 정비구역에서 인가받은 관리처분계획에 따라 「건축법」에 따른 오피스텔을 건설하여 공급하는 방법

22 도시 및 주건환경정비법령상 조합설립 등에 관한 설명으로 옳은 것은?

① 재개발조합이 조합설립인가를 받은 날부터 3년 이내에 사업시행계획인가를 신청하지 아니한 때에는 시장·군수등은 직접 정비사업을 시행할 수 있다.
② 재개발사업의 추진위원회가 조합을 설립하려면 토지등소유자의 3분의 2 이상 및 토지면적의 2분의 1 이상의 토지소유자의 동의를 받아야 한다.
③ 토지등소유자가 30인 미만인 경우 토지등소유자는 조합을 설립하지 아니하고 재개발사업을 시행할 수 있다.
④ 조합은 재개발조합설립인가를 받은 때에도 토지등소유자에게 그 내용을 통지하지 아니한다.
⑤ 추진위원회는 조합설립인가 후 지체 없이 추정분담금에 관한 정보를 토지등소유자에게 제공하여야 한다.

23 도시 및 주거환경정비법령상 사업시행계획의 통합심의에 관한 설명으로 옳은 것은?

① 「경관법」에 따른 경관 심의는 통합심의 대상이 아니다.
② 시장·군수등은 특별한 사유가 없으면 통합심의 결과를 반영하여 사업시행계획을 인가하여야 한다.
③ 통합심의를 거친 경우 해당 사항에 대한 조정 또는 재정을 거친 것으로 보지 아니한다.
④ 통합심의위원회 위원장은 위원 중에서 호선한다.
⑤ 사업시행자는 통합심의를 신청할 수 없다.

24 도시 및 주거환경정비법령상 사업시행자가 관리처분계획이 인가·고시된 다음 날부터 90일 이내에 손실보상 협의를 하여야 하는 토지등소유자를 모두 고른 것은? (단, 분양신청기간 종료일의 다음 날부터 협의를 시작할 수 있음)

> ㉠ 분양신청기간 내에 분양신청을 하지 아니한 자
> ㉡ 인가된 관리처분계획에 따라 분양대상에서 제외된 자
> ㉢ 분양신청기간 종료 후에 분양신청을 철회한 자

① ㉠
② ㉠, ㉡
③ ㉠, ㉢
④ ㉡, ㉢
⑤ ㉠, ㉡, ㉢

25 주택법령상 '기간시설'에 해당하지 않는 것은?

① 전기시설
② 통신시설
③ 상하수도
④ 어린이놀이터
⑤ 지역난방시설

26 주택법령상 사업계획의 승인 등에 관한 설명으로 틀린 것은?

① 승인받은 사업계획 중 공공시설 설치계획의 변경이 필요한 경우에는 사업계획승인권자로부터 변경승인을 받지 않아도 된다.
② 주택건설사업계획에는 부대시설 및 복리시설의 설치에 관한 계획 등이 포함되어야 한다.
③ 주택건설사업을 시행하려는 자는 전체 세대수가 600세대 이상인 주택단지를 공구별로 분할하여 주택을 건설·공급할 수 있다.
④ 주택건설사업계획의 승인을 받으려는 한국토지주택공사는 해당 주택건설대지의 소유권을 확보하지 않아도 된다.
⑤ 사업주체는 입주자 모집공고를 한 후 사업계획변경승인을 받은 경우에는 14일 이내에 문서로 입주예정자에게 그 내용을 통보하여야 한다.

27 주택법령상 수직증축형 리모델링의 허용 요건에 관한 규정의 일부이다. ( )에 들어갈 숫자로 옳은 것은?

> 시행령 제13조 ① 법 제2조 제25호 다목 1)에서 '대통령령으로 정하는 범위'란 다음 각 호의 구분에 따른 범위를 말한다.
> 1. 수직으로 증축하는 행위(이하 '수직증축형 리모델링'이라 한다)의 대상이 되는 기존 건축물의 층수가 (㉠)층 이상인 경우: (㉡)개 층
> 2. 수직증축형 리모델링의 대상이 되는 기존 건축물의 층수가 (㉢)층 이하인 경우: (㉣)개 층

① ㉠: 10, ㉡: 3, ㉢: 9, ㉣: 2
② ㉠: 10, ㉡: 4, ㉢: 9, ㉣: 3
③ ㉠: 15, ㉡: 3, ㉢: 14, ㉣: 2
④ ㉠: 15, ㉡: 4, ㉢: 14, ㉣: 3
⑤ ㉠: 20, ㉡: 5, ㉢: 19, ㉣: 4

28 주택법령상 주택의 건설에 관한 설명으로 옳은 것은? (단, 조례는 고려하지 않음)

① 하나의 건축물에는 단지형 연립주택 또는 단지형 다세대주택과 소형 주택을 함께 건축할 수 없다.
② 국토교통부장관이 적정한 주택수급을 위하여 필요하다고 인정하는 경우, 고용자가 건설하는 주택에 대하여 국민주택규모로 건설하게 할 수 있는 비율은 주택의 75% 이하이다.
③ 「주택법」에 따라 건설사업자로 간주하는 등록사업자는 주택건설사업계획승인을 받은 주택의 건설공사를 시공할 수 없다.
④ 장수명 주택의 인증기준·인증절차 및 수수료 등은 「주택공급에 관한 규칙」으로 정한다.
⑤ 국토교통부장관은 바닥충격음 성능등급을 인정받은 제품이 인정받은 내용과 다르게 판매·시공한 경우에 해당하면 그 인정을 취소하여야 한다.

29 주택법령상 사전방문 등에 관한 설명으로 틀린 것은?

① 사전방문한 입주예정자가 보수공사 등 적절한 조치를 요청한 사항이 하자가 아니라고 판단하는 사업주체는 사용검사권자에게 하자 여부를 확인해줄 것을 요청할 수 있다.
② 사업주체는 사전방문을 주택공급계약에 따라 정한 입주지정기간 시작일 60일 전까지 1일 이상 실시해야 한다.
③ 사업주체가 사전방문을 실시하려는 경우, 사용검사권자에 대한 사전방문계획의 제출은 사전방문기간 시작일 1개월 전까지 해야 한다.
④ 사용검사권자는 사업주체로부터 하자 여부의 확인 요청을 받은 날부터 7일 이내에 하자 여부를 확인하여 해당 사업주체에게 통보해야 한다.
⑤ 보수공사 등의 조치계획을 수립한 사업주체는 사전방문기간의 종료일부터 7일 이내에 사용검사권자에게 해당 조치계획을 제출해야 한다.

30 주택법령상 입주자저축에 관한 설명으로 틀린 것은?

① 입주자저축정보를 제공하는 입주자저축취급기관의 장은 입주자저축정보의 명의인이 요구하더라도 입주자저축정보의 제공사실을 통보하지 아니할 수 있다.
② 국토교통부장관으로부터 「주택법」에 따라 입주자저축정보의 제공 요청을 받은 입주자저축취급기관의 장은 「금융실명거래 및 비밀보장에 관한 법률」에도 불구하고 입주자저축정보를 제공하여야 한다.
③ '입주자저축'이란 국민주택과 민영주택을 공급받기 위하여 가입하는 주택청약종합저축을 말한다.
④ 국토교통부장관은 입주자저축의 납입방식·금액 및 조건등에 필요한 사항에 관한 국토교통부령을 제정하거나 개정할 때에는 기획재정부장관과 미리 협의해야 한다.
⑤ 입주자저축은 한 사람이 한 계좌만 가입할 수 있다.

31 주택법령상 「주택공급에 관한 규칙」으로 정하는 사항을 모두 고른 것은?

㉠ 법 제54조에 따른 주택의 공급
㉡ 법 제57조에 따른 분양가격 산정방식
㉢ 법 제60조에 따른 견본주택의 건축기준
㉣ 법 제65조 제5항에 따른 입주자자격 제한

① ㉠, ㉡, ㉢
② ㉠, ㉡, ㉣
③ ㉠, ㉢, ㉣
④ ㉡, ㉢, ㉣
⑤ ㉠, ㉡, ㉢, ㉣

32 건축법령상 건축물의 '대수선'에 해당하지 않는 것은? (단, 건축물의 증축·개축 또는 재축에 해당하지 않음)

① 보를 두 개 변경하는 것
② 기둥을 세 개 수선하는 것
③ 내력벽의 벽면적을 30m^2 수선하는 것
④ 특별피난계단을 변경하는 것
⑤ 다세대주택의 세대 간 경계벽을 증설하는 것

33 건축법령상 대지의 조경 등의 조치를 하지 아니할 수 있는 건축물이 아닌 것은? (단, 가설건축물은 제외하고, 건축법령상 특례, 기타 강화·완화조건 및 조례는 고려하지 않음)

① 녹지지역에 건축하는 건축물
② 면적 4천m^2인 대지에 건축하는 공장
③ 연면적의 합계가 1천m^2인 공장
④ 「국토의 계획 및 이용에 관한 법률」에 따라 지정된 관리지역(지구단위계획구역으로 지정된 지역이 아님)의 건축물
⑤ 주거지역에 건축하는 연면적의 합계가 1천500m^2인 물류시설

34 건축법령상 공개공지등에 관한 설명으로 옳은 것은? (단, 건축법령상 특례, 기타 강화·완화조건은 고려하지 않음)

① 노후 산업단지의 정비가 필요하다고 인정되어 지정·공고된 지역에는 공개공지등을 설치할 수 없다.
② 공개공지는 필로티의 구조로 설치할 수 없다.
③ 공개공지등을 설치할 때에는 모든 사람들이 환경친화적으로 편리하게 이용할 수 있도록 긴 의자 또는 조경시설 등 건축조례로 정하는 시설을 설치해야 한다.
④ 공개공지등에는 건축조례로 정하는 바에 따라 연간 최장 90일의 기간 동안 주민들을 위한 문화행사를 열거나 판촉활동을 할 수 있다.
⑤ 울타리나 담장 등 시설의 설치 또는 출입구의 폐쇄 등을 통하여 공개공지등의 출입을 제한한 경우 지체 없이 관할 시장·군수·구청장에게 신고하여야 한다.

35 건축법령상 건축물 안전영향평가에 관한 설명으로 옳은 것은?

① 초고층 건축물에 대하여는 건축허가 이후 지체 없이 건축물 안전영향평가를 실시하여야 한다.
② 안전영향평가기관은 안전영향평가를 의뢰받은 날부터 30일 이내에 안전영향평가 결과를 허가권자에게 제출하여야 하며, 이 기간은 연장될 수 없다.
③ 건축물 안전영향평가 결과는 도시계획위원회의 심의를 거쳐 확정된다.
④ 허가권자는 안전영향평가에 대한 심의 결과 및 안전영향평가 내용을 일간신문에 게재하는 방법으로 공개하여야 한다.
⑤ 안전영향평가를 실시하여야 하는 건축물이 다른 법률에 따라 구조안전과 인접 대지의 안전에 미치는 영향 등을 평가받은 경우에는 안전영향평가의 해당 항목을 평가받은 것으로 본다.

36 건축법령상 건축허가 제한 등에 관한 설명으로 옳은 것은?

① 도지사는 지역계획에 특히 필요하다고 인정하더라도 허가받은 건축물의 착공을 제한할 수 없다.
② 시장·군수·구청장이 건축허가를 제한하려는 경우에는 주민의견을 청취한 후 도시계획위원회의 심의를 거쳐야 한다.
③ 건축허가를 제한하는 경우 제한기간은 2년 이내로 하며, 1회에 한하여 1년 이내의 범위에서 제한기간을 연장할 수 있다.
④ 건축허가를 제한하는 경우 국토교통부장관은 제한 목적·기간 등을 상세하게 정하여 지체 없이 공고하여야 한다.
⑤ 건축허가를 제한한 경우 허가권자는 즉시 국토교통부장관에게 보고하여야 하며, 보고를 받은 국토교통부장관은 제한 내용이 지나치다고 인정하면 직권으로 이를 해제하여야 한다.

37 건축법령상 건축물의 마감재료 등에 관한 규정의 일부이다. ( )에 들어갈 내용으로 옳은 것은?

> 대통령령으로 정하는 용도 및 규모의 건축물의 벽, 반자, 지붕(반자가 없는 경우에 한정한다) 등 내부의 (㉠)는 (㉡)에 지장이 없는 재료로 하되, 「실내공기질 관리법」 제5조 및 제6조에 따른 (㉢) 유지기준 및 권고기준을 고려하고 관계 중앙행정기관의 장과 협의하여 국토교통부령으로 정하는 기준에 따른 것이어야 한다.

① ㉠: 난연재료, ㉡: 방화, ㉢: 공기청정
② ㉠: 완충재료, ㉡: 내진, ㉢: 실내공기질
③ ㉠: 완충재료, ㉡: 내진, ㉢: 공기청정
④ ㉠: 마감재료, ㉡: 방화, ㉢: 실내공기질
⑤ ㉠: 마감재료, ㉡: 내진, ㉢: 실내공기질

38 건축법령상 건축허가 대상 건축물로서 내진능력을 공개하여야 하는 건축물에 해당하지 <u>않는</u> 것은? (단, 소규모건축구조기준을 적용한 건축물이 아님)

① 높이가 13m인 건축물
② 처마높이가 9m인 건축물
③ 기둥과 기둥 사이의 거리가 10m인 건축물
④ 건축물의 용도 및 규모를 고려한 중요도가 높은 건축물로서 국토교통부령으로 정하는 건축물
⑤ 국가적 문화유산으로 보존할 가치가 있는 것으로 문화체육관광부령으로 정하는 건축물

39 농지법령상 농지의 타용도 일시사용신고를 할 수 있는 용도에 해당하지 <u>않는</u> 것은? (단, 일시사용기간은 6개월 이내이며, 신고의 다른 요건은 충족한 것으로 봄)

① 썰매장으로 사용하는 경우
② 지역축제장으로 사용하는 경우
③ 해당 농지에서 허용되는 주목적사업을 위하여 물건을 매설하는 경우
④ 해당 농지에서 허용되는 주목적사업을 위하여 현장 사무소를 설치하는 경우
⑤ 「전기사업법」상 전기사업을 영위하기 위한 목적으로 「신에너지 및 재생에너지 개발·이용·보급 촉진법」에 따른 태양에너지 발전설비를 설치하는 경우

40 농지법령상 농지를 농축산물 생산시설의 부지로 사용할 경우 '농지의 전용'으로 보지 <u>않는</u> 것을 모두 고른 것은?

> ㄱ. 연면적 33m²인 농막
> ㄴ. 연면적 33m²인 간이저온저장고
> ㄷ. 저장 용량이 200톤인 간이액비저장조

① ㄱ
② ㄴ
③ ㄱ, ㄷ
④ ㄴ, ㄷ
⑤ ㄱ, ㄴ, ㄷ

특별제공 정답 및 해설

한눈에 보는 정답

01	02	03	04	05	06	07	08	09	10
①	②	④	⑤	②	③	②	⑤	③	②
11	12	13	14	15	16	17	18	19	20
④	③	②	⑤	①	④	③	④	⑤	④
21	22	23	24	25	26	27	28	29	30
⑤	①	②	②	④	①	③	①	②	①
31	32	33	34	35	36	37	38	39	40
③	①	⑤	③	⑤	③	④	⑤	⑤	④

01 ①

영역 국토의 계획 및 이용에 관한 법률 > 총칙

해설

② 성장관리계획구역에서의 난개발을 방지하고 계획적인 개발을 유도하기 위하여 수립하는 계획은 '성장관리계획'이다.
③ 자전거전용도로는 '기반시설'에 해당한다.
④ 지구단위계획구역의 지정에 관한 계획은 '도시·군관리계획'에 해당한다.
⑤ '개발밀도관리구역'은 기반시설을 설치하기 곤란한 지역을 대상으로 지정한다.

02 ②

영역 국토의 계획 및 이용에 관한 법률 > 용도지역·용도지구·용도구역

해설

농림지역에서 「수도법」에 따른 상수원보호구역을 지정하는 경우 국토교통부장관의 승인을 받지 아니한다.

03 ④

영역 국토의 계획 및 이용에 관한 법률 > 도시·군계획

해설

① 도시·군기본계획의 내용이 광역도시계획의 내용과 다를 때에는 광역도시계획의 내용이 우선한다.
② 도시·군기본계획의 수립권자가 생활권계획을 따로 수립한 때에는 해당 계획이 수립된 생활권에 대해서는 도시·군기본계획이 수립된 것으로 본다.

③ 시장·군수는 미리 지방의회의 의견을 들어 수립한 도시·군기본계획의 경우 도지사는 관계 행정기관의 장과 협의한 후 지방도시계획위원회의 심의를 거쳐야 해당 계획을 승인할 수 있다.
⑤ 광역도시계획이나 도시·군기본계획을 수립할 때 도시·군관리계획을 함께 입안할 수 있다.

04 ⑤

영역 국토의 계획 및 이용에 관한 법률 > 도시·군계획

해설
① 도시·군관리계획 결정의 효력은 지형도면을 고시한 날부터 발생한다.
② 수산자원보호구역이나 시가화조정구역의 지정에 관한 도시·군관리계획 결정 당시 이미 사업에 착수한 자는 특별시장·광역시장·특별자치시장·특별자치도지사·시장 또는 군수에게 도시·군관리계획의 고시일부터 3월 이내에 신고하고 그 사업이나 공사를 계속할 수 있다.
③ 국토교통부장관(수산자원보호구역의 경우 해양수산부장관)이나 도지사는 도시·군관리계획을 직접 입안한 경우에는 관계 특별시장·광역시장·특별자치시장·특별자치도지사·시장 또는 군수의 의견을 들어 직접 지형도면을 작성할 수 있다.
④ 시장·군수가 입안한 지구단위계획의 수립에 관한 도시·군관리계획은 시장·군수가 직접 결정한다.

05 ②

영역 국토의 계획 및 이용에 관한 법률 > 용도지역·용도지구·용도구역

해설
복합용도구역 또는 도시혁신구역으로 지정된 지역은 「건축법」 제69조에 따른 특별건축구역으로 지정된 것으로 본다.

06 ③

영역 국토의 계획 및 이용에 관한 법률 > 도시·군계획시설사업의 시행

해설
① 도시·군계획시설 결정의 고시일부터 10년 이내에 도시·군계획시설사업이 시행되지 않아도 그 사업의 실시계획인가나 그에 상당하는 절차가 진행된 경우에는 그 토지의 매수를 청구할 수 없다.
② 공동구가 설치된 경우 가스관, 하수도관은 공동구협의회의 심의를 거쳐야 공동구에 수용할 수 있다.
④ 시설결정의 고시일부터 20년이 지날 때까지 시설사업이 시행되지 아니하는 경우 그 시설결정은 20년이 되는 날의 다음 날에 효력을 잃는다.
⑤ 시설결정의 고시일부터 10년 이내에 시설사업이 시행되지 아니하는 경우 그 도시·군계획시설 부지로 되어 있는 토지의 소유자는 해당 도시·군계획시설에 대한 도시·군관리계획 입안권자에게 토지의 도시·군계획시설 결정 해제를 위한 도시·군관리계획 입안을 신청할 수 있다.

07 ②

영역 국토의 계획 및 이용에 관한 법률 > 개발행위의 허가 등

해설

① 도시·군계획사업(다른 법률에 따라 도시·군계획사업을 의제한 사업을 포함)에 의한 행위는 개발행위허가를 받지 않아도 된다.
③ 허가를 받은 건축물의 연면적을 5% 범위에서 축소하려는 경우에는 허가권자에게 미리 변경허가를 받지 않고 통지하여야 한다.
④ 허가의 신청이 있는 경우 특별한 사유가 없으면 15일(도시계획위원회의 심의를 거쳐야 하거나 관계 행정기관의 장과 협의를 하여야 하는 경우에는 심의 또는 협의기간을 제외) 이내에 허가 또는 불허가의 처분을 하여야 한다.
⑤ 국토교통부장관이 지구단위계획구역으로 지정된 지역에 대하여 허가의 제한을 연장하려면 중앙도시계획위원회의 심의를 거치지 아니하고 한 차례만 2년 이내의 기간 동안 개발행위허가의 제한을 연장할 수 있다.

08 ⑤

영역 국토의 계획 및 이용에 관한 법률 > 용도지역·용도지구·용도구역

해설

① 용도지역은 토지를 경제적·효율적으로 이용하고 공공복리의 증진을 도모하기 위하여 서로 중복되지 아니하게 지정할 수 있다.
② 용도지역은 필요한 경우, 도시·군관리계획으로 결정할 수 있다.
③ 주민은 자연녹지지역·계획관리지역 또는 생산관리지역에 산업·유통개발진흥지구를 지정하여 줄 것을 내용으로 하는 도시·군관리계획의 입안을 제안할 수 있다.
④ 바다인 공유수면의 매립구역이 둘 이상의 용도지역과 이웃하고 있는 경우 그 매립구역이 속할 용도지역은 도시·군관리계획 결정으로 지정하여야 한다.

09 ③

영역 국토의 계획 및 이용에 관한 법률 > 개발행위의 허가 등

해설

① 공원의 이용을 위하여 필요한 편의시설은 기반시설부담구역에 설치가 필요한 기반시설에 해당한다.
② 기반시설부담구역에서 기존 건축물을 철거하고 신축하는 경우에는 기존 건축물의 건축연면적을 초과하는 건축행위만 기반시설설치비용의 부과대상으로 한다.
④ 기반시설부담구역 내에서 신축된 「건축법 시행령」상의 종교집회장은 기반시설설치비용의 부과대상에서 제외되는 건축물이다.
⑤ 기반시설부담구역으로 지정된 지역에 대해서는 중앙도시계획위원회나 지방도시계획위원회의 심의를 거치지 아니하고 한 차례만 2년 이내의 기간 동안 개발행위허가의 제한을 연장할 수 있다.

10 ②

영역 국토의 계획 및 이용에 관한 법률 > 용도지역·용도지구·용도구역

해설

개발진흥지구는 주거개발진흥지구, 산업·유통개발진흥지구, 관광·휴양개발진흥지구, 복합개발진흥지구, 특정개발진흥지구로 세분하여 지정할 수 있다.

11 ④

영역 국토의 계획 및 이용에 관한 법률 > 개발행위의 허가 등

해설

개발밀도관리구역에서는 해당 용도지역에 적용되는 용적률의 최대한도의 50% 범위에서 용적률을 강화하여 적용한다.

12 ③

영역 국토의 계획 및 이용에 관한 법률 > 개발행위의 허가 등

해설

성장관리계획구역에서는 다음의 구분에 따른 범위에서 성장관리계획으로 정하는 바에 따라 특별시·광역시·특별자치시·특별자치도·시 또는 군의 조례로 정하는 비율까지 건폐율을 완화하여 적용할 수 있다.
1. 계획관리지역: 50% 이하
2. 생산관리지역·농림지역·자연녹지지역 및 생산녹지지역: 30% 이하

13 ②

영역 도시개발법 > 도시개발계획 및 구역 지정

해설

① 도시개발구역의 토지면적을 산정하는 경우: 국공유지를 포함하여 산정할 것
③ 둘 이상 필지의 토지를 소유한 공유자가 동일한 경우: 공유자 여럿을 대표하는 1인을 토지소유자로 볼 것
④ 1필지의 토지소유권을 여럿이 공유하는 경우: 다른 공유자의 동의를 받은 대표공유자 1인을 해당 토지소유자로 볼 것. 단, 「집합건물의 소유 및 관리에 관한 법률」에 따른 구분소유자는 각각을 토지소유자 1인으로 본다.
⑤ 도시개발구역의 지정이 제안된 후부터 개발계획이 수립되기 전까지의 사이에 토지소유자가 변경된 경우: 기존 토지소유자의 동의서를 기준으로 할 것

14 ⑤

영역 도시개발법 > 도시개발사업

해설

도시개발구역의 토지소유자가 도시개발을 위하여 설립한 조합은 도시개발구역의 전부를 환지방식으로 시행하는 경우에 시행자로 지정된다.

15 ①

영역 도시개발법 > 도시개발사업

해설

토지상환채권은 민간사업시행자가 대통령령으로 정하는 금융기관(은행, 보험회사, 공제조합) 등으로부터 지급보증을 받은 경우에만 발행할 수 있으며, 한국토지주택공사가 토지상환채권을 발행할 경우에는 별도 지급보증 없이 발행할 수 있으므로 보증기관 및 보증의 내용은 발행계획에 포함되지 않는다.

16 ④

영역 도시개발법 > 도시개발사업

해설

도시개발사업으로 임차권등의 목적인 토지 또는 지역권에 관한 승역지(承役地)의 이용이 증진되거나 방해를 받아 종전의 임대료·지료, 그 밖의 사용료 등이 불합리하게 되면 당사자는 계약 조건에도 불구하고 장래에 관하여 그 증감을 청구할 수 있다. 도시개발사업으로 건축물이 이전된 경우 그 임대료에 관하여도 또한 같다.

17 ③

영역 도시개발법 > 도시개발사업

해설

① 조합을 설립하려면 도시개발구역의 토지소유자 7명 이상이 정관을 작성하여 지정권자에게 조합설립의 인가를 받아야 한다.
② 조합이 설립인가를 받은 사항 중 청산에 관한 사항을 변경하려는 경우에는 지정권자로부터 변경인가를 받아야 한다.
④ 조합은 총회의 권한을 대행하게 하기 위하여 대의원회를 둘 수 있다.
⑤ 조합의 임원으로 선임된 자가 금고 이상의 형을 선고받으면 그 다음 날부터 임원의 자격을 상실한다.

18 ④

영역 도시개발법 > 도시개발사업

해설

지정권자는 도시개발구역지정 이후 다음의 어느 하나에 해당하는 경우에는 도시개발사업의 시행방식을 변경할 수 있다.
1. 도시개발사업의 시행방식을 수용 또는 사용방식에서 전부 환지방식으로 변경하는 경우
2. 도시개발사업의 시행방식을 혼용방식에서 전부 환지방식으로 변경하는 경우
3. 도시개발사업의 시행방식을 수용 또는 사용방식에서 혼용방식으로 변경하는 경우

19 ⑤

영역 도시 및 주거환경정비법 > 총칙

해설

'토지등소유자'란 다음의 어느 하나에 해당하는 자를 말한다. 다만, 「자본시장과 금융투자업에 관한 법률」에 따른 신탁업자가 사업시행자로 지정된 경우 토지등소유자가 정비사업을 목적으로 신탁업자에게 신탁한 토지 또는 건축물에 대하여는 위탁자를 토지등소유자로 본다.
1. 주거환경개선사업 및 재개발사업의 경우에는 정비구역에 위치한 토지 또는 건축물의 소유자 또는 그 지상권자
2. 재건축사업의 경우에는 정비구역에 위치한 건축물 및 그 부속토지의 소유자

20 ④

영역 도시 및 주거환경정비법 > 기본계획 수립 및 정비구역 지정

해설

정비계획의 입안권자는 주택수급의 안정과 저소득 주민의 입주기회 확대를 위하여 정비사업으로 건설하는 주택에 대하여 다음의 구분에 따른 범위에서 국토교통부장관이 정하여 고시하는 임대주택 및 주택규모별 건설비율 등을 정비계획에 반영하여야 한다.
1. 「주택법」에 따른 국민주택규모의 주택이 전체 세대수의 100분의 90 이하에서 대통령령으로 정하는 범위
2. 공공임대주택 및 「민간임대주택에 관한 특별법」에 따른 민간임대주택이 전체 세대수 또는 전체 연면적의 100분의 30 이하에서 대통령령으로 정하는 범위

21 ⑤

영역 도시 및 주거환경정비법 > 정비사업

해설

재건축사업은 정비구역에서 인가받은 관리처분계획에 따라 주택, 부대시설·복리시설 및 오피스텔을 건설하여 공급하는 방법으로 하며, 오피스텔을 건설하여 공급하는 경우에는 「국토의 계획 및 이용에 관한 법률」에 따른 준주거지역 및 상업지역에서만 건설할 수 있다.

22 ①

영역 도시 및 주거환경정비법 > 정비사업

해설

② 재개발사업의 추진위원회가 조합을 설립하려면 토지등소유자의 4분의 3 이상 및 토지면적의 2분의 1 이상의 토지소유자의 동의를 받아야 한다.
③ 토지등소유자가 20인 미만인 경우 토지등소유자는 조합을 설립하지 아니하고 재개발사업을 시행할 수 있다.
④ 조합은 조합설립인가를 받은 때에는 정관으로 정하는 바에 따라 토지등소유자에게 그 내용을 통지하고, 이해관계인이 열람할 수 있도록 하여야 한다.
⑤ 추진위원회는 조합설립에 필요한 동의를 받기 전에 추정분담금 등 대통령령으로 정하는 정보를 토지등소유자에게 제공하여야 한다.

23 ②

영역 도시 및 주거환경정비법 > 정비사업

해설

① 「경관법」에 따른 경관 심의는 통합심의 대상이다.
③ 통합심의를 거친 경우 해당 사항에 대한 조정 또는 재정을 거친 것으로 본다.
④ 통합심의위원회 위원장과 부위원장은 통합심의위원회의 위원 중에서 정비구역지정권자가 임명하거나 위촉한다.
⑤ 사업시행자는 통합심의를 신청할 수 있다.

24 ②

영역 도시 및 주거환경정비법 > 정비사업

해설

사업시행자는 관리처분계획이 인가·고시된 다음 날부터 90일 이내에 다음에서 정하는 자와 토지, 건축물 또는 그 밖의 권리의 손실보상에 관한 협의를 하여야 한다. 다만, 사업시행자는 분양신청기간 종료일의 다음 날부터 협의를 시작할 수 있다.
1. 분양신청을 하지 아니한 자
2. 분양신청기간 종료 이전에 분양신청을 철회한 자
3. 분양신청을 할 수 없는 자
4. 인가된 관리처분계획에 따라 분양대상에서 제외된 자

25 ④
영역 주택법 > 총칙
해설
도로·상하수도·전기시설·통신시설·지역난방시설 등은 기간시설이며, 어린이놀이터는 복리시설에 속한다.

26 ①
영역 주택법 > 주택의 건설
해설
승인받은 사업계획 중 사업계획승인의 조건으로 부과된 사항을 이행함에 따라 발생되는 변경은 경미한 변경에 속하기 때문에 변경승인을 받지 않아도 되지만, 공공시설 설치계획의 변경이 필요한 경우에는 사업계획승인권자로부터 변경승인을 받아야 한다.

27 ③
영역 주택법 > 총칙
해설
수직증축형 리모델링의 허용 요건은 다음에 따른 범위를 말한다.
1. 수직으로 증축하는 행위(이하 '수직증축형 리모델링'이라 한다)의 대상이 되는 기존 건축물의 층수가 15층 이상인 경우: 3개 층
2. 수직증축형 리모델링의 대상이 되는 기존 건축물의 층수가 14층 이하인 경우: 2개 층

28 ①
영역 주택법 > 주택의 건설
해설
② 국토교통부장관이 적정한 주택수급을 위하여 필요하다고 인정하는 경우, 사업주체가 건설하는 주택의 75%(주택조합이나 고용자가 건설하는 주택은 100%) 이하의 범위에서 일정 비율 이상을 국민주택규모로 건설하게 할 수 있다.
③ 「주택법」에 따라 건설사업자로 간주하는 등록사업자는 주택건설사업계획승인을 받은 주택의 건설공사를 시공할 수 있다.
④ 장수명 주택의 인증기준·인증절차 및 수수료 등은 국토교통부령으로 정한다.
⑤ 국토교통부장관은 바닥충격음 성능등급을 인정받은 제품이 인정받은 내용과 다르게 판매·시공한 경우에 해당하면 그 인정을 취소할 수 있다.

29 ②

영역 주택법 > 주택의 건설
해설

사업주체는 사전방문을 주택공급계약에 따라 정한 입주지정기간 시작일 45일 전까지 2일 이상 실시해야 한다.

30 ①

영역 주택법 > 주택의 공급
해설

입주자저축정보를 제공한 입주자저축취급기관의 장은 「금융실명거래 및 비밀보장에 관한 법률」에도 불구하고 입주자저축정보의 제공사실을 명의인에게 통보하지 아니할 수 있다. 다만, 입주자저축정보를 제공하는 입주자저축취급기관의 장은 입주자저축정보의 명의인이 요구할 때에는 입주자저축정보의 제공사실을 통보하여야 한다.

31 ③

영역 주택법 > 주택의 공급
해설

ⓒ 법 제57조에 따른 분양가격 산정방식 등은 「공동주택 분양가격의 산정 등에 관한 규칙」으로 정한다.

32 ①

영역 건축법 > 총칙
해설

보를 증설 또는 해체하거나 3개 이상 수선 또는 변경하는 경우 대수선에 해당한다.

33 ⑤

영역 건축법 > 건축물의 대지와 도로
해설

연면적의 합계가 1천500m² 미만인 물류시설은 대지의 조경 등의 조치를 하지 아니할 수 있지만, 주거지역 또는 상업지역에 건축하는 경우에는 하여야 한다.

34 ③

영역 건축법 > 건축물의 대지와 도로

해설

① 노후 산업단지의 정비가 필요하다고 인정되어 지정·공고된 지역에는 공개공지등을 설치하여야 한다.
② 공개공지는 필로티의 구조로 설치할 수 있다.
④ 공개공지등에는 건축조례로 정하는 바에 따라 연간 60일 이내의 기간 동안 주민들을 위한 문화행사를 열거나 판촉활동을 할 수 있다.
⑤ 울타리나 담장 등 시설의 설치 또는 출입구의 폐쇄 등을 통하여 공개공지등의 출입을 제한하는 행위를 하여서는 아니 된다.

35 ⑤

영역 건축법 > 건축물의 건축

해설

① 허가권자는 초고층 건축물 또는 16층 이상이고 연면적이 10만m^2 이상인 건축물에 대하여 건축허가를 하기 전에 건축물의 구조, 지반 및 풍환경 등이 건축물의 건축안전과 인접 대지의 안전에 미치는 영향 등을 평가하는 건축물 안전영향평가를 안전영향평가기관에 의뢰하여 실시하여야 한다.
② 안전영향평가기관은 안전영향평가를 의뢰받은 날부터 30일 이내에 안전영향평가 결과를 허가권자에게 제출하여야 한다. 다만, 부득이한 경우에는 20일의 범위에서 그 기간을 한 차례만 연장할 수 있다.
③ 건축물 안전영향평가 결과는 건축위원회의 심의를 거쳐 확정된다.
④ 허가권자는 안전영향평가에 대한 심의 결과 및 안전영향평가 내용을 국토교통부령으로 정하는 방법에 따라 즉시 공개하여야 한다.

36 ③

영역 건축법 > 건축물의 건축

해설

① 특별시장·광역시장·도지사는 지역계획에 특히 필요하다고 인정하면 허가받은 건축물의 착공을 제한할 수 있다.
② 국토교통부장관이나 시·도지사는 건축허가를 제한하려는 경우에는 주민의견을 청취한 후 건축위원회의 심의를 거쳐야 한다.
④ 건축허가를 제한하는 경우 국토교통부장관은 제한 목적기간 등을 상세하게 정하여 허가권자에게 통보하여야 하며, 통보를 받은 허가권자는 지체 없이 이를 공고하여야 한다.
⑤ 특별시장·광역시장·도지사는 시장·군수·구청장의 건축허가를 제한한 경우 즉시 국토교통부장관에게 보고하여야 하며, 보고를 받은 국토교통부장관은 제한 내용이 지나치다고 인정하면 해제를 명할 수 있다.

37 ④

영역 건축법 > 건축물의 구조 및 재료

해설

대통령령으로 정하는 용도 및 규모의 건축물의 벽, 반자, 지붕(반자가 없는 경우에 한정한다) 등 내부의 마감재료는 방화에 지장이 없는 재료로 하되, 「실내공기질 관리법」 제5조 및 제6조에 따른 실내공기질 유지기준 및 권고기준을 고려하고 관계 중앙행정기관의 장과 협의하여 국토교통부령으로 정하는 기준에 따른 것이어야 한다.

38 ⑤

영역 건축법 > 건축물의 구조 및 재료

해설

국가적 문화유산으로 보존할 가치가 있는 것으로 문화체육관광부령이 아닌 국토교통부령으로 정하는 건축물이 건축허가 대상 건축물로서 내진능력을 공개하여야 하는 건축물에 해당한다.

39 ⑤

영역 농지법 > 농지의 보전

해설

「전기사업법」상 전기사업을 영위하기 위한 목적으로 「신에너지 및 재생에너지 개발·이용·보급 촉진법」에 따른 태양에너지 발전설비를 설치하는 경우는 농지의 타용도 일시사용허가를 받아야 되는 용도에 해당한다.

40 ④

영역 농지법 > 총칙

해설

㉠ 농림축산식품부령으로 정하는 시설인 연면적 20m² 이하인 농막인 경우 생산시설의 부지로 사용할 경우 '농지의 전용'으로 보지 않는다.

PART 1

국토의 계획 및 이용에 관한 법률

		3회독 체크
CHAPTER 01	총칙	☑ ☐ ☐
CHAPTER 02	광역도시계획	☐ ☐ ☐
CHAPTER 03	도시·군계획	☐ ☐ ☐
CHAPTER 04	용도지역·용도지구·용도구역	☐ ☐ ☐
CHAPTER 05	도시·군계획시설사업의 시행	☐ ☐ ☐
CHAPTER 06	지구단위계획	☐ ☐ ☐
CHAPTER 07	개발행위의 허가 등	☐ ☐ ☐
CHAPTER 08	보칙 및 벌칙 등	☐ ☐ ☐

각 단원의 회독 수를 체크해보세요.

30%
(약 12문제)

PART 1 최근 8개년 출제비중

제35회 출제경향

국토의 계획 및 이용에 관한 법률은 上난이도 4문제, 中난이도 3문제, 下난이도가 5문제가 출제되었습니다. 용도지역·용도지구·용도구역, 개발행위의 허가 등에서 각각 4문제 출제되어 가장 많이 출제되었고, 광역도시계획과 지구단위계획에서는 올해 출제되지 않았습니다. 또한, 도시·군계획에서 2문제, 총칙 및 도시·군계획시설사업의 시행에서 각각 1문제씩 출제되었으며, 이전 시험에서는 자주 출제되지 않았던 보칙 및 벌칙에서 작년에 2문제나 출제되었지만 올해는 출제되지 않았습니다.

8개년 회차별 출제빈도 분석표

회차	28회	29회	30회	31회	32회	33회	34회	35회	비중(%)
CHAPTER 01	1	1	1					1	4.2
CHAPTER 02	2	1		1	1	1			6.3
CHAPTER 03	2	1	1	2	2	1	1	2	12.5
CHAPTER 04	3	5	4	3	2	3	3	4	28
CHAPTER 05	2	1	1	1	3	1	1	1	11.5
CHAPTER 06	1	1	1		1		2		6.3
CHAPTER 07	1	2	4	4	3	4	3	4	26
CHAPTER 08				1		2	2		5.2

*복합문제이거나, 법률이 개정 및 제정된 경우 분류 기준에 따라 위 수치와 달라질 수 있습니다.

CHAPTER 01 총칙

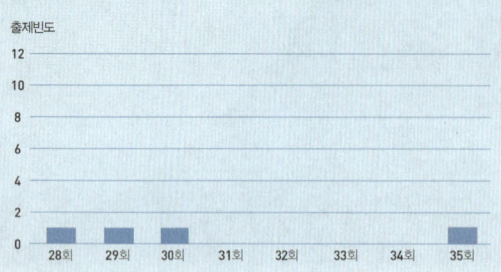

▌8개년 출제 문항 수
총 40문제 中 평균 약 0.5문제 출제

▌이 단원을 공략하고 싶다면?
용어의 정의를 중점적으로 공부하자

↳ 기본서 [부동산공법] pp. 16~26

대표기출 2009년 제20회 A형 81번 문제 수정 | 난이도 중

국토의 계획 및 이용에 관한 법령상 용어에 관한 설명으로 옳은 것은?

① '도시·군계획'은 광역도시계획과 도시·군관리계획으로 구분한다.
② '공공시설'은 기반시설 중 도시·군관리계획으로 결정된 시설을 말한다.
③ '도시·군기본계획'은 시·군·구의 관할 구역에 대하여 기본적인 공간구조를 제시하는 계획이다.
④ '광역도시계획'은 광역계획권의 장기발전방향을 제시하는 계획이다.
⑤ '용도구역'은 용도지역의 행위제한을 강화하기 위하여 시장·군수가 도시·군관리계획으로 결정하는 지역이다.

기출공략 [키워드] 종합적인 용어 정의

용어에 관한 문제는 지문 속에서 키워드를 찾는 것이 핵심입니다.

★8개년 기출회차: 30회, 32회, 35회

국토의 계획 및 이용에 관한 법령상 용어에 관한 설명으로 옳은 것은? (④)

① '도시·군계획'은 ~~광역도시계획~~과 도시·군관리계획으로 구분한다. (✕)
   → '도시·군계획'이란 특별시·광역시·특별자치시·특별자치도·시 또는 군(광역시의 관할 구역에 있는 군은 제외)의 관할 구역에 대하여 수립하는 공간구조와 발전방향에 대한 계획으로서 도시·군기본계획과 도시·군관리계획으로 구분한다.

② ~~공공시설~~은 기반시설 중 도시·군관리계획으로 결정된 시설을 말한다. (✕)
   → 도시·군계획시설

③ '도시·군기본계획'은 시·군·~~구~~의 관할 구역에 대하여 기본적인 공간구조를 제시하는 계획이다. (✕)
   → '도시·군기본계획'이란 특별시·광역시·특별자치시·특별자치도·시 또는 군의 관할 구역 및 생활권에 대하여 기본적인 공간구조와 장기발전방향을 제시하는 종합계획으로서 도시·군관리계획 수립의 지침이 되는 계획을 말하며, 구는 해당하지 않는다.

④ ⟨광역도시계획⟩은 광역계획권의 장기발전방향을 제시하는 계획이다. (O)

⑤ '용도구역'은 용도지역의 행위제한을 강화하기 위하여 ~~시장·군수~~가 도시·군관리계획으로 결정하는 지역이다. (✕)
   → '용도구역'이란 용도지역·용도지구의 행위제한을 강화 또는 완화하기 위하여 국토교통부장관 또는 시·도지사, 대도시의 시장이 도시·군관리계획으로 결정하는 지역을 말한다.

이론플러스 「국토의 계획 및 이용에 관한 법률」상 용어의 정의

광역도시계획	광역계획권의 장기발전방향을 제시하는 계획을 말한다.
도시·군계획	특별시·광역시·특별자치시·특별자치도·시 또는 군(광역시의 관할 구역에 있는 군은 제외)의 관할 구역에 대하여 수립하는 공간구조와 발전방향에 대한 계획으로서 도시·군기본계획과 도시·군관리계획으로 구분한다.
도시·군기본계획	특별시·광역시·특별자치시·특별자치도·시 또는 군의 관할 구역 및 생활권에 대하여 기본적인 공간구조와 장기발전방향을 제시하는 종합계획으로서 도시·군관리계획 수립의 지침이 되는 계획을 말한다.
용도구역	토지의 이용 및 건축물의 용도·건폐율·용적률·높이 등에 대한 용도지역 및 용도지구의 제한을 강화하거나 완화하여 따로 정함으로써 시가지의 무질서한 확산방지, 계획적이고 단계적인 토지이용의 도모, 혁신적이고 복합적인 토지활용의 촉진, 토지이용의 종합적 조정·관리 등을 위하여 도시·군관리계획으로 결정하는 지역을 말한다.
도시·군계획시설	기반시설 중 도시·군관리계획으로 결정된 시설을 말한다.

01

「국토의 계획 및 이용에 관한 법률」상 용어의 정의에 관한 조문의 일부이다. (   )에 들어갈 내용을 바르게 나열한 것은? • 30회

> '(㉠)'(이)란 토지의 이용 및 건축물의 용도·건폐율·용적률·높이 등에 대한 (㉡)의 제한을 강화하거나 완화하여 적용함으로써 (㉡)의 기능을 증진시키고 경관·안전 등을 도모하기 위하여 도시·군관리계획으로 결정하는 지역을 말한다.

① ㉠: 용도지구, ㉡: 용도지역
② ㉠: 용도지구, ㉡: 용도구역
③ ㉠: 용도지역, ㉡: 용도지구
④ ㉠: 용도지구, ㉡: 용도지역 및 용도구역
⑤ ㉠: 용도지역, ㉡: 용도구역 및 용도지구

키워드 용도지구·용도지역

해설 (㉠ 용도지구)란 토지의 이용 및 건축물의 용도·건폐율·용적률·높이 등에 대한 (㉡ 용도지역)의 제한을 강화하거나 완화하여 적용함으로써 (㉡ 용도지역)의 기능을 증진시키고 경관·안전 등을 도모하기 위하여 도시·군관리계획으로 결정하는 지역을 말한다.

02

국토의 계획 및 이용에 관한 법령상 도시·군관리계획을 시행하기 위한 사업으로 도시·군계획사업에 해당하는 것을 모두 고른 것은? • 29회

> ㉠ 도시·군계획시설사업
> ㉡ 「도시개발법」에 따른 도시개발사업
> ㉢ 「도시 및 주거환경정비법」에 따른 정비사업

① ㉠
② ㉠, ㉡
③ ㉠, ㉢
④ ㉡, ㉢
⑤ ㉠, ㉡, ㉢

키워드 도시·군계획사업

해설 '도시·군계획사업'이란 도시·군관리계획을 시행하기 위한 ㉠ 도시·군계획시설사업, ㉡ 「도시개발법」에 따른 도시개발사업, ㉢ 「도시 및 주거환경정비법」에 따른 정비사업을 말한다.

03 국토의 계획 및 이용에 관한 법령상 아래 내용을 뜻하는 용어는? • 30회 수정

> 도시·군계획 수립 대상지역의 일부에 대하여 토지이용을 합리화하고 그 기능을 증진시키며 미관을 개선하고 양호한 환경을 확보하며, 그 지역을 체계적·계획적으로 관리하기 위하여 수립하는 도시·군관리계획

① 일부관리계획
② 지구단위계획
③ 도시·군기본계획
④ 시가화조정구역계획
⑤ 성장관리계획

키워드 지구단위계획

해설 지구단위계획은 도시·군계획 수립 대상지역의 일부에 대하여 토지이용을 합리화하고 그 기능을 증진시키며 미관을 개선하고 양호한 환경을 확보하며, 그 지역을 체계적·계획적으로 관리하기 위하여 수립하는 도시·군관리계획을 말한다.

04 국토의 계획 및 이용에 관한 법령상 기반시설의 종류와 그 해당 시설의 연결이 **틀린** 것은? • 25회, 26회, 28회, 32회

① 교통시설 – 차량검사 및 면허시설
② 공간시설 – 녹지
③ 유통·공급시설 – 방송·통신시설
④ 공공·문화체육시설 – 학교
⑤ 보건위생시설 – 폐기물처리 및 재활용시설

키워드 기반시설의 종류

해설 보건위생시설에는 장사시설·도축장·종합의료시설이 있으며, 폐기물처리 및 재활용시설은 환경기초시설에 해당한다.

정답 01 ① 02 ⑤ 03 ② 04 ⑤

05

국토의 계획 및 이용에 관한 법령상 기반시설인 자동차정류장을 세분할 경우 이에 해당하지 <u>않는</u> 것은? • 27회

① 물류터미널
② 공영차고지
③ 복합환승센터
④ 화물자동차 휴게소
⑤ 교통광장

키워드 기반시설 중 자동차정류장의 세분

해설 자동차정류장을 세분하면 여객자동차터미널·물류터미널·공영차고지·공동차고지·화물자동차 휴게소·복합환승센터·환승센터가 있으며, 교통광장은 광장의 세부항목에 해당한다.

06

국토의 계획 및 이용에 관한 법령상의 용어에 관한 설명으로 <u>틀린</u> 것은? • 21회 수정

① 도시·군계획은 도시·군기본계획과 도시·군관리계획으로 구분한다.
② 용도지역·용도지구의 지정 또는 변경에 관한 계획은 도시·군관리계획으로 결정한다.
③ 지구단위계획은 도시·군관리계획으로 결정한다.
④ 도시·군관리계획을 시행하기 위한 「도시개발법」에 따른 도시개발사업은 도시·군계획사업에 포함된다.
⑤ 기반시설은 도시·군계획시설 중 도시·군관리계획으로 결정된 시설을 말한다.

키워드 종합적인 용어 정의

해설 도시·군계획시설은 기반시설 중 도시·군관리계획으로 결정된 시설을 말한다.

07 국토의 계획 및 이용에 관한 법령상 용어에 관한 설명으로 옳은 것은? • 35회

① 행정청이 설치하는 공동묘지는 '공공시설'에 해당한다.
② 성장관리계획구역에서의 난개발을 방지하고 계획적인 개발을 유도하기 위하여 수립하는 계획은 '공간재구조화계획'이다.
③ 자전거전용도로는 '기반시설'에 해당하지 않는다.
④ 지구단위계획구역의 지정에 관한 계획은 '도시·군기본계획'에 해당한다.
⑤ '기반시설부담구역'은 기반시설을 설치하기 곤란한 지역을 대상으로 지정한다.

키워드 종합적인 용어 정의

해설 ② 성장관리계획구역에서의 난개발을 방지하고 계획적인 개발을 유도하기 위하여 수립하는 계획은 '성장관리계획'이다.
③ 자전거전용도로는 '기반시설'에 해당한다.
④ 지구단위계획구역의 지정에 관한 계획은 '도시·군관리계획'에 해당한다.
⑤ '개발밀도관리구역'은 기반시설을 설치하기 곤란한 지역을 대상으로 지정한다.

이론플러스 공공시설

1. 도로·공원·철도·수도·항만·공항·광장·녹지·공공공지·공동구·하천·유수지·방화설비·방풍설비·방수설비·사방설비·방조설비·하수도·구거(溝渠: 도랑) 등 공공용 시설
2. 행정청이 설치하는 시설로서 주차장, 저수지, 공공필요성이 인정되는 체육시설 중 운동장, 장사시설 중 화장장·공동묘지·봉안시설

정답 05 ⑤ 06 ⑥ 07 ①

CHAPTER 02 광역도시계획

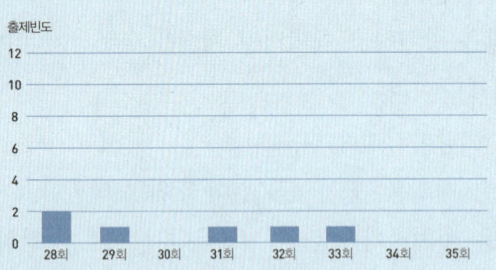

■ 8개년 출제 문항 수
총 40문제 中 평균 약 1문제 출제

■ 이 단원을 공략하고 싶다면?
광역계획권의 지정권자를 중점적으로 이해하자

↳ 기본서 [부동산공법] pp. 27~33

대표기출 2016년 제27회 A형 89번 문제 수정 | 난이도 ●

국토의 계획 및 이용에 관한 법령상 광역도시계획에 관한 설명으로 옳은 것은?

① 국토교통부장관이 광역계획권을 지정하려면 관계 지방도시계획위원회의 심의를 거쳐야 한다.
② 도지사가 시장 또는 군수의 요청으로 관할 시장 또는 군수와 공동으로 광역도시계획을 수립하는 경우에는 국토교통부장관의 승인을 받지 않고 광역도시계획을 수립할 수 있다.
③ 중앙행정기관의 장은 국토교통부장관에게 광역계획권의 변경을 요청할 수 없다.
④ 시장 또는 군수가 광역도시계획을 수립하거나 변경하려면 국토교통부장관의 승인을 받아야 한다.
⑤ 광역계획권은 인접한 둘 이상의 특별시·광역시·특별자치시·특별자치도·시 또는 군의 관할 구역을 단위로 지정하여야 하며, 그 관할 구역의 일부만을 광역계획권에 포함시킬 수는 없다.

기출공략 [키워드] 광역도시계획

광역계획권의 지정권자와 광역도시계획의 수립권자를 명확하게 알고 있어야 정답을 찾을 수 있습니다.

28회, 29회, 30회, 31회, 32회

국토의 계획 및 이용에 관한 법령상 광역도시계획에 관한 설명으로 옳은 것은? (②)

① 국토교통부장관이 광역계획권을 지정하려면 ~~관계 지방도시계획위원회~~의 심의를 거쳐야 한다. (×)   → 중앙도시계획위원회

② 도지사가 시장 또는 군수의 요청으로 관할 시장 또는 군수와 공동으로 광역도시계획을 수립하는 경우에는 국토교통부장관의 승인을 받지 않고 광역도시계획을 수립할 수 있다. (O)

③ 중앙행정기관의 장은 국토교통부장관에게 광역계획권의 변경을 요청할 수 ~~없다~~. (×)
   → 중앙행정기관의 장, 시·도지사, 시장 또는 군수는 국토교통부장관이나 도지사에게 광역계획권의 지정 또는 변경을 요청할 수 있다.

④ 시장 또는 군수가 광역도시계획을 수립하거나 변경하려면 ~~국토교통부장관~~의 승인을 받아야 한다. (×)   → 도지사

⑤ 광역계획권은 인접한 둘 이상의 특별시·광역시·특별자치시·특별자치도·시 또는 군의 관할 구역을 단위로 지정하여야 하며, ~~그 관할 구역의 일부만을 광역계획권에 포함시킬 수는 없다~~. (×)
   → 광역계획권은 인접한 둘 이상의 특별시·광역시·특별자치시·특별자치도·시 또는 군의 관할 구역의 전부 또는 일부를 대통령령으로 정하는 바에 따라 지정할 수 있다.

> **이론플러스** 광역계획권의 지정권자와 광역도시계획의 수립권자

1. 광역계획권의 지정권자

국토교통부장관	광역계획권이 둘 이상의 특별시·광역시·특별자치시·도 또는 특별자치도('시·도')의 관할 구역에 걸쳐 있는 경우
도지사	광역계획권이 같은 도의 관할 구역에 속하여 있는 경우

2. 광역도시계획의 수립권자
   ㉠ 원칙적 수립권자: 국토교통부장관, 시·도지사, 시장 또는 군수

수립권자	내용
관할 시장 또는 군수가 공동수립	광역계획권이 같은 도의 관할 구역에 속하여 있는 경우
관할 시·도지사가 공동수립	광역계획권이 둘 이상의 시·도의 관할 구역에 걸쳐 있는 경우
관할 도지사가 수립	광역계획권을 지정한 날부터 3년이 지날 때까지 관할 시장 또는 군수로부터 광역도시계획의 승인 신청이 없는 경우
국토교통부장관이 수립	ⓐ 국가계획과 관련된 광역도시계획의 수립이 필요한 경우 ⓑ 광역계획권을 지정한 날부터 3년이 지날 때까지 관할 시·도지사로부터 광역도시계획에 대하여 승인 신청이 없는 경우

   ㉡ 예외적 수립권자
      ⓐ 국토교통부장관은 시·도지사가 요청하는 경우와 그 밖에 필요하다고 인정되는 경우에는 관할 시·도지사와 공동으로 광역도시계획을 수립할 수 있다.
      ⓑ 도지사는 시장 또는 군수가 요청하는 경우와 그 밖에 필요하다고 인정하는 경우에는 관할 시장 또는 군수와 공동으로 광역도시계획을 수립할 수 있으며, 시장 또는 군수가 협의를 거쳐 요청하는 경우에는 단독으로 광역도시계획을 수립할 수 있다.

01 국토의 계획 및 이용에 관한 법령상 광역계획권에 관한 설명으로 옳은 것은? • 33회

① 광역계획권이 둘 이상의 도의 관할 구역에 걸쳐 있는 경우, 해당 도지사들은 공동으로 광역계획권을 지정하여야 한다.
② 광역계획권이 하나의 도의 관할 구역에 속하여 있는 경우, 도지사는 국토교통부장관과 공동으로 광역계획권을 지정 또는 변경하여야 한다.
③ 도지사가 광역계획권을 지정하려면 관계 중앙행정기관의 장의 의견을 들은 후 중앙도시계획위원회의 심의를 거쳐야 한다.
④ 국토교통부장관이 광역계획권을 변경하려면 관계 시·도지사, 시장 또는 군수의 의견을 들은 후 지방도시계획위원회의 심의를 거쳐야 한다.
⑤ 중앙행정기관의 장, 시·도지사, 시장 또는 군수는 국토교통부장관이나 도지사에게 광역계획권의 지정 또는 변경을 요청할 수 있다.

키워드 광역계획권

해설 ① 광역계획권이 둘 이상의 도의 관할 구역에 걸쳐 있는 경우, 해당 도지사들이 공동으로 광역계획권을 지정하는 것이 아니라 국토교통부장관이 지정할 수 있다.
② 광역계획권이 하나의 도의 관할 구역에 속하여 있는 경우, 국토교통부장관과 공동으로 광역계획권을 지정 또는 변경하는 것이 아니라 도지사가 광역계획권을 지정할 수 있다.
③ 도지사가 광역계획권을 지정하거나 변경하려면 관계 중앙행정기관의 장, 관계 시·도지사, 시장 또는 군수의 의견을 들은 후 지방도시계획위원회의 심의를 거쳐야 한다.
④ 국토교통부장관은 광역계획권을 지정하거나 변경하려면 관계 시·도지사, 시장 또는 군수의 의견을 들은 후 중앙도시계획위원회의 심의를 거쳐야 한다.

이론플러스 광역계획권의 지정권자

국토교통부장관	광역계획권이 둘 이상의 특별시·광역시·특별자치시·도 또는 특별자치도('시·도')의 관할 구역에 걸쳐 있는 경우
도지사	광역계획권이 같은 도의 관할 구역에 속하여 있는 경우

02 국토의 계획 및 이용에 관한 법령상 광역도시계획에 관한 설명으로 틀린 것은? • 26회

① 동일 지역에 대하여 수립된 광역도시계획의 내용과 도시·군기본계획의 내용이 다를 때에는 광역도시계획의 내용이 우선한다.
② 광역계획권은 광역시장이 지정할 수 있다.
③ 도지사는 시장 또는 군수가 협의를 거쳐 요청하는 경우에는 단독으로 광역도시계획을 수립할 수 있다.
④ 광역도시계획을 수립하려면 광역도시계획의 수립권자는 미리 공청회를 열어야 한다.
⑤ 국토교통부장관이 조정의 신청을 받아 광역도시계획의 내용을 조정하는 경우 중앙도시계획위원회의 심의를 거쳐야 한다.

키워드 광역도시계획

해설 광역계획권이 둘 이상의 특별시·광역시·특별자치시·도 또는 특별자치도('시·도')의 관할 구역에 걸쳐 있는 경우에는 국토교통부장관이 지정하며, 광역계획권이 같은 도의 관할 구역에 속하여 있는 경우에는 도지사가 지정한다.

03 국토의 계획 및 이용에 관한 법령상 광역도시계획 등에 관한 설명으로 틀린 것은? (단, 조례는 고려하지 않음) • 28회

① 국토교통부장관은 광역계획권을 지정하려면 관계 시·도지사, 시장 또는 군수의 의견을 들은 후 중앙도시계획위원회의 심의를 거쳐야 한다.
② 시·도지사, 시장 또는 군수는 광역도시계획을 변경하려면 미리 관계 시·도, 시 또는 군의 의회와 관계 시장 또는 군수의 의견을 들어야 한다.
③ 국토교통부장관은 시·도지사가 요청하는 경우에도 시·도지사와 공동으로 광역도시계획을 수립할 수 없다.
④ 시장 또는 군수는 광역도시계획을 수립하려면 도지사의 승인을 받아야 한다.
⑤ 시장 또는 군수는 광역도시계획을 변경하려면 미리 공청회를 열어야 한다.

키워드 광역도시계획

해설 국토교통부장관은 시·도지사가 요청하는 경우에는 시·도지사와 공동으로 광역도시계획을 수립할 수 있다.

정답 01 ⑤ 02 ② 03 ③

04 국토의 계획 및 이용에 관한 법령상 광역도시계획에 관한 설명으로 틀린 것은? • 29회

① 중앙행정기관의 장, 시·도지사, 시장 또는 군수는 국토교통부장관이나 도지사에게 광역계획권의 변경을 요청할 수 있다.
② 둘 이상의 특별시·광역시·특별자치시·특별자치도·시 또는 군의 공간구조 및 기능을 상호 연계시키고 환경을 보전하며 광역시설을 체계적으로 정비하기 위하여 필요한 경우에는 광역계획권을 지정할 수 있다.
③ 국가계획과 관련된 광역도시계획의 수립이 필요한 경우 광역도시계획의 수립권자는 국토교통부장관이다.
④ 광역계획권이 둘 이상의 시·도의 관할 구역에 걸쳐 있는 경우에는 관할 시·도지사가 공동으로 광역계획권을 지정하여야 한다.
⑤ 국토교통부장관, 시·도지사, 시장 또는 군수는 광역도시계획을 수립하려면 미리 공청회를 열어 주민과 관계 전문가 등으로부터 의견을 들어야 한다.

키워드 광역도시계획

해설 광역계획권이 둘 이상의 시·도(특별시·광역시·특별자치시·도 또는 특별자치도)의 관할 구역에 걸쳐 있는 경우에는 국토교통부장관이 광역계획권을 지정할 수 있다.

05 국토의 계획 및 이용에 관한 법령상 광역도시계획에 관한 설명으로 틀린 것은? • 31회

① 도지사는 시장 또는 군수가 협의를 거쳐 요청하는 경우에는 단독으로 광역도시계획을 수립할 수 있다.
② 광역도시계획의 수립기준은 국토교통부장관이 정한다.
③ 광역도시계획의 수립을 위한 공청회는 광역계획권 단위로 개최하되, 필요한 경우에는 광역계획권을 여러 개의 지역으로 구분하여 개최할 수 있다.
④ 국토교통부장관은 광역도시계획을 수립하였을 때에는 직접 그 내용을 공고하고 일반이 열람할 수 있도록 하여야 한다.
⑤ 광역도시계획을 공동으로 수립하는 시·도지사는 그 내용에 관하여 서로 협의가 되지 아니하면 공동이나 단독으로 국토교통부장관에게 조정을 신청할 수 있다.

키워드 광역도시계획

해설 국토교통부장관은 직접 광역도시계획을 수립 또는 변경하거나 승인하였을 때에는 관계 중앙행정기관의 장과 시·도지사에게 관계 서류를 송부하여야 하며, 관계 서류를 받은 시·도지사가 대통령령으로 정하는 바에 따라 그 내용을 공고하고 일반이 열람할 수 있도록 하여야 한다.

06 국토의 계획 및 이용에 관한 법령상 광역도시계획에 관한 설명으로 틀린 것은? • 32회

① 광역도시계획의 수립기준은 국토교통부장관이 정한다.
② 광역계획권이 같은 도의 관할 구역에 속하여 있는 경우 관할 도지사가 광역도시계획을 수립하여야 한다.
③ 시·도지사, 시장 또는 군수는 광역도시계획을 수립하거나 변경하려면 미리 관계 시·도, 시 또는 군의 의회와 관계 시장 또는 군수의 의견을 들어야 한다.
④ 시장 또는 군수가 기초조사정보체계를 구축한 경우에는 등록된 정보의 현황을 5년마다 확인하고 변동사항을 반영하여야 한다.
⑤ 광역계획권을 지정한 날부터 3년이 지날 때까지 관할 시장 또는 군수로부터 광역도시계획의 승인 신청이 없는 경우 관할 도지사가 광역도시계획을 수립하여야 한다.

키워드 광역도시계획

해설 광역계획권이 같은 도의 관할 구역에 속하여 있는 경우 관할 시장 또는 군수가 공동으로 광역도시계획을 수립하여야 한다.

정답 04 ④ 05 ④ 06 ②

CHAPTER 03 도시·군계획

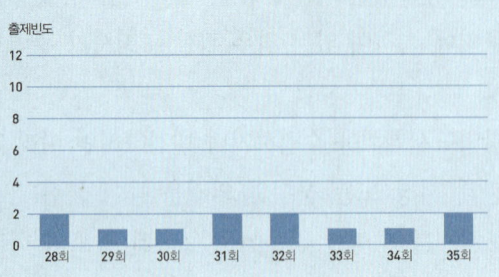

■ 8개년 출제 문항 수
총 40문제 中 평균 약 1.5문제 출제

■ 이 단원을 공략하고 싶다면?
도시·군기본계획의 수립 대상지역, 수립 및 확정절차, 도시·군관리계획의 입안제안 및 결정권자를 중점적으로 이해하자

→ 기본서 [부동산공법] pp. 34~55

제1절 도시·군기본계획

대표기출 1 2021년 제32회 A형 42번 문제 | 난이도 중

국토의 계획 및 이용에 관한 법령상 도시·군기본계획에 관한 설명으로 틀린 것은?

① 「수도권정비계획법」에 의한 수도권에 속하고 광역시와 경계를 같이하지 아니한 시로서 인구 20만명 이하인 시는 도시·군기본계획을 수립하지 아니할 수 있다.
② 도시·군기본계획에는 기후변화 대응 및 에너지절약에 관한 사항에 대한 정책 방향이 포함되어야 한다.
③ 광역도시계획이 수립되어 있는 지역에 대하여 수립하는 도시·군기본계획은 그 광역도시계획에 부합되어야 한다.
④ 시장 또는 군수는 5년마다 관할 구역의 도시·군기본계획에 대하여 타당성을 전반적으로 재검토하여 정비하여야 한다.
⑤ 특별시장·광역시장·특별자치시장 또는 특별자치도지사는 도시·군기본계획을 변경하려면 관계 행정기관의 장(국토교통부장관을 포함)과 협의한 후 지방도시계획위원회의 심의를 거쳐야 한다.

기출공략 [키워드] 도시·군기본계획

도시·군기본계획의 수립 대상지역에 대해서 정확하게 알고 있어야 정답을 찾을 수 있습니다.

31회, 32회

국토의 계획 및 이용에 관한 법령상 도시·군기본계획에 관한 설명으로 틀린 것은? (①)

① 「수도권정비계획법」에 의한 수도권에 ~~속하고~~ 광역시와 경계를 같이하지 아니한 시
　→ 속하지 아니하고
　로서 인구 ~~20만명~~ 이하인 시는 도시·군기본계획을 수립하지 아니할 수 있다. (×)
　→ 10만명

② 도시·군기본계획에는 기후변화 대응 및 에너지절약에 관한 사항에 대한 정책 방향이 포함되어야 한다. (O)

③ 광역도시계획이 수립되어 있는 지역에 대하여 수립하는 도시·군기본계획은 그 광역도시계획에 부합되어야 한다. (O)

④ 시장 또는 군수는 5년마다 관할 구역의 도시·군기본계획에 대하여 타당성을 전반적으로 재검토하여 정비하여야 한다. (O)

⑤ 특별시장·광역시장·특별자치시장 또는 특별자치도지사는 도시·군기본계획을 변경하려면 관계 행정기관의 장(국토교통부장관을 포함)과 협의한 후 지방도시계획위원회의 심의를 거쳐야 한다. (O)

이론플러스 도시·군기본계획의 수립권자와 대상지역

원칙	특별시장·광역시장·특별자치시장·특별자치도지사·시장 또는 군수는 관할 구역에 대하여 도시·군기본계획을 수립하여야 한다(법 제18조 제1항).
예외	시 또는 군의 위치, 인구의 규모, 인구감소율 등을 고려하여 다음의 시 또는 군은 도시·군기본계획을 수립하지 아니할 수 있다(법 제18조 제1항 단서). ㉠ 「수도권정비계획법」의 규정에 의한 수도권에 속하지 아니하고 광역시와 경계를 같이하지 아니한 시 또는 군으로서 인구 10만명 이하인 시 또는 군 ㉡ 관할 구역 전부에 대하여 광역도시계획이 수립되어 있는 시 또는 군으로서 당해 광역도시계획에 도시·군기본계획의 내용이 모두 포함되어 있는 시 또는 군

01

「국토의 계획 및 이용에 관한 법률」상 도시·군기본계획의 수립 및 정비에 관한 조문의 일부이다. ( )에 들어갈 숫자를 옳게 연결한 것은? • 27회

- 도시·군기본계획 입안일부터 (㉠)년 이내에 토지적성평가를 실시한 경우 등 대통령령으로 정하는 경우에는 토지적성평가 또는 재해취약성분석을 하지 아니할 수 있다.
- 시장 또는 군수는 (㉡)년마다 관할 구역의 도시·군기본계획에 대하여 그 타당성을 전반적으로 재검토하여 정비하여야 한다.

① ㉠: 2, ㉡: 5
② ㉠: 3, ㉡: 2
③ ㉠: 3, ㉡: 5
④ ㉠: 5, ㉡: 5
⑤ ㉠: 5, ㉡: 10

키워드 도시·군기본계획

해설
- 도시·군기본계획 입안일부터 (㉠ 5)년 이내에 토지적성평가를 실시한 경우 등 대통령령으로 정하는 경우에는 토지적성평가 또는 재해취약성분석을 하지 아니할 수 있다.
- 특별시장·광역시장·특별자치시장·특별자치도지사·시장 또는 군수는 (㉡ 5)년마다 관할 구역의 도시·군기본계획에 대하여 그 타당성을 전반적으로 재검토하여 정비하여야 한다.

02

국토의 계획 및 이용에 관한 법령상 시장 또는 군수가 도시·군기본계획의 승인을 받으려 할 때, 도시·군기본계획안에 첨부하여야 할 서류에 해당하는 것은? • 33회

① 기초조사 결과
② 청문회의 청문조서
③ 해당 시·군 및 도의 의회의 심의·의결 결과
④ 해당 시·군 및 도의 지방도시계획위원회의 심의 결과
⑤ 관계 중앙행정기관의 장과의 협의 및 중앙도시계획위원회의 심의에 필요한 서류

키워드 도시·군기본계획의 승인

해설 시장 또는 군수는 도시·군기본계획의 승인을 받으려면 도시·군기본계획안에 기초조사 결과 등의 서류를 첨부하여야 한다.

> **이론플러스** 도시·군기본계획안의 첨부서류
>
> 시장 또는 군수는 법 제22조의2 제1항에 따라 도시·군기본계획의 승인을 받으려면 도시·군기본계획안에 다음의 서류를 첨부하여 도지사에게 제출하여야 한다(영 제17조 제1항).
>
> 1. 기초조사 결과
> 2. 공청회개최 결과
> 3. 법 제21조에 따른 해당 시·군의 의회의 의견청취 결과
> 4. 해당 시·군에 설치된 지방도시계획위원회의 자문을 거친 경우에는 그 결과
> 5. 법 제22조의2 제2항에 따른 관계 행정기관의 장과의 협의 및 도의 지방도시계획위원회의 심의에 필요한 서류

03 국토의 계획 및 이용에 관한 법령상 도시·군기본계획에 관한 설명으로 옳은 것은?
중
• 22회 수정

① 특별시장·광역시장이 수립한 도시·군기본계획의 승인은 국토교통부장관이 하고, 시장·군수가 수립한 도시·군기본계획의 승인은 도지사가 한다.
② 광역도시계획이 수립되어 있는 지역에 대하여 수립하는 도시·군기본계획의 내용이 광역도시계획의 내용과 다를 때에는 광역도시계획의 내용이 우선한다.
③ 이해관계자를 포함한 주민은 지구단위계획구역의 지정 및 변경에 관한 사항에 대하여 도시·군기본계획의 입안을 제안할 수 있다.
④ 특별시장·광역시장·특별자치시장·특별자치도지사·시장 또는 군수는 도시·군기본계획을 수립할 때 주민의 의견청취를 위한 공청회는 생략할 수 있다.
⑤ 특별시장·광역시장·특별자치시장·특별자치도지사·시장 또는 군수는 10년마다 관할 구역의 도시·군기본계획에 대하여 타당성을 전반적으로 재검토하여 정비하여야 한다.

키워드 도시·군기본계획

해설 ① 특별시장·광역시장이 수립한 도시·군기본계획은 승인받지 않고 특별시장·광역시장이 직접 확정하고, 시장·군수가 수립한 도시·군기본계획의 승인은 도지사가 한다.
③ 이해관계자를 포함한 주민은 지구단위계획구역의 지정 및 변경에 관한 사항에 대하여 도시·군관리계획의 입안을 제안할 수 있다.
④ 특별시장·광역시장·특별자치시장·특별자치도지사·시장 또는 군수는 도시·군기본계획을 수립할 때 주민의 의견청취를 위한 공청회를 개최하여야 한다.
⑤ 특별시장·광역시장·특별자치시장·특별자치도지사·시장 또는 군수는 5년마다 관할 구역의 도시·군기본계획에 대하여 타당성을 전반적으로 재검토하여 정비하여야 한다.

정답 01 ④ 02 ① 03 ②

04 중

국토의 계획 및 이용에 관한 법령상 도시·군기본계획에 관한 설명으로 옳은 것은?

• 24회

① 시장·군수는 관할 구역에 대해서만 도시·군기본계획을 수립할 수 있으며, 인접한 시 또는 군의 관할 구역을 포함하여 계획을 수립할 수 없다.
② 도시·군기본계획의 내용이 광역도시계획의 내용과 다를 때에는 국토교통부장관이 결정하는 바에 따른다.
③ 「수도권정비계획법」에 의한 수도권에 속하지 아니하고 광역시와 경계를 같이하지 아니한 인구 7만명의 군은 도시·군기본계획을 수립하지 아니할 수 있다.
④ 도시·군기본계획을 변경하는 경우에는 공청회를 개최하지 아니할 수 있다.
⑤ 광역시장이 도시·군기본계획을 수립하려면 국토교통부장관의 승인을 받아야 한다.

키워드 도시·군기본계획

해설 ① 특별시장·광역시장·특별자치시장·특별자치도지사·시장 또는 군수는 지역여건상 필요하다고 인정되면 인접한 특별시·광역시·특별자치시·특별자치도·시 또는 군의 관할 구역 전부 또는 일부를 포함하여 도시·군기본계획을 수립할 수 있다.
② 도시·군기본계획의 내용이 광역도시계획의 내용과 다를 때에는 광역도시계획의 내용이 우선한다.
④ 도시·군기본계획을 수립하거나 변경하는 경우에는 공청회를 개최하여야 한다.
⑤ 광역시장이 도시·군기본계획을 수립하려면 국토교통부장관의 승인을 받지 않아도 되고, 광역시장이 직접 확정한다.

05 국토의 계획 및 이용에 관한 법령상 도시·군기본계획에 관한 설명으로 틀린 것은?

• 31회

① 시장 또는 군수는 인접한 시 또는 군의 관할 구역을 포함하여 도시·군기본계획을 수립하려면 미리 그 시장 또는 군수와 협의하여야 한다.
② 도시·군기본계획 입안일부터 5년 이내에 토지적성평가를 실시한 경우에는 토지적성평가를 하지 아니할 수 있다.
③ 시장 또는 군수는 도시·군기본계획을 수립하려면 미리 그 시 또는 군 의회의 의견을 들어야 한다.
④ 시장 또는 군수는 도시·군기본계획을 변경하려면 도지사와 협의한 후 지방도시계획위원회의 심의를 거쳐야 한다.
⑤ 시장 또는 군수는 5년마다 관할 구역의 도시·군기본계획에 대하여 타당성을 전반적으로 재검토하여 정비하여야 한다.

키워드 도시·군기본계획

해설 시장 또는 군수는 도시·군기본계획을 수립하거나 변경하려면 대통령령으로 정하는 바에 따라 도지사의 승인을 받아야 한다. 또한 도지사는 도시·군기본계획을 승인하려면 관계 행정기관의 장과 협의한 후 지방도시계획위원회의 심의를 거쳐야 한다.

정답 04 ③ 05 ④

제2절　도시·군관리계획

대표기출 2　2020년 제31회 A형 44번 문제 | 난이도 중

「국토의 계획 및 이용에 관한 법률」상 도시·군관리계획의 결정에 관한 설명으로 <u>틀린</u> 것은?

① 시장 또는 군수가 입안한 지구단위계획구역의 지정·변경에 관한 도시·군관리계획은 시장 또는 군수가 직접 결정한다.
② 개발제한구역의 지정에 관한 도시·군관리계획은 국토교통부장관이 결정한다.
③ 시·도지사가 지구단위계획을 결정하려면 「건축법」에 따라 시·도에 두는 건축위원회와 도시계획위원회가 공동으로 하는 심의를 거쳐야 한다.
④ 국토교통부장관은 관계 중앙행정기관의 장의 요청이 없어도 국가안전보장상 기밀을 지켜야 할 필요가 있다고 인정되면 중앙도시계획위원회의 심의를 거치지 않고 도시·군관리계획을 결정할 수 있다.
⑤ 도시·군관리계획 결정의 효력은 지형도면을 고시한 날부터 발생한다.

기출공략　[키워드] 도시·군관리계획의 결정

> 도시·군관리계획의 결정에 관한 전반적인 내용을 알아야 정답을 찾을 수 있습니다.
> 28회, 29회, 31회, 35회

「국토의 계획 및 이용에 관한 법률」상 도시·군관리계획의 결정에 관한 설명으로 <u>틀린</u> 것은?
(④)

① 시장 또는 군수가 입안한 지구단위계획구역의 지정·변경에 관한 도시·군관리계획은 시장 또는 군수가 직접 결정한다. (O)
② 개발제한구역의 지정에 관한 도시·군관리계획은 국토교통부장관이 결정한다. (O)
③ 시·도지사가 지구단위계획을 결정하려면 「건축법」에 따라 시·도에 두는 건축위원회와 도시계획위원회가 공동으로 하는 심의를 거쳐야 한다. (O)
④ 국토교통부장관은 관계 중앙행정기관의 장의 ~~요청이 없어~~도 국가안전보장상 기밀을 지켜야 할 필요가 있다고 인정되면 중앙도시계획위원회의 심의를 거치지 않고 도시·군관리계획을 결정할 수 있다. (×)
　→ 국토교통부장관이나 시·도지사는 국방상 또는 국가안전보장상 기밀을 지켜야 할 필요가 있다고 인정되면(관계 중앙행정기관의 장이 요청할 때만 해당된다) 그 도시·군관리계획의 전부 또는 일부에 대하여 협의 및 심의 절차를 생략할 수 있다.
⑤ 도시·군관리계획 결정의 효력은 지형도면을 고시한 날부터 발생한다. (O)

이론플러스 도시·군관리계획의 결정권자

1. 원칙: 시·도지사, 대도시 시장, 시장 또는 군수
   ㉠ 도시·군관리계획은 시·도지사가 직접 또는 시장·군수의 신청에 따라 결정한다.
   ㉡ 「지방자치법」에 따른 서울특별시와 광역시 및 특별자치시를 제외한 인구 50만명 이상의 대도시의 경우에는 대도시 시장이 직접 결정하고, 다음의 도시·군관리계획은 시장 또는 군수가 직접 결정한다.
      ⓐ 시장 또는 군수가 입안한 지구단위계획구역의 지정·변경과 지구단위계획의 수립·변경에 관한 도시·군관리계획
      ⓑ 지구단위계획으로 대체하는 용도지구 폐지에 관한 도시·군관리계획[해당 시장(대도시 시장은 제외) 또는 군수가 도지사와 미리 협의한 경우에 한정]
2. 예외: 국토교통부장관(단, ㉣의 경우 해양수산부장관)
   ㉠ 국토교통부장관이 입안한 도시·군관리계획
   ㉡ 개발제한구역의 지정 및 변경에 관한 도시·군관리계획
   ㉢ 국가계획과 연계하여 시가화조정구역의 지정 또는 변경이 필요한 경우에 따른 시가화조정구역의 지정 및 변경에 관한 도시·군관리계획
   ㉣ 수산자원보호구역의 지정 및 변경에 관한 도시·군관리계획

06 국토의 계획 및 이용에 관한 법령상 도시·군관리계획으로 결정하여야 하는 사항만을 모두 고른 것은? • 26회

㉠ 도시자연공원구역의 지정 ㉡ 개발밀도관리구역의 지정
㉢ 도시개발사업에 관한 계획 ㉣ 기반시설의 정비에 관한 계획

① ㉡
② ㉢, ㉣
③ ㉠, ㉡, ㉢
④ ㉠, ㉡, ㉣
⑤ ㉠, ㉢, ㉣

키워드 도시·군관리계획의 결정사항

해설 ㉡ 개발밀도관리구역의 지정은 도시·군관리계획의 결정사항에 해당하지 않는다.

정답 06 ⑤

07 국토의 계획 및 이용에 관한 법령상 주민이 도시·군관리계획의 입안권자에게 그 입안을 제안할 수 있는 사항이 아닌 것은? • 34회 수정

① 도시·군계획시설입체복합구역의 지정 및 변경과 도시·군계획시설입체복합구역의 건축제한·건폐율·용적률·높이 등에 관한 사항
② 지구단위계획구역의 지정 및 변경과 지구단위계획의 수립 및 변경에 관한 사항
③ 기반시설의 설치·정비 또는 개량에 관한 사항
④ 산업·유통개발진흥지구의 변경에 관한 사항
⑤ 시가화조정구역의 지정 및 변경에 관한 사항

> **키워드** 도시·군관리계획의 입안제안
> **해설** 시가화조정구역(용도구역)의 지정 및 변경에 관한 사항은 주민이 도시·군관리계획의 입안권자에게 그 입안을 제안할 수 있는 사항에 해당하지 않는다.

08 국토의 계획 및 이용에 관한 법령상 주민이 도시·군관리계획의 입안을 제안하려는 경우 요구되는 제안사항별 토지소유자의 동의 요건으로 틀린 것은? (단, 동의 대상 토지면적에서 국·공유지는 제외함) • 29회

① 기반시설의 설치에 관한 사항: 대상 토지면적의 5분의 4 이상
② 기반시설의 정비에 관한 사항: 대상 토지면적의 3분의 2 이상
③ 지구단위계획구역의 지정과 지구단위계획의 수립에 관한 사항: 대상 토지면적의 3분의 2 이상
④ 산업·유통개발진흥지구의 지정에 관한 사항: 대상 토지면적의 3분의 2 이상
⑤ 용도지구 중 해당 용도지구에 따른 건축물이나 그 밖의 시설의 용도·종류 및 규모 등의 제한을 지구단위계획으로 대체하기 위한 용도지구의 지정에 관한 사항: 대상 토지면적의 3분의 2 이상

> **키워드** 도시·군관리계획의 입안제안
> **해설** 기반시설의 설치·정비 또는 개량에 관한 사항에 대하여 도시·군관리계획의 입안을 제안하는 경우 토지면적의 5분의 4 이상 토지소유자의 동의를 받아야 한다.

09 국토의 계획 및 이용에 관한 법령상 주민이 도시·군관리계획의 입안을 제안하는 경우에 관한 설명으로 틀린 것은? • 30회

① 도시·군관리계획의 입안을 제안받은 자는 제안자와 협의하여 제안된 도시·군관리계획의 입안 및 결정에 필요한 비용의 전부 또는 일부를 제안자에게 부담시킬 수 있다.
② 제안서에는 도시·군관리계획도서뿐만 아니라 계획설명서도 첨부하여야 한다.
③ 도시·군관리계획의 입안을 제안받은 자는 그 처리 결과를 제안자에게 알려야 한다.
④ 산업·유통개발진흥지구의 지정 및 변경에 관한 사항은 입안제안의 대상에 해당하지 않는다.
⑤ 도시·군관리계획의 입안을 제안하려는 자가 토지소유자의 동의를 받아야 하는 경우 국·공유지는 동의 대상 토지면적에서 제외된다.

키워드 도시·군관리계획의 입안제안
해설 산업·유통개발진흥지구의 지정 및 변경에 관한 사항은 입안제안의 대상에 해당한다.

10 국토의 계획 및 이용에 관한 법령상 지구단위계획구역으로 지정하는 등의 도시·군관리계획을 입안하는 경우 환경성 검토를 하여야 하는 경우는? (단, 법령에서 정한 경미한 사항을 입안하는 경우가 아님) • 22회 수정

① 개발제한구역 안에 기반시설을 설치하는 경우
② 해당 지구단위계획구역 안의 나대지 면적이 구역 면적의 2%에 미달하는 경우
③ 해당 지구단위계획구역의 지정목적이 해당 구역을 정비하고자 하는 경우로서 지구단위계획의 내용에 너비 12m 이상 도로의 설치계획이 없는 경우
④ 기존의 용도지구를 폐지하고 지구단위계획을 수립 또는 변경하여 그 용도지구에 따른 건축물이나 그 밖의 시설의 용도·종류 및 규모 등의 제한을 그대로 대체하려는 경우
⑤ 해당 지구단위계획구역이 도심지(상업지역과 상업지역에 연접한 지역)에 위치하는 경우

키워드 환경성 검토
해설 개발제한구역 안에 기반시설을 설치하는 경우는 토지적성평가만 실시하지 아니할 수 있는 요건이므로, 환경성 검토는 실시하여야 한다.

정답 07 ⑤ 08 ② 09 ④ 10 ①

11 ⓢ

국토의 계획 및 이용에 관한 법령상 도시·군관리계획을 입안할 때 환경성 검토를 실시하지 않아도 되는 경우에 해당하는 것만을 모두 고른 것은?
• 27회

> ㉠ 개발제한구역 안에 기반시설을 설치하는 경우
> ㉡ 「도시개발법」에 따른 도시개발사업의 경우
> ㉢ 해당 지구단위계획구역 안의 나대지 면적이 구역 면적의 2%에 미달하는 경우

① ㉠
② ㉢
③ ㉠, ㉡
④ ㉡, ㉢
⑤ ㉠, ㉡, ㉢

키워드 환경성 검토

해설 ㉠ 개발제한구역 안에 기반시설을 설치하는 경우와 ㉡ 「도시개발법」에 따른 도시개발사업의 경우는 토지적성평가만 실시하지 아니할 수 있는 요건이므로, 환경성 검토는 실시하여야 한다.

12 ⓜ

국토의 계획 및 이용에 관한 법령상 도시·군관리계획의 결정권자가 <u>다른</u> 것은?
• 29회 수정

① 개발제한구역의 지정에 관한 도시·군관리계획
② 국가계획과 관련되어 국토교통부장관이 입안한 도시·군관리계획
③ 시장 또는 군수가 입안한 지구단위계획구역의 지정·변경과 지구단위계획의 수립·변경에 관한 도시·군관리계획
④ 국가계획과 연계하여 시가화조정구역의 지정이 필요한 경우 시가화조정구역의 지정에 관한 도시·군관리계획
⑤ 둘 이상의 시·도에 걸쳐 이루어지는 사업의 계획 중 도시·군관리계획으로 결정하여야 할 사항이 있는 경우 국토교통부장관이 입안한 도시·군관리계획

키워드 도시·군관리계획의 결정권자

해설 ① 개발제한구역의 지정에 관한 도시·군관리계획: 국토교통부장관
② 국가계획과 관련되어 국토교통부장관이 입안한 도시·군관리계획: 국토교통부장관
③ 시장 또는 군수가 입안한 지구단위계획구역의 지정·변경과 지구단위계획의 수립·변경에 관한 도시·군관리계획: 시장 또는 군수
④ 국가계획과 연계하여 시가화조정구역의 지정이 필요한 경우 시가화조정구역의 지정에 관한 도시·군관리계획: 국토교통부장관
⑤ 둘 이상의 시·도에 걸쳐 이루어지는 사업의 계획 중 도시·군관리계획으로 결정하여야 할 사항이 있는 경우 국토교통부장관이 입안한 도시·군관리계획: 국토교통부장관

13 국토의 계획 및 이용에 관한 법령상 도시·군관리계획의 수립절차 등에 관한 설명으로 옳은 것은?
• 23회 수정

① 입안권자가 용도지역·용도지구 또는 용도구역의 지정에 관한 도시·군관리계획을 입안하려면 해당 지방의회의 의견을 들어야 한다.
② 시장 또는 군수는 10년마다 관할 구역의 도시·군관리계획에 대하여 그 타당성을 전반적으로 재검토하여 정비하여야 한다.
③ 도시·군관리계획 결정은 고시가 된 날부터 그 효력이 발생한다.
④ 주민으로부터 도시·군관리계획의 입안을 제안받은 자는 제안된 도시·군관리계획의 입안 및 결정에 필요한 비용의 전부를 제안자에게 부담시켜야 한다.
⑤ 도시·군관리계획의 입안의 제안을 받은 자는 제안일로부터 30일 이내에 도시·군관리계획 입안에의 반영 여부를 제안자에게 통보하여야 한다.

키워드 도시·군관리계획의 수립절차

해설 ② 시장 또는 군수는 5년마다 관할 구역의 도시·군관리계획에 대하여 그 타당성을 전반적으로 재검토하여 정비하여야 한다.
③ 도시·군관리계획 결정은 지형도면을 고시한 날부터 효력이 발생한다.
④ 주민으로부터 도시·군관리계획의 입안을 제안받은 자는 제안된 도시·군관리계획의 입안 및 결정에 필요한 비용의 전부 또는 일부를 제안자에게 부담시킬 수 있다.
⑤ 도시·군관리계획의 입안의 제안을 받은 자는 제안일로부터 45일 이내에 도시·군관리계획 입안에의 반영 여부를 제안자에게 통보하여야 한다. 다만, 부득이한 사정이 있는 경우에는 1회에 한하여 30일을 연장할 수 있다.

정답 11 ② 12 ③ 13 ①

14 국토의 계획 및 이용에 관한 법령상 도시·군관리계획에 관한 설명으로 **틀린** 것은?

• 24회

① 주민은 기반시설의 설치에 관한 사항에 대하여 도시·군관리계획의 입안권자에게 그 입안을 제안할 수 있다.
② 시가화조정구역의 지정에 관한 도시·군관리계획 결정이 있는 경우에는 결정 당시 이미 허가를 받아 사업을 하고 있는 자라도 허가를 다시 받아야 한다.
③ 국가계획과 관련되어 국토교통부장관이 입안한 도시·군관리계획은 국토교통부장관이 결정한다.
④ 공원·녹지·유원지 등의 공간시설의 설치에 관한 계획은 도시·군관리계획에 속한다.
⑤ 도시지역의 축소에 따른 용도지역의 변경을 내용으로 하는 도시·군관리계획을 입안하는 경우에는 주민의 의견청취를 생략할 수 있다.

키워드 도시·군관리계획

해설 시가화조정구역의 지정에 관한 도시·군관리계획 결정이 있는 경우에는 결정 당시 이미 허가를 받아 사업을 하고 있는 자는 시가화조정구역의 지정에 관한 도시·군관리계획결정의 고시일부터 3개월 이내에 관할 특별시장·광역시장·특별자치시장·특별자치도지사·시장 또는 군수에게 신고하고 그 사업을 계속할 수 있다.

15 국토의 계획 및 이용에 관한 법령상 도시·군관리계획에 관한 설명으로 **틀린** 것은?

• 26회

① 도시·군관리계획 결정의 효력은 지형도면을 고시한 날의 다음 날부터 발생한다.
② 용도지구의 지정은 도시·군관리계획으로 결정한다.
③ 주민은 기반시설의 설치·정비 또는 개량에 관한 사항에 대하여 입안권자에게 도시·군관리계획의 입안을 제안할 수 있다.
④ 도시·군관리계획은 광역도시계획과 도시·군기본계획에 부합되어야 한다.
⑤ 도시·군관리계획을 조속히 입안하여야 할 필요가 있다고 인정되면 도시·군기본계획을 수립할 때에 도시·군관리계획을 함께 입안할 수 있다.

키워드 도시·군관리계획

해설 도시·군관리계획 결정의 효력은 지형도면을 고시한 날부터 그 효력이 발생한다.

16 국토의 계획 및 이용에 관한 법령상 도시·군계획에 관한 설명으로 옳은 것은? • 35회

① 도시·군기본계획의 내용이 광역도시계획의 내용과 다를 때에는 도시·군기본계획의 내용이 우선한다.
② 도시·군기본계획의 수립권자가 생활권계획을 따로 수립한 때에는 해당 계획이 수립된 생활권에 대해서는 도시·군관리계획이 수립된 것으로 본다.
③ 시장·군수가 미리 지방의회의 의견을 들어 수립한 도시·군기본계획의 경우 도지사는 지방도시계획위원회의 심의를 거치지 않고 해당 계획을 승인할 수 있다.
④ 주민은 공공청사의 설치에 관한 사항에 대하여 도시·군관리계획의 입안권자에게 그 계획의 입안을 제안할 수 있다.
⑤ 광역도시계획이나 도시·군기본계획을 수립할 때 도시·군관리계획을 함께 입안할 수 없다.

키워드 도시·군계획

해설 ① 도시·군기본계획의 내용이 광역도시계획의 내용과 다를 때에는 광역도시계획의 내용이 우선한다.
② 도시·군기본계획의 수립권자가 생활권계획을 따로 수립한 때에는 해당 계획이 수립된 생활권에 대해서는 도시·군기본계획이 수립된 것으로 본다.
③ 시장·군수는 미리 지방의회의 의견을 들어 수립한 도시·군기본계획의 경우 도지사는 관계 행정기관의 장과 협의한 후 지방도시계획위원회의 심의를 거쳐야 해당 계획을 승인할 수 있다.
⑤ 광역도시계획이나 도시·군기본계획을 수립할 때 도시·군관리계획을 함께 입안할 수 있다.

정답 14 ② 15 ① 16 ④

17 ②

국토의 계획 및 이용에 관한 법령상 도시·군관리계획 등에 관한 설명으로 옳은 것은?

• 28회

① 시가화조정구역의 지정에 관한 도시·군관리계획 결정 당시 승인받은 사업이나 공사에 이미 착수한 자는 신고 없이 그 사업이나 공사를 계속할 수 있다.
② 국가계획과 연계하여 시가화조정구역의 지정이 필요한 경우 국토교통부장관이 직접 그 지정을 도시·군관리계획으로 결정할 수 있다.
③ 도시·군관리계획의 입안을 제안받은 자는 도시·군관리계획의 입안 및 결정에 필요한 비용을 제안자에게 부담시킬 수 없다.
④ 수산자원보호구역의 지정에 관한 도시·군관리계획은 국토교통부장관이 결정한다.
⑤ 도시·군관리계획 결정은 지형도면을 고시한 날의 다음 날부터 효력이 발생한다.

키워드 도시·군관리계획

해설 ① 시가화조정구역 또는 수산자원보호구역의 지정에 관한 도시·군관리계획 결정이 있는 경우에는 도시·군관리계획 결정의 고시일로부터 3개월 이내에 그 사업 또는 공사의 내용을 관할 특별시장·광역시장·특별자치시장·특별자치도지사·시장 또는 군수에게 신고하고 그 사업 또는 공사를 계속할 수 있다.
③ 도시·군관리계획의 입안을 제안받은 자는 제안자와 협의하여 제안된 도시·군관리계획의 입안 및 결정에 필요한 비용의 전부 또는 일부를 제안자에게 부담시킬 수 있다.
④ 수산자원보호구역의 지정에 관한 도시·군관리계획은 해양수산부장관이 결정한다.
⑤ 도시·군관리계획 결정의 효력은 지형도면을 고시한 날부터 발생한다.

18 국토의 계획 및 이용에 관한 법령상 도시·군관리계획에 관한 설명으로 틀린 것은?
중
• 32회

① 국토교통부장관은 국가계획과 관련된 경우 직접 도시·군관리계획을 입안할 수 있다.
② 주민은 산업·유통개발진흥지구의 지정에 관한 사항에 대하여 도시·군관리계획의 입안권자에게 도시·군관리계획의 입안을 제안할 수 있다.
③ 도시·군관리계획으로 입안하려는 지구단위계획구역이 상업지역에 위치하는 경우에는 재해취약성분석을 하지 아니할 수 있다.
④ 도시·군관리계획 결정의 효력은 지형도면을 고시한 다음 날부터 발생한다.
⑤ 인접한 특별시·광역시·특별자치시·특별자치도·시 또는 군의 관할 구역에 대한 도시·군관리계획은 관계 특별시장·광역시장·특별자치시장·특별자치도지사·시장 또는 군수가 협의하여 공동으로 입안하거나 입안할 자를 정한다.

키워드 도시·군관리계획
해설 도시·군관리계획 결정의 효력은 지형도면을 고시한 날부터 발생한다.

정답 17 ② 18 ④

19 국토의 계획 및 이용에 관한 법령상 도시·군관리계획의 결정에 관한 설명으로 옳은 것은?

• 35회

① 도시·군관리계획 결정의 효력은 지형도면을 고시한 날의 다음 날부터 발생한다.
② 시가화조정구역의 지정에 관한 도시·군관리계획 결정 당시 이미 사업에 착수한 자는 그 결정에도 불구하고 신고 없이 그 사업을 계속할 수 있다.
③ 국토교통부장관이 도시·군관리계획을 직접 입안한 경우에는 시·도지사가 지형도면을 작성하여야 한다.
④ 시장·군수가 입안한 지구단위계획의 수립에 관한 도시·군관리계획은 시장·군수의 신청에 따라 도지사가 결정한다.
⑤ 시·도지사는 국가계획과 관련되어 국토교통부장관이 입안하여 결정한 도시·군관리계획을 변경하려면 미리 국토교통부장관과 협의하여야 한다.

키워드 도시·군관리계획의 결정

해설 ① 도시·군관리계획 결정의 효력은 지형도면을 고시한 날부터 발생한다.
② 수산자원보호구역이나 시가화조정구역의 지정에 관한 도시·군관리계획 결정 당시 이미 사업에 착수한 자는 특별시장·광역시장·특별자치시장·특별자치도지사·시장 또는 군수에게 도시·군관리계획 결정의 고시일부터 3월 이내에 신고하고 그 사업이나 공사를 계속할 수 있다.
③ 국토교통부장관(수산자원보호구역의 경우 해양수산부장관)이나 도지사는 도시·군관리계획을 직접 입안한 경우에는 관계 특별시장·광역시장·특별자치시장·특별자치도지사·시장 또는 군수의 의견을 들어 직접 지형도면을 작성할 수 있다.
④ 시장·군수가 입안한 지구단위계획의 수립에 관한 도시·군관리계획은 시장·군수가 직접 결정한다.

정답 19 ⑤

CHAPTER 04 용도지역·용도지구·용도구역

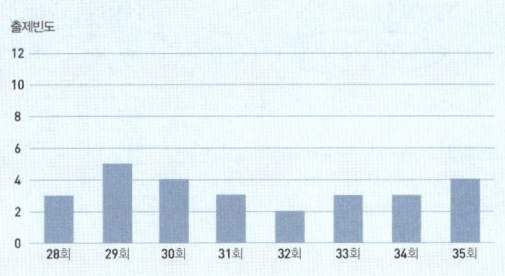

■ 8개년 출제 문항 수
총 40문제 中 평균 약 3문제 출제

■ 이 단원을 공략하고 싶다면?
건폐율과 용적률, 용도지역의 정의와 지정 특례, 용도지구의 세분 내용 및 제한 부분, 용도구역의 지정권자와 목적 위주로 알아두자

↳ 기본서 [부동산공법] pp. 56~116

제1절 용도지역

대표기출 1   2015년 제26회 A형 49번 문제 | 난이도 중

국토의 계획 및 이용에 관한 법령상 용도지역에 관한 설명으로 틀린 것은?

① 도시지역의 축소에 따른 용도지역의 변경을 도시·군관리계획으로 입안하는 경우에는 주민 및 지방의회의 의견청취 절차를 생략할 수 있다.
② 「택지개발촉진법」에 따른 택지개발지구로 지정·고시되었다가 택지개발사업의 완료로 지구 지정이 해제되면 그 지역은 지구 지정 이전의 용도지역으로 환원된 것으로 본다.
③ 관리지역에서 「농지법」에 따른 농업진흥지역으로 지정·고시된 지역은 「국토의 계획 및 이용에 관한 법률」에 따른 농림지역으로 결정·고시된 것으로 본다.
④ 용도지역을 다시 세부 용도지역으로 나누어 지정하려면 도시·군관리계획으로 결정하여야 한다.
⑤ 도시지역이 세부 용도지역으로 지정되지 아니한 경우에는 용도지역의 용적률 규정을 적용할 때에 보전녹지지역에 관한 규정을 적용한다.

기출공략 [키워드] 용도지역

용도지역의 분류에 따른 구체적인 내용을 파악하여야 정답을 찾을 수 있습니다.

35회

국토의 계획 및 이용에 관한 법령상 용도지역에 관한 설명으로 틀린 것은? (②)

① 도시지역의 축소에 따른 용도지역의 변경을 도시·군관리계획으로 입안하는 경우에는 주민 및 지방의회의 의견청취 절차를 생략할 수 있다. (O)
② 「택지개발촉진법」에 따른 택지개발지구로 지정·고시되었다가 택지개발사업의 완료로 지구 지정이 해제되면, 그 지역은 지구 지정 이전의 용도지역으로 환원된 것으로 본다. (×) → 해제되는 경우에는 과거의 용도지역으로 환원되지 아니한다.
③ 관리지역에서 「농지법」에 따른 농업진흥지역으로 지정·고시된 지역은 「국토의 계획 및 이용에 관한 법률」에 따른 농림지역으로 결정·고시된 것으로 본다. (O)
④ 용도지역을 다시 세부 용도지역으로 나누어 지정하려면 도시·군관리계획으로 결정하여야 한다. (O)
⑤ 도시지역이 세부 용도지역으로 지정되지 아니한 경우에는 용도지역의 용적률 규정을 적용할 때에 보전녹지지역에 관한 규정을 적용한다. (O)

이론플러스 도시지역의 결정·고시

다음의 어느 하나의 구역 등으로 지정·고시된 지역은 「국토의 계획 및 이용에 관한 법률」에 따른 도시지역으로 결정·고시된 것으로 본다(법 제42조 제1항).

1. 「항만법」에 따른 항만구역으로서 도시지역에 연접한 공유수면
2. 「어촌·어항법」에 따른 어항구역으로서 도시지역에 연접한 공유수면
3. 「산업입지 및 개발에 관한 법률」에 따른 국가산업단지, 일반산업단지 및 도시첨단산업단지(농공단지는 제외)
4. 「택지개발촉진법」에 따른 택지개발지구
5. 「전원개발촉진법」에 따른 전원개발사업구역 및 예정구역(수력발전소 또는 송·변전설비만을 설치하기 위한 전원개발사업구역 및 예정구역은 제외)

01

국토의 계획 및 이용에 관한 법령상 용도지역 중 도시지역에 해당하지 <u>않는</u> 것은?

• 28회

① 계획관리지역
② 자연녹지지역
③ 근린상업지역
④ 전용공업지역
⑤ 생산녹지지역

키워드 도시지역

해설 계획관리지역은 도시지역이 아니라, 관리지역에 해당된다.

02

국토의 계획 및 이용에 관한 법령상 용도지역 및 공유수면(바다로 한정함)매립지의 용도지역 지정에 관한 설명으로 <u>틀린</u> 것은?

• 20회 수정

① 국토교통부장관, 시·도지사 또는 대도시 시장은 용도지역의 지정 또는 변경을 도시·군관리계획으로 결정한다.
② 매립 목적이 그 매립구역과 이웃하고 있는 용도지역의 내용과 같은 경우 그 매립준공구역은 이웃 용도지역으로 도시·군관리계획을 입안·결정하여야 한다.
③ 매립 목적이 그 매립구역과 이웃하고 있는 용도지역의 내용과 다른 경우 그 매립구역이 속할 용도지역은 도시·군관리계획 결정으로 지정하여야 한다.
④ 매립구역이 둘 이상의 용도지역에 걸쳐 있는 경우 그 매립구역이 속할 용도지역은 도시·군관리계획 결정으로 지정하여야 한다.
⑤ 매립구역이 둘 이상의 용도지역과 이웃하고 있는 경우 그 매립구역이 속할 용도지역은 도시·군관리계획 결정으로 지정하여야 한다.

키워드 용도지역의 지정

해설 공유수면(바다만 해당)의 매립 목적이 그 매립구역과 이웃하고 있는 용도지역의 내용과 같으면 도시·군관리계획의 입안 및 결정 절차 없이 그 매립준공구역은 그 매립의 준공인가일부터 이와 이웃하고 있는 용도지역으로 지정된 것으로 본다.

정답 01 ① 02 ②

03 국토의 계획 및 이용에 관한 법령상 도시지역으로 결정·고시된 것으로 볼 수 있는 경우는?
• 20회

① 「산업입지 및 개발에 관한 법률」에 따라 농공단지로 지정·고시된 지역
② 「어촌·어항법」에 따른 어항구역으로서 농림지역에 연접한 공유수면으로 지정·고시된 지역
③ 취락지구로서 「도시개발법」에 따라 도시개발구역으로 지정·고시된 지역
④ 「항만법」에 따른 항만구역으로서 계획관리지역에 연접한 공유수면으로 지정·고시된 지역
⑤ 「택지개발촉진법」에 따라 택지개발지구로 지정·고시된 지역

키워드 용도지역 지정 등의 의제

해설 ① 「산업입지 및 개발에 관한 법률」에 따른 국가산업단지, 일반산업단지 및 도시첨단산업단지(농공단지는 제외)
② 「어촌·어항법」에 따른 어항구역으로서 도시지역에 연접한 공유수면으로 지정·고시된 지역
③ 취락지구로서 「도시개발법」에 따라 도시개발구역으로 지정·고시된 지역은 해당 사항이 없다.
④ 「항만법」에 따른 항만구역으로서 도시지역에 연접한 공유수면으로 지정·고시된 지역

04 국토의 계획 및 이용에 관한 법령상 용도지역에 관한 설명으로 옳은 것은?
• 35회

① 용도지역은 토지를 경제적·효율적으로 이용하기 위하여 필요한 경우 서로 중복되게 지정할 수 있다.
② 용도지역은 필요한 경우 도시·군기본계획으로 결정할 수 있다.
③ 주민은 상업지역에 산업·유통개발진흥지구를 지정하여 줄 것을 내용으로 하는 도시·군관리계획의 입안을 제안할 수 있다.
④ 바다인 공유수면의 매립구역이 둘 이상의 용도지역과 이웃하고 있는 경우 그 매립구역은 이웃하고 있는 가장 큰 용도지역으로 지정된 것으로 본다.
⑤ 관리지역에서 「농지법」에 따른 농업진흥지역으로 지정·고시된 지역은 「국토의 계획 및 이용에 관한 법률」에 따른 농림지역으로 결정·고시된 것으로 본다.

> **키워드** 용도지역
>
> **해설** ① 용도지역은 토지를 경제적·효율적으로 이용하고 공공복리의 증진을 도모하기 위하여 서로 중복되지 아니하게 지정한다.
> ② 용도지역은 필요한 경우, 도시·군관리계획으로 결정할 수 있다.
> ③ 주민은 자연녹지지역·계획관리지역 또는 생산관리지역에 산업·유통개발진흥지구를 지정하여 줄 것을 내용으로 하는 도시·군관리계획의 입안을 제안할 수 있다.
> ④ 바다인 공유수면의 매립구역이 둘 이상의 용도지역과 이웃하고 있는 경우 그 매립구역이 속할 용도지역은 도시·군관리계획 결정으로 지정하여야 한다.

05 국토의 계획 및 이용에 관한 법령상 아파트를 건축할 수 있는 용도지역은?

• 22회, 29회

① 계획관리지역
② 일반공업지역
③ 유통상업지역
④ 제1종 일반주거지역
⑤ 제2종 전용주거지역

> **키워드** 용도지역의 행위제한
>
> **해설** 아파트는 제1종 전용주거지역, 제1종 일반주거지역, 유통상업지역, 전용공업지역, 일반공업지역, 녹지지역, 관리지역, 농림지역, 자연환경보전지역을 제외한 용도지역에 건축할 수 있다.

06 국토의 계획 및 이용에 관한 법령상 도시·군계획조례에 의하여도 일반음식점(건축법령상 용도별 구분에 의함)의 건축을 허용할 수 없는 용도지역은?

• 23회

① 제2종 전용주거지역
② 제1종 일반주거지역
③ 자연녹지지역
④ 제3종 일반주거지역
⑤ 전용공업지역

> **키워드** 용도지역의 행위제한
>
> **해설** 제2종 전용주거지역에서는 제2종 근린생활시설 중 종교집회장만 건축할 수 있으며, 제2종 근린생활시설인 일반음식점은 건축할 수 없다.

정답 03 ⑤ 04 ⑤ 05 ⑤ 06 ①

07

국토의 계획 및 이용에 관한 법령상 건폐율의 최대한도가 큰 용도지역부터 나열한 것은? (단, 조례는 고려하는 않음) • 24회, 25회

㉠ 제2종 전용주거지역	㉡ 제1종 일반주거지역
㉢ 준공업지역	㉣ 계획관리지역

① ㉠ − ㉡ − ㉣ − ㉢
② ㉡ − ㉠ − ㉢ − ㉣
③ ㉡ − ㉢ − ㉣ − ㉠
④ ㉢ − ㉠ − ㉣ − ㉡
⑤ ㉢ − ㉡ − ㉠ − ㉣

키워드 건폐율의 최대한도

해설 ㉠ 제2종 전용주거지역: 50%
㉡ 제1종 일반주거지역: 60%
㉢ 준공업지역: 70%
㉣ 계획관리지역: 40%

08

국토의 계획 및 이용에 관한 법령상 도시지역 중 건폐율의 최대한도가 낮은 지역부터 높은 지역 순으로 옳게 나열한 것은? (단, 조례 등 기타 강화·완화조건은 고려하지 않음) • 27회

① 전용공업지역 − 중심상업지역 − 제1종 전용주거지역
② 보전녹지지역 − 유통상업지역 − 준공업지역
③ 자연녹지지역 − 일반상업지역 − 준주거지역
④ 일반상업지역 − 준공업지역 − 제2종 일반주거지역
⑤ 생산녹지지역 − 근린상업지역 − 유통상업지역

키워드 건폐율의 최대한도

해설 생산녹지지역(20%) − 근린상업지역(70%) − 유통상업지역(80%)

09 국토의 계획 및 이용에 관한 법령상 도시·군계획조례로 정할 수 있는 건폐율의 최대한도가 다음 중 가장 큰 지역은? • 29회

① 자연환경보전지역에 있는 「자연공원법」에 따른 자연공원
② 계획관리지역에 있는 「산업입지 및 개발에 관한 법률」에 따른 농공단지
③ 수산자원보호구역
④ 도시지역 외의 지역에 지정된 개발진흥지구
⑤ 자연녹지지역에 지정된 개발진흥지구

> **키워드** 건폐율의 최대한도
> **해설** ① 자연환경보전지역에 있는 「자연공원법」에 따른 자연공원: 60% 이하
> ② 계획관리지역에 있는 「산업입지 및 개발에 관한 법률」에 따른 농공단지: 70% 이하
> ③ 수산자원보호구역: 40% 이하
> ④ 도시지역 외의 지역에 지정된 개발진흥지구: 40% 이하
> ⑤ 자연녹지지역에 지정된 개발진흥지구: 30% 이하

10 국토의 계획 및 이용에 관한 법령상 용도지역별 용적률의 최대한도가 다음 중 가장 큰 것은? (단, 조례 등 기타 강화·완화조건은 고려하지 않음) • 30회

① 제1종 전용주거지역
② 제3종 일반주거지역
③ 준주거지역
④ 일반공업지역
⑤ 준공업지역

> **키워드** 용적률의 최대한도
> **해설** ① 제1종 전용주거지역: 100% 이하
> ② 제3종 일반주거지역: 300% 이하
> ③ 준주거지역: 500% 이하
> ④ 일반공업지역: 350% 이하
> ⑤ 준공업지역: 400% 이하

정답 07 ⑤ 08 ⑤ 09 ② 10 ③

11 국토의 계획 및 이용에 관한 법령상 용도지역별 용적률의 최대한도가 큰 순서대로 나열한 것은? (단, 조례 기타 강화·완화조건은 고려하지 않음)   • 28회, 32회

┌───┐
│ ㉠ 근린상업지역   ㉡ 준공업지역   │
│ ㉢ 준주거지역   ㉣ 보전녹지지역   │
│ ㉤ 계획관리지역   │
└───┘

① ㉠ - ㉡ - ㉢ - ㉣ - ㉤
② ㉠ - ㉢ - ㉡ - ㉤ - ㉣
③ ㉡ - ㉤ - ㉠ - ㉣ - ㉢
④ ㉢ - ㉠ - ㉣ - ㉡ - ㉤
⑤ ㉢ - ㉡ - ㉠ - ㉤ - ㉣

키워드 용적률의 최대한도

해설 ㉠ 근린상업지역: 900% 이하
㉡ 준공업지역: 400% 이하
㉢ 준주거지역: 500% 이하
㉣ 보전녹지지역: 80% 이하
㉤ 계획관리지역: 100% 이하

12 국토의 계획 및 이용에 관한 법령상 용도지역별 용적률의 최대한도에 관한 내용이다. ( )에 들어갈 숫자를 바르게 나열한 것은? (단, 조례 기타 강화·완화조건은 고려하지 않음) • 33회

- 주거지역: (㉠)% 이하
- 계획관리지역: (㉡)% 이하
- 농림지역: (㉢)% 이하

① ㉠: 400, ㉡: 150, ㉢: 80
② ㉠: 400, ㉡: 200, ㉢: 80
③ ㉠: 500, ㉡: 100, ㉢: 80
④ ㉠: 500, ㉡: 100, ㉢: 100
⑤ ㉠: 500, ㉡: 150, ㉢: 100

키워드 용적률의 최대한도

해설
- 주거지역: (㉠ 500)% 이하
- 계획관리지역: (㉡ 100)% 이하
- 농림지역: (㉢ 80)% 이하

이론플러스 용도지역별 용적률

용도지역에서 용적률의 최대한도는 관할 구역의 면적과 인구 규모, 용도지역의 특성 등을 고려하여 다음의 범위에서 대통령령으로 정하는 기준에 따라 특별시·광역시·특별자치시·특별자치도·시 또는 군의 조례로 정한다(법 제78조 제1항).

용도지역		용적률
도시지역	주거지역	500% 이하
	상업지역	1,500% 이하
	공업지역	400% 이하
	녹지지역	100% 이하
관리지역	보전관리지역	80% 이하
	생산관리지역	80% 이하
	계획관리지역	100% 이하
농림지역		80% 이하
자연환경보전지역		80% 이하

정답 11 ② 12 ③

제2절 용도지구

대표기출 2 | 2014년 제25회 A형 83번 문제 수정 | 난이도 하

국토의 계획 및 이용에 관한 법령상 세분된 용도지구의 정의로 틀린 것은?

① 특정용도제한지구: 주거 및 교육환경 보호나 청소년 보호 등의 목적으로 오염물질 배출시설, 청소년 유해시설 등 특정시설의 입지를 제한할 필요가 있는 지구
② 관광·휴양개발진흥지구: 관광·휴양기능을 중심으로 개발·정비할 필요가 있는 지구
③ 집단취락지구: 녹지지역·관리지역·농림지역 또는 자연환경보전지역 안의 취락을 정비하기 위하여 필요한 지구
④ 중요시설물보호지구: 중요시설물(항만, 공항, 공용시설, 교정시설·군사시설을 말한다)의 보호와 기능의 유지 및 증진 등을 위하여 필요한 지구
⑤ 시가지경관지구: 지역 내 주거지, 중심지 등 시가지의 경관을 보호 또는 유지하거나 형성하기 위하여 필요한 지구

기출공략 [키워드] 용도지구의 분류

> 세분된 용도지구의 정의에 관한 문제는 키워드를 알아야 정답을 찾을 수 있습니다.
>
> 28회, 30회, 31회, 34회

국토의 계획 및 이용에 관한 법령상 세분된 용도지구의 정의로 틀린 것은? (③)

① 특정용도제한지구: 주거 및 교육환경 보호나 청소년 보호 등의 목적으로 오염물질 배출시설, 청소년 유해시설 등 특정시설의 입지를 제한할 필요가 있는 지구 (O)
② 관광·휴양개발진흥지구: 관광·휴양기능을 중심으로 개발·정비할 필요가 있는 지구 (O)
③ ~~집단취락지구~~: 녹지지역·관리지역·농림지역 또는 자연환경보전지역 안의 취락을 정비하기 위하여 필요한 지구 (X)
  → 집단취락지구는 개발제한구역 안의 취락을 정비하기 위하여 필요한 지구를 말하며, 자연취락지구는 녹지지역·관리지역·농림지역 또는 자연환경보전지역 안의 취락을 정비하기 위하여 필요한 지구를 말한다.
④ 중요시설물보호지구: 중요시설물(항만, 공항, 공용시설, 교정시설·군사시설을 말한다)의 보호와 기능의 유지 및 증진 등을 위하여 필요한 지구 (O)
⑤ 시가지경관지구: 지역 내 주거지, 중심지 등 시가지의 경관을 보호 또는 유지하거나 형성하기 위하여 필요한 지구 (O)

이론플러스 용도지구의 분류

종류	내용
경관지구	경관의 보전·관리 및 형성을 위하여 필요한 지구
고도지구	쾌적한 환경 조성 및 토지의 효율적 이용을 위하여 건축물 높이의 최고한도를 규제할 필요가 있는 지구
방화지구	화재의 위험을 예방하기 위하여 필요한 지구
방재지구	풍수해, 산사태, 지반의 붕괴, 그 밖의 재해를 예방하기 위하여 필요한 지구
보호지구	「국가유산기본법」 제3조에 따른 국가유산, 중요 시설물(항만, 공항 등 대통령령으로 정하는 시설물을 말함) 및 문화적·생태적으로 보존가치가 큰 지역의 보호와 보존을 위하여 필요한 지구
취락지구	녹지지역·관리지역·농림지역·자연환경보전지역·개발제한구역 또는 도시자연공원구역의 취락을 정비하기 위한 지구
개발진흥지구	주거기능·상업기능·공업기능·유통물류기능·관광기능·휴양기능 등을 집중적으로 개발·정비할 필요가 있는 지구
특정용도제한지구	주거 및 교육환경 보호나 청소년 보호 등의 목적으로 오염물질 배출시설, 청소년 유해시설 등 특정시설의 입지를 제한할 필요가 있는 지구
복합용도지구	지역의 토지이용 상황, 개발 수요 및 주변 여건 등을 고려하여 효율적이고 복합적인 토지이용을 도모하기 위하여 특정시설의 입지를 완화할 필요가 있는 지구

13 중

국토의 계획 및 이용에 관한 법령상 용도지구와 그 세분(細分)이 바르게 연결된 것만을 모두 고른 것은? (단, 조례는 고려하지 않음) • 30회

> ㉠ 보호지구 – 역사문화환경보호지구, 중요시설물보호지구, 생태계보호지구
> ㉡ 방재지구 – 자연방재지구, 시가지방재지구, 특정개발방재지구
> ㉢ 경관지구 – 자연경관지구, 주거경관지구, 시가지경관지구
> ㉣ 취락지구 – 자연취락지구, 농어촌취락지구, 집단취락지구

① ㉠ ② ㉣ ③ ㉠, ㉢
④ ㉡, ㉣ ⑤ ㉢, ㉣

키워드 용도지구의 분류

해설 ㉡ 방재지구 – 자연방재지구, 시가지방재지구
㉢ 경관지구 – 자연경관지구, 시가지경관지구, 특화경관지구
㉣ 취락지구 – 자연취락지구, 집단취락지구

정답 13 ①

14
국토의 계획 및 이용에 관한 법령상 개발진흥지구를 세분하여 지정할 수 있는 지구에 해당하지 <u>않는</u> 것은? (단, 조례는 고려하지 않음) • 35회

① 주거개발진흥지구
② 중요시설물개발진흥지구
③ 복합개발진흥지구
④ 특정개발진흥지구
⑤ 관광·휴양개발진흥지구

키워드 개발진흥지구

해설 개발진흥지구는 주거개발진흥지구, 산업·유통개발진흥지구, 관광·휴양개발진흥지구, 복합개발진흥지구, 특정개발진흥지구로 세분하여 지정할 수 있다.

15
국토의 계획 및 이용에 관한 법령상 개발제한구역 안에서만 지정할 수 있는 용도지구는? • 22회 수정

① 집단취락지구
② 자연취락지구
③ 특화경관지구
④ 특정용도제한지구
⑤ 복합용도지구

키워드 용도지구의 분류

해설 집단취락지구는 개발제한구역 안의 취락을 정비하기 위하여 지정하는 지구를 말한다.

16
국토의 계획 및 이용에 관한 법령상 용도지구에 관한 설명이다. (   )에 들어갈 내용으로 옳은 것은? • 34회

- 집단취락지구: (㉠) 안의 취락을 정비하기 위하여 필요한 지구
- 복합개발진흥지구: 주거기능, (㉡)기능, 유통·물류기능 및 관광·휴양기능 중 2 이상의 기능을 중심으로 개발·정비할 필요가 있는 지구

① ㉠: 개발제한구역, ㉡: 공업
② ㉠: 자연취락지구, ㉡: 상업
③ ㉠: 개발제한구역, ㉡: 상업
④ ㉠: 관리지역, ㉡: 공업
⑤ ㉠: 관리지역, ㉡: 교통

키워드 용도지구의 분류

해설
- 집단취락지구: (㉠ 개발제한구역) 안의 취락을 정비하기 위하여 필요한 지구
- 복합개발진흥지구: 주거기능, (㉡ 공업)기능, 유통·물류기능 및 관광·휴양기능 중 2 이상의 기능을 중심으로 개발·정비할 필요가 있는 지구

17

국토의 계획 및 이용에 관한 법령상 공업기능 및 유통·물류기능을 중심으로 개발·정비할 필요가 있는 용도지구는? • 31회

① 복합용도지구
② 주거개발진흥지구
③ 산업·유통개발진흥지구
④ 관광·휴양개발진흥지구
⑤ 특정개발진흥지구

키워드 용도지구의 분류

해설
① 복합용도지구: 지역의 토지이용 상황, 개발 수요 및 주변 여건 등을 고려하여 효율적이고 복합적인 토지이용을 도모하기 위하여 특정시설의 입지를 완화할 필요가 있는 지구
② 주거개발진흥지구: 주거기능을 중심으로 개발·정비할 필요가 있는 지구
④ 관광·휴양개발진흥지구: 관광·휴양기능을 중심으로 개발·정비할 필요가 있는 지구
⑤ 특정개발진흥지구: 주거기능, 공업기능, 유통·물류기능 및 관광·휴양기능 외의 기능을 중심으로 특정한 목적을 위하여 개발·정비할 필요가 있는 지구

18

국토의 계획 및 이용에 관한 법령상 자연취락지구 안에서 건축할 수 있는 건축물에 해당하지 <u>않는</u> 것은? (단, 4층 이하의 건축물이고, 조례는 고려하지 않음) • 25회, 31회

① 동물 전용의 장례식장
② 단독주택
③ 도축장
④ 마을회관
⑤ 한의원

키워드 자연취락지구

해설
① 장례시설은 건축이 불가능하기 때문에 동물 전용의 장례식장은 건축할 수 없다.
②③④⑤ 도축장은 동물 및 식물 관련 시설에 해당하므로 건축이 가능하고, 마을회관과 한의원은 제1종 근린생활시설에 해당하므로 건축이 가능하며 단독주택도 건축이 허용된다.

정답 14 ② 15 ① 16 ① 17 ③ 18 ①

19 국토의 계획 및 이용에 관한 법령상 시·도지사가 복합용도지구를 지정할 수 있는 용도지역에 해당하는 것을 모두 고른 것은? • 34회

㉠ 준주거지역
㉡ 근린상업지역
㉢ 일반공업지역
㉣ 계획관리지역
㉤ 일반상업지역

① ㉠, ㉡
② ㉢, ㉣
③ ㉠, ㉡, ㉢
④ ㉢, ㉣, ㉤
⑤ ㉠, ㉡, ㉣, ㉤

키워드 복합용도지구

해설 시·도지사 또는 대도시 시장은 일반주거지역·일반공업지역(㉢)·계획관리지역(㉣)에 복합용도지구를 지정할 수 있다(법 제37조 제5항, 영 제31조 제6항).

20 국토의 계획 및 이용에 관한 법령상 용도지구 안에서의 건축제한 등에 관한 설명으로 틀린 것은? (단, 건축물은 도시·군계획시설이 아니며, 조례는 고려하지 않음) • 29회

① 지구단위계획 또는 관계 법률에 따른 개발계획을 수립하지 아니하는 개발진흥지구에서는 개발진흥지구의 지정목적 범위에서 해당 용도지역에서 허용되는 건축물을 건축할 수 있다.
② 고도지구 안에서는 도시·군관리계획으로 정하는 높이를 초과하는 건축물을 건축할 수 없다.
③ 일반주거지역에 지정된 복합용도지구 안에서는 장례시설을 건축할 수 있다.
④ 방재지구 안에서는 용도지역 안에서의 층수 제한에 있어 1층 전부를 필로티 구조로 하는 경우 필로티 부분을 층수에서 제외한다.
⑤ 자연취락지구 안에서는 4층 이하의 방송통신시설을 건축할 수 있다.

키워드 용도지구 안에서의 건축제한

해설 일반주거지역에 지정된 복합용도지구 안에서는 제2종 근린생활시설 중 안마시술소, 문화 및 집회시설 중 관람장, 공장, 위험물저장 및 처리시설, 동물 및 식물 관련 시설을 건축할 수 없으며, 장례시설도 건축할 수 없다.

제3절 용도구역

대표기출 3 2013년 제24회 A형 92번 문제 | 난이도 하

국토의 계획 및 이용에 관한 법령상 용도구역의 지정에 관한 설명으로 옳은 것은?

① 국토교통부장관은 개발제한구역의 지정을 도시·군기본계획으로 결정할 수 있다.
② 시·도지사는 도시자연공원구역의 지정을 광역도시계획으로 결정할 수 있다.
③ 시·도지사는 도시자연공원구역에서 해제되는 구역 중 계획적인 개발이 필요한 지역의 전부 또는 일부에 대하여 지구단위계획구역을 도시·군관리계획으로 지정할 수 있다.
④ 시·도지사는 수산자원보호구역의 변경을 도시·군기본계획으로 결정할 수 있다.
⑤ 국토교통부장관은 시가화조정구역의 변경을 광역도시계획으로 결정할 수 있다.

기출공략 [키워드] 용도구역

용도구역의 종류별 지정권자를 알고 있어야 정답을 찾을 수 있습니다.

28회, 32회

국토의 계획 및 이용에 관한 법령상 용도구역의 지정에 관한 설명으로 옳은 것은? (③)

① 국토교통부장관은 개발제한구역의 지정을 ~~도시·군기본계획~~으로 결정할 수 있다. (×)
  → 도시·군관리계획
② 시·도지사는 도시자연공원구역의 지정을 ~~광역도시계획~~으로 결정할 수 있다. (×)
  → 도시·군관리계획
③ 시·도지사는 도시자연공원구역에서 해제되는 구역 중 계획적인 개발이 필요한 지역의 전부 또는 일부에 대하여 ⓘ지구단위계획구역을 도시·군관리계획으로 지정할 수 있다. (○)
④ ~~시·도지사는~~ 수산자원보호구역의 변경을 ~~도시·군기본계획~~으로 결정할 수 있다. (×)
  → 해양수산부장관은   → 도시·군관리계획
⑤ ~~국토교통부장관은~~ 시가화조정구역의 변경을 ~~광역도시계획~~으로 결정할 수 있다. (×)
  → 시·도지사는   → 도시·군관리계획

정답 19 ② 20 ③

이론플러스 **용도구역의 지정권자**

용도구역	지정권자
개발제한구역	국토교통부장관
도시자연공원구역	시·도지사, 대도시 시장
수산자원보호구역	해양수산부장관
시가화조정구역	시·도지사, 국토교통부장관(국가계획 연계)
도시·군계획시설입체복합구역	도시·군관리계획의 결정권자
복합용도구역	공간재구조화 결정권자(국토교통부장관, 시·도지사)
도시혁신구역	공간재구조화 결정권자(국토교통부장관, 시·도지사)

21 〈중〉 국토의 계획 및 이용에 관한 법령상 시가화조정구역에 관한 설명으로 옳은 것은?

• 20회, 32회

① 시가화조정구역은 도시지역과 그 주변지역의 무질서한 시가화를 방지하고 계획적·단계적인 개발을 도모하기 위하여 시·도지사가 도시·군기본계획으로 결정하여 지정하는 용도구역이다.
② 시가화유보기간은 5년 이상 20년 이내의 기간이다.
③ 시가화유보기간이 끝나면 국토교통부장관 또는 시·도지사는 이를 고시하여야 하고, 시가화조정구역 지정 결정은 그 고시일 다음 날부터 그 효력을 잃는다.
④ 공익상 그 구역 안에서의 사업시행이 불가피한 것으로서 주민의 요청에 의하여 시·도지사가 시가화조정구역의 지정목적 달성에 지장이 없다고 인정한 도시·군계획사업은 시가화조정구역에서 시행할 수 있다.
⑤ 시가화조정구역에서 입목의 벌채, 조림, 육림 행위는 허가 없이 할 수 있다.

키워드 시가화조정구역

해설 ① 시가화조정구역은 도시지역과 그 주변지역의 무질서한 시가화를 방지하고 계획적·단계적인 개발을 도모하기 위하여 시·도지사가 도시·군관리계획으로 결정하여 지정하는 용도구역이다.
③ 시가화유보기간이 끝나면 국토교통부장관 또는 시·도지사는 이를 고시하여야 하고, 시가화조정구역 지정 결정은 시가화유보기간이 끝난 날의 다음 날부터 그 효력을 잃는다.
④ 공익상 그 구역 안에서의 사업시행이 불가피한 것으로서 관계 중앙행정기관의 장의 요청에 의하여 국토교통부장관이 시가화조정구역의 지정목적 달성에 지장이 없다고 인정한 도시·군계획사업은 시가화조정구역에서 시행할 수 있다.
⑤ 시가화조정구역에서 입목의 벌채, 조림, 육림 행위는 허가를 받아 할 수 있다.

22 국토의 계획 및 이용에 관한 법령상 용도지역 및 용도구역에서의 행위제한에 관한 설명으로 옳은 것은?

• 22회 수정

① 도시지역, 관리지역, 농림지역 또는 자연환경보전지역으로 용도가 지정되지 아니한 지역에 대하여는 도시지역에 관한 규정을 적용한다.
② 도시지역이 세부 용도지역으로 지정되지 아니한 경우에는 생산녹지지역에 관한 규정을 적용한다.
③ 관리지역이 세부 용도지역으로 지정되지 아니한 경우에는 보전관리지역에 관한 규정을 적용한다.
④ 시가화조정구역에서의 도시·군계획사업은 「도시개발법」에 의한 민간제안 도시개발사업만 시행할 수 있다.
⑤ 시가화조정구역에서는 도시·군계획사업에 의한 행위가 아닌 경우 모든 개발행위를 허가할 수 없다.

키워드 용도지역·용도구역

해설 ① 도시지역, 관리지역, 농림지역 또는 자연환경보전지역으로 용도가 지정되지 아니한 지역에 대하여는 자연환경보전지역에 관한 규정을 적용한다.
② 도시지역이 세부 용도지역으로 지정되지 아니한 경우에는 보전녹지지역에 관한 규정을 적용한다.
④ 시가화조정구역에서의 도시·군계획사업은 국방상 또는 공익상 시가화조정구역 안에서의 사업시행이 불가피한 것으로서 관계 중앙행정기관의 장의 요청에 의하여 국토교통부장관이 시가화조정구역의 지정목적 달성에 지장이 없다고 인정하는 도시·군계획사업만 시행할 수 있다.
⑤ 시가화조정구역에서 도시·군계획사업의 경우 외에는 법 제81조 제2항에 규정된 행위에 한정하여 허가를 받아 그 행위를 할 수 있다.

정답 21 ② 22 ③

23 국토의 계획 및 이용에 관한 법령상 용도지역·용도지구·용도구역에 관한 설명으로 틀린 것은?
• 28회

① 국토교통부장관이 용도지역을 지정하는 경우 도시·군관리계획으로 결정한다.
② 시·도지사는 도시자연공원구역의 변경을 도시·군관리계획으로 결정할 수 있다.
③ 시·도지사는 법률에서 정하고 있는 용도지구 외에 새로운 용도지구를 신설할 수 없다.
④ '집단취락지구'란 개발제한구역 안의 취락을 정비하기 위하여 필요한 지구를 말한다.
⑤ 방재지구의 지정을 도시·군관리계획으로 결정하는 경우 도시·군관리계획의 내용에는 해당 방재지구의 재해저감대책을 포함하여야 한다.

키워드 용도지역·용도지구·용도구역

해설 시·도지사 또는 대도시 시장은 지역여건상 필요하면 대통령령으로 정하는 기준에 따라 그 시·도 또는 대도시의 조례로 용도지구의 명칭 및 지정목적, 건축이나 그 밖의 행위의 금지 및 제한에 관한 사항 등을 정하여 법률에서 정한 용도지구 외의 용도지구의 지정 또는 변경을 도시·군관리계획으로 결정할 수 있다.

24 국토의 계획 및 이용에 관한 법령상 용도지역·용도지구·용도구역에 관한 설명으로 옳은 것은? (단, 조례는 고려하지 않음)
• 33회

① 대도시 시장은 유통상업지역에 복합용도지구를 지정할 수 있다.
② 대도시 시장은 재해의 반복 발생이 우려되는 지역에 대해서는 특정용도제한지구를 지정하여야 한다.
③ 용도지역 안에서의 건축물의 용도·종류 및 규모의 제한에 대한 규정은 도시·군계획시설에 대해서도 적용된다.
④ 공유수면의 매립 목적이 그 매립구역과 이웃하고 있는 용도지역의 내용과 다른 경우 그 매립준공구역은 이와 이웃하고 있는 용도지역으로 지정된 것으로 본다.
⑤ 「택지개발촉진법」에 따라 택지개발지구로 지정·고시된 지역은 「국토의 계획 및 이용에 관한 법률」에 따른 도시지역으로 결정·고시된 것으로 본다.

키워드 용도지역·용도지구·용도구역

해설 ① 시·도지사 또는 대도시 시장은 일반주거지역·일반공업지역·계획관리지역에 복합용도지구를 지정할 수 있다. 유통상업지역은 지정대상에 해당하지 않는다.
② 시·도지사 또는 대도시 시장은 재해의 반복 발생이 우려되는 지역에 대해서는 방재지구의 지정 또는 변경을 도시·군관리계획으로 결정하여야 한다. 특정용도제한지구는 주거 및 교육환경 보호나 청소년 보호 등의 목적으로 오염물질 배출시설, 청소년 유해시설 등 특정시설의 입지를 제한할 필요가 있는 지구를 말한다.
③ 용도지역·용도지구의 건축제한에 관한 규정은 용도지역·용도지구 안에서의 도시·군계획시설에 대하여는 적용하지 아니한다.
④ 공유수면의 매립 목적이 그 매립구역과 이웃하고 있는 용도지역의 내용과 다른 경우 및 그 매립구역이 둘 이상의 용도지역에 걸쳐 있거나 이웃하고 있는 경우, 그 매립구역이 속할 용도지역은 도시·군관리계획 결정으로 지정하여야 한다. 반면, 이와 이웃하고 있는 용도지역으로 지정된 것으로 보는 경우는 공유수면의 매립 목적이 그 매립구역과 이웃하고 있는 용도지역의 내용과 같을 때이다.

이론플러스 도시지역의 결정·고시

다음의 어느 하나의 구역 등으로 지정·고시된 지역은 「국토의 계획 및 이용에 관한 법률」에 따른 도시지역으로 결정·고시된 것으로 본다.

1. 「항만법」에 따른 항만구역으로서 도시지역에 연접한 공유수면
2. 「어촌·어항법」에 따른 어항구역으로서 도시지역에 연접한 공유수면
3. 「산업입지 및 개발에 관한 법률」에 따른 국가산업단지, 일반산업단지 및 도시첨단산업단지 (농공단지는 제외)
4. 「택지개발촉진법」에 따른 택지개발지구
5. 「전원개발촉진법」에 따른 전원개발사업구역 및 예정구역(수력발전소 또는 송·변전설비만을 설치하기 위한 전원개발사업구역 및 예정구역은 제외)

정답 23 ③ 24 ⑤

25 국토의 계획 및 이용에 관한 법령상 해당 구역으로 지정되면 「건축법」 제69조에 따른 특별건축구역으로 지정된 것으로 보는 구역을 모두 고른 것은?   • 35회

┌───┐
│ ㉠ 도시혁신구역   ㉡ 복합용도구역   │
│ ㉢ 시가화조정구역   ㉣ 도시자연공원구역   │
└───┘

① ㉠
② ㉠, ㉡
③ ㉢, ㉣
④ ㉡, ㉢, ㉣
⑤ ㉠, ㉡, ㉢, ㉣

키워드 특별건축구역

해설 복합용도구역 또는 도시혁신구역으로 지정된 지역은 「건축법」 제69조에 따른 특별건축구역으로 지정된 것으로 본다.

제4절　둘 이상에 걸치는 대지에 대한 적용기준

대표기출 4　2013년 제24회 A형 85번 문제 수정 | 난이도 하

국토의 계획 및 이용에 관한 법령상 용도지역에 관한 설명으로 옳은 것은? (단, 조례는 고려하지 않음)

① 저층주택 중심의 편리한 주거환경을 조성하기 위하여 필요한 지역은 제2종 전용주거지역으로 지정한다.
② 환경을 저해하지 아니하는 공업의 배치를 위하여 필요한 지역은 준공업지역으로 지정한다.
③ 공유수면의 매립구역이 둘 이상의 용도지역에 걸쳐 있는 경우에는 걸친 부분의 면적이 가장 큰 용도지역과 같은 용도지역으로 지정된 것으로 본다.
④ 도시지역에 대해 세부 용도지역이 지정되지 아니한 경우 건폐율에 대해서는 자연녹지지역에 관한 규정을 적용한다.
⑤ 하나의 대지가 녹지지역과 그 밖의 용도지역·용도지구 또는 용도구역에 걸쳐 있는 경우에는 각각의 용도지역·용도지구 또는 용도구역의 건축물 및 토지에 관한 규정을 적용한다. 다만, 가장 작은 부분이 녹지지역으로서 $330m^2$ 이하이면 그러하지 아니한다.

기출공략　[키워드] 하나의 대지가 둘 이상에 걸치는 경우

하나의 대지가 둘 이상에 걸치는 경우에 대해 이해하여야 정답을 찾을 수 있습니다.

정답　25 ②

국토의 계획 및 이용에 관한 법령상 용도지역에 관한 설명으로 옳은 것은? (단, 조례는 고려하지 않음) (⑤)

① 저층주택 중심의 편리한 주거환경을 조성하기 위하여 필요한 지역은 ~~제2종 전용주거지역~~으로 지정한다. (×) → 제1종 일반주거지역

② 환경을 저해하지 아니하는 공업의 배치를 위하여 필요한 지역은 ~~준공업지역~~으로 지정한다. (×) → 일반공업지역

③ 공유수면의 매립구역이 둘 이상의 용도지역에 걸쳐 있는 경우에는 ~~걸치는 부분의 면적이 가장 큰 용도지역과 같은 용도지역으로 지정된 것으로 본다~~. (×)
→ 공유수면의 매립 목적이 그 매립구역과 이웃하고 있는 용도지역의 내용과 다른 경우 및 그 매립구역이 둘 이상의 용도지역에 걸쳐 있거나 이웃하고 있는 경우 그 매립구역이 속할 용도지역은 도시·군관리계획 결정으로 지정하여야 한다.

④ 도시지역에 대해 세부 용도지역이 지정되지 아니한 경우 건폐율에 대해서는 ~~자연녹지지역~~에 관한 규정을 적용한다. (×)
→ 보전녹지지역

⑤ 하나의 대지가 녹지지역과 그 밖의 용도지역·용도지구 또는 용도구역에 걸쳐 있는 경우에는 각각의 용도지역·용도지구 또는 용도구역의 건축물 및 토지에 관한 규정을 적용한다. (○)
→ 법 제84조 제3항

이론플러스 건축물이 걸치는 경우의 적용기준

고도지구에 건축물이 걸치는 경우	건축물이 고도지구에 걸쳐 있는 경우에는 그 건축물 및 대지의 전부에 대하여 고도지구의 건축물 및 대지에 관한 규정을 적용한다.
방화지구에 건축물이 걸치는 경우	㉠ 하나의 건축물이 방화지구와 그 밖의 용도지역·용도지구 또는 용도구역에 걸쳐 있는 경우에는 그 건축물의 전부에 대하여 방화지구의 건축물에 관한 규정을 적용한다. ㉡ 걸쳐 있는 건축물이 있는 방화지구와 그 밖의 용도지역·용도지구 또는 용도구역의 경계가 「건축법」에 따른 방화벽으로 구획되는 경우에는 그 밖의 용도지역·용도지구 또는 용도구역에 있는 부분에 대하여는 방화지구의 건축물에 관한 규정을 적용하지 않는다.

26 ㊥

A도시에서 甲이 소유하고 있는 1,000m²의 대지는 제1종 일반주거지역에 800m², 제2종 일반주거지역에 200m²씩 걸쳐 있다. 甲이 대지 위에 건축할 수 있는 최대 연면적은? (다만, 조례상 제1종 일반주거지역의 용적률은 120%이고, 제2종 일반주거지역의 용적률은 200%이며, 기타 건축제한은 고려하지 않음) • 15회, 19회, 20회, 21회

① 1,200m²
② 1,300m²
③ 1,360m²
④ 1,400m²
⑤ 1,460m²

키워드 최대 연면적의 계산

해설 甲이 소유하고 있는 1,000m²의 대지 중 제1종 일반주거지역이 800m², 제2종 일반주거지역이 200m²로 제2종 일반주거지역이 330m² 이하이기 때문에 전체 대지의 용적률은 가중평균한 값을 적용한다. 즉, 평균 용적률은 [(800 × 120%) + (200 × 200%)] / 1,000 = 136%이다. 따라서 1,000m² 대지에 적용할 용적률은 136%이므로, 최대 연면적은 1,360m²가 된다.

정답 26 ③

CHAPTER 05 도시·군계획시설사업의 시행

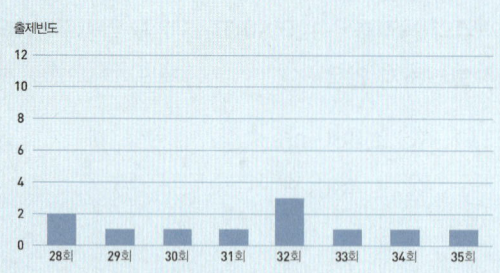

■ 8개년 출제 문항 수
총 40문제 中 평균 약 1.5문제 출제

■ 이 단원을 공략하고 싶다면?
기반시설의 종류, 공동구, 도시·군계획시설사업의 절차, 장기미집행 도시·군계획시설 부지의 매수청구 위주로 알아두자

↳ 기본서 [부동산공법] pp. 117~145

제1절 도시·군계획시설

대표기출 1 2022년 제31회 A형 47번 문제 | 난이도 하

국토의 계획 및 이용에 관한 법령상 사업시행자가 공동구를 설치하여야 하는 지역등을 모두 고른 것은? (단, 지역등의 규모는 200만m²를 초과함)

> ㉠「공공주택 특별법」에 따른 공공주택지구
> ㉡「도시 및 주거환경정비법」에 따른 정비구역
> ㉢「산업입지 및 개발에 관한 법률」에 따른 일반산업단지
> ㉣「도청이전을 위한 도시건설 및 지원에 관한 특별법」에 따른 도청이전신도시

① ㉠, ㉡, ㉢
② ㉠, ㉡, ㉣
③ ㉠, ㉢, ㉣
④ ㉡, ㉢, ㉣
⑤ ㉠, ㉡, ㉢, ㉣

기출공략 [키워드] 공동구

공동구에 관한 전반적인 내용이 숙지되어야 정답을 찾을 수 있습니다.

31회

국토의 계획 및 이용에 관한 법령상 사업시행자가 공동구를 설치하여야 하는 지역등을 모두 고른 것은? (단, 지역등의 규모는 200만m²를 초과함) (②)

㉠ 「공공주택 특별법」에 따른 공공주택지구 (O)
㉡ 「도시 및 주거환경정비법」에 따른 정비구역 (O)
㉢ 「산업입지 및 개발에 관한 법률」에 따른 일반산업단지 (X)
  → 공동구를 설치하여야 하는 지역에 해당되지 않는다.
㉣ 「도청이전을 위한 도시건설 및 지원에 관한 특별법」에 따른 도청이전신도시 (O)

이론플러스 공동구의 의무적 설치대상

다음에 해당하는 지역·지구·구역 등(이하 '지역등')이 200만m²를 초과하는 경우에는 해당 지역등에서 개발사업을 시행하는 사업시행자는 공동구를 설치하여야 한다(법 제44조 제1항, 영 제35조의2).

1. 「도시개발법」에 따른 도시개발구역
2. 「택지개발촉진법」에 따른 택지개발지구
3. 「경제자유구역의 지정 및 운영에 관한 특별법」에 따른 경제자유구역
4. 「도시 및 주거환경정비법」에 따른 정비구역
5. 「공공주택 특별법」에 따른 공공주택지구
6. 「도청이전을 위한 도시건설 및 지원에 관한 특별법」에 따른 도청이전신도시

01 국토의 계획 및 이용에 관한 법령상 도시지역에서 기반시설을 설치하는 경우 도시·군관리계획으로 결정하여야 하는 것은?

• 25회

① 전세버스운송사업용 여객자동차터미널
② 광장 중 건축물부설광장
③ 옥외에 설치하는 변전시설
④ 대지면적이 400m²인 도축장
⑤ 폐기물처리 및 재활용시설 중 재활용시설

키워드 기반시설의 설치

해설 전기공급설비 중 발전시설, 옥외에 설치하는 변전시설 및 지상에 설치하는 전압 15만 4천볼트 이상의 송전선로는 도시·군관리계획으로 결정하여야 하는 시설에 해당한다.

정답 01 ③

02 ⓢ 국토의 계획 및 이용에 관한 법령상 도시지역에서 미리 도시·군관리계획으로 결정하지 않고 설치할 수 있는 시설을 모두 고른 것은?
• 33회

> ㉠ 광장(건축물부설광장은 제외한다)
> ㉡ 대지면적이 500m² 미만인 도축장
> ㉢ 폐기물처리 및 재활용시설 중 재활용시설
> ㉣ 「고등교육법」에 따른 방송대학·통신대학 및 방송통신대학

① ㉠
② ㉠, ㉣
③ ㉡, ㉢
④ ㉡, ㉢, ㉣
⑤ ㉠, ㉡, ㉢, ㉣

키워드 기반시설의 설치

해설 ㉠ 도시지역에서 미리 도시·군관리계획으로 결정하지 않고 설치할 수 있는 시설에 광장 중 건축물부설광장도 포함된다.

이론플러스 기반시설의 설치

지상·수상·공중·수중 또는 지하에 기반시설을 설치하려면 그 시설의 종류·명칭·위치·규모 등을 미리 도시·군관리계획으로 결정하여야 한다. 다만, 용도지역·기반시설의 특성 등을 고려하여 대통령령으로 정하는 도시지역 또는 지구단위계획구역에서 다음의 기반시설을 설치하고자 하는 경우에는 그러하지 아니하다.

1. 주차장, 차량 검사 및 면허시설, 공공공지, 열공급설비, 방송·통신시설, 시장·공공청사·문화시설·공공필요성이 인정되는 체육시설·연구시설·사회복지시설·공공직업 훈련시설·청소년수련시설·저수지·방화설비·방풍설비·방수설비·사방설비·방조설비·장사시설·종합의료시설·빗물저장 및 이용시설·폐차장
2. 「도시공원 및 녹지 등에 관한 법률」의 규정에 의하여 점용허가 대상이 되는 공원 안의 기반시설
3. 그 밖에 국토교통부령으로 정하는 다음의 시설
   ⓐ 공항 중 「공항시설법 시행령」의 규정에 의한 도심공항터미널
   ⓑ 여객자동차터미널 중 전세버스운송사업용 여객자동차터미널
   ⓒ 광장 중 건축물부설광장(지문 ㉠)
   ⓓ 전기공급설비(발전시설, 옥외에 설치하는 변전시설 및 지상에 설치하는 전압 15만 4천볼트 이상의 송전선로는 제외)
   ⓔ 다음의 학교
      • 「유아교육법」에 따른 유치원
      • 「장애인 등에 대한 특수교육법」에 따른 특수학교
      • 「초·중등교육법」에 따른 대안학교
      • 「고등교육법」에 따른 방송대학·통신대학 및 방송통신대학(지문 ㉣)
   ⓕ 다음의 어느 하나에 해당하는 도축장
      • 대지면적이 500m² 미만인 도축장(지문 ㉡)
      • 「산업입지 및 개발에 관한 법률」에 따른 산업단지 내에 설치하는 도축장
   ⓖ 폐기물처리 및 재활용시설 중 재활용시설(지문 ㉢)

03 국토의 계획 및 이용에 관한 법령상 공동구에 관한 설명으로 **틀린** 것은? • 25회 수정

① 사업시행자는 공동구의 설치공사를 완료한 때에는 지체 없이 공동구에 수용할 수 있는 시설의 종류와 공동구 설치위치를 일간신문에 공시하여야 한다.
② 공동구 점용예정자는 공동구에 수용될 시설을 공동구에 수용함으로써 용도가 폐지된 종래의 시설은 사업시행자가 지정하는 기간 내에 철거하여야 하고, 도로는 원상으로 회복하여야 한다.
③ 사업시행자는 공동구의 설치가 포함되는 개발사업의 실시계획 인가 등이 있은 후 지체 없이 공동구 점용예정자에게 부담금의 납부를 통지하여야 한다.
④ 공동구관리자가 공동구의 안전 및 유지관리계획을 변경하려면 미리 관계 행정기관의 장과 협의한 후 공동구협의회의 심의를 거쳐야 한다.
⑤ 공동구관리자는 1년에 1회 이상 공동구의 안전점검을 실시하여야 하며, 안전점검결과 이상이 있다고 인정되는 때에는 지체 없이 정밀안전진단 등 필요한 조치를 하여야 한다.

키워드 공동구
해설 사업시행자는 공동구의 설치공사를 완료한 때에는 지체 없이 공동구에 수용할 수 있는 시설의 종류와 공동구 설치위치를 공동구 점용예정자에게 개별적으로 통지하여야 한다.

04 국토의 계획 및 이용에 관한 법령상 공동구가 설치된 경우 공동구에 수용하기 위하여 공동구협의회의 심의를 거쳐야 하는 시설은? • 26회

① 전선로
② 수도관
③ 열수송관
④ 가스관
⑤ 통신선로

키워드 공동구
해설 가스관 및 하수도관, 그 밖의 시설은 공동구협의회의 심의를 거쳐야 한다.

정답 02 ④ 03 ① 04 ④

05 국토의 계획 및 이용에 관한 법령상 광역계획권과 광역시설에 관한 설명으로 틀린 것은?
• 28회 수정

① 국토교통부장관은 인접한 둘 이상의 특별시·광역시·특별자치시의 관할 구역 전부 또는 일부를 광역계획권으로 지정할 수 있다.
② 광역시설의 설치 및 관리는 공동구의 설치에 관한 규정에 따른다.
③ 장사시설, 도축장은 광역시설이 될 수 있다.
④ 관계 특별시장·광역시장·특별자치시장·특별자치도지사는 협약을 체결하거나 협의회 등을 구성하여 광역시설을 설치·관리할 수 있다.
⑤ 국가계획으로 설치하는 광역시설은 그 광역시설의 설치·관리를 사업목적 또는 사업종목으로 하여 다른 법률에 따라 설립된 법인이 설치·관리할 수 있다.

키워드 광역계획권과 광역시설
해설 광역시설의 설치 및 관리는 도시·군계획시설의 설치·관리에 따른다.

---

06 국토의 계획 및 이용에 관한 법령상 매수의무자인 지방자치단체가 매수청구를 받은 장기미집행 도시·군계획시설 부지 중 지목이 대(垈)인 토지를 매수할 때에 관한 설명으로 틀린 것은?
• 21회, 22회, 25회

① 토지소유자가 원하면 도시·군계획시설채권을 발행하여 매수대금을 지급할 수 있다.
② 도시·군계획시설채권의 상환기간은 10년 이내에서 정해진다.
③ 매수청구된 토지의 매수가격·매수절차 등에 관하여 「국토의 계획 및 이용에 관한 법률」에 특별한 규정이 있는 경우 외에는 「공익사업을 위한 토지 등의 취득 및 보상에 관한 법률」을 준용한다.
④ 비업무용 토지로서 매수대금이 2천만원을 초과하는 경우 매수의무자는 그 초과하는 금액에 대해서 도시·군계획시설채권을 발행하여 지급할 수 있다.
⑤ 매수의무자가 매수하기로 결정한 토지는 매수 결정을 알린 날부터 2년 이내에 매수하여야 한다.

키워드 도시·군계획시설 부지의 매수청구
해설 비업무용 토지로서 매수대금이 3천만원을 초과하는 경우 매수의무자는 그 초과하는 금액에 대해서 도시·군계획시설채권을 발행하여 지급할 수 있다.

07 국토의 계획 및 이용에 관한 법령상 도시·군계획시설 부지의 매수청구에 관한 설명으로 틀린 것은? [단, 토지는 지목이 대(垈)이며, 조례는 고려하지 않음]   • 26회

① 매수의무자가 매수하기로 결정한 토지는 매수 결정을 알린 날부터 3년 이내에 매수하여야 한다.
② 지방자치단체가 매수의무자인 경우에는 토지소유자가 원하는 경우에 채권을 발행하여 매수대금을 지급할 수 있다.
③ 도시·군계획시설채권의 상환기간은 10년 이내로 한다.
④ 매수청구를 한 토지의 소유자는 매수의무자가 매수하지 아니하기로 결정한 경우에는 개발행위허가를 받아서 공작물을 설치할 수 있다.
⑤ 해당 도시·군계획시설사업의 시행자가 정하여진 경우에는 그 시행자에게 토지의 매수를 청구할 수 있다.

키워드 도시·군계획시설 부지의 매수청구

해설 매수의무자는 매수청구를 받은 날부터 6개월 이내에 매수 여부를 결정하여 토지소유자와 특별시장·광역시장·특별자치시장·특별자치도지사·시장 또는 군수(매수의무자가 특별시장·광역시장·특별자치시장·특별자치도지사·시장 또는 군수인 경우는 제외)에게 알려야 하며, 매수하기로 결정한 토지는 매수 결정을 알린 날부터 2년 이내에 매수하여야 한다.

정답 05 ② 06 ④ 07 ①

08 甲 소유의 토지는 A광역시 B구에 소재한 지목이 대(垈)인 토지로서 한국토지주택공사를 사업시행자로 하는 도시·군계획시설 부지이다. 甲의 토지에 대해 국토의 계획 및 이용에 관한 법령상 도시·군계획시설 부지의 매수청구권이 인정되는 경우, 이에 관한 설명으로 옳은 것은? (단, 도시·군계획시설의 설치의무자는 사업시행자이며, 조례는 고려하지 않음)
• 27회

① 甲의 토지의 매수의무자는 B구청장이다.
② 甲이 매수청구를 할 수 있는 대상은 토지이며, 그 토지에 있는 건축물은 포함되지 않는다.
③ 甲이 원하는 경우 매수의무자는 도시·군계획시설채권을 발행하여 그 대금을 지급할 수 있다.
④ 매수의무자는 매수청구를 받은 날부터 6개월 이내에 매수 여부를 결정하여 甲과 A광역시장에게 알려야 한다.
⑤ 매수청구에 대해 매수의무자가 매수하지 아니하기로 결정한 경우 甲은 자신의 토지에 2층의 다세대주택을 건축할 수 있다.

키워드 도시·군계획시설 부지의 매수청구

해설 ① 甲의 토지의 매수의무자는 한국토지주택공사이다.
② 甲이 매수청구를 할 수 있는 대상은 토지이며, 그 토지에 있는 건축물도 포함된다.
③ 甲이 원하는 경우일지라도 매수의무자가 지방자치단체인 경우에만 도시·군계획시설채권을 발행할 수 있으며, 지문과 같이 매수의무자가 한국토지주택공사인 경우에는 도시·군계획시설채권을 발행할 수 없다.
⑤ 매수청구에 대해 매수의무자가 매수하지 아니하기로 결정한 경우 甲은 자신의 토지에 3층 이하의 단독주택과 제1종 근린생활시설 및 제2종 근린생활시설만 건축할 수 있으며, 다세대주택은 건축할 수 없다.

09 국토의 계획 및 이용에 관한 법령상 도시·군계획시설에 관한 설명으로 옳은 것은?

• 26회

① 도시지역에서 사회복지시설을 설치하려면 미리 도시·군관리계획으로 결정하여야 한다.
② 도시·군계획시설 부지에 대한 매수청구의 대상은 지목이 대(垈)인 토지에 한정되며, 그 토지에 있는 건축물은 포함되지 않는다.
③ 용도지역 안에서의 건축물의 용도·종류 및 규모의 제한에 대한 규정은 도시·군계획시설에 대해서도 적용된다.
④ 도시·군계획시설 부지에서 도시·군관리계획을 입안하는 경우에는 그 계획의 입안을 위한 토지적성평가를 실시하지 아니할 수 있다.
⑤ 도시·군계획시설사업의 시행자가 행정청인 경우, 시행자의 처분에 대해서는 행정심판을 제기할 수 없다.

키워드 도시·군계획시설

해설 ① 도시지역에서 사회복지시설을 설치하려면 미리 도시·군관리계획으로 결정하지 않아도 된다.
② 도시·군계획시설 부지에 대한 매수청구의 대상은 지목이 대(垈)인 토지뿐만 아니라, 그 토지에 있는 건축물도 포함된다.
③ 용도지역 안에서의 건축물의 용도·종류 및 규모의 제한에 대한 규정은 도시·군계획시설에 대해서는 적용되지 않는다.
⑤ 도시·군계획시설사업의 시행자가 행정청인 경우, 시행자의 처분에 대해서는 행정심판을 제기할 수 있다.

정답 08 ④ 09 ④

10 국토의 계획 및 이용에 관한 법령상 도시·군계획시설에 관한 설명으로 틀린 것은? (단, 조례는 고려하지 않음)
• 32회

① 도시·군계획시설 부지의 매수의무자인 지방공사는 도시·군계획시설채권을 발행하여 그 대금을 지급할 수 있다.
② 도시·군계획시설 부지의 매수의무자는 매수하기로 결정한 토지를 매수 결정을 알린 날부터 2년 이내에 매수하여야 한다.
③ 200만㎡를 초과하는 「도시개발법」에 따른 도시개발구역에서 개발사업을 시행하는 자는 공동구를 설치하여야 한다.
④ 국가계획으로 설치하는 광역시설은 그 광역시설의 설치·관리를 사업종목으로 하여 다른 법에 따라 설립된 법인이 설치·관리할 수 있다.
⑤ 도시·군계획시설채권의 상환기간은 10년 이내로 한다.

> **키워드** 도시·군계획시설
> **해설** 도시·군계획시설 부지의 매수의무자가 지방자치단체인 경우에만 도시·군계획시설채권을 발행하여 그 대금을 지급할 수 있다.

---

11 국토의 계획 및 이용에 관한 법령상 도시·군계획시설에 관한 설명이다. ( ) 안에 들어갈 내용을 바르게 나열한 것은?
• 30회

> 도시·군계획시설 결정이 고시된 도시·군계획시설에 대하여 그 고시일부터 (㉠)년이 지날 때까지 그 시설의 설치에 관한 도시·군계획시설사업이 시행되지 아니한 경우 그 도시·군계획시설 결정은 그 고시일부터 (㉠)년이 (㉡)에 그 효력을 잃는다.

① ㉠: 10, ㉡: 되는 날
② ㉠: 20, ㉡: 되는 날
③ ㉠: 10, ㉡: 되는 날의 다음 날
④ ㉠: 15, ㉡: 되는 날의 다음 날
⑤ ㉠: 20, ㉡: 되는 날의 다음 날

> **키워드** 도시·군계획시설
> **해설** 도시·군계획시설 결정이 고시된 도시·군계획시설에 대하여 그 고시일부터 (㉠ 20)년이 지날 때까지 그 시설의 설치에 관한 도시·군계획시설사업이 시행되지 아니한 경우 그 도시·군계획시설 결정은 그 고시일부터 (㉠ 20)년이 (㉡ 되는 날의 다음 날)에 그 효력을 잃는다.

12 국토의 계획 및 이용에 관한 법령상 도시·군계획시설에 관한 설명으로 옳은 것은?

• 28회

① 도시·군계획시설 결정의 고시일부터 5년 이내에 도시·군계획시설사업이 시행되지 아니하는 경우 그 도시·군계획시설의 부지 중 지목이 대(垈)인 토지의 소유자는 그 토지의 매수를 청구할 수 있다.
② 도시개발구역의 규모가 150만m²인 경우 해당 구역의 개발사업시행자는 공동구를 설치하여야 한다.
③ 공동구가 설치된 경우 하수도관은 공동구협의회의 심의를 거쳐 공동구에 수용할 수 있다.
④ 공동구관리자는 매년 해당 공동구의 안전 및 유지관리 계획을 수립·시행하여야 한다.
⑤ 도시·군계획시설 결정의 고시일부터 10년 이내에 도시·군계획시설사업이 시행되지 아니하는 경우 그 고시일부터 10년이 되는 날의 다음 날에 그 효력을 잃는다.

키워드 도시·군계획시설

해설 ① 도시·군계획시설 결정의 고시일부터 10년 이내에 도시·군계획시설사업이 시행되지 아니하는 경우 그 도시·군계획시설의 부지 중 지목이 대(垈)인 토지의 소유자는 그 토지의 매수를 청구할 수 있다.
② 도시개발구역의 규모가 200만m²를 초과하는 경우 해당 구역의 개발사업시행자는 공동구를 설치하여야 한다.
④ 공동구관리자는 5년마다 해당 공동구의 안전 및 유지관리 계획을 수립·시행하여야 한다.
⑤ 도시·군계획시설 결정의 고시일부터 20년 이내에 도시·군계획시설사업이 시행되지 아니하는 경우 그 고시일부터 20년이 되는 날의 다음 날에 그 효력을 잃는다.

정답 10 ① 11 ⑤ 12 ③

13 국토의 계획 및 이용에 관한 법령상 도시·군계획시설에 관한 설명으로 옳은 것은?

• 29회

① 「도시개발법」에 따른 도시개발구역이 200만m²를 초과하는 경우 해당 구역에서 개발사업을 시행하는 자는 공동구를 설치하여야 한다.
② 공동구관리자는 10년마다 해당 공동구의 안전 및 유지관리계획을 수립·시행하여야 한다.
③ 도시·군계획시설 부지의 매수청구 시 매수의무자가 매수하지 아니하기로 결정한 날부터 1년이 경과하면 토지소유자는 해당 용도지역에서 허용되는 건축물을 건축할 수 있다.
④ 도시·군계획시설 부지로 되어 있는 토지의 소유자는 도시·군계획시설 결정의 실효 시까지 그 토지의 도시·군계획시설 결정 해제를 위한 도시·군관리계획 입안을 신청할 수 없다.
⑤ 도시·군계획시설에 대해서 시설 결정이 고시된 날부터 10년이 지날 때까지 도시·군계획시설사업이 시행되지 아니한 경우 그 도시·군계획시설의 결정은 효력을 잃는다.

키워드 도시·군계획시설

해설 ② 공동구관리자는 5년마다 해당 공동구의 안전 및 유지관리계획을 수립·시행하여야 한다.
③ 도시·군계획시설 부지의 매수청구 시 매수의무자가 매수하지 아니하기로 결정한 경우 또는 매수 결정을 알린 날로부터 2년이 지날 때까지 해당 토지를 매수하지 아니하는 경우 개발행위허가를 받아 허용되는 건축물 또는 공작물을 설치할 수 있다.
④ 도시·군계획시설 결정의 고시일부터 10년 이내에 그 도시·군계획시설의 설치에 관한 도시·군계획시설사업이 시행되지 아니한 경우로서 단계별 집행계획상 해당 도시·군계획시설의 실효 시까지 집행계획이 없는 경우에는 그 도시·군계획시설 부지로 되어 있는 토지의 소유자는 해당 도시·군계획시설에 대한 도시·군관리계획 입안권자에게 그 토지의 도시·군계획시설 결정 해제를 위한 도시·군관리계획 입안을 신청할 수 있다.
⑤ 도시·군계획시설에 대해서 시설 결정이 고시된 날부터 20년이 지날 때까지 도시·군계획시설사업이 시행되지 아니한 경우 그 도시·군계획시설의 결정은 효력을 잃는다.

14 국토의 계획 및 이용에 관한 법령상 도시·군계획시설 결정의 실효 등에 관한 설명으로 옳은 것은?
• 23회

① 도시·군계획시설 결정이 고시된 도시·군계획시설에 대하여 고시일부터 10년이 지날 때까지 그 시설의 설치에 관한 사업이 시행되지 아니하는 경우 그 결정은 효력을 잃는다.

② 지방의회는 도시·군계획시설 결정고시일부터 10년이 지날 때까지 해당 시설의 설치에 관한 사업이 시행되지 아니하는 경우에는 그 현황과 단계별 집행계획을 수립하여야 한다.

③ 장기미집행 도시·군계획시설 결정의 해제를 권고받은 시장 또는 군수는 그 시설의 해제를 위한 도시·군관리계획의 결정을 국토교통부장관에게 신청하여야 한다.

④ 장기미집행 도시·군계획시설 결정의 해제를 신청받은 도지사는 특별한 사유가 없으면 신청을 받은 날부터 1년 이내에 해당 도시·군계획시설의 해제를 위한 도시·군관리계획 결정을 하여야 한다.

⑤ 시장 또는 군수는 도시·군계획시설 결정이 효력을 잃으면 지체 없이 그 사실을 고시하여야 한다.

키워드 도시·군계획시설 결정의 실효

해설 ① 도시·군계획시설 결정이 고시된 도시·군계획시설에 대하여 고시일부터 20년이 지날 때까지 그 시설의 설치에 관한 사업이 시행되지 아니하는 경우 그 결정은 효력을 잃는다.

② 특별시장·광역시장·특별자치시장·특별자치도지사·시장 또는 군수는 도시·군계획시설 결정고시일부터 10년이 지날 때까지 해당 시설의 설치에 관한 사업이 시행되지 아니하는 경우에는 그 현황과 단계별 집행계획을 해당 지방의회에 보고하여야 한다.

③ 장기미집행 도시·군계획시설 결정의 해제를 권고받은 시장 또는 군수는 도지사가 결정한 도시·군계획시설의 해제가 필요한 경우에는 도지사에게 그 결정을 신청하여야 한다.

⑤ 시·도지사 또는 대도시 시장은 도시·군계획시설 결정이 효력을 잃으면 지체 없이 그 사실을 고시하여야 한다.

정답 13 ① 14 ④

15 국토의 계획 및 이용에 관한 법령상 도시·군계획시설에 관한 설명으로 옳은 것은?

• 24회 수정

① 도시지역에서 장사시설·종합의료시설·폐차장 등의 기반시설을 설치하고자 하는 경우에는 미리 도시·군관리계획으로 결정하여야 한다.
② 도시·군계획시설 결정의 고시일부터 10년 이내에 도시·군계획시설사업에 관한 실시계획의 인가만 있고 사업이 시행되지 아니하는 경우에는 그 시설부지의 매수청구권이 인정된다.
③ 지방의회로부터 장기미집행시설의 해제권고를 받은 시장·군수는 도지사가 결정한 도시·군관리계획의 해제를 도시·군관리계획으로 결정할 수 있다.
④ 도지사가 시행한 도시·군계획시설사업으로 그 도에 속하지 않는 군이 현저히 이익을 받는 경우, 해당 도지사와 군수 간의 비용부담에 관한 협의가 성립되지 아니하는 때에는 행정안전부장관이 결정하는 바에 따른다.
⑤ 도시·군계획시설사업이 둘 이상의 지방자치단체의 관할 구역에 걸쳐 시행되는 경우, 사업시행자에 대한 협의가 성립되지 아니하는 때에는 사업면적이 가장 큰 지방자치단체가 사업시행자가 된다.

키워드 도시·군계획시설

해설 ① 도시지역에서 장사시설·종합의료시설·폐차장 등의 기반시설을 설치하고자 하는 경우에는 도시·군관리계획으로 결정하지 않고 설치할 수 있다.
② 국토의 계획 및 이용에 관한 법령상 도시·군계획시설 결정의 고시일부터 10년 이내에 그 도시·군계획시설사업이 시행되지 않으면 토지 중 지목이 대(垈)인 토지의 소유자는 그 토지의 매수를 청구할 수 있지만, 그 사업의 실시계획의 인가가 있는 경우에는 매수청구권이 인정되지 않는다.
③ 장기미집행 도시·군계획시설 결정의 해제를 권고받은 시장 또는 군수는 도지사가 결정한 도시·군계획시설의 해제가 필요한 경우에는 도지사에게 그 결정을 신청하여야 한다.
⑤ 도시·군계획시설사업이 둘 이상의 지방자치단체의 관할 구역에 걸쳐 시행되는 경우, 사업시행자에 대한 협의가 성립되지 아니하는 때에는 같은 도의 관할 구역에 속하는 경우에는 관할 도지사가 시행자를 지정하고, 둘 이상의 시·도의 관할 구역에 걸치는 경우에는 국토교통부장관이 시행자를 지정한다.

16 국토의 계획 및 이용에 관한 법령상 도시·군계획시설(이하 '시설'이라 함)에 관한 설명으로 옳은 것은?
• 35회

① 시설결정의 고시일부터 10년 이내에 실시계획의 인가만 있고 시설사업이 진행되지 아니하는 경우 그 부지의 소유자는 그 토지의 매수를 청구할 수 있다.
② 공동구가 설치된 경우 쓰레기수송관은 공동구협의회의 심의를 거쳐야 공동구에 수용할 수 있다.
③ 「택지개발촉진법」에 따른 택지개발지구가 200만m²를 초과하는 경우에는 공동구를 설치하여야 한다.
④ 시설결정의 고시일부터 20년이 지날 때까지 시설사업이 시행되지 아니하는 경우 그 시설결정은 20년이 되는 날에 효력을 잃는다.
⑤ 시설결정의 고시일부터 10년 이내에 시설사업이 시행되지 아니하는 경우 그 부지 내에 건물만을 소유한 자도 시설결정 해제를 위한 도시·군관리계획 입안을 신청할 수 있다.

키워드 도시·군계획시설

해설 ① 도시·군계획시설 결정의 고시일부터 10년 이내에 도시·군계획시설사업이 시행되지 않아도 그 사업의 실시계획인가나 그에 상당하는 절차가 진행된 경우에는 그 토지의 매수를 청구할 수 없다.
② 공동구가 설치된 경우 가스관, 하수도관은 공동구협의회의 심의를 거쳐야 공동구에 수용할 수 있다.
④ 시설결정의 고시일부터 20년이 지날 때까지 시설사업이 시행되지 아니하는 경우 그 시설결정은 20년이 되는 날의 다음 날에 효력을 잃는다.
⑤ 시설결정의 고시일부터 10년 이내에 시설사업이 시행되지 아니하는 경우 그 도시·군계획시설 부지로 되어 있는 토지의 소유자는 해당 도시·군계획시설에 대한 도시·군관리계획 입안권자에게 토지의 도시·군계획시설 결정 해제를 위한 도시·군관리계획 입안을 신청할 수 있다.

정답 15 ④ 16 ③

제2절 도시·군계획시설사업

대표기출 2 2021년 제32회 A형 50번 문제 | 난이도 중

국토의 계획 및 이용에 관한 법령상 도시·군계획시설사업에 관한 설명으로 <u>틀린</u> 것은?

① 도시·군계획시설은 기반시설 중 도시·군관리계획으로 결정된 시설이다.
② 도시·군계획시설사업이 같은 도의 관할 구역에 속하는 둘 이상의 시 또는 군에 걸쳐 시행되는 경우에는 국토교통부장관이 시행자를 정한다.
③ 한국토지주택공사는 도시·군계획시설사업 대상 토지소유자 동의 요건을 갖추지 않아도 도시·군계획시설사업의 시행자로 지정을 받을 수 있다.
④ 도시·군계획시설사업 실시계획에는 사업의 착수예정일 및 준공예정일도 포함되어야 한다.
⑤ 도시·군계획시설사업 실시계획 인가 내용과 다르게 도시·군계획시설사업을 하여 토지의 원상회복 명령을 받은 자가 원상회복을 하지 아니하면 「행정대집행법」에 따른 행정대집행에 따라 원상회복을 할 수 있다.

기출공략 [키워드] 도시·군계획시설사업

도시·군계획시설사업의 전반적인 체계를 알아야 정답을 찾을 수 있습니다.

28회, 32회

국토의 계획 및 이용에 관한 법령상 도시·군계획시설사업에 관한 설명으로 틀린 것은?
(②)

① 도시·군계획시설은 기반시설 중 도시·군관리계획으로 결정된 시설이다. (O)
② 도시·군계획시설사업이 같은 도의 관할 구역에 속하는 둘 이상의 시 또는 군에 걸쳐 시행되는 경우에는 국토교통부장관이 시행자를 정한다. (×)
    → 관할 도지사가
③ 한국토지주택공사는 도시·군계획시설사업 대상 토지소유자 동의 요건을 갖추지 않아도 도시·군계획시설사업의 시행자로 지정을 받을 수 있다. (O)
④ 도시·군계획시설사업 실시계획에는 사업의 착수예정일 및 준공예정일도 포함되어야 한다. (O)
⑤ 도시·군계획시설사업 실시계획 인가 내용과 다르게 도시·군계획시설사업을 하여 토지의 원상회복 명령을 받은 자가 원상회복을 하지 아니하면「행정대집행법」에 따른 행정대집행에 따라 원상회복을 할 수 있다. (O)

이론플러스 도시·군계획시설사업의 시행자

1. 원칙: 특별시장·광역시장·특별자치시장·특별자치도지사·시장 또는 군수

관할 구역만 시행	특별시장·광역시장·특별자치시장·특별자치도지사·시장 또는 군수는 이 법 또는 다른 법률에 특별한 규정이 있는 경우 외에는 관할 구역의 도시·군계획시설사업을 시행한다(법 제86조 제1항).
관할 구역에 걸쳐 시행	㉠ 원칙: 도시·군계획시설사업이 둘 이상의 특별시·광역시·특별자치시·특별자치도·시 또는 군의 관할 구역에 걸쳐 시행되게 되는 경우에는 관계 특별시장·광역시장·특별자치시장·특별자치도지사·시장 또는 군수가 서로 협의하여 시행자를 정한다(법 제86조 제2항). ㉡ 예외: 협의가 성립되지 아니하는 경우 도시·군계획시설사업을 시행하려는 구역이 같은 도의 관할 구역에 속하는 경우에는 관할 도지사가 시행자를 지정하고, 둘 이상의 시·도의 관할 구역에 걸치는 경우에는 국토교통부장관이 시행자를 지정한다(법 제86조 제3항).

2. 예외: 국토교통부장관 또는 도지사(법 제86조 제4항)

국토교통부장관	국가계획과 관련되거나 그 밖에 특히 필요하다고 인정되는 경우에는 관계 특별시장·광역시장·특별자치시장·특별자치도지사·시장 또는 군수의 의견을 들어 직접 도시·군계획시설사업을 시행할 수 있다.
도지사	둘 이상의 시 또는 군의 관할 구역에 걸쳐 시행되는 도시·군계획시설사업이 광역도시계획과 관련되거나 특히 필요하다고 인정되는 경우에는 관계 시장 또는 군수의 의견을 들어 직접 도시·군계획시설사업을 시행할 수 있다.

17 국토의 계획 및 이용에 관한 법령상 도시·군계획시설사업의 시행에 관한 설명으로 틀린 것은?
• 21회 수정

① 「국토의 계획 및 이용에 관한 법률」 또는 다른 법률에 특별한 규정이 있는 경우 외에는 특별시장·광역시장·특별자치시장·특별자치도지사·시장 또는 군수가 관할 구역의 도시·군계획시설사업을 시행한다.
② 시행자는 사업시행을 위하여 특히 필요하다고 인정되는 도시·군계획시설에 인접한 건축물을 일시 사용할 수 있다.
③ 국토교통부장관이 지정한 시행자는 도시·군계획시설사업 실시계획에 대해 국토교통부장관의 인가를 받아야 한다.
④ 사업의 준공예정일을 변경하는 실시계획 변경인가를 하는 경우에는 공고 및 열람을 하지 아니할 수 있다.
⑤ 사업구역경계의 변경이 있더라도 건축물의 연면적 10% 미만을 변경하는 경우에는 실시계획 변경인가를 받을 필요가 없다.

키워드 도시·군계획시설사업의 시행
해설 사업구역경계의 변경이 없는 범위 안에서 행하는 건축물의 연면적 10% 미만을 변경하는 경우에는 실시계획 변경인가를 받을 필요가 없다.

18 국토의 계획 및 이용에 관한 법령상 도시·군계획시설사업(이하 '사업')에 관한 설명으로 틀린 것은?
• 23회

① 같은 도의 관할 구역에 속하는 둘 이상의 시·군에 걸쳐 시행되는 사업의 시행자를 정함에 있어 관계 시장·군수 간 협의가 성립되지 않는 경우에는 관할 도지사가 시행자를 지정한다.
② 도지사는 광역도시계획과 관련되는 경우 관계 시장 또는 군수의 의견을 들어 직접 사업을 시행할 수 있다.
③ 시행자는 사업을 효율적으로 추진하기 위하여 필요하다고 인정되면 사업시행 대상지역을 분할하여 사업을 시행할 수 있다.
④ 도시·군관리계획 결정을 고시한 경우 사업에 필요한 국·공유지는 그 도시·군관리계획으로 정해진 목적 외의 목적으로 양도할 수 없다.
⑤ 한국토지주택공사가 사업의 시행자로 지정을 받으려면 사업 대상인 사유토지의 소유자 총수의 2분의 1 이상의 동의를 받아야 한다.

키워드 도시·군계획시설사업

해설 공공시행자가 아닌 민간시행자가 도시·군계획시설사업의 시행자로 지정을 받으려면 토지(국·공유지는 제외)면적의 3분의 2 이상에 해당하는 토지를 소유하고, 토지소유자 총수의 2분의 1 이상에 해당하는 자의 동의를 얻어야 한다.

19 중

국토의 계획 및 이용에 관한 법령상 도시·군계획시설사업에 관한 설명으로 틀린 것은?

• 27회

① 도시·군관리계획으로 결정된 하천의 정비사업은 도시·군계획시설사업에 해당한다.
② 한국토지주택공사가 도시·군계획시설사업의 시행자로 지정받으려면 사업 대상 토지면적의 3분의 2 이상의 토지소유자의 동의를 얻어야 한다.
③ 도시·군계획시설사업의 시행자는 도시·군계획시설사업에 필요한 토지나 건축물을 수용할 수 있다.
④ 행정청인 도시·군계획시설사업의 시행자가 도시·군계획시설사업에 의하여 새로 공공시설을 설치한 경우 새로 설치된 공공시설은 그 시설을 관리할 관리청에 무상으로 귀속된다.
⑤ 도시·군계획시설 결정의 고시일로부터 20년이 지날 때까지 그 시설의 설치에 관한 도시·군계획시설사업이 시행되지 아니하는 경우, 그 도시·군계획시설 결정은 그 고시일로부터 20년이 되는 날의 다음 날에 효력을 잃는다.

키워드 도시·군계획시설사업

해설 '국가, 지방자치단체, 공공기관(한국토지주택공사), 지방공사 및 지방공단 등'이 아닌 자가 도시·군계획시설사업의 시행자로 지정을 받으려면 사업 대상 토지면적의 3분의 2 이상에 해당하는 토지를 소유하고, 토지소유자 총수의 2분의 1 이상에 해당하는 자의 동의를 얻어야 한다. 한국토지주택공사가 도시·군계획시설사업의 시행자로 지정받으려는 경우에는 동의를 얻을 필요가 없다.

정답 17 ⑤ 18 ⑤ 19 ②

20 국토의 계획 및 이용에 관한 법령상 도시·군계획시설사업의 시행에 관한 설명으로 옳은 것은?
• 34회

① 「도시 및 주거환경정비법」에 따라 도시·군관리계획의 결정이 의제되는 경우에는 해당 도시·군계획시설 결정의 고시일부터 3개월 이내에 도시·군계획시설에 대하여 단계별 집행계획을 수립하여야 한다.
② 5년 이내에 시행하는 도시·군계획시설사업은 단계별 집행계획 중 제1단계 집행계획에 포함되어야 한다.
③ 한국토지주택공사가 도시·군계획시설사업의 시행자로 지정을 받으려면 토지소유자 총수의 3분의 2 이상에 해당하는 자의 동의를 얻어야 한다.
④ 국토교통부장관은 국가계획과 관련되거나 그 밖에 특히 필요하다고 인정되는 경우에는 관계 특별시장·광역시장·특별자치시장·특별자치도지사·시장 또는 군수의 의견을 들어 직접 도시·군계획시설사업을 시행할 수 있다.
⑤ 사업시행자는 도시·군계획시설사업 대상시설을 둘 이상으로 분할하여 도시·군계획시설사업을 시행하여서는 아니 된다.

키워드 도시·군계획시설사업의 시행

해설 ① 「도시 및 주거환경정비법」에 따라 도시·군관리계획의 결정이 의제되는 경우에는 해당 도시·군계획시설 결정의 고시일부터 2년 이내에 도시·군계획시설에 대하여 단계별 집행계획을 수립할 수 있다(예외). 도시·군계획시설 결정의 고시일부터 3개월 이내에 대통령령으로 정하는 바에 따라 재원조달계획, 보상계획 등을 포함하는 단계별 집행계획을 수립하여야 한다(원칙).
② 3년 이내에 시행하는 도시·군계획시설사업은 단계별 집행계획 중 제1단계 집행계획에 포함되어야 한다. 3년 후에 시행하는 도시·군계획시설사업은 제2단계 집행계획에 포함되도록 하여야 한다.
③ 한국토지주택공사가 도시·군계획시설사업의 시행자로 지정을 받으려는 경우 토지소유자 총수의 3분의 2 이상에 해당하는 자의 동의를 받지 않아도 된다.
⑤ 사업시행자는 도시·군계획시설사업 대상시설을 둘 이상으로 분할하여 도시·군계획시설사업을 시행할 수 있다.

21 국토의 계획 및 이용에 관한 법령상 도시·군계획시설사업의 시행 등에 관한 설명으로 틀린 것은?
• 28회

① 지방자치단체가 직접 시행하는 경우에는 이행보증금을 예치하여야 한다.
② 광역시장이 단계별 집행계획을 수립하고자 하는 때에는 미리 관계 행정기관의 장과 협의하여야 하며, 해당 지방의회의 의견을 들어야 한다.
③ 둘 이상의 시 또는 군의 관할 구역에 걸쳐 시행되는 도시·군계획시설사업이 광역도시계획과 관련된 경우, 도지사는 관계 시장 또는 군수의 의견을 들어 직접 시행할 수 있다.
④ 시행자는 도시·군계획시설사업을 효율적으로 추진하기 위하여 필요하다고 인정되면 사업시행 대상지역을 둘 이상으로 분할하여 시행할 수 있다.
⑤ 행정청인 시행자는 이해관계인의 주소 또는 거소(居所)가 불분명하여 서류를 송달할 수 없는 경우 그 서류의 송달을 갈음하여 그 내용을 공시할 수 있다.

키워드 도시·군계획시설사업의 시행
해설 국가 또는 지방자치단체가 시행하는 경우에는 이행보증금을 예치하지 아니한다.

22 국토의 계획 및 이용에 관한 법령상 비용부담 등에 관한 설명으로 틀린 것은?
• 21회 수정

① 행정청이 아닌 자가 도시·군계획시설사업을 시행하는 경우 그에 관한 비용은 원칙적으로 그 자가 부담한다.
② 지방자치단체가 도시·군계획사업을 시행하는 경우 그에 관한 비용은 원칙적으로 국가예산에서 부담한다.
③ 행정청이 아닌 자가 도시·군계획시설사업을 시행하는 경우 당해 사업비용의 일부를 국가 또는 지방자치단체가 보조하거나 융자할 수 있다.
④ 기반시설부담구역에서 200m²(기존 건축물의 연면적을 포함함)를 초과하는 숙박시설을 증축하는 행위는 기반시설설치비용의 부과대상이다.
⑤ 타인 소유의 토지를 임차하여, 기반시설설치비용이 부과되는 건축행위를 하는 경우에는 그 건축행위자가 설치비용을 납부하여야 한다.

키워드 비용부담
해설 지방자치단체가 도시·군계획사업을 시행하는 경우 그에 관한 비용은 원칙적으로 해당 지방자치단체가 부담한다.

정답 20 ④ 21 ① 22 ②

CHAPTER 06 지구단위계획

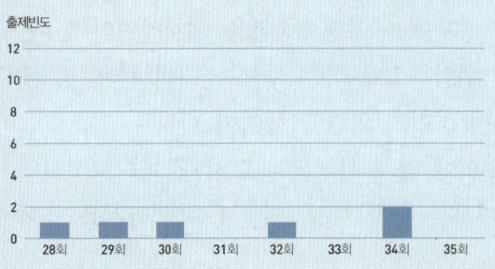

■ 8개년 출제 문항 수
총 40문제 中 평균 약 1문제 출제

■ 이 단원을 공략하고 싶다면?
지구단위계획구역의 지정요건과 내용, 지구단위계획구역의 지정 대상 위주로 학습하자

→ 기본서 [부동산공법] pp. 146~155

대표기출 2014년 제25회 A형 92번 문제 | 난이도 하

국토의 계획 및 이용에 관한 법령상 지구단위계획 및 지구단위계획구역에 관한 설명으로 틀린 것은?

① 주민은 도시·군관리계획의 입안권자에게 지구단위계획의 변경에 관한 도시·군관리계획의 입안을 제안할 수 있다.
② 개발제한구역에서 해제되는 구역 중 계획적인 개발 또는 관리가 필요한 지역은 지구단위계획구역으로 지정될 수 있다.
③ 시장 또는 군수가 입안한 지구단위계획의 수립·변경에 관한 도시·군관리계획은 해당 시장 또는 군수가 직접 결정한다.
④ 지구단위계획의 수립기준은 시·도지사가 국토교통부장관과 협의하여 정한다.
⑤ 도시지역 외의 지역으로서 용도지구를 폐지하고 그 용도지구에서의 행위 제한 등을 지구단위계획으로 대체하려는 지역은 지구단위계획구역으로 지정될 수 있다.

기출공략 [키워드] 지구단위계획 및 지구단위계획구역

지구단위계획의 정의와 지구단위계획구역 지정 시 필수지정 여부를 파악하여야 정답을 찾을 수 있습니다.

28회, 32회

국토의 계획 및 이용에 관한 법령상 지구단위계획 및 지구단위계획구역에 관한 설명으로 틀린 것은? (④)

① 주민은 도시·군관리계획의 입안권자에게 지구단위계획의 변경에 관한 도시·군관리계획의 입안을 제안할 수 있다. (O)

② 개발제한구역에서 해제되는 구역 중 계획적인 개발 또는 관리가 필요한 지역은 지구단위계획구역으로 지정될 수 있다. (O)

③ 시장 또는 군수가 입안한 지구단위계획의 수립·변경에 관한 도시·군관리계획은 해당 시장 또는 군수가 직접 결정한다. (O)

④ 지구단위계획의 수립기준은 시·도지사가 국토교통부장관과 협의하여 정한다. (×)
　　→ 국토교통부장관이 정한다.

⑤ 도시지역 외의 지역으로서 용도지구를 폐지하고 그 용도지구에서의 행위 제한 등을 지구단위계획으로 대체하려는 지역은 지구단위계획구역으로 지정될 수 있다. (O)

이론플러스 지구단위계획의 정의 및 결정권자

정의	'지구단위계획'이란 도시·군계획 수립 대상지역의 일부에 대하여 토지 이용을 합리화하고 그 기능을 증진시키며 미관을 개선하고 양호한 환경을 확보하며, 그 지역을 체계적·계획적으로 관리하기 위하여 수립하는 도시·군관리계획을 말한다(법 제2조 제5호).
결정권자	지구단위계획구역 및 지구단위계획은 국토교통부장관, 시·도지사, 시장 또는 군수가 도시·군관리계획으로 결정한다(법 제50조, 제51조).

01 ⓒ

국토의 계획 및 이용에 관한 법령상 지구단위계획의 내용에 반드시 포함되어야 하는 사항이 아닌 것은?
• 21회 수정

① 건축선에 관한 계획
② 건축물의 건폐율 또는 용적률
③ 건축물 높이의 최고한도 또는 최저한도
④ 건축물의 용도제한
⑤ 대통령령으로 정하는 기반시설의 배치와 규모

키워드 지구단위계획의 내용

해설 지구단위계획구역의 지정목적을 이루기 위하여 지구단위계획에는 '건축물의 건폐율 또는 용적률, 건축물 높이의 최고한도 또는 최저한도, 건축물의 용도제한, 대통령령으로 정하는 기반시설의 배치와 규모' 내용이 반드시 포함되어야 한다. 반면, '건축선에 관한 계획'은 반드시 포함되어야 하는 내용에 해당하지 않는다.

02 ⓒ

국토의 계획 및 이용에 관한 법령상 지구단위계획구역의 지정에 관한 설명으로 옳은 것은? (단, 조례는 고려하지 않음)
• 34회

①「산업입지 및 개발에 관한 법률」에 따른 준산업단지에 대하여는 지구단위계획구역을 지정할 수 없다.
② 도시지역 내 복합적인 토지 이용을 증진시킬 필요가 있는 지역으로서 지구단위계획구역을 지정할 수 있는 지역에 일반공업지역은 해당하지 않는다.
③「택지개발촉진법」에 따라 지정된 택지개발지구에서 시행되는 사업이 끝난 후 5년이 지나면 해당 지역은 지구단위계획구역으로 지정하여야 한다.
④ 도시지역 외의 지역을 지구단위계획구역으로 지정하려면 지정하려는 구역면적의 3분의 2 이상이 계획관리지역이어야 한다.
⑤ 농림지역에 위치한 산업·유통개발진흥지구는 지구단위계획구역으로 지정할 수 있는 대상지역에 포함되지 않는다.

키워드 지구단위계획구역의 지정

해설 ① 「산업입지 및 개발에 관한 법률」에 따른 준산업단지에 대하여는 지구단위계획구역을 지정할 수 있다.
② 도시지역 내 복합적인 토지 이용을 증진시킬 필요가 있는 지역으로서 지구단위계획구역을 지정할 수 있는 지역은 일반주거지역, 준주거지역, 준공업지역, 상업지역으로서 일정한 요건을 갖춘 지역이다. 따라서 일반공업지역은 해당하지 않으므로 옳은 지문이다.
③ 「택지개발촉진법」에 따라 지정된 택지개발지구에서 시행되는 사업이 끝난 후 10년이 지나면 해당 지역은 지구단위계획구역으로 지정하여야 한다.
④ 도시지역 외의 지역에서 지구단위계획구역을 지정하려는 경우 구역면적의 100분의 50 이상이 계획관리지역으로서 일정한 요건을 갖춘 지역이어야 한다.
⑤ 계획관리지역·생산관리지역·농림지역에 위치한 산업·유통개발진흥지구는 지구단위계획구역으로 지정할 수 있다. 따라서 농림지역에 위치한 산업·유통개발진흥지구는 지구단위계획구역으로 지정할 수 있는 대상지역에 포함된다.

03 국토의 계획 및 이용에 관한 법령상 (   ) 안에 알맞은 것은?   • 26회

> 도시지역 내 지구단위계획구역의 지정이 한옥마을의 보존을 목적으로 하는 경우 지구단위계획으로 「주차장법」 제19조 제3항에 의한 주차장 설치기준을 (   )%까지 완화하여 적용할 수 있다.

① 20 ② 30 ③ 50
④ 80 ⑤ 100

키워드 지구단위계획구역에서의 완화적용

해설 지구단위계획구역의 지정목적이 '한옥마을을 보존하고자 하는 경우, 차 없는 거리를 조성하고자 하는 경우(지구단위계획으로 보행자전용도로를 지정하거나 차량의 출입을 금지한 경우를 포함), 그 밖에 국토교통부령이 정하는 경우'에는 법 제52조 제3항의 규정에 의하여 지구단위계획으로 「주차장법」 제19조 제3항의 규정에 의한 주차장 설치기준을 (100)%까지 완화하여 적용할 수 있다.

정답 01 ① 02 ② 03 ⑤

04 국토의 계획 및 이용에 관한 법령상 도시지역 외 지구단위계획구역에서 지구단위계획에 의한 건폐율 등의 완화적용에 관한 설명으로 틀린 것은? • 29회

① 당해 용도지역 또는 개발진흥지구에 적용되는 건폐율의 150% 이내에서 건폐율을 완화하여 적용할 수 있다.
② 당해 용도지역 또는 개발진흥지구에 적용되는 용적률의 200% 이내에서 용적률을 완화하여 적용할 수 있다.
③ 당해 용도지역에 적용되는 건축물 높이의 120% 이내에서 높이제한을 완화하여 적용할 수 있다.
④ 계획관리지역에 지정된 개발진흥지구 내의 지구단위계획구역에서는 건축물의 용도·종류 및 규모 등을 완화하여 적용할 수 있다.
⑤ 계획관리지역 외의 지역에 지정된 개발진흥지구 내의 지구단위계획구역에서는 건축물의 용도·종류 및 규모 등을 완화하여 적용할 경우 아파트 및 연립주택은 허용되지 아니한다.

키워드 지구단위계획구역에서의 완화적용

해설 도시지역에서는 당해 용도지역에 적용되는 건축물 높이의 120% 이내에서 높이제한을 완화하여 적용할 수 있지만, 도시지역 외 지구단위계획구역에서는 건축물 높이제한에 관한 완화적용 기준이 없다.

05 국토의 계획 및 이용에 관한 법령상 일반상업지역 내의 지구단위계획구역에서 건폐율이 60%이고 대지면적이 400m²인 부지에 건축물을 건축하려는 자가 그 부지 중 100m²를 공공시설의 부지로 제공하는 경우, 지구단위계획으로 완화하여 적용할 수 있는 건폐율의 최대한도(%)는 얼마인가? (단, 조례는 고려하지 않으며, 건축주가 용도 폐지되는 공공시설을 무상양수받은 경우가 아님) • 27회

① 60   ② 65   ③ 70
④ 75   ⑤ 80

키워드 지구단위계획구역에서의 완화적용

해설 완화할 수 있는 건폐율 = 해당 용도지역에 적용되는 건폐율 × [1 + 공공시설등의 부지로 제공하는 면적 ÷ 원래의 대지면적]으로 산정한다.

∴ 완화적용 건폐율의 최대한도 = $60\% \times \left[1 + \dfrac{100m^2}{400m^2}\right] = 75\%$

06 甲은 도시지역 내에 지정된 지구단위계획구역에서 제3종 일반주거지역인 자신의 대지에 건축물을 건축하려고 하는바, 그 대지 중 일부를 학교의 부지로 제공하였다. 국토의 계획 및 이용에 관한 법령상 다음 조건에서 지구단위계획을 통해 완화되는 용적률을 적용할 경우 甲에게 허용될 수 있는 건축물의 최대 연면적은? (단, 지역·지구의 변경은 없는 것으로 하며, 기타 용적률에 영향을 주는 다른 조건은 고려하지 않음)　• 24회

- 甲의 대지면적: 1,000m²
- 학교 부지 제공면적: 200m²
- 제3종 일반주거지역의 현재 용적률: 300%
- 학교제공 부지의 용적률은 현재 용도지역과 동일함

① 3,200m² ② 3,300m²
③ 3,600m² ④ 3,900m²
⑤ 4,200m²

키워드 지구단위계획구역에서의 완화적용

해설 완화할 수 있는 용적률 = 해당 용도지역에 적용되는 용적률 + [1.5 × (공공시설등의 부지로 제공하는 면적 × 공공시설등 제공 부지의 용적률) ÷ 공공시설등의 부지 제공 후의 대지면적]으로 산정한다.

대지의 용적률 = 300% + $\left[\dfrac{1.5 \times 200m^2 \times 300\%}{800m^2}\right]$ = 412.5%

∴ 건축물의 최대 연면적 = 800m² × 412.5% = 3,300m²

정답 04 ③　05 ④　06 ②

07 국토의 계획 및 이용에 관한 법령상 지구단위계획구역에 관한 설명으로 옳은 것은?

• 24회

① 「주택법」에 따라 대지조성사업지구로 지정된 지역의 전부에 대하여 지구단위계획구역을 지정할 수는 없다.
② 지구단위계획구역의 결정은 도시·군관리계획으로 하여야 하나, 지구단위계획의 결정은 그러하지 아니하다.
③ 지구단위계획구역은 도시지역이 아니더라도 지정될 수 있다.
④ 「도시개발법」에 따라 지정된 20만m²의 도시개발구역에서 개발사업이 끝난 후 10년이 지난 지역은 지구단위계획구역으로 지정하여야 한다.
⑤ 도시지역 내에 지정하는 지구단위계획구역에 대해서는 당해 지역에 적용되는 건폐율의 200% 이내에서 건폐율을 완화하여 적용할 수 있다.

키워드 지구단위계획구역

해설 ① 「주택법」에 따라 대지조성사업지구로 지정된 지역의 전부에 대하여 지구단위계획구역을 지정할 수 있다.
② 지구단위계획구역의 결정뿐만 아니라 지구단위계획도 도시·군관리계획으로 결정하여야 한다.
④ 정비구역과 택지개발지구에서 시행되는 사업이 끝난 후 10년이 지난 지역은 지구단위계획구역으로 지정하여야 하지만, 도시개발구역은 해당하지 않는다.
⑤ 도시지역 내에 지정하는 지구단위계획구역에 대해서는 당해 지역에 적용되는 건폐율의 150% 이내에서 건폐율을 완화하여 적용할 수 있다.

08 국토의 계획 및 이용에 관한 법령상 지구단위계획에 관한 설명으로 틀린 것은? • 27회

① 지구단위계획은 도시·군관리계획으로 결정한다.
② 두 개의 노선이 교차하는 대중교통 결절지로부터 2km 이내에 위치한 지역은 지구단위계획구역으로 지정하여야 한다.
③ 시·도지사는 「도시개발법」에 따라 지정된 도시개발구역의 전부 또는 일부에 대하여 지구단위계획구역을 지정할 수 있다.
④ 지구단위계획의 수립기준은 국토교통부장관이 정한다.
⑤ 「택지개발촉진법」에 따라 지정된 택지개발지구에서 시행되는 사업이 끝난 후 10년이 지난 지역으로서 관계 법률에 따른 이용과 건축에 관한 계획이 수립되어 있지 않은 지역은 지구단위계획구역으로 지정하여야 한다.

키워드 지구단위계획

해설 세 개 이상의 노선이 교차하는 대중교통 결절지로부터 1km 이내에 위치한 지역은 지구단위계획구역으로 지정할 수 있다.

09 국토의 계획 및 이용에 관한 법령상 지구단위계획 등에 관한 설명으로 틀린 것은?
• 28회

① 「관광진흥법」에 따라 지정된 관광특구에 대하여 지구단위계획구역을 지정할 수 있다.
② 도시지역 외의 지역도 지구단위계획구역으로 지정될 수 있다.
③ 건축물의 형태·색채에 관한 계획도 지구단위계획의 내용으로 포함될 수 있다.
④ 지구단위계획으로 차량진입금지구간을 지정한 경우 「주차장법」에 따른 주차장 설치기준을 최대 80%까지 완화하여 적용할 수 있다.
⑤ 주민은 시장 또는 군수에게 지구단위계획구역의 지정에 관한 사항에 대하여 도시·군관리계획의 입안을 제안할 수 있다.

키워드 지구단위계획

해설 지구단위계획으로 차량진입금지구간을 지정한 경우 「주차장법」에 따른 주차장 설치기준을 최대 100%까지 완화하여 적용할 수 있다.

정답 07 ③ 08 ② 09 ④

10 국토의 계획 및 이용에 관한 법령상 지구단위계획구역과 지구단위계획에 관한 설명으로 틀린 것은? (단, 조례는 고려하지 않음) • 32회

① 지구단위계획이 수립되어 있는 지구단위계획구역에서 공사기간 중 이용하는 공사용 가설건축물을 건축하려면 그 지구단위계획에 맞게 하여야 한다.
② 지구단위계획은 해당 용도지역의 특성을 고려하여 수립한다.
③ 시장 또는 군수가 입안한 지구단위계획구역의 지정·변경에 관한 도시·군관리계획은 시장 또는 군수가 직접 결정한다.
④ 지구단위계획구역 및 지구단위계획은 도시·군관리계획으로 결정한다.
⑤ 「관광진흥법」에 따라 지정된 관광단지의 전부 또는 일부에 대하여 지구단위계획구역을 지정할 수 있다.

> **키워드** 지구단위계획구역 및 지구단위계획
>
> **해설** 지구단위계획이 수립되어 있는 지구단위계획구역에서 건축물을 건축 또는 용도변경하거나 공작물을 설치하려면 그 지구단위계획에 맞게 하여야 하지만, 공사기간 중 이용하는 공사용 가설건축물은 그러하지 아니하다.

11 국토의 계획 및 이용에 관한 법령상 도시·군관리계획 결정의 실효에 관한 설명이다. ( )에 들어갈 공통된 숫자로 옳은 것은? • 34회

> 지구단위계획(주민이 입안을 제안한 것에 한정한다)에 관한 도시·군관리계획 결정의 고시일부터 ( )년 이내에 「국토의 계획 및 이용에 관한 법률」 또는 다른 법률에 따라 허가·인가·승인 등을 받아 사업이나 공사에 착수하지 아니하면 그 ( )년이 된 날의 다음 날에 그 지구단위계획에 관한 도시·군관리계획 결정은 효력을 잃는다.

① 2 ② 3 ③ 5
④ 10 ⑤ 20

> **키워드** 도시·군관리계획 결정의 실효
>
> **해설** 지구단위계획(주민이 입안을 제안한 것에 한정한다)에 관한 도시·군관리계획 결정의 고시일부터 (5)년 이내에 「국토의 계획 및 이용에 관한 법률」 또는 다른 법률에 따라 허가·인가·승인 등을 받아 사업이나 공사에 착수하지 아니하면 그 (5)년이 된 날의 다음 날에 그 지구단위계획에 관한 도시·군관리계획 결정은 효력을 잃는다(법 제53조 제2항).

정답 10 ① 11 ③

CHAPTER 07 개발행위의 허가 등

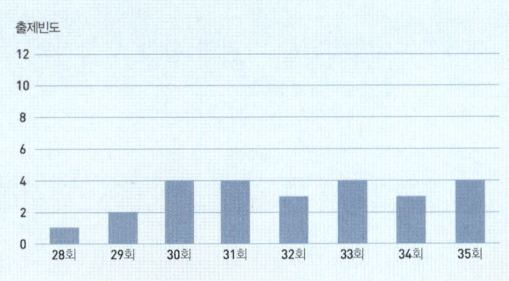

■ 8개년 출제 문항 수
총 40문제 中 평균 약 3문제 출제

■ 이 단원을 공략하고 싶다면?
개발행위허가의 대상, 개발행위허가의 제한, 개발밀도관리구역, 기반시설부담구역, 공공시설의 귀속 위주로 학습하자

↳ 기본서 [부동산공법] pp. 156~181

제1절 개발행위허가

대표기출 1 2015년 제26회 A형 50번 문제 | 난이도 중

국토의 계획 및 이용에 관한 법령상 개발행위허가에 관한 설명으로 틀린 것은? (단, 조례는 고려하지 않음)

① 토지분할에 대해 개발행위허가를 받은 자가 그 개발행위를 마치면 관할 행정청의 준공검사를 받아야 한다.
② 건축물의 건축에 대해 개발행위허가를 받은 후 건축물 연면적을 5% 범위 안에서 확대하려면 변경허가를 받아야 한다.
③ 개발행위허가를 하는 경우 미리 허가신청자의 의견을 들어 경관 등에 관한 조치를 할 것을 조건으로 허가할 수 있다.
④ 도시·군관리계획의 시행을 위한「도시개발법」에 따른 도시개발사업에 의해 건축물을 건축하는 경우에는 개발행위허가를 받지 않아도 된다.
⑤ 토지의 일부를 공공용지로 하기 위해 토지를 분할하는 경우에는 개발행위허가를 받지 않아도 된다.

기출공략 [키워드] 개발행위허가의 대상

개발행위허가의 대상을 파악하고, 허가 대상이 아닌 사항의 내용을 알고 있어야 정답을 찾을 수 있습니다.

33회

국토의 계획 및 이용에 관한 법령상 개발행위허가에 관한 설명으로 **틀린** 것은? (단, 조례는 고려하지 않음) (①)

① 토지분할에 대해 개발행위허가를 받은 자가 그 개발행위를 마치면 관할 행정청의 준공검사를 ~~받아야 한다~~. (×)
　　　　　→ 받지 않아도 된다.

② 건축물의 건축에 대해 개발행위허가를 받은 후 건축물 연면적을 ⑤% 범위 안에서 확대하려면 변경허가를 받아야 한다. (○)

③ 개발행위허가를 하는 경우 미리 허가신청자의 의견을 들어 경관 등에 관한 조치를 할 것을 조건으로 허가할 수 있다. (○)

④ 도시·군관리계획의 시행을 위한 「도시개발법」에 따른 도시개발사업에 의해 건축물을 건축하는 경우에는 개발행위허가를 받지 않아도 된다. (○)

⑤ 토지의 일부를 공공용지로 하기 위해 토지를 분할하는 경우에는 개발행위허가를 받지 않아도 된다. (○)

이론플러스 개발행위허가의 대상

다음의 어느 하나에 해당하는 개발행위를 하려는 자는 특별시장·광역시장·특별자치시장·특별자치도지사·시장 또는 군수의 개발행위허가를 받아야 한다. 다만, 도시·군계획사업(다른 법률에 따라 도시·군계획사업을 의제한 사업을 포함)에 의한 행위는 그러하지 아니하다(법 제56조 제1항).

개발행위의 항목	개발행위의 내용
건축물의 건축	「건축법」에 따른 건축물의 건축
공작물의 설치	인공을 가하여 제작한 시설물(건축법에 따른 건축물은 제외)의 설치
토지의 형질변경	㉠ 절토(땅깎기)·성토(흙쌓기)·정지(땅고르기)·포장 등의 방법으로 토지의 형상을 변경하는 행위와 공유수면의 매립(경작을 위한 토지의 형질변경은 제외) ㉡ 지목의 변경을 수반하는 경우(전·답 사이의 변경은 제외)
토석채취	흙·모래·자갈·바위 등의 토석을 채취하는 행위(단, 토지의 형질변경을 목적으로 하는 것은 제외)
토지분할	㉠ 녹지지역·관리지역·농림지역 및 자연환경보전지역 안에서 관계 법령에 따른 허가·인가 등을 받지 아니하고 행하는 토지의 분할 ㉡ 「건축법」에 따른 분할제한면적 미만으로의 토지의 분할 ㉢ 관계 법령에 의한 허가·인가 등을 받지 아니하고 행하는 너비 5m 이하로의 토지의 분할
물건을 쌓아놓는 행위	녹지지역·관리지역 또는 자연환경보전지역 안에서 「건축법」 제22조에 따라 사용승인을 받은 건축물의 울타리 안에 위치하지 아니한 토지에 물건을 1개월 이상 쌓아놓는 행위

01 국토의 계획 및 이용에 관한 법령상 개발행위허가에 관한 설명으로 옳은 것은? • 23회

① 허가받은 개발행위의 사업기간을 연장하려는 경우에는 변경에 대한 허가를 받아야 한다.
② 경작을 위한 경우라도 전·답 사이의 지목변경을 수반하는 토지의 형질변경은 허가를 받아야 한다.
③ 허가가 필요한 개발행위라도 용도지역이 지정되지 아니한 지역에서는 허가를 받지 않아도 된다.
④ 허가관청이 조건을 붙여 개발행위를 허가하는 것은 허용되지 않는다.
⑤ 개발행위허가의 대상인 토지가 2 이상의 용도지역에 걸치는 경우, 개발행위허가의 규모를 적용할 때는 가장 큰 규모의 용도지역에 대한 규정을 적용한다.

키워드 개발행위허가

해설 ② 경작을 위한 토지의 형질변경은 허가를 받지 아니한다. 다만, 지목의 변경을 수반하는 경우(전·답 사이의 변경은 제외)의 형질변경은 허가를 받아야 한다.
③ 허가가 필요한 개발행위이면 용도지역이 지정되지 아니한 지역이라도 허가를 받아야 한다.
④ 허가관청이 조건을 붙여 개발행위를 허가하는 것은 허용된다.
⑤ 개발행위허가의 대상인 토지가 2 이상의 용도지역에 걸치는 경우, 개발행위허가의 규모를 적용할 때는 각각의 용도지역에 대한 규정을 적용한다.

정답 01 ①

02 국토의 계획 및 이용에 관한 법령상 개발행위허가의 기준에 해당하는 것은 모두 몇 개인가?

• 23회 수정

- 용도지역별 특성을 고려하여 대통령령으로 정하는 개발행위의 규모에 적합할 것
- 도시·군관리계획 및 성장관리계획의 내용에 어긋나지 아니할 것
- 도시·군계획사업의 시행에 지장이 없을 것
- 주변지역의 토지이용실태 또는 토지이용계획, 건축물의 높이, 토지의 경사도, 수목의 상태, 물의 배수, 하천·호소·습지의 배수 등 주변환경이나 경관과 조화를 이룰 것
- 해당 개발행위에 따른 기반시설의 설치나 그에 필요한 용지의 확보계획이 적절할 것

① 1개 ② 2개 ③ 3개
④ 4개 ⑤ 5개

키워드 개발행위허가의 기준

해설 특별시장·광역시장·특별자치시장·특별자치도지사·시장 또는 군수는 개발행위허가의 신청 내용이 허가기준에 맞는 경우에만 개발행위허가를 하여야 한다. 보기 내용의 전부가 허가기준에 해당한다.

03 국토의 계획 및 이용에 관한 법령상 개발행위허가의 기준에 해당하지 않는 것은? (단, 관련 인·허가 등의 의제는 고려하지 않음)

• 31회

① 자금조달계획이 목적사업의 실현에 적합하도록 수립되어 있을 것
② 도시·군계획으로 경관계획이 수립되어 있는 경우에는 그에 적합할 것
③ 공유수면매립의 경우 매립 목적이 도시·군계획에 적합할 것
④ 토지의 분할 및 물건을 쌓아놓는 행위에 입목의 벌채가 수반되지 아니할 것
⑤ 도시·군계획조례로 정하는 도로의 너비에 관한 기준에 적합할 것

키워드 개발행위허가의 기준

해설 일반적인 개발행위허가의 기준이 아닌 「국토의 계획 및 이용에 관한 법률 시행령」 별표 1의2에서 정하고 있는 세부적인 개발행위허가의 기준에 관한 내용이므로, 이를 전부 암기하기보다는 개발행위허가의 기준에서 자금에 관한 내용은 적용되지 않는다는 것만 기억하면 문제를 손쉽게 풀 수 있다.

04 국토의 계획 및 이용에 관한 법령에 의할 때 도시·군관리계획상 특히 필요한 경우 최장 5년간 개발행위허가를 제한할 수 있는 지역을 모두 고른 것은? • 21회 수정

> ㉠ 녹지지역이나 계획관리지역으로서 수목이 집단적으로 자라고 있거나 조수류 등이 집단적으로 서식하고 있는 지역 또는 우량농지 등으로 보전할 필요가 있는 지역
> ㉡ 개발행위로 인하여 주변의 환경·경관·미관 및 「국가유산기본법」 제3조에 따른 국가유산 등이 크게 오염되거나 손상될 우려가 있는 지역
> ㉢ 도시·군관리계획을 수립하고 있는 지역으로서 그 도시·군관리계획이 결정될 경우 용도지역·용도지구 또는 용도구역의 변경이 예상되고 그에 따라 개발행위허가의 기준이 크게 달라질 것으로 예상되는 지역
> ㉣ 지구단위계획구역으로 지정된 지역
> ㉤ 기반시설부담구역으로 지정된 지역

① ㉠, ㉡, ㉢
② ㉠, ㉡, ㉤
③ ㉡, ㉢, ㉣
④ ㉡, ㉢, ㉤
⑤ ㉢, ㉣, ㉤

키워드 개발행위허가의 제한

해설 ㉠과 ㉡은 연장이 허용되지 않고 최장 3년간 개발행위허가를 제한할 수 있는 지역에 해당한다.

정답 02 ⑤ 03 ① 04 ⑤

05 국토의 계획 및 이용에 관한 법령상 개발행위허가에 관한 설명으로 틀린 것은? • 34회

① 농림지역에 물건을 1개월 이상 쌓아놓는 행위는 개발행위허가의 대상이 아니다.
② 「사방사업법」에 따른 사방사업을 위한 개발행위에 대하여 허가를 하는 경우 중앙도시계획위원회와 지방도시계획위원회의 심의를 거치지 아니한다.
③ 일정 기간 동안 개발행위허가를 제한할 수 있는 대상지역에 지구단위계획구역은 포함되지 않는다.
④ 기반시설부담구역으로 지정된 지역에 대해서는 중앙도시계획위원회나 지방도시계획위원회의 심의를 거치지 아니하고 개발행위허가의 제한을 연장할 수 있다.
⑤ 개발행위허가의 제한을 연장하는 경우 그 연장기간은 2년을 넘을 수 없다.

키워드 개발행위허가

해설 ① 녹지지역·관리지역 또는 자연환경보전지역 안에서 「건축법」에 따라 사용승인을 받은 건축물의 울타리 안(적법한 절차에 의하여 조성된 대지에 한함)에 위치하지 아니한 토지에 물건을 1개월 이상 쌓아놓는 행위가 개발행위허가의 대상이다. 따라서 농림지역에 물건을 1개월 이상 쌓아놓는 행위는 개발행위허가의 대상이 아니다.
② 법 제59조 제2항 제7호
③ 일정 기간 동안 개발행위허가를 제한할 수 있는 대상지역에 지구단위계획구역은 포함된다.
④ 법 제63조 제1항 제5호
⑤ 법 제63조 제1항

06 국토의 계획 및 이용에 관한 법령상 개발행위에 따른 공공시설등의 귀속에 관한 설명으로 틀린 것은?

• 32회

① 개발행위허가를 받은 행정청이 기존의 공공시설에 대체되는 공공시설을 설치한 경우에는 새로 설치된 공공시설은 그 시설을 관리할 관리청에 무상으로 귀속된다.
② 개발행위허가를 받은 행정청은 개발행위가 끝나 준공검사를 마친 때에는 해당 시설의 관리청에 공공시설의 종류와 토지의 세목을 통지하여야 한다.
③ 개발행위허가를 받은 자가 행정청이 아닌 경우 개발행위허가를 받은 자가 새로 설치한 공공시설은 그 시설을 관리할 관리청에 무상으로 귀속된다.
④ 개발행위허가를 받은 행정청이 기존의 공공시설에 대체되는 공공시설을 설치한 경우에는 종래의 공공시설은 그 행정청에게 무상으로 귀속된다.
⑤ 개발행위허가를 받은 자가 행정청이 아닌 경우 개발행위로 용도가 폐지되는 공공시설은 개발행위허가를 받은 자에게 무상으로 귀속된다.

키워드 개발행위에 따른 공공시설등의 귀속

해설 개발행위허가를 받은 자가 행정청이 아닌 경우 개발행위로 용도가 폐지되는 공공시설은 새로 설치한 공공시설의 설치비용에 상당한 범위에서 개발행위허가를 받은 자에게 무상으로 양도할 수 있다.

이론플러스 개발행위에 따른 공공시설의 귀속주체

개발행위허가를 받은 자가 행정청인 경우	㉠ 개발행위허가를 받은 자가 새로 공공시설을 설치한 경우: 「국유재산법」 및 「공유재산 및 물품 관리법」의 규정에도 불구하고 새로 설치된 공공시설은 그 시설을 관리할 관리청에 무상으로 귀속된다. ㉡ 기존의 공공시설에 대체되는 공공시설을 설치한 경우: 「국유재산법」 및 「공유재산 및 물품 관리법」의 규정에도 불구하고 종래의 공공시설은 개발행위허가(다른 법률에 따라 개발행위허가가 의제되는 협의를 거친 인가·허가·승인 등을 포함)를 받은 자에게 무상으로 귀속된다.
개발행위허가를 받은 자가 행정청이 아닌 경우	㉠ 개발행위허가를 받은 자가 새로 설치한 공공시설: 그 시설을 관리할 관리청에 무상으로 귀속된다. ㉡ 개발행위로 용도가 폐지되는 공공시설: 「국유재산법」 및 「공유재산 및 물품 관리법」의 규정에도 불구하고 새로 설치한 공공시설의 설치비용에 상당하는 범위에서 개발행위허가를 받은 자에게 무상으로 양도할 수 있다.

정답 05 ③   06 ⑤

07 국토의 계획 및 이용에 관한 법령상 개발행위허가를 받은 자가 행정청인 경우 개발행위에 따른 공공시설의 귀속에 관한 설명으로 옳은 것은? (단, 다른 법률은 고려하지 않음)
• 33회

① 개발행위허가를 받은 자가 새로 공공시설을 설치한 경우, 새로 설치된 공공시설은 그 시설을 관리할 관리청에 무상으로 귀속된다.
② 개발행위로 용도가 폐지되는 공공시설은 새로 설치한 공공시설의 설치비용에 상당하는 범위에서 개발행위허가를 받은 자에게 무상으로 양도할 수 있다.
③ 공공시설의 관리청이 불분명한 경우 하천에 대하여는 국토교통부장관을 관리청으로 본다.
④ 관리청에 귀속되거나 개발행위허가를 받은 자에게 양도될 공공시설은 준공검사를 받음으로써 관리청과 개발행위허가를 받은 자에게 각각 귀속되거나 양도된 것으로 본다.
⑤ 개발행위허가를 받은 자는 국토교통부장관의 허가를 받아 그에게 귀속된 공공시설의 처분으로 인한 수익금을 도시·군계획사업 외의 목적에 사용할 수 있다.

키워드 개발행위에 따른 공공시설의 귀속

해설 ② 개발행위허가를 받은 자가 행정청이 아닌 경우 개발행위로 용도가 폐지되는 공공시설은 「국유재산법」과 「공유재산 및 물품 관리법」에도 불구하고 새로 설치한 공공시설의 설치비용에 상당하는 범위에서 개발행위허가를 받은 자에게 무상으로 양도할 수 있다.
③ 공공시설의 관리청이 불분명한 경우 하천에 대하여는 환경부장관을 관리청으로 본다.
④ 개발행위허가를 받은 자가 행정청이 아닌 경우 개발행위허가를 받은 자는 관리청에 귀속되거나 그에게 양도될 공공시설에 관하여 개발행위가 끝나기 전에 그 시설의 관리청에 그 종류와 토지의 세목을 통지하여야 하고, 준공검사를 한 특별시장·광역시장·특별자치시장·특별자치도지사·시장 또는 군수는 그 내용을 해당 시설의 관리청에 통보하여야 한다. 이 경우 공공시설은 준공검사를 받음으로써 그 시설을 관리할 관리청과 개발행위허가를 받은 자에게 각각 귀속되거나 양도된 것으로 본다.
⑤ 개발행위허가를 받은 자가 행정청인 경우 개발행위허가를 받은 자는 그에게 귀속된 공공시설의 처분으로 인한 수익금을 도시·군계획사업 외의 목적에 사용하여서는 아니 된다.

08 국토의 계획 및 이용에 관한 법령상 개발행위허가에 관한 설명으로 틀린 것은? • 22회

① 「도시개발법」에 따른 도시개발사업에 의해 건축물을 건축하는 경우에는 허가를 필요로 하지 않는다.
② 허가권자가 개발행위허가에 조건을 붙이려는 때에는 미리 개발행위허가를 신청한 자의 의견을 들어야 한다.
③ 토석의 채취에 대하여 개발행위허가를 받은 자가 개발행위를 마치면 준공검사를 받아야 한다.
④ 지구단위계획구역으로 지정된 지역으로서 도시·군관리계획상 특히 필요하다고 인정하는 지역에 대해서는 최장 5년의 기간 동안 개발행위허가를 제한할 수 있다.
⑤ 환경오염 방지, 위해 방지 등을 위하여 필요한 경우 지방자치단체가 시행하는 개발행위에 대해서 이행보증금을 예치하게 할 수 있다.

키워드 개발행위허가

해설 특별시장·광역시장·특별자치시장·특별자치도지사·시장 또는 군수는 기반시설의 설치나 그에 필요한 용지의 확보, 위해 방지, 환경오염 방지, 경관, 조경 등을 위하여 필요하다고 인정되는 경우에는 이의 이행을 보증하기 위하여 개발행위허가(다른 법률에 따라 개발행위허가가 의제되는 협의를 거친 인가·허가·승인 등을 포함)를 받는 자로 하여금 이행보증금을 예치하게 할 수 있다. 하지만 국가 또는 지방자치단체가 시행하는 개발행위에 대해서는 이행보증금을 예치하지 아니한다.

정답 07 ① 08 ⑤

09 국토의 계획 및 이용에 관한 법령상 개발행위의 허가에 관한 설명으로 **틀린** 것은?

• 25회 수정

① 개발행위허가를 받은 사업면적을 5% 범위 안에서 확대 또는 축소하는 경우에는 변경허가를 받지 않아도 된다.
② 허가권자가 개발행위허가를 하면서 환경오염 방지 등의 조치를 할 것을 조건으로 붙이려는 때에는 미리 개발행위허가를 신청한 자의 의견을 들어야 한다.
③ 개발행위허가의 신청 내용이 성장관리계획의 내용에 어긋나는 경우에는 개발행위허가를 하여서는 아니 된다.
④ 자연녹지지역에서는 도시계획위원회의 심의를 통하여 개발행위허가의 기준을 강화 또는 완화하여 적용할 수 있다.
⑤ 건축물 건축에 대해 개발행위허가를 받은 자가 건축을 완료하고 그 건축물에 대해 「건축법」상 사용승인을 받은 경우에는 따로 준공검사를 받지 않아도 된다.

키워드 개발행위허가

해설 개발행위허가는 허가를 받은 사항을 변경하는 경우에도 변경허가를 받아야 하지만, 개발행위허가를 받은 사업면적을 5% 범위 안에서 축소하는 경우에는 변경허가를 받지 않아도 된다. 다만, 사업면적을 확대하는 경우에는 개발행위허가를 받아야 한다.

10 국토의 계획 및 이용에 관한 법령상 개발행위의 허가에 관한 설명으로 옳은 것은?

• 24회 수정

① 전·답 사이의 지목변경을 수반하는 경작을 위한 토지의 형질변경은 개발행위허가의 대상이 아니다.
② 개발행위허가를 받은 사업면적을 5% 범위 안에서 축소하거나 확장하는 경우에는 별도의 변경허가를 받을 필요가 없다.
③ 개발행위를 허가하는 경우에는 조건을 붙일 수 없다.
④ 개발행위로 인하여 주변의 국가유산 등이 크게 손상될 우려가 있는 지역에 대해서는 최대 5년까지 개발행위허가를 제한할 수 있다.
⑤ 행정청이 아닌 자가 개발행위허가를 받아 새로 공공시설을 설치한 경우, 종래의 공공시설은 개발행위허가를 받은 자에게 전부 무상으로 귀속된다.

키워드 개발행위허가

해설 ② 개발행위허가를 받은 사업면적을 5% 범위 안에서 축소하는 경우에는 별도의 변경허가를 받을 필요가 없다. 하지만 확장하는 경우에는 변경허가를 받아야 한다.
③ 개발행위를 허가하는 경우에는 조건을 붙일 수 있다.
④ 개발행위로 인하여 주변의 국가유산 등이 크게 손상될 우려가 있는 지역에 대해서는 최대 3년까지 개발행위허가를 제한할 수 있다.
⑤ 행정청인 자가 개발행위허가를 받아 새로 공공시설을 설치한 경우, 종래의 공공시설은 개발행위허가를 받은 자에게 전부 무상으로 귀속된다.

정답 09 ① 10 ①

11 국토의 계획 및 이용에 관한 법령상 개발행위허가에 관한 설명으로 옳은 것은? (단, 조례는 고려하지 않음)
• 33회

① 「사방사업법」에 따른 사방사업을 위한 개발행위를 허가하려면 지방도시계획위원회의 심의를 거쳐야 한다.
② 토지의 일부가 도시·군계획시설로 지형도면 고시가 된 당해 토지의 분할은 개발행위허가를 받아야 한다.
③ 국토교통부장관은 개발행위로 인하여 주변의 환경이 크게 오염될 우려가 있는 지역에서 개발행위허가를 제한하고자 하는 경우 중앙도시계획위원회의 심의를 거쳐야 한다.
④ 시·도지사는 기반시설부담구역으로 지정된 지역에 대해서는 10년간 개발행위허가를 제한할 수 있다.
⑤ 토지분할을 위한 개발행위허가를 받은 자는 그 개발행위를 마치면 시·도지사의 준공검사를 받아야 한다.

키워드 개발행위허가의 제한

해설 ① 「사방사업법」에 따른 사방사업을 위한 개발행위를 허가하려면 중앙도시계획위원회와 지방도시계획위원회의 심의를 거치지 아니한다.
② 토지의 일부가 도시·군계획시설로 지형도면 고시가 된 당해 토지의 분할은 대통령령으로 정하는 경미한 행위에 해당하여 개발행위허가를 받지 아니하고 할 수 있다.
④ 국토교통부장관, 시·도지사, 시장 또는 군수는 기반시설부담구역으로 지정된 지역으로서 도시·군관리계획상 특히 필요하다고 인정되는 지역에 대해서는 중앙도시계획위원회나 지방도시계획위원회의 심의를 거쳐 한 차례만 3년 이내의 기간 동안 개발행위허가를 제한할 수 있다. 다만, 위에 해당하는 지역에 대해서는 중앙도시계획위원회나 지방도시계획위원회의 심의를 거치지 아니하고 한 차례만 2년 이내의 기간 동안 개발행위허가의 제한을 연장할 수 있다. 따라서 ④의 대상지역에서는 최장 5년간 개발행위허가를 제한할 수 있다.
⑤ 법 제56조 제1항 제1호부터 제3호까지 행위(건축물의 건축 또는 공작물의 설치, 토지의 형질변경, 토석의 채취)에 대한 개발행위허가를 받은 자는 그 개발행위를 마치면 국토교통부령으로 정하는 바에 따라 특별시장·광역시장·특별자치시장·특별자치도지사·시장 또는 군수의 준공검사를 받아야 한다. 반면, 같은 조 같은 항 제4호(토지분할)와 제5호(물건을 쌓아놓는 행위)의 행위는 준공검사 대상에 해당하지 않는다.

12 국토의 계획 및 이용에 관한 법령상 개발행위허가(이하 '허가'라 함)에 관한 설명으로 옳은 것은?
• 35회

① 도시·군계획사업에 의하여 10층 이상의 건축물을 건축하려는 경우에는 허가를 받아야 한다.
② 건축물의 건축에 대한 허가를 받은 자가 그 건축을 완료하고 「건축법」에 따른 건축물의 사용승인을 받은 경우 허가권자의 준공검사를 받지 않아도 된다.
③ 허가를 받은 건축물의 연면적을 5% 범위에서 축소하려는 경우에는 허가권자에게 미리 신고하여야 한다.
④ 허가의 신청이 있는 경우 특별한 사유가 없으면 도시계획위원회의 심의 또는 기타 협의 기간을 포함하여 15일 이내에 허가 또는 불허가의 처분을 하여야 한다.
⑤ 국토교통부장관이 지구단위계획구역으로 지정된 지역에 대하여 허가의 제한을 연장하려면 중앙도시계획위원회의 심의를 거쳐야 한다.

키워드 개발행위허가

해설 ① 도시·군계획사업(다른 법률에 따라 도시·군계획사업을 의제한 사업을 포함)에 의한 행위는 개발행위허가를 받지 않아도 된다.
③ 허가를 받은 건축물의 연면적을 5% 범위에서 축소하려는 경우에는 허가권자에게 미리 변경허가를 받지 않고 통지하여야 한다.
④ 허가의 신청이 있는 경우 특별한 사유가 없으면 15일(도시계획위원회의 심의를 거쳐야 하거나 관계 행정기관의 장과 협의를 하여야 하는 경우에는 심의 또는 협의기간을 제외) 이내에 허가 또는 불허가의 처분을 하여야 한다.
⑤ 국토교통부장관이 지구단위계획구역으로 지정된 지역에 대하여 허가의 제한을 연장하려면 중앙도시계획위원회의 심의를 거치지 아니하고 한 차례만 2년 이내의 기간 동안 개발행위허가의 제한을 연장할 수 있다.

정답 11 ③ 12 ②

13 국토의 계획 및 이용에 관한 법령상 성장관리계획구역을 지정할 수 있는 지역이 아닌 것은?
• 32회

① 녹지지역
② 관리지역
③ 주거지역
④ 자연환경보전지역
⑤ 농림지역

키워드 성장관리계획구역

해설 특별시장·광역시장·특별자치시장·특별자치도지사·시장 또는 군수는 녹지지역, 관리지역, 농림지역 및 자연환경보전지역의 전부 또는 일부에 대하여 성장관리계획구역을 지정할 수 있다.

14 국토의 계획 및 이용에 관한 법령상 성장관리계획을 수립할 수 있는 지역에 해당하지 않는 것은?
• 29회 수정

① 주변지역과 연계하여 체계적인 관리가 필요한 주거지역
② 개발수요가 많아 무질서한 개발이 진행되고 있는 계획관리지역
③ 개발수요가 많아 무질서한 개발이 진행될 것으로 예상되는 생산관리지역
④ 주변의 토지이용 변화 등으로 향후 시가화가 예상되는 농림지역
⑤ 교통여건 변화 등으로 향후 시가화가 예상되는 자연환경보전지역

키워드 성장관리계획

해설 주거지역은 성장관리계획을 수립할 수 있는 지역이 아니다. 특별시장·광역시장·특별자치시장·특별자치도지사·시장 또는 군수는 녹지지역, 관리지역, 농림지역 및 자연환경보전지역 중 '개발수요가 많아 무질서한 개발이 진행되고 있거나 진행될 것으로 예상되는 지역, 주변의 토지이용이나 교통여건 변화 등으로 향후 시가화가 예상되는 지역, 주변지역과 연계하여 체계적인 관리가 필요한 지역'의 전부 또는 일부에 대하여 성장관리계획구역을 지정할 수 있다.

15 국토의 계획 및 이용에 관한 법령상 성장관리계획구역에서 30% 이하의 범위에서 성장관리계획으로 정하는 바에 따라 건폐율을 완화하여 적용할 수 있는 지역이 <u>아닌</u> 것은? (단, 조례는 고려하지 않음) • 35회

① 생산관리지역
② 생산녹지지역
③ 보전녹지지역
④ 자연녹지지역
⑤ 농림지역

키워드 성장관리계획구역

해설 성장관리계획구역에서는 다음의 구분에 따른 범위에서 성장관리계획으로 정하는 바에 따라 특별시·광역시·특별자치시·특별자치도·시 또는 군의 조례로 정하는 비율까지 건폐율을 완화하여 적용할 수 있다.

> 1. 계획관리지역: 50% 이하
> 2. 생산관리지역·농림지역·자연녹지지역 및 생산녹지지역: 30% 이하

정답 13 ③ 14 ① 15 ③

16 국토의 계획 및 이용에 관한 법령상 성장관리계획에 관한 설명으로 옳은 것은? (단, 조례 기타 강화·완화조건은 고려하지 않음)
• 33회

① 시장 또는 군수는 공업지역 중 향후 시가화가 예상되는 지역의 전부 또는 일부에 대하여 성장관리계획구역을 지정할 수 있다.
② 성장관리계획구역 내 생산녹지지역에서는 30% 이하의 범위에서 성장관리계획으로 정하는 바에 따라 건폐율을 완화하여 적용할 수 있다.
③ 성장관리계획구역 내 보전관리지역에서는 125% 이하의 범위에서 성장관리계획으로 정하는 바에 따라 용적률을 완화하여 적용할 수 있다.
④ 시장 또는 군수는 성장관리계획구역을 지정할 때에는 도시·군관리계획의 결정으로 하여야 한다.
⑤ 시장 또는 군수는 성장관리계획구역을 지정하려면 성장관리계획구역안을 7일간 일반이 열람할 수 있도록 해야 한다.

키워드 성장관리계획

해설 ① 시장 또는 군수는 녹지지역, 관리지역, 농림지역 및 자연환경보전지역 중 법령에서 규정하는 지역의 전부 또는 일부에 대하여 성장관리계획구역을 지정할 수 있다. 주거지역·상업지역·공업지역은 지정대상에 해당하지 아니한다.
③ 성장관리계획구역 내 '계획관리지역'에서는 125% 이하의 범위에서 성장관리계획으로 정하는 바에 따라 특별시·광역시·특별자치시·특별자치도·시 또는 군의 조례로 정하는 비율까지 용적률을 완화하여 적용할 수 있다.
④ 특별시장·광역시장·특별자치시장·특별자치도지사·시장 또는 군수는 성장관리계획구역을 지정하거나 이를 변경하려면 대통령령으로 정하는 바에 따라 미리 주민과 해당 지방의회의 의견을 들어야 하며, 관계 행정기관과의 협의 및 지방도시계획위원회의 심의를 거쳐야 한다. 즉, 성장관리계획구역은 도시·군관리계획의 결정사항이 아니다.
⑤ 특별시장·광역시장·특별자치시장·특별자치도지사·시장 또는 군수는 시행령 제70조의13 제1항(주민의 의견청취)에 따른 공고를 한 때에는 성장관리계획구역안을 14일 이상 일반이 열람할 수 있도록 해야 한다.

제2절 개발행위에 따른 기반시설 설치

대표기출 2 | 2018년 제29회 A형 48번 문제 수정 | 난이도 중

국토의 계획 및 이용에 관한 법령상 개발밀도관리구역 및 기반시설부담구역에 관한 설명으로 옳은 것은?

① 개발밀도관리구역에서는 당해 용도지역에 적용되는 건폐율 또는 용적률을 강화 또는 완화하여 적용할 수 있다.
② 군수가 개발밀도관리구역을 지정하려면 지방도시계획위원회의 심의를 거쳐 도지사의 승인을 받아야 한다.
③ 주거·상업지역에서의 개발행위로 기반시설의 수용능력이 부족할 것으로 예상되는 지역 중 기반시설의 설치가 곤란한 지역은 기반시설부담구역으로 지정할 수 있다.
④ 시장은 기반시설부담구역을 지정하면 기반시설설치계획을 수립하여야 하며, 이를 도시·군관리계획에 반영하여야 한다.
⑤ 기반시설부담구역에서 개발행위를 허가받고자 하는 자에게는 기반시설설치비용을 부과하여야 한다.

기출공략 [키워드] 개발밀도관리구역·기반시설부담구역

개발밀도관리구역과 기반시설부담구역의 지정기준을 비교해서 파악하면 정답을 찾을 수 있습니다.

29회, 31회, 32회, 34회, 35회

정답 16 ②

국토의 계획 및 이용에 관한 법령상 개발밀도관리구역 및 기반시설부담구역에 관한 설명으로 옳은 것은? (④)

① 개발밀도관리구역에서는 당해 용도지역에 적용되는 건폐율 또는 용적률을 강화 ~~또는 완화~~하여 적용할 수 있다. (×)
   → 개발밀도관리구역에서는 당해 용도지역에 적용되는 건폐율 또는 용적률을 강화하여 적용하며, 완화하여 적용하지는 않는다.

② 군수가 개발밀도관리구역을 지정하려면 지방도시계획위원회의 심의를 거쳐 ~~도지사의 승인을 받아야 한다.~~ (×)
   → 도지사의 승인을 별도로 받을 필요는 없다.

③ 주거·상업지역에서의 개발행위로 기반시설의 수용능력이 부족할 것으로 예상되는 지역 중 기반시설의 설치가 곤란한 지역은 ~~기반시설부담구역~~으로 지정할 수 있다. (×)
   → 개발밀도관리구역

④ 시장은 기반시설부담구역을 지정하면 기반시설설치계획을 수립하여야 하며, 이를 도시·군관리계획에 반영하여야 한다. (O)

⑤ 기반시설부담구역에서 ~~개발행위를 허가받고자 하는~~ 자에게는 기반시설설치비용을 부과하여야 한다. (×)
   → 기반시설부담구역 안에서 기반시설설치비용의 부과대상인 건축행위는 단독주택 및 숙박시설 등 「건축법」에 의한 건축물로서 200m²(기존 건축물의 연면적을 포함)를 초과하는 건축물의 신축·증축 행위로 한다. 다만, 기존 건축물을 철거하고 신축하는 경우에는 기존 건축물의 건축연면적을 초과하는 건축행위에 대하여만 부과대상으로 한다.

이론플러스 **개발밀도관리구역의 지정**

개발밀도관리구역은 도로·수도공급설비·하수도·학교 등 기반시설의 용량이 부족할 것으로 예상되는 지역 중 기반시설의 설치가 곤란한 지역으로서 다음에 해당하는 지역에 대하여 지정할 수 있다.

1. 당해 지역의 도로서비스 수준이 매우 낮아 차량통행이 현저하게 지체되는 지역(도로서비스 수준의 측정에 관하여는 도시교통정비 촉진법에 따른 교통영향평가의 예에 따름)
2. 당해 지역의 도로율이 국토교통부령이 정하는 용도지역별 도로율에 20% 이상 미달하는 지역
3. 향후 2년 이내에 당해 지역의 수도에 대한 수요량이 수도시설의 시설용량을 초과할 것으로 예상되는 지역
4. 향후 2년 이내에 당해 지역의 하수발생량이 하수시설의 시설용량을 초과할 것으로 예상되는 지역
5. 향후 2년 이내에 당해 지역의 학생수가 학교수용능력을 20% 이상 초과할 것으로 예상되는 지역

17 국토의 계획 및 이용에 관한 법령상 개발밀도관리구역에 관한 설명으로 틀린 것은?

• 34회

① 도시·군계획시설사업의 시행자인 시장 또는 군수는 개발밀도관리구역에 관한 기초조사를 하기 위하여 필요하면 타인의 토지에 출입할 수 있다.
② 개발밀도관리구역의 지정기준, 개발밀도관리구역의 관리 등에 관하여 필요한 사항은 대통령령으로 정하는 바에 따라 국토교통부장관이 정한다.
③ 개발밀도관리구역에서는 해당 용도지역에 적용되는 용적률의 최대한도의 50% 범위에서 용적률을 강화하여 적용한다.
④ 시장 또는 군수는 개발밀도관리구역을 지정하거나 변경하려면 해당 지방자치단체에 설치된 지방도시계획위원회의 심의를 거쳐야 한다.
⑤ 기반시설을 설치하거나 그에 필요한 용지를 확보하게 하기 위하여 개발밀도관리구역에 기반시설부담구역을 지정할 수 있다.

키워드 개발밀도관리구역

해설 기반시설을 설치하거나 그에 필요한 용지를 확보하게 하기 위하여 개발밀도관리구역 '외'의 지역에 기반시설부담구역을 지정할 수 있다. '개발밀도관리구역'이란 개발로 인하여 기반시설이 부족할 것으로 예상되나 기반시설을 설치하기 곤란한 지역을 대상으로 건폐율이나 용적률을 강화하여 적용하기 위하여 지정하는 구역을 말한다. 따라서 동일한 지역에 대해 기반시설부담구역과 개발밀도관리구역을 중복하여 지정할 수 없다.

정답 17 ⑤

18 국토의 계획 및 이용에 관한 법령상 개발밀도관리구역에 관한 설명으로 **틀린** 것은?

• 35회

① 개발밀도관리구역의 변경고시는 당해 지방자치단체의 공보에 게재하는 방법에 의한다.
② 개발밀도관리구역으로 지정될 수 있는 지역에 농림지역은 포함되지 않는다.
③ 개발밀도관리구역의 지정은 해당 지방자치단체에 설치된 지방도시계획위원회의 심의대상이다.
④ 개발밀도관리구역에서는 해당 용도지역에 적용되는 건폐율의 최대한도의 50% 범위에서 건폐율을 강화하여 적용한다.
⑤ 개발밀도관리구역은 기반시설부담구역으로 지정될 수 없다.

키워드 개발밀도관리구역

해설 개발밀도관리구역에서는 해당 용도지역에 적용되는 용적률의 최대한도의 50% 범위에서 용적률을 강화하여 적용한다.

19 국토의 계획 및 이용에 관한 법령상 기반시설부담구역에 설치가 필요한 기반시설에 해당하지 **않는** 것은?

• 26회 수정

① 공원
② 도로
③ 대학
④ 폐기물처리 및 재활용시설
⑤ 녹지

키워드 기반시설부담구역

해설 기반시설부담구역에 설치가 필요한 기반시설에는 도로·공원·녹지·학교·수도·하수도·폐기물처리 및 재활용시설 등이 있으며, 학교 중 「고등교육법」에 따른 대학은 기반시설부담구역에 설치가 필요한 기반시설에서 제외된다.

20 국토의 계획 및 이용에 관한 법령상 기반시설부담구역의 지정대상이 될 수 없는 지역은? • 20회

① 시가화조정구역에서 해제되어 개발행위가 집중된 지역
② 계획관리지역에서 제3종 일반주거지역으로 변경되는 지역
③ 주거지역에서 자연환경보전지역으로 변경되는 지역
④ 전전년도 개발행위허가 건수가 100건이었으나, 전년도 개발행위허가 건수가 130건으로 증가한 지역
⑤ 전년도 인구증가율이 5%인 시에 속해 있는 지역으로서 전년도 인구증가율이 30%인 지역

> **키워드** 기반시설부담구역의 지정
> **해설** 용도지역이 변경되어 행위제한이 완화되는 지역을 기반시설부담구역으로 지정한다. 따라서 주거지역에서 자연환경보전지역으로 변경되는 지역은 행위제한이 강화되기 때문에 기반시설부담구역의 지정대상이 될 수 없다.

21 국토의 계획 및 이용에 관한 법령상 기반시설부담구역으로 지정하여야 하는 지역이 아닌 것은? (단, 해당 지역은 지구단위계획구역이 아님) • 22회 수정

① 법령의 개정으로 인하여 행위제한이 완화되거나 해제되는 지역
② 법령에 따라 지정된 용도지역 등이 변경되어 행위제한이 완화되는 지역
③ 개발행위로 인하여 기반시설의 수용능력이 부족할 것이 예상되는 지역 중 기반시설의 설치가 곤란한 지역
④ 기반시설의 설치가 필요하다고 인정하는 지역으로서 해당 지역의 전년도 개발행위허가 건수가 전전년도 개발행위허가 건수보다 20% 이상 증가한 지역
⑤ 기반시설의 설치가 필요하다고 인정하는 지역으로서 해당 지역의 전년도 인구증가율이 그 지역이 속하는 특별시·광역시·특별자치시·특별자치도·시 또는 군(광역시의 관할 구역에 있는 군은 제외)의 전년도 인구증가율보다 20% 이상 높은 지역

> **키워드** 기반시설부담구역의 지정
> **해설** 개발행위로 인하여 기반시설의 수용능력이 부족할 것이 예상되는 지역 중 기반시설의 설치가 곤란한 지역은 개발밀도관리구역에 대한 설명이다.

정답 18 ④ 19 ③ 20 ③ 21 ③

22 「국토의 계획 및 이용에 관한 법률」 조문의 일부이다. (   )에 들어갈 숫자로 옳은 것은?

• 31회

> 제68조【기반시설설치비용의 부과대상 및 산정기준】① 기반시설부담구역에서 기반시설 설치비용의 부과대상인 건축행위는 제2조 제20호에 따른 시설로서 (   )m²(기존 건축물의 연면적을 포함한다)를 초과하는 건축물의 신축·증축 행위로 한다.

① 100
② 200
③ 300
④ 400
⑤ 500

키워드 기반시설부담구역

해설 기반시설부담구역에서 기반시설설치비용의 부과대상인 건축행위는 제2조 제20호에 따른 시설로서 (200)m²(기존 건축물의 연면적을 포함한다)를 초과하는 건축물의 신축·증축 행위로 한다. 다만, 기존 건축물을 철거하고 신축하는 경우에는 기존 건축물의 건축 연면적을 초과하는 건축행위만 부과대상으로 한다.

23 국토의 계획 및 이용에 관한 법령상 건축물별 기반시설유발계수가 다음 중 가장 높은 것은?

• 25회

① 제1종 근린생활시설
② 공동주택
③ 의료시설
④ 업무시설
⑤ 숙박시설

키워드 기반시설유발계수

해설
① 제1종 근린생활시설: 1.3
② 공동주택: 0.7
③ 의료시설: 0.9
④ 업무시설: 0.7
⑤ 숙박시설: 1.0

24 국토의 계획 및 이용에 관한 법령상 기반시설부담구역에서의 기반시설설치비용에 관한 설명으로 **틀린** 것은?
• 28회

① 기반시설설치비용 산정 시 기반시설을 설치하는 데 필요한 용지비용도 산입된다.
② 기반시설설치비용 납부 시 물납이 인정될 수 있다.
③ 기반시설설치비용의 관리 및 운용을 위하여 기반시설부담구역별로 특별회계가 설치되어야 한다.
④ 의료시설과 교육연구시설의 기반시설유발계수는 같다.
⑤ 기반시설설치비용을 부과받은 납부의무자는 납부기일의 연기 또는 분할납부가 인정되지 않는 한 사용승인(준공검사 등 사용승인이 의제되는 경우에는 그 준공검사) 신청 시까지 기반시설설치비용을 내야 한다.

키워드 기반시설의 설치

해설 의료시설의 기반시설유발계수는 0.9, 교육연구시설의 기반시설유발계수는 0.70이므로 같지 않다.

정답 22 ② 23 ① 24 ④

25 국토의 계획 및 이용에 관한 법령상 기반시설부담구역 등에 관한 설명으로 옳은 것은?

• 25회

① 기반시설부담구역은 개발밀도관리구역과 중첩하여 지정될 수 있다.
② 「고등교육법」에 따른 대학은 기반시설부담구역에 설치가 필요한 기반시설에 해당한다.
③ 기반시설설치비용은 현금 납부를 원칙으로 하되, 부과대상 토지 및 이와 비슷한 토지로 하는 납부를 인정할 수 있다.
④ 기반시설부담구역으로 지정된 지역에 대해 개발행위허가를 제한하였다가 이를 연장하기 위해서는 중앙도시계획위원회의 심의를 거쳐야 한다.
⑤ 기반시설부담구역의 지정고시일부터 2년이 되는 날까지 기반시설설치계획을 수립하지 아니하면 그 2년이 되는 날의 다음 날에 기반시설부담구역의 지정은 해제된 것으로 본다.

키워드 기반시설부담구역

해설 ① 기반시설부담구역은 개발밀도관리구역과 중첩하여 지정될 수 없다.
② 「고등교육법」에 따른 대학은 기반시설부담구역에 설치가 필요한 기반시설에 해당되지 않는다.
④ 기반시설부담구역으로 지정된 지역에 대해 개발행위허가를 제한하였다가 이를 연장하기 위해서는 중앙도시계획위원회의 심의를 거치지 않아도 된다.
⑤ 기반시설부담구역의 지정고시일부터 1년이 되는 날까지 기반시설설치계획을 수립하지 아니하면 그 1년이 되는 날의 다음 날에 기반시설부담구역의 지정은 해제된 것으로 본다.

26 국토의 계획 및 이용에 관한 법령상 기반시설부담구역에 관한 설명으로 틀린 것은?

• 27회 수정

① 법령의 개정으로 인하여 행위제한이 완화되는 지역에 대해서는 기반시설부담구역으로 지정하여야 한다.
② 녹지와 폐기물처리 및 재활용시설은 기반시설부담구역에 설치가 필요한 기반시설에 해당한다.
③ 동일한 지역에 대해 기반시설부담구역과 개발밀도관리구역을 중복하여 지정할 수 있다.
④ 기반시설부담구역 내에서 「주택법」에 따른 리모델링을 하는 건축물은 기반시설설치비용의 부과대상이 아니다.
⑤ 기존 건축물을 철거하고 신축하는 건축행위가 기반시설설치비용의 부과대상이 되는 경우에는 기존 건축물의 건축 연면적을 초과하는 건축행위만 부과대상으로 한다.

키워드 기반시설부담구역

해설 동일한 지역에 대해 기반시설부담구역과 개발밀도관리구역을 중복하여 지정할 수 없다.

정답 25 ③ 26 ③

27 국토의 계획 및 이용에 관한 법령상 기반시설부담구역에 관한 설명으로 옳은 것은?

• 35회

① 공원의 이용을 위하여 필요한 편의시설은 기반시설부담구역에 설치가 필요한 기반시설에 해당하지 않는다.
② 기반시설부담구역에서 기존 건축물을 철거하고 신축하는 경우에는 기존 건축물의 건축연면적을 포함하는 건축행위를 기반시설설치비용의 부과대상으로 한다.
③ 지구단위계획을 수립한 경우에는 기반시설설치계획을 수립한 것으로 본다.
④ 기반시설부담구역 내에서 신축된 「건축법 시행령」상의 종교집회장은 기반시설설치비용의 부과대상이다.
⑤ 기반시설부담구역으로 지정된 지역에 대해서는 개발행위허가의 제한을 연장할 수 없다.

키워드 기반시설부담구역

해설 ① 공원의 이용을 위하여 필요한 편의시설은 기반시설부담구역에 설치가 필요한 기반시설에 해당한다.
② 기반시설부담구역에서 기존 건축물을 철거하고 신축하는 경우에는 기존 건축물의 건축연면적을 초과하는 건축행위만 기반시설설치비용의 부과대상으로 한다.
④ 기반시설부담구역 내에서 신축된 「건축법 시행령」상의 종교집회장은 기반시설설치비용의 부과대상에서 제외되는 건축물이다.
⑤ 기반시설부담구역으로 지정된 지역에 대해서는 중앙도시계획위원회나 지방도시계획위원회의 심의를 거치지 아니하고 한 차례만 2년 이내의 기간 동안 개발행위허가의 제한을 연장할 수 있다.

28 국토의 계획 및 이용에 관한 법령상 개발밀도관리구역 및 기반시설부담구역에 관한 설명으로 틀린 것은?
• 24회

① 기반시설부담구역은 개발밀도관리구역 외의 지역에서 지정된다.
② 개발밀도관리구역에서는 해당 용도지역에 적용되는 용적률의 최대한도의 50% 범위에서 용적률을 강화하여 적용한다.
③ 주거지역에서의 개발행위로 기반시설의 용량이 부족할 것으로 예상되는 지역 중 기반시설의 설치가 곤란한 지역으로서, 향후 2년 이내에 당해 지역의 학생수가 학교수용능력을 20% 이상 초과할 것으로 예상되는 지역은 개발밀도관리구역으로 지정될 수 있다.
④ 기반시설설치비용은 현금으로 납부하여야 하며, 부과대상 토지 및 이와 비슷한 토지로 납부할 수 없다.
⑤ 기반시설의 설치가 필요하다고 인정하는 지역으로서 해당 지역의 전년도 개발행위허가 건수가 전전년도 개발행위허가 건수보다 20% 이상 증가한 지역은 기반시설부담구역으로 지정하여야 한다.

키워드 개발밀도관리구역·기반시설부담구역

해설 기반시설설치비용은 현금, 신용카드 또는 직불카드로 납부하도록 하되, 부과대상 토지 및 이와 비슷한 토지로 하는 납부(이하 '물납'이라 함)를 인정할 수 있다.

정답 27 ③ 28 ④

29 국토의 계획 및 이용에 관한 법령상 개발행위에 따른 기반시설의 설치에 관한 설명으로 옳은 것은? (단, 조례는 고려하지 않음) • 32회

① 시장 또는 군수가 개발밀도관리구역을 변경하는 경우 관할 지방도시계획위원회의 심의를 거치지 않아도 된다.
② 기반시설부담구역의 지정고시일부터 2년이 되는 날까지 기반시설설치계획을 수립하지 아니하면 그 2년이 되는 날에 기반시설부담구역의 지정은 해제된 것으로 본다.
③ 시장 또는 군수는 기반시설설치비용 납부의무자가 지방자치단체로부터 건축허가를 받은 날부터 3개월 이내에 기반시설설치비용을 부과하여야 한다.
④ 시장 또는 군수는 개발밀도관리구역에서는 해당 용도지역에 적용되는 용적률의 최대한도의 50% 범위에서 용적률을 강화하여 적용한다.
⑤ 기반시설설치비용 납부의무자는 사용승인 신청 후 7일까지 그 비용을 내야 한다.

키워드 기반시설의 설치

해설 ① 시장 또는 군수가 개발밀도관리구역을 변경하는 경우 관할 지방도시계획위원회의 심의를 거쳐야 한다.
② 기반시설부담구역의 지정고시일부터 1년이 되는 날까지 기반시설설치계획을 수립하지 아니하면 그 1년이 되는 날의 다음 날에 기반시설부담구역의 지정은 해제된 것으로 본다.
③ 시장 또는 군수는 기반시설설치비용 납부의무자가 지방자치단체로부터 건축허가를 받은 날부터 2개월 이내에 기반시설설치비용을 부과하여야 한다.
⑤ 기반시설설치비용 납부의무자는 사용승인 신청 시까지 그 비용을 내야 한다.

30 국토의 계획 및 이용에 관한 법령상 개발행위에 따른 기반시설의 설치에 관한 설명으로 틀린 것은? (단, 조례는 고려하지 않음)
• 33회

① 개발밀도관리구역에서는 해당 용도지역에 적용되는 용적률의 최대한도의 50% 범위에서 강화하여 적용한다.
② 기반시설의 설치가 필요하다고 인정하는 지역으로서, 해당 지역의 전년도 개발행위허가 건수가 전전년도 개발행위허가 건수보다 20% 이상 증가한 지역에 대하여는 기반시설부담구역으로 지정하여야 한다.
③ 기반시설부담구역이 지정되면 기반시설설치계획을 수립하여야 하며, 이를 도시·군관리계획에 반영하여야 한다.
④ 기반시설설치계획은 기반시설부담구역의 지정고시일부터 3년이 되는 날까지 수립하여야 한다.
⑤ 기반시설설치비용의 관리 및 운용을 위하여 기반시설부담구역별로 특별회계를 설치하여야 한다.

키워드 기반시설의 설치

해설 기반시설부담구역의 지정고시일부터 1년이 되는 날까지 기반시설설치계획을 수립하지 아니하면 그 1년이 되는 날의 다음 날에 기반시설부담구역의 지정은 해제된 것으로 본다.

이론플러스 기반시설설치계획의 수립 등

1. 수립
   ㉠ 특별시장·광역시장·특별자치시장·특별자치도지사·시장 또는 군수는 기반시설부담구역이 지정되면 대통령령으로 정하는 바에 따라 기반시설설치계획을 수립하여야 한다(법 제67조 제4항).
   ㉡ 지구단위계획을 수립한 경우에는 기반시설설치계획을 수립한 것으로 본다(영 제65조 제3항).
2. 반영
   기반시설설치계획을 수립한 경우에는 도시·군관리계획에 반영하여야 한다(법 제67조 제4항).
3. 해제
   기반시설부담구역의 지정고시일부터 1년이 되는 날까지 기반시설설치계획을 수립하지 아니하면 그 1년이 되는 날의 다음 날에 기반시설부담구역의 지정은 해제된 것으로 본다(영 제65조 제4항).

정답 29 ④ 30 ④

CHAPTER 08 보칙 및 벌칙 등

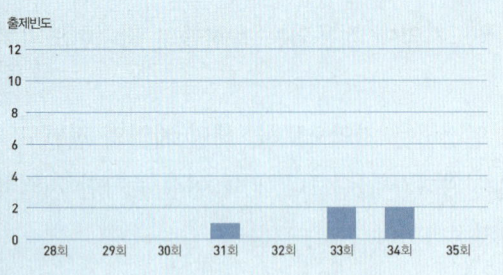

■ 8개년 출제 문항 수
　총 40문제 中 평균 약 0.5문제 출제

■ 이 단원을 공략하고 싶다면?
　청문 위주로 학습하자

→ 기본서 [부동산공법] pp. 182~196

대표기출 | 2020년 제31회 A형 45번 문제 | 난이도 중

국토의 계획 및 이용에 관한 법령상 청문을 하여야 하는 경우를 모두 고른 것은? (단, 다른 법령에 따른 청문은 고려하지 않음)

> ㉠ 개발행위허가의 취소
> ㉡ 「국토의 계획 및 이용에 관한 법률」 제63조에 따른 개발행위허가의 제한
> ㉢ 실시계획인가의 취소

① ㉠　　　　　　　② ㉡　　　　　　　③ ㉠, ㉡
④ ㉠, ㉢　　　　　⑤ ㉡, ㉢

기출공략 [키워드] 청문

　청문을 실시하여야 하는 내용을 알아야 정답을 찾을 수 있습니다.
　　　　　　　　　　　　　　　　　　　　　　　　　　　　31회

국토의 계획 및 이용에 관한 법령상 청문을 하여야 하는 경우를 모두 고른 것은? (단, 다른 법령에 따른 청문은 고려하지 않음) (④)

> ㉠ 개발행위허가의 취소 (O)
> ㉡ ~~「국토의 계획 및 이용에 관한 법률」 제63조에 따른 개발행위허가의 제한~~ (×)
> 　→ 청문을 하여야 하는 경우에 해당하지 않는다.
> ㉢ 실시계획인가의 취소 (O)

| 이론플러스 | 청문의 실시사유

국토교통부장관, 시·도지사, 시장·군수 또는 구청장은 다음의 어느 하나에 해당하는 처분을 하려면 청문을 하여야 한다.

1. 개발행위허가의 취소
2. 도시·군계획시설사업의 시행자 지정의 취소
3. 도시·군계획시설사업의 실시계획인가의 취소

01 국토의 계획 및 이용에 관한 법령의 규정 내용으로 틀린 것은?

• 28회

① 관계 중앙행정기관의 장은 국토교통부장관에게 시범도시의 지정을 요청하고자 하는 때에는 주민의 의견을 들은 후 관계 지방자치단체의 장의 의견을 들어야 한다.
② 국토교통부장관이 직접 시범도시를 지정함에 있어서 그 대상이 되는 도시를 공모할 경우, 시장 또는 군수는 공모에 응모할 수 있다.
③ 행정청인 도시·군계획시설사업 시행자의 처분에 대하여는「행정심판법」에 따라 행정심판을 제기할 수 있다.
④ 국토교통부장관이 이 법률의 위반자에 대한 처분으로서 실시계획인가를 취소하려면 청문을 실시하여야 한다.
⑤ 도지사는 도시·군기본계획과 도시·군관리계획이 국가계획의 취지에 부합하지 아니하다고 판단하는 경우, 국토교통부장관에게 변경을 요구할 수 있다.

| 키워드 | 보칙 종합문제

| 해설 | 국토교통부장관은 도시·군기본계획과 도시·군관리계획이 국가계획의 취지에 부합하지 아니하다고 판단하는 경우, 특별시장·광역시장·특별자치시장·특별자치도지사·시장 또는 군수에게 기한을 정하여 도시·군기본계획과 도시·군관리계획의 조정을 요구할 수 있다.

| 정답 | 01 ⑤

02 국토의 계획 및 이용에 관한 법령상 도시·군계획시설사업 시행을 위한 타인의 토지에의 출입 등에 관한 설명으로 옳은 것은? • 34회

① 타인의 토지에 출입하려는 행정청인 사업시행자는 출입하려는 날의 7일 전까지 그 토지의 소유자·점유자 또는 관리인에게 그 일시와 장소를 알려야 한다.
② 토지의 소유자·점유자 또는 관리인의 동의 없이 타인의 토지를 재료 적치장 또는 임시통로로 일시 사용한 사업시행자는 사용한 날부터 14일 이내에 시장 또는 군수의 허가를 받아야 한다.
③ 토지점유자가 승낙하지 않는 경우에도 사업시행자는 시장 또는 군수의 허가를 받아 일몰 후에 울타리로 둘러싸인 타인의 토지에 출입할 수 있다.
④ 토지에의 출입에 따라 손실을 입은 자가 보상에 관하여 국토교통부장관에게 조정을 신청하지 아니하는 경우에는 관할 토지수용위원회에 재결을 신청할 수 없다.
⑤ 사업시행자가 행정청인 경우라도 허가를 받지 아니하면 타인의 토지에 출입할 수 없다.

키워드 타인의 토지에의 출입

해설 ② 토지의 소유자·점유자 또는 관리인의 동의 없이 타인의 토지를 재료 적치장 또는 임시통로로 일시 사용하려는 행정청이 아닌 사업시행자는 미리 관할 시장 또는 군수의 허가를 받아야 한다.
③ 토지점유자가 승낙하지 않는 경우에 사업시행자는 시장 또는 군수의 허가를 받더라도 일몰 후에 울타리로 둘러싸인 타인의 토지에 출입할 수 없다.
④ 토지에의 출입에 따라 손실을 입은 자가 보상에 관하여 협의가 성립되지 아니한 경우에는 관할 토지수용위원회에 재결을 신청할 수 있다.
⑤ 사업시행자가 행정청인 경우에는 허가를 받지 아니하고 타인의 토지에 출입할 수 있다.

03 국토의 계획 및 이용에 관한 법령상 처분에 앞서 청문을 해야 하는 경우만을 모두 고른 것은?
• 20회 수정

> ㉠ 개발행위허가의 취소
> ㉡ 도시·군기본계획 승인의 취소
> ㉢ 도시·군계획시설사업의 시행자 지정의 취소
> ㉣ 지구단위계획구역 지정의 취소
> ㉤ 도시·군계획시설사업의 실시계획인가의 취소

① ㉠, ㉡, ㉢
② ㉠, ㉢, ㉤
③ ㉠, ㉣
④ ㉡, ㉢, ㉣
⑤ ㉡, ㉣, ㉤

키워드 청문

해설 국토교통부장관, 시·도지사, 시장·군수 또는 구청장은 '개발행위허가의 취소, 도시·군계획시설사업의 시행자 지정의 취소, 도시·군계획시설사업의 실시계획인가의 취소'의 어느 하나에 해당하는 처분을 하려면 청문을 하여야 한다.

정답 02 ① 03 ②

PART 2 도시개발법

		3회독 체크
CHAPTER 01	도시개발계획 및 구역 지정	☐ ☐ ☐
CHAPTER 02	도시개발사업	☐ ☐ ☐
CHAPTER 03	비용부담 등	☐ ☐ ☐

각 단원의 회독 수를 체크해보세요.

15%
(약 6문제)

PART 2 최근 8개년 출제비중

제35회 출제경향

도시개발법은 上난이도 2문제, 中난이도 1문제, 下난이도가 3문제가 출제되었습니다. 도시개발사업에서 5문제가 출제되어 가장 많이 출제되었고, 도시개발계획 및 구역 지정에서 1문제가 출제되었으며, 비용부담 등에서는 출제되지 않았습니다.

8개년 회차별 출제빈도 분석표

회차	28회	29회	30회	31회	32회	33회	34회	35회	비중(%)
CHAPTER 01		1	1	1	1	2	1	1	17.4
CHAPTER 02	5	4	5	4	2	4	5	5	73.9
CHAPTER 03	1	1		1	1				8.7

* 복합문제이거나, 법률이 개정 및 제정된 경우 분류 기준에 따라 위 수치와 달라질 수 있습니다.

CHAPTER 01 도시개발계획 및 구역 지정

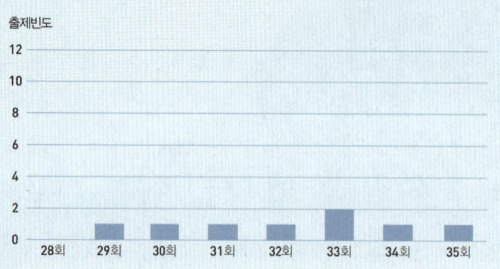

■ 8개년 출제 문항 수
총 40문제 中 평균 약 1문제 출제

■ 이 단원을 공략하고 싶다면?
개발구역의 지정권자, 지정절차, 지정효과 및 동의자 산정방법 위주로 학습하자

→ 기본서 [부동산공법] pp. 215~230

제1절 도시개발계획의 수립

대표기출 1 | 2015년 제26회 A형 55번 문제 수정 | 난이도 하

도시개발법령상 도시개발구역을 지정한 후에 개발계획을 수립할 수 있는 경우가 아닌 것은?

① 개발계획을 공모하는 경우
② 자연녹지지역에 도시개발구역을 지정할 때
③ 도시지역 외의 지역에 도시개발구역을 지정할 때
④ 국토교통부장관이 지역균형발전을 위하여 관계 중앙행정기관의 장과 협의하여 상업지역에 도시개발구역을 지정할 때
⑤ 해당 도시개발구역에 포함되는 주거지역이 전체 도시개발구역 지정면적의 100분의 40인 지역을 도시개발구역으로 정할 때

기출공략 [키워드] 도시개발구역 지정 후 개발계획의 수립

선계획 후지정과 선지정 후계획에 관한 비교를 할 수 있어야 정답을 찾을 수 있는 문제입니다.
28회, 30회, 34회

도시개발법령상 도시개발구역을 지정한 후에 개발계획을 수립할 수 있는 경우가 아닌 것은?
(⑤)

① 개발계획을 공모하는 경우 (O)
② 자연녹지지역에 도시개발구역을 지정할 때 (O)
③ 도시지역 외의 지역에 도시개발구역을 지정할 때 (O)
④ 국토교통부장관이 지역균형발전을 위하여 관계 중앙행정기관의 장과 협의하여 상업지역에 도시개발구역을 지정할 때 (O)
⑤ 해당 도시개발구역에 포함되는 주거지역이 전체 도시개발구역 지정면적의 ~~100분의 40~~ 인 지역을 도시개발구역으로 정할 때 (×)
  → 도시개발구역에 포함되는 주거지역·상업지역·공업지역의 면적 합계가 전체 도시개발구역 지정면적의 100분의 30 이하인 지역은 도시개발구역 지정 후에 개발계획을 수립할 수 있다.

이론플러스 도시개발구역 지정 후에 개발계획을 수립할 수 있는 경우

다음의 지역에 도시개발구역을 지정할 때에는 도시개발구역을 지정한 후에 개발계획을 수립할 수 있다 (법 제4조 제1항, 영 제6조 제1항).

1. 자연녹지지역
2. 도시개발구역 지정면적의 100분의 30 이하인 생산녹지지역
3. 도시지역 외의 지역
4. 국토교통부장관이 지역균형발전을 위하여 관계 중앙행정기관의 장과 협의하여 도시개발구역으로 지정하려는 지역(자연환경보전지역은 제외)
5. 해당 도시개발구역에 포함되는 주거지역·상업지역·공업지역의 면적의 합계가 전체 도시개발구역 지정면적의 100분의 30 이하인 지역

01 도시개발법령상 도시개발구역으로 지정·고시된 이후에 개발계획을 수립할 수 있는 지역에 해당하지 않는 것은?
• 22회

① 자연녹지지역
② 해당 도시개발구역에 포함되는 주거지역의 면적이 전체 도시개발구역 지정면적의 100분의 50 이상인 지역
③ 농림지역
④ 보전관리지역
⑤ 생산녹지지역(도시개발구역 지정면적의 100분의 30 이하인 경우)

키워드 도시개발구역 지정 후 개발계획의 수립

해설 해당 도시개발구역에 포함되는 주거지역·상업지역·공업지역의 면적 합계가 전체 도시개발구역 지정면적의 100분의 30 이하인 지역은 도시개발구역 지정 후에 개발계획을 수립할 수 있다.

02 도시개발법령상 개발계획에 따라 도시개발구역을 지정한 후에 개발계획에 포함시킬 수 있는 사항은?
• 21회, 34회

① 환경보전계획
② 보건의료계획 및 복지시설의 설치계획
③ 원형지로 공급될 대상토지 및 개발방향
④ 임대주택건설계획 등 세입자 등의 주거 및 생활 안정 대책
⑤ 도시개발구역을 둘 이상의 사업시행지구로 분할하여 도시개발사업을 시행하는 경우 그 분할에 관한 사항

키워드 도시개발구역 지정 후 개발계획의 수립

해설 개발계획의 내용 중 '임대주택건설계획 등 세입자 등의 주거 및 생활 안정 대책'은 도시개발구역을 지정한 후에 개발계획에 포함시킬 수 있는 사항에 해당한다.

03 도시개발법령상 환지방식의 도시개발사업에 대한 개발계획 수립에 필요한 동의자의 수를 산정하는 방법으로 옳은 것은? •22회, 35회

① 도시개발구역의 토지면적을 산정하는 경우: 국공유지를 제외하고 산정할 것
② 1인이 둘 이상 필지의 토지를 단독으로 소유한 경우: 필지의 수에 관계없이 토지소유자를 1인으로 볼 것
③ 둘 이상 필지의 토지를 소유한 공유자가 동일한 경우: 공유자 각각을 토지소유자 1인으로 볼 것
④ 1필지의 토지소유권을 여럿이 공유하는 경우: 「집합건물의 소유 및 관리에 관한 법률」에 따른 구분소유자인지 여부와 관계없이 다른 공유자의 동의를 받은 대표공유자 1인을 해당 토지소유자로 볼 것
⑤ 도시개발구역의 지정이 제안된 후부터 개발계획이 수립되기 전까지의 사이에 토지소유자가 변경된 경우: 변경된 토지소유자의 동의서를 기준으로 할 것

> **키워드** 동의자 수 산정 방법
>
> **해설** ① 도시개발구역의 토지면적을 산정하는 경우: 국공유지를 포함하여 산정할 것
> ③ 둘 이상 필지의 토지를 소유한 공유자가 동일한 경우: 공유자 여럿을 대표하는 1인을 토지소유자로 볼 것
> ④ 1필지의 토지 소유권을 여럿이 공유하는 경우: 다른 공유자의 동의를 받은 대표공유자 1인을 해당 토지소유자로 볼 것. 단, 「집합건물의 소유 및 관리에 관한 법률」에 따른 구분소유자는 각각을 토지소유자 1인으로 본다.
> ⑤ 도시개발구역의 지정이 제안된 후부터 개발계획이 수립되기 전까지의 사이에 토지소유자가 변경된 경우: 기존 토지소유자의 동의서를 기준으로 할 것

정답 01 ② 02 ④ 03 ②

제2절 도시개발구역의 지정

대표기출 2 | 2022년 제33회 55번 문제 | 난이도 하

도시개발법령상 국토교통부장관이 도시개발구역을 지정할 수 있는 경우에 해당하지 <u>않는</u> 것은?

① 국가가 도시개발사업을 실시할 필요가 있는 경우
② 관계 중앙행정기관의 장이 요청하는 경우
③ 한국토지주택공사 사장이 20만㎡의 규모로 국가계획과 밀접한 관련이 있는 도시개발구역의 지정을 제안하는 경우
④ 천재지변, 그 밖의 사유로 인하여 도시개발사업을 긴급하게 할 필요가 있는 경우
⑤ 도시개발사업이 필요하다고 인정되는 지역이 둘 이상의 도의 행정구역에 걸치는 경우에 도시개발구역을 지정할 자에 관하여 관계 도지사 간에 협의가 성립되지 아니하는 경우

기출공략 [키워드] 도시개발구역의 지정권자

국토교통부장관이 도시개발구역을 지정할 수 있는 경우를 알고 있어야 정답을 찾을 수 있습니다.

30회, 32회, 33회

도시개발법령상 국토교통부장관이 도시개발구역을 지정할 수 있는 경우에 해당하지 <u>않는</u> 것은? (③)

① 국가가 도시개발사업을 실시할 필요가 있는 경우 (O)
② 관계 중앙행정기관의 장이 요청하는 경우 (O)
③ 한국토지주택공사 사장이 ~~20만㎡~~의 규모로 국가계획과 밀접한 관련이 있는 도시
  → 30만㎡ 이상
  개발구역의 지정을 제안하는 경우 (✕)
④ 천재지변, 그 밖의 사유로 인하여 도시개발사업을 긴급하게 할 필요가 있는 경우 (O)
⑤ 도시개발사업이 필요하다고 인정되는 지역이 둘 이상의 도의 행정구역에 걸치는 경우에 도시개발구역을 지정할 자에 관하여 관계 도지사 간에 협의가 성립되지 아니하는 경우 (O)

> **이론플러스** 도시개발구역의 지정
>
> 국토교통부장관은 다음의 어느 하나에 해당하면 도시개발구역을 지정할 수 있다(법 제3조 제3항).
>
> 1. 국가가 도시개발사업을 실시할 필요가 있는 경우
> 2. 관계 중앙행정기관의 장이 요청하는 경우
> 3. 공공기관의 장 또는 정부출연기관의 장이 대통령령으로 정하는 규모(30만m²) 이상으로서 국가계획과 밀접한 관련이 있는 도시개발구역의 지정을 제안하는 경우
> 4. 관계 시·도지사 또는 대도시 시장의 협의가 성립되지 아니하는 경우
> 5. 그 밖에 대통령령(천재지변, 그 밖의 사유로 인하여 도시개발사업을 긴급하게 할 필요가 있는 경우)으로 정하는 경우

04 도시개발법령상 도시개발구역을 지정할 수 있는 자를 모두 고른 것은? • 20회, 32회

㉠ 시·도지사	㉡ 대도시 시장
㉢ 국토교통부장관	㉣ 한국토지주택공사

① ㉠
② ㉡, ㉣
③ ㉢, ㉣
④ ㉠, ㉡, ㉢
⑤ ㉠, ㉡, ㉢, ㉣

키워드 도시개발구역의 지정권자

해설 원칙적으로 시·도지사 또는 대도시 시장, 예외적으로 국토교통부장관은 계획적인 도시개발이 필요하다고 인정되는 때에는 도시개발구역을 지정할 수 있다.

정답 04 ④

05 도시개발법령상 국토교통부장관이 도시개발구역을 지정할 수 있는 경우가 아닌 것은?

• 20회, 26회

① 국가가 도시개발사업을 실시할 필요가 있는 경우
② 산업통상자원부장관이 10만m² 규모로 도시개발구역의 지정을 요청하는 경우
③ 지방공사의 장이 30만m² 규모로 도시개발구역의 지정을 요청하는 경우
④ 한국토지주택공사 사장이 30만m² 규모로 국가계획과 밀접한 관련이 있는 도시개발구역의 지정을 제안하는 경우
⑤ 천재지변으로 인하여 도시개발사업을 긴급하게 할 필요가 있는 경우

키워드 도시개발구역의 지정권자

해설 지방공사가 아닌 대통령령으로 정하는 공공기관 또는 정부출연기관의 장이 30만m² 이상으로서 국가계획과 밀접한 관련이 있는 도시개발구역의 지정을 제안하는 경우 국토교통부장관이 도시개발구역을 지정할 수 있다.

06 도시개발법령상 도시개발구역의 지정을 제안할 수 있는 자가 아닌 것은?

• 23회

① 도시개발조합
② 한국수자원공사
③ 「지방공기업법」에 따라 설립된 지방공사
④ 한국관광공사
⑤ 한국농어촌공사

키워드 도시개발구역의 지정 제안자

해설 국가 및 지방자치단체와 도시개발조합을 제외한 나머지 사업시행자는 국토교통부령으로 정하는 서류를 국토교통부장관, 특별자치도지사, 시장·군수·구청장에게 제출하여 특별자치도지사, 시장·군수 또는 구청장에게 도시개발구역의 지정을 제안할 수 있다.

07 도시개발법령상 도시개발구역으로 지정할 수 있는 대상지역 및 규모에 관하여 (   )에 들어갈 숫자를 바르게 나열한 것은?
• 29회

- 주거지역 및 상업지역: (㉠)만m² 이상
- 공업지역: (㉡)만m² 이상
- 자연녹지지역: (㉢)만m² 이상
- 도시개발구역 지정면적의 100분의 30 이하인 생산녹지지역: (㉣)만m² 이상

① ㉠: 1, ㉡: 1, ㉢: 1, ㉣: 3
② ㉠: 1, ㉡: 3, ㉢: 1, ㉣: 1
③ ㉠: 1, ㉡: 3, ㉢: 3, ㉣: 1
④ ㉠: 3, ㉡: 1, ㉢: 3, ㉣: 3
⑤ ㉠: 3, ㉡: 3, ㉢: 1, ㉣: 1

키워드 도시개발구역의 지정 대상지역 및 규모

해설
- 주거지역·상업지역·생산녹지지역·자연녹지지역: 1만m² 이상
- 공업지역: 3만m² 이상
- 도시지역 외의 지역: 30만m² 이상

정답 05 ③ 06 ① 07 ②

08

도시개발법령상 도시개발구역 지정의 해제에 관한 규정 내용이다. ( )에 들어갈 숫자를 바르게 나열한 것은?
• 31회

> 도시개발구역을 지정한 후 개발계획을 수립하는 경우에는 아래에 규정된 날의 다음 날에 도시개발구역의 지정이 해제된 것으로 본다.
> - 도시개발구역이 지정·고시된 날부터 (㉠)년이 되는 날까지 개발계획을 수립·고시하지 아니하는 경우에는 그 (㉠)년이 되는 날. 다만, 도시개발구역의 면적이 330만m² 이상인 경우에는 5년으로 한다.
> - 개발계획을 수립·고시한 날부터 (㉡)년이 되는 날까지 실시계획인가를 신청하지 아니하는 경우에는 그 (㉡)년이 되는 날. 다만, 도시개발구역의 면적이 330만m² 이상인 경우에는 (㉢)년으로 한다.

① ㉠: 2, ㉡: 3, ㉢: 3
② ㉠: 2, ㉡: 3, ㉢: 5
③ ㉠: 3, ㉡: 2, ㉢: 3
④ ㉠: 3, ㉡: 2, ㉢: 5
⑤ ㉠: 3, ㉡: 3, ㉢: 5

키워드 도시개발구역의 지정해제

해설
- 도시개발구역이 지정·고시된 날부터 (㉠ 2)년이 되는 날까지 개발계획을 수립·고시하지 아니하는 경우에는 그 (㉠ 2)년이 되는 날의 다음 날에 해제된 것으로 본다(다만, 도시개발구역의 면적이 330만m² 이상인 경우에는 5년으로 한다).
- 개발계획을 수립·고시한 날부터 (㉡ 3)년이 되는 날까지 실시계획인가를 신청하지 아니하는 경우에는 그 (㉡ 3)년이 되는 날의 다음 날에 해제된 것으로 본다[다만, 도시개발구역의 면적이 330만m² 이상인 경우에는 (㉢ 5)년으로 한다].

09 도시개발법령상 도시개발구역에서 허가를 받아야 할 행위로 명시되지 않은 것은? •32회

① 토지의 합병
② 토석의 채취
③ 죽목의 식재
④ 공유수면의 매립
⑤ 「건축법」에 따른 건축물의 용도변경

키워드 도시개발구역에서의 허가 대상

해설 도시개발구역에서 허가를 받아야 할 개발행위는 「건축법」에 따른 건축물의 용도변경을 포함한 건축물의 건축, 공작물의 설치, 공유수면의 매립을 포함한 토지의 형질변경, 토석의 채취, 토지분할(토지의 합병 ×), 물건을 쌓아놓는 행위, 죽목의 벌채 및 식재 등이다.

10 도시개발법령상 도시개발구역의 지정과 개발계획에 관한 설명으로 틀린 것은? •26회

① 지정권자는 도시개발사업의 효율적 추진을 위하여 필요하다고 인정하는 경우 서로 떨어진 둘 이상의 지역을 결합하여 하나의 도시개발구역으로 지정할 수 있다.
② 도시개발구역을 둘 이상의 사업시행지구로 분할하는 경우 분할 후 사업시행지구의 면적은 각각 1만m^2 이상이어야 한다.
③ 세입자의 주거 및 생활안정대책에 관한 사항은 도시개발구역을 지정한 후에 개발계획의 내용으로 포함시킬 수 있다.
④ 지정권자는 도시개발사업을 환지방식으로 시행하려고 개발계획을 수립할 때 시행자가 지방자치단체인 경우 토지소유자의 동의를 받아야 한다.
⑤ 도시·군기본계획이 수립되어 있는 지역에 대하여 개발계획을 수립하려면 개발계획의 내용이 해당 도시·군기본계획에 들어맞도록 하여야 한다.

키워드 도시개발구역의 지정과 개발계획

해설 지정권자는 도시개발사업을 환지방식으로 시행하려고 개발계획을 수립할 때 시행자가 지방자치단체인 경우 토지소유자의 동의를 받을 필요가 없다.

11 도시개발법령상 도시개발구역의 지정에 관한 설명으로 옳은 것은? • 24회

① 서로 떨어진 둘 이상의 지역은 결합하여 하나의 도시개발구역으로 지정될 수 없다.
② 국가가 도시개발사업의 시행자인 경우 환지방식의 사업에 대한 개발계획을 수립하려면 토지소유자의 동의를 받아야 한다.
③ 광역시장이 개발계획을 변경하는 경우 군수 또는 구청장은 광역시장으로부터 송부받은 관계 서류를 일반인에게 공람시키지 않아도 된다.
④ 도시개발구역의 지정은 도시개발사업의 공사완료의 공고일에 해제된 것으로 본다.
⑤ 도시개발사업의 공사 완료로 도시개발구역의 지정이 해제 의제된 경우에는 도시개발구역의 용도지역은 해당 도시개발구역 지정 전의 용도지역으로 환원되거나 폐지된 것으로 보지 아니한다.

> **키워드** 도시개발구역의 지정
>
> **해설** ① 서로 떨어진 둘 이상의 지역은 결합하여 하나의 도시개발구역으로 지정될 수 있다.
> ② 국가가 도시개발사업의 시행자인 경우 환지방식의 사업에 대한 개발계획을 수립하려면 토지소유자의 동의를 받을 필요가 없다.
> ③ 광역시장이 개발계획을 변경하는 경우 군수 또는 구청장은 광역시장으로부터 송부받은 관계 서류를 일반인에게 14일 이상 공람시켜야 한다.
> ④ 도시개발구역의 지정은 도시개발사업의 공사완료 공고일의 다음 날에 해제된 것으로 본다.

12 도시개발법령상 도시개발구역의 지정에 관한 설명으로 **틀린** 것은? • 25회

① 서울특별시와 광역시를 제외한 인구 50만 이상의 대도시의 시장은 도시개발구역을 지정할 수 있다.
② 자연녹지지역에서 도시개발구역으로 지정할 수 있는 규모는 3만m² 이상이어야 한다.
③ 계획관리지역에 도시개발구역을 지정할 때에는 도시개발구역을 지정한 후에 개발계획을 수립할 수 있다.
④ 지정권자가 도시개발사업을 환지방식으로 시행하려고 개발계획을 수립하는 경우 사업시행자가 지방자치단체이면 토지소유자의 동의를 받을 필요가 없다.
⑤ 군수가 도시개발구역의 지정을 요청하려는 경우 주민이나 관계전문가 등으로부터 의견을 들어야 한다.

> **키워드** 도시개발구역의 지정
>
> **해설** 자연녹지지역에서 도시개발구역으로 지정할 수 있는 규모는 1만m² 이상이어야 한다.

13 도시개발법령상 도시개발구역의 지정에 관한 설명으로 옳은 것은? (단, 특례는 고려하지 않음)
• 30회

① 대도시 시장은 직접 도시개발구역을 지정할 수 없고, 도지사에게 그 지정을 요청하여야 한다.
② 도시개발사업이 필요하다고 인정되는 지역이 둘 이상의 도의 행정구역에 걸치는 경우에는 해당 면적이 더 넓은 행정구역의 도지사가 도시개발구역을 지정하여야 한다.
③ 천재지변으로 인하여 도시개발사업을 긴급하게 할 필요가 있는 경우 국토교통부장관이 도시개발구역을 지정할 수 있다.
④ 도시개발구역의 총면적이 1만m² 미만인 경우 둘 이상의 사업시행지구로 분할하여 지정할 수 있다.
⑤ 자연녹지지역에서 도시개발구역을 지정한 이후 도시개발사업의 계획을 수립하는 것은 허용되지 아니한다.

> **키워드** 도시개발구역의 지정
>
> **해설** ① 대도시 시장은 계획적인 도시개발이 필요하다고 인정되는 때에는 직접 도시개발구역을 지정할 수 있다.
> ② 도시개발사업이 필요하다고 인정되는 지역이 둘 이상의 도의 행정구역에 걸치는 경우에는 관계 시·도지사, 대도시 시장이 협의하여 도시개발구역을 지정할 자를 정한다.
> ④ 도시개발구역을 둘 이상의 사업시행지구로 분할할 수 있는 경우는 지정권자가 도시개발사업의 효율적인 추진을 위하여 필요하다고 인정하는 경우로서 분할 후 각 사업시행지구의 면적이 각각 1만m² 이상인 경우로 한다.
> ⑤ 자연녹지지역에서 도시개발구역을 지정한 이후 도시개발사업의 계획을 수립할 수 있다.

정답 11 ⑤ 12 ② 13 ③

CHAPTER 02 도시개발사업

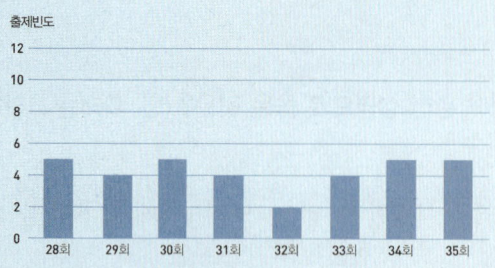

■ 8개년 출제 문항 수
총 40문제 中 평균 약 4문제 출제

■ 이 단원을 공략하고 싶다면?
주로 도시개발사업의 시행에서 출제되며, 사업시행자도 많이 출제되므로 꼼꼼히 알아두자

↳ 기본서 [부동산공법] pp. 231~270

제1절 도시개발사업의 시행자

대표기출 1 2018년 제29회 A형 52번 문제 | 난이도 중

도시개발법령상 도시개발사업의 시행에 관한 설명으로 옳은 것은?

① 국가는 도시개발사업의 시행자가 될 수 없다.
② 한국철도공사는 「역세권의 개발 및 이용에 관한 법률」에 따른 역세권개발사업을 시행하는 경우에만 도시개발사업의 시행자가 된다.
③ 지정권자는 시행자가 도시개발사업에 관한 실시계획의 인가를 받은 후 2년 이내에 사업을 착수하지 아니하는 경우 시행자를 변경할 수 있다.
④ 토지소유자가 도시개발구역의 지정을 제안하려는 경우에는 대상 구역 토지면적의 2분의 1 이상에 해당하는 토지소유자의 동의를 받아야 한다.
⑤ 사업주체인 지방자치단체는 조성된 토지의 분양을 「주택법」에 따른 주택건설사업자에게 대행하게 할 수 없다.

기출공략 [키워드] 도시개발사업의 시행자

도시개발사업의 시행자에 대한 내용을 정확하게 알고 있어야 정답을 찾을 수 있습니다.

29회, 30회, 33회, 35회

도시개발법령상 도시개발사업의 시행에 관한 설명으로 옳은 것은? (③)

① 국가는 도시개발사업의 시행자가 될 수 없다. (×)
　　　　　　　　　　　　　　→ 있다.

② ~~한국철도공사는~~ 「역세권의 개발 및 이용에 관한 법률」에 따른 역세권개발사업을 시
　→ 국가철도공단은
　행하는 경우에만 도시개발사업의 시행자가 된다. (×)

③ 지정권자는 시행자가 도시개발사업에 관한 실시계획의 인가를 받은 후 2년 이내에
　사업을 착수하지 아니하는 경우 시행자를 변경할 수 있다. (○)

④ 토지소유자가 도시개발구역의 지정을 제안하려는 경우에는 대상 구역 토지면적의
　~~2분의 1~~ 이상에 해당하는 토지소유자의 동의를 받아야 한다. (×)
　→ 3분의 2

⑤ 사업주체인 지방자치단체는 조성된 토지의 분양을 「주택법」에 따른 주택건설사업자
　에게 대행하게 할 수 없다. (×)
　　　　　　　　　　→ 있다.

이론플러스 **시행자의 변경**

지정권자는 다음의 어느 하나에 해당하는 경우에는 시행자를 변경할 수 있다.

1. 도시개발사업에 관한 실시계획의 인가를 받은 후 2년 이내에 사업을 착수하지 아니하는 경우
2. 행정처분으로 시행자의 지정이나 실시계획의 인가가 취소된 경우
3. 시행자의 부도·파산, 그 밖에 이와 유사한 사유로 도시개발사업의 목적을 달성하기 어렵다고 인정되는 경우
4. 도시개발구역의 전부를 환지방식으로 시행하는 시행자가 도시개발구역 지정의 고시일부터 1년 (다만, 지정권자가 실시계획의 인가신청기간의 연장이 불가피하다고 인정하여 6개월의 범위에서 연장한 경우에는 그 연장된 기간) 이내에 도시개발사업에 관한 실시계획의 인가를 신청하지 아니하는 경우

01 도시개발법령상 지정권자가 '도시개발구역 전부를 환지방식으로 시행하는 도시개발사업'을 '지방자치단체의 장이 집행하는 공공시설에 관한 사업'과 병행하여 시행할 필요가 있다고 인정하는 경우, 이 도시개발사업의 시행자로 지정될 수 없는 자는? (단, 지정될 수 있는 자가 도시개발구역의 토지소유자는 아니며, 다른 법령은 고려하지 않음) • 30회

① 국가
② 지방자치단체
③ 「지방공기업법」에 따른 지방공사
④ 「한국토지주택공사법」에 따른 한국토지주택공사
⑤ 「자본시장과 금융투자업에 관한 법률」에 따른 신탁업자 중 「주식회사 등의 외부감사에 관한 법률」 제4조에 따른 외부감사의 대상이 되는 자

키워드 도시개발사업의 시행자

해설 도시개발법령상 지정권자가 '도시개발구역 전부를 환지방식으로 시행하는 도시개발사업'을 '지방자치단체의 장이 집행하는 공공시설에 관한 사업'과 병행하여 시행할 필요가 있다고 인정하는 경우, 국가를 이 도시개발사업의 시행자로 지정할 수는 없다.

02 도시개발법령상 도시개발사업 시행자로 지정될 수 있는 자에 해당하지 않는 것은?
• 33회

① 국가
② 「한국부동산원법」에 따른 한국부동산원
③ 「한국수자원공사법」에 따른 한국수자원공사
④ 「한국관광공사법」에 따른 한국관광공사
⑤ 「지방공기업법」에 따라 설립된 지방공사

키워드 도시개발사업의 시행자

해설 「한국부동산원법」에 따른 한국부동산원은 도시개발사업 시행자로 지정될 수 없다.

이론플러스 **도시개발사업 시행자의 지정**

도시개발사업의 시행자는 다음의 자 중에서 지정권자가 지정한다(법 제11조 제1항).

1. 국가나 지방자치단체
2. 대통령령으로 정하는 공공기관
    ㉠ 「한국토지주택공사법」에 따른 한국토지주택공사
    ㉡ 「한국수자원공사법」에 따른 한국수자원공사
    ㉢ 「한국농어촌공사 및 농지관리기금법」에 따른 한국농어촌공사
    ㉣ 「한국관광공사법」에 따른 한국관광공사
    ㉤ 「한국철도공사법」에 따른 한국철도공사
    ㉥ 「혁신도시 조성 및 발전에 관한 특별법」에 따른 매입공공기관
3. 대통령령으로 정하는 정부출연기관
    ㉠ 「국가철도공단법」에 따른 국가철도공단(역세권의 개발 및 이용에 관한 법률에 따른 역세권개발사업을 시행하는 경우에만 해당)
    ㉡ 「제주특별자치도 설치 및 국제자유도시 조성을 위한 특별법」에 따른 제주국제자유도시개발센터
4. 「지방공기업법」에 따라 설립된 지방공사

---

03 도시개발법령상 수용 또는 사용방식으로 시행하는 도시개발사업의 시행자로 지정될 수 없는 자는? • 35회

① 「한국철도공사법」에 따른 한국철도공사
② 지방자치단체
③ 「지방공기업법」에 따라 설립된 지방공사
④ 도시개발구역의 국공유지를 제외한 토지면적의 3분의 2 이상을 소유한 자
⑤ 도시개발구역의 토지소유자가 도시개발을 위하여 설립한 조합

키워드 도시개발사업의 시행자

해설 도시개발구역의 토지소유자가 도시개발을 위하여 설립한 조합은 도시개발구역의 전부를 환지방식으로 시행하는 경우에 시행자로 지정된다.

정답 01 ① 02 ② 03 ⑤

04 다음은 도시개발법령상 공동으로 도시개발사업을 시행하려는 자가 정하는 규약에 포함되어야 할 사항이다. 환지방식으로 시행하는 경우에만 포함되어야 할 사항이 아닌 것은?
• 28회

① 청산
② 환지계획 및 환지예정지의 지정
③ 보류지 및 체비지의 관리·처분
④ 토지평가협의회의 구성 및 운영
⑤ 주된 사무소의 소재지

키워드 규약에 포함되어야 할 사항

해설 청산, 환지계획 및 환지예정지의 지정, 보류지 및 체비지의 관리·처분, 토지평가협의회의 구성 및 운영에 관한 사항 등은 환지방식으로 도시개발사업을 시행하는 경우에만 포함된다.

05 도시개발법령상 도시개발구역 지정권자가 시행자를 변경할 수 있는 경우가 아닌 것은?
• 22회, 28회

① 도시개발사업에 관한 실시계획의 인가를 받은 후 2년 이내에 사업을 착수하지 아니하는 경우
② 행정처분으로 사업시행자의 지정이 취소된 경우
③ 사업시행자가 도시개발구역 지정의 고시일부터 6개월 이내에 실시계획의 인가를 신청하지 아니하는 경우
④ 사업시행자의 부도로 도시개발사업의 목적을 달성하기 어렵다고 인정되는 경우
⑤ 행정처분으로 실시계획의 인가가 취소된 경우

키워드 시행자의 변경

해설 사업시행자가 도시개발구역 지정의 고시일부터 1년 이내에 실시계획의 인가를 신청하지 아니하는 경우 도시개발구역 지정권자가 시행자를 변경할 수 있다.

06

도시개발법령상 도시개발사업의 시행자 중 「주택법」에 따른 주택건설사업자 등으로 하여금 도시개발사업의 일부를 대행하게 할 수 있는 자만을 모두 고른 것은? • 28회

㉠ 지방자치단체
㉡ 「한국관광공사법」에 따른 한국관광공사
㉢ 「부동산투자회사법」에 따라 설립된 자기관리부동산투자회사
㉣ 「수도권정비계획법」에 따른 과밀억제권역에서 수도권 외의 지역으로 이전하는 법인

① ㉠
② ㉠, ㉡
③ ㉡, ㉢
④ ㉢, ㉣
⑤ ㉡, ㉢, ㉣

키워드 도시개발사업의 대행

해설 국가나 지방자치단체, 대통령령으로 정하는 공공기관, 대통령령으로 정하는 정부출연기관, 「지방공기업법」에 따라 설립된 지방공사에 해당하는 자는 도시개발사업을 효율적으로 시행하기 위하여 필요한 경우에는 도시개발사업의 범위인 실시설계·조성된 토지의 분양·기반시설공사 또는 부지조성공사를 주택건설사업자 등으로 하여금 대행하게 할 수 있다.

07

도시개발법령상 도시개발사업의 시행자인 지방자치단체가 「주택법」 제4조에 따른 주택건설사업자 등으로 하여금 대행하게 할 수 있는 도시개발사업의 범위에 해당하지 않는 것은? • 30회, 34회

① 실시설계
② 부지조성공사
③ 기반시설공사
④ 조성된 토지의 분양
⑤ 토지상환채권의 발행

키워드 도시개발사업의 대행

해설 ①②③④ 지방자치단체(공공사업시행자)가 도시개발사업을 효율적으로 시행하기 위하여 필요한 경우에 「주택법」 제4조에 따른 주택건설사업자 등으로 하여금 대행하게 할 수 있는 사항에 해당한다(법 제11조 제11항, 영 제25조의2 제1항).
⑤ 토지상환채권의 발행은 지방자치단체(공공사업시행자)가 「주택법」 제4조에 따른 주택건설사업자 등으로 하여금 대행하게 할 수 있는 사항에 해당하지 않는다.

정답 04 ⑤ 05 ③ 06 ② 07 ⑤

08 도시개발법령상 도시개발사업조합의 조합원에 관한 설명으로 옳은 것은? • 25회

① 조합원은 도시개발구역 내의 토지의 소유자 및 저당권자로 한다.
② 의결권이 없는 조합원도 조합의 임원이 될 수 있다.
③ 조합원으로 된 자가 금고 이상의 형의 선고를 받은 경우에는 그 사유가 발생한 다음 날부터 조합원의 자격을 상실한다.
④ 조합원은 도시개발구역 내에 보유한 토지면적에 비례하여 의결권을 가진다.
⑤ 조합원이 정관에 따라 부과된 부과금을 체납하는 경우 조합은 특별자치도지사·시장·군수 또는 구청장에게 그 징수를 위탁할 수 있다.

키워드 도시개발사업조합의 조합원

해설 ① 조합원은 도시개발구역 내의 토지의 소유자로 하지만, 저당권자는 조합원이 될 수 없다.
② 의결권을 가진 조합원만 조합의 임원이 될 수 있다.
③ 조합의 임원으로 된 자가 금고 이상의 형의 선고를 받은 경우에는 그 사유가 발생한 다음 날부터 조합임원의 자격을 상실하지만, 조합원은 결격사유에 적용받지 않는다.
④ 조합원은 도시개발구역 내에 보유한 토지면적과 관계없이 평등한 의결권을 가진다.

09 도시개발법령상 조합의 임원에 관한 설명으로 틀린 것은? • 24회

① 이사는 의결권을 가진 조합원이어야 한다.
② 이사는 그 조합의 조합장을 겸할 수 없다.
③ 감사의 선임은 총회의 의결을 거쳐야 한다.
④ 조합장은 총회·대의원회 또는 이사회의 의장이 된다.
⑤ 이사의 자기를 위한 조합과의 계약에 관하여는 조합장이 조합을 대표한다.

키워드 조합의 임원

해설 이사의 자기를 위한 조합과의 계약에 관하여는 감사가 조합을 대표한다.

10 도시개발법령상 도시개발사업조합에 관한 설명으로 <u>틀린</u> 것은? • 27회

① 조합은 도시개발사업의 전부를 환지방식으로 시행하는 경우 사업시행자가 될 수 있다.
② 조합을 설립하려면 도시개발구역의 토지소유자 7명 이상이 정관을 작성하여 지정권자에게 조합설립의 인가를 받아야 한다.
③ 조합이 작성하는 정관에는 도시개발구역의 면적이 포함되어야 한다.
④ 조합설립의 인가를 신청하려면 국·공유지를 제외한 해당 도시개발구역의 토지면적의 3분의 2 이상에 해당하는 토지소유자와 그 구역의 토지소유자 총수의 2분의 1 이상의 동의를 받아야 한다.
⑤ 조합의 이사는 그 조합의 조합장을 겸할 수 없다.

키워드 도시개발사업조합

해설 조합설립의 인가를 신청하려면 국·공유지를 포함한 해당 도시개발구역의 토지면적의 3분의 2 이상에 해당하는 토지소유자와 그 구역의 토지소유자 총수의 2분의 1 이상의 동의를 받아야 한다.

정답 08 ⑤ 09 ⑤ 10 ④

11 도시개발법령상 도시개발사업을 위하여 설립하는 조합에 관한 설명으로 옳은 것은?

• 29회

① 조합을 설립하려면 도시개발구역의 토지소유자 7명 이상이 국토교통부장관에게 조합설립의 인가를 받아야 한다.
② 조합이 인가받은 사항 중 주된 사무소의 소재지를 변경하려는 경우 변경인가를 받아야 한다.
③ 조합설립의 인가를 신청하려면 해당 도시개발구역의 토지면적의 2분의 1 이상에 해당하는 토지소유자와 그 구역의 토지소유자 총수의 3분의 2 이상의 동의를 받아야 한다.
④ 금고 이상의 형을 선고받고 그 집행이 끝나지 아니한 자는 조합원이 될 수 없다.
⑤ 의결권을 가진 조합원의 수가 100인인 조합은 총회의 권한을 대행하게 하기 위하여 대의원회를 둘 수 있다.

키워드 도시개발사업조합

해설 ① 조합을 설립하려면 도시개발구역의 토지소유자 7명 이상이 지정권자에게 조합설립의 인가를 받아야 한다.
② 조합이 인가받은 사항 중 주된 사무소의 소재지를 변경하려는 경우 변경인가를 받지 않고 신고하면 된다.
③ 조합설립의 인가를 신청하려면 해당 도시개발구역의 토지면적의 3분의 2 이상에 해당하는 토지소유자와 그 구역의 토지소유자 총수의 2분의 1 이상의 동의를 받아야 한다.
④ 금고 이상의 형을 선고받고 그 집행이 끝나지 아니한 자라도 조합원이 될 수는 있다. 하지만 조합의 임원은 될 수 없다.

12 도시개발법령상 도시개발조합에 관한 설명으로 옳은 것은? • 31회

① 도시개발구역의 토지소유자가 미성년자인 경우에는 조합의 조합원이 될 수 없다.
② 조합원은 보유토지의 면적과 관계없는 평등한 의결권을 가지므로, 공유 토지의 경우 공유자별로 의결권이 있다.
③ 조합은 도시개발사업 전부를 환지방식으로 시행하는 경우에 도시개발사업의 시행자가 될 수 있다.
④ 조합설립의 인가를 신청하려면 해당 도시개발구역의 토지면적의 2분의 1 이상에 해당하는 토지소유자와 그 구역의 토지소유자 총수의 3분의 2 이상의 동의를 받아야 한다.
⑤ 토지소유자가 조합설립인가 신청에 동의하였다면 이후 조합설립인가의 신청 전에 그 동의를 철회하였더라도 그 토지소유자는 동의자 수에 포함된다.

키워드 도시개발조합

해설 ① 도시개발구역의 토지소유자가 미성년자인 경우에는 조합의 조합원이 될 수 있고, 조합의 임원은 될 수 없다.
② 조합원은 보유토지의 면적과 관계없는 평등한 의결권을 가지며, 공유 토지의 경우에는 의결권이 공유자별로 있는 것이 아니라 대표공유자 1인에게 있다.
④ 조합설립의 인가를 신청하려면 해당 도시개발구역의 토지면적의 3분의 2 이상에 해당하는 토지소유자와 그 구역의 토지소유자 총수의 2분의 1 이상의 동의를 받아야 한다.
⑤ 토지소유자가 조합설립인가 신청에 동의하였더라도 이후 조합설립인가의 신청 전에 그 동의를 철회하면 그 토지소유자는 동의자 수에서 제외한다.

정답 11 ⑤ 12 ③

13 도시개발법령상 도시개발사업조합에 관한 설명으로 틀린 것은? •33회

① 조합은 그 주된 사무소의 소재지에서 등기를 하면 성립한다.
② 주된 사무소의 소재지를 변경하려면 지정권자로부터 변경인가를 받아야 한다.
③ 조합설립의 인가를 신청하려면 해당 도시개발구역의 토지면적의 3분의 2 이상에 해당하는 토지소유자와 그 구역의 토지소유자 총수의 2분의 1 이상의 동의를 받아야 한다.
④ 조합의 조합원은 도시개발구역의 토지소유자로 한다.
⑤ 조합의 설립인가를 받은 조합의 대표자는 설립인가를 받은 날부터 30일 이내에 주된 사무소의 소재지에서 설립등기를 하여야 한다.

키워드 도시개발사업조합

해설 조합이 인가를 받은 사항을 변경하려면 지정권자로부터 변경인가를 받아야 한다. 다만, 대통령령으로 정하는 경미한 사항을 변경하려는 경우(주된 사무소의 소재지를 변경하려는 경우나 공고방법을 변경하려는 경우)에는 신고하여야 한다.

이론플러스 도시개발조합의 설립인가

설립인가	조합을 설립하려면 도시개발구역의 토지소유자 7명 이상이 대통령령으로 정하는 사항을 포함한 정관(도시개발사업의 명칭, 조합의 명칭, 사업목적, 도시개발구역의 면적, 사업의 범위 및 사업기간 등)을 작성하여 지정권자에게 조합설립의 인가를 받아야 한다.
변경인가	㉠ 조합이 인가를 받은 사항을 변경하려면 지정권자로부터 변경인가를 받아야 한다. ㉡ 대통령령으로 정하는 경미한 사항(주된 사무소의 소재지를 변경, 공고방법의 변경)을 변경하려는 경우에는 신고하여야 한다.

14 도시개발법령상 도시개발사업조합에 관한 설명으로 옳은 것은? •35회

① 조합을 설립하려면 도시개발구역의 토지소유자 10명 이상이 정관을 작성하여 지정권자에게 조합설립의 인가를 받아야 한다.
② 조합이 설립인가를 받은 사항 중 청산에 관한 사항을 변경하려는 경우에는 지정권자에게 신고하여야 한다.
③ 다른 조합원으로부터 해당 도시개발구역에 그가 가지고 있는 토지소유권 전부를 이전받은 조합원은 정관으로 정하는 바에 따라 본래의 의결권과는 별도로 그 토지소유권을 이전한 조합원의 의결권을 승계할 수 있다.
④ 조합은 총회의 권한을 대행하게 하기 위하여 대의원회를 두어야 한다.
⑤ 조합의 임원으로 선임된 자가 금고 이상의 형을 선고받으면 그 날부터 임원의 자격을 상실한다.

키워드 도시개발사업조합

해설 ① 조합을 설립하려면 도시개발구역의 토지소유자 7명 이상이 정관을 작성하여 지정권자에게 조합설립의 인가를 받아야 한다.
② 조합이 설립인가를 받은 사항 중 청산에 관한 사항을 변경하려는 경우에는 지정권자로부터 변경인가를 받아야 한다.
④ 조합은 총회의 권한을 대행하게 하기 위하여 대의원회를 둘 수 있다.
⑤ 조합의 임원으로 선임된 자가 금고 이상의 형을 선고받으면 그 다음 날부터 임원의 자격을 상실한다.

15 도시개발법령상 도시개발사업조합에 관한 설명으로 옳은 것을 모두 고른 것은? • 34회

> ㉠ 금고 이상의 형을 선고받고 그 형의 집행유예기간 중에 있는 자는 조합의 임원이 될 수 없다.
> ㉡ 조합이 조합설립의 인가를 받은 사항 중 공고방법을 변경하려는 경우 지정권자로부터 변경인가를 받아야 한다.
> ㉢ 조합장 또는 이사의 자기를 위한 조합과의 계약이나 소송에 관하여는 대의원회가 조합을 대표한다.
> ㉣ 의결권을 가진 조합원의 수가 50인 이상인 조합은 총회의 권한을 대행하게 하기 위하여 대의원회를 둘 수 있으며, 대의원회에 두는 대의원의 수는 의결권을 가진 조합원 총수의 100분의 10 이상으로 한다.

① ㉠, ㉢
② ㉠, ㉣
③ ㉡, ㉢
④ ㉠, ㉡, ㉣
⑤ ㉡, ㉢, ㉣

키워드 도시개발사업조합

해설 ㉡ 조합이 인가를 받은 사항을 변경하려면 지정권자로부터 변경인가를 받아야 한다. 다만, 공고방법을 변경하려는 경우 등 경미한 사항을 변경하려는 경우에는 신고하여야 한다.
㉢ 조합장 또는 이사의 자기를 위한 조합과의 계약이나 소송에 관하여는 감사가 조합을 대표한다.

정답 13 ② 14 ③ 15 ②

16 도시개발법령상 도시개발조합 총회의 의결사항 중 대의원회가 총회의 권한을 대행할 수 있는 사항은?

• 23회, 31회

① 정관의 변경
② 개발계획의 수립
③ 조합장의 선임
④ 환지예정지의 지정
⑤ 조합의 합병에 관한 사항

키워드 총회의 권한 대행

해설 대의원회는 총회의 의결사항 중 정관의 변경, 개발계획의 수립 및 변경(경미한 변경은 제외), 환지계획(경미한 변경은 제외)의 작성, 조합임원(조합장, 이사, 감사)의 선임, 조합의 합병 또는 해산에 관한 사항만 총회의 권한을 대행할 수 없으며, 환지예정지의 지정은 총회의 권한을 대행할 수 있다.

17 도시개발법령상 도시개발사업의 시행에 관한 설명으로 틀린 것은?

• 25회

① 도시개발사업의 시행자는 도시개발구역의 지정권자가 지정한다.
② 사업시행자는 도시개발사업의 일부인 도로, 공원 등 공공시설의 건설을 지방공사에 위탁하여 시행할 수 있다.
③ 조합을 설립하려면 도시개발구역의 토지소유자 7명 이상이 정관을 작성하여 지정권자에게 조합설립의 인가를 받아야 한다.
④ 조합설립 인가신청을 위한 동의자 수 산정에 있어 도시개발구역의 토지면적은 국·공유지를 제외하고 산정한다.
⑤ 사업시행자가 도시개발사업에 관한 실시계획의 인가를 받은 후 2년 이내에 사업을 착수하지 아니하는 경우 지정권자는 시행자를 변경할 수 있다.

키워드 도시개발사업의 시행

해설 조합설립 인가신청을 위한 동의자 수 산정에 있어 도시개발구역의 토지면적은 국·공유지를 포함하여 산정한다.

제2절 도시개발사업의 실시계획

대표기출 2 | 2020년 제31회 A형 53번 문제 | 난이도 중

도시개발법령상 도시개발사업의 실시계획에 관한 설명으로 틀린 것은?

① 시행자가 작성하는 실시계획에는 지구단위계획이 포함되어야 한다.
② 지정권자인 국토교통부장관이 실시계획을 작성하는 경우 시·도지사 또는 대도시 시장의 의견을 미리 들어야 한다.
③ 지정권자가 시행자가 아닌 경우 시행자는 작성된 실시계획에 관하여 지정권자의 인가를 받아야 한다.
④ 고시된 실시계획의 내용 중 「국토의 계획 및 이용에 관한 법률」에 따라 도시·군관리계획으로 결정하여야 하는 사항이 종전에 도시·군관리계획으로 결정된 사항에 저촉되면 종전에 도시·군관리계획으로 결정된 사항이 우선하여 적용된다.
⑤ 실시계획의 인가에 의해 「주택법」에 따른 사업계획의 승인은 의제될 수 있다.

기출공략 [키워드] 도시개발사업의 실시계획

도시개발사업의 실시계획에 대한 세부사항을 알아야 정답을 찾을 수 있습니다.

29회, 31회

정답 16 ④ 17 ④

도시개발법령상 도시개발사업의 실시계획에 관한 설명으로 틀린 것은? (④)

① 시행자가 작성하는 실시계획에는 지구단위계획이 포함되어야 한다. (○)
② 지정권자인 국토교통부장관이 실시계획을 작성하는 경우 시·도지사 또는 대도시 시장의 의견을 미리 들어야 한다. (○)
③ 지정권자가 시행자가 아닌 경우 시행자는 작성된 실시계획에 관하여 지정권자의 인가를 받아야 한다. (○)
④ 고시된 실시계획의 내용 중 「국토의 계획 및 이용에 관한 법률」에 따라 도시·군관리계획으로 결정하여야 하는 사항이 종전에 도시·군관리계획으로 결정된 사항에 저촉되면 ~~종전에 도시·군관리계획으로 결정된 사항이 우선하여 적용된다.~~ (×)
  → 고시된 실시계획의 내용 중 「국토의 계획 및 이용에 관한 법률」에 따라 도시·군관리계획으로 결정하여야 하는 사항이 종전에 도시·군관리계획으로 결정된 사항 중 고시 내용에 저촉되는 사항은 고시된 내용으로 변경된 것으로 본다. 즉, 기존 계획의 내용은 폐지되는 것이 아니라 실시계획의 내용으로 변경간주가 되는 것이다.
⑤ 실시계획의 인가에 의해 「주택법」에 따른 사업계획의 승인은 의제될 수 있다. (○)

> **이론플러스** **실시계획의 작성 및 내용**
>
> 1. 시행자는 도시개발사업에 관한 실시계획을 작성하여야 한다. 이 경우 실시계획에는 지구단위계획이 포함되어야 한다.
> 2. 실시계획은 개발계획에 맞게 작성하여야 한다.
> 3. 실시계획의 작성에 필요한 세부적인 사항은 국토교통부장관이 정한다.
> 4. 실시계획에는 사업시행에 필요한 설계도서, 자금계획, 시행기간, 그 밖에 대통령령으로 정하는 사항과 서류를 명시하거나 첨부하여야 한다.

18 도시개발법령상 도시개발사업의 실시계획에 관한 설명으로 틀린 것은? • 23회

① 시행자는 지구단위계획이 포함된 실시계획을 작성하여야 한다.
② 시행자는 사업시행면적을 100분의 10의 범위에서 감소시키고자 하는 경우 인가받은 실시계획에 관하여 변경인가를 받아야 한다.
③ 지정권자가 실시계획을 작성하거나 인가하는 경우 시·도지사가 지정권자이면 시장(대도시 시장은 제외)·군수 또는 구청장의 의견을 미리 들어야 한다.
④ 실시계획에는 사업시행에 필요한 설계도서, 자금계획, 시행기간, 그 밖에 대통령령으로 정하는 사항과 서류를 명시하거나 첨부하여야 한다.
⑤ 실시계획을 고시한 경우 그 고시된 내용 중「국토의 계획 및 이용에 관한 법률」에 따라 도시·군관리계획(지구단위계획을 포함)으로 결정하여야 하는 사항은 같은 법에 따른 도시·군관리계획이 결정되어 고시된 것으로 본다.

키워드 도시개발사업의 실시계획

해설 도시개발사업의 시행자는 사업시행면적을 100분의 10의 범위에서 감소시키고자 하는 경우 인가받은 실시계획에 관하여 변경인가를 받을 필요가 없다.

19 도시개발법령상 도시개발사업의 실시계획에 관한 설명으로 틀린 것은? • 25회

① 도시개발사업에 관한 실시계획에는 지구단위계획이 포함되어야 한다.
② 시·도지사가 실시계획을 작성하는 경우 국토교통부장관의 의견을 미리 들어야 한다.
③ 실시계획인가신청서에는 축척 2만 5천분의 1 또는 5만분의 1의 위치도가 첨부되어야 한다.
④ 관련 인·허가 등의 의제를 받으려는 자는 실시계획의 인가를 신청하는 때에 해당 법률로 정하는 관계 서류를 함께 제출하여야 한다.
⑤ 지정권자가 아닌 시행자가 실시계획의 인가를 받은 후, 사업비의 100분의 10의 범위에서 사업비를 증액하는 경우 지정권자의 인가를 받지 않아도 된다.

키워드 도시개발사업의 실시계획

해설 시·도지사가 실시계획을 작성하는 경우 시장(대도시 시장은 제외)·군수 또는 구청장의 의견을 미리 들어야 한다.

정답 18 ② 19 ②

20 도시개발법령상 도시개발사업의 실시계획에 관한 설명으로 옳은 것은? • 29회

① 지정권자인 국토교통부장관이 실시계획을 작성하는 경우 시장·군수 또는 구청장의 의견을 미리 들어야 한다.
② 도시개발사업을 환지방식으로 시행하는 구역에 대하여 지정권자가 실시계획을 작성한 경우에는 사업의 명칭·목적, 도시·군관리계획의 결정 내용을 관할 등기소에 통보·제출하여야 한다.
③ 실시계획을 인가할 때 지정권자가 해당 실시계획에 대한 「하수도법」에 따른 공공하수도 공사시행의 허가에 관하여 관계 행정기관의 장과 협의한 때에는 해당 허가를 받은 것으로 본다.
④ 인가를 받은 실시계획 중 사업시행면적의 100분의 20이 감소된 경우 지정권자의 변경인가를 받을 필요가 없다.
⑤ 지정권자는 시행자가 도시개발구역 지정의 고시일부터 6개월 이내에 실시계획의 인가를 신청하지 아니하는 경우 시행자를 변경할 수 있다.

키워드 도시개발사업의 실시계획

해설 ① 지정권자가 실시계획을 작성하거나 인가하는 경우 국토교통부장관인 지정권자는 시·도지사, 대도시 시장의 의견을, 시·도지사가 지정권자이면 시장(대도시 시장은 제외)·군수 또는 구청장의 의견을 미리 들어야 한다.
② 도시개발사업을 환지방식으로 시행하는 구역에 대하여 지정권자가 실시계획을 작성한 경우에는 사업의 명칭·목적 등은 관할 등기소에 통보·제출하여야 하지만, 도시·군관리계획의 결정 내용은 통보·제출할 필요가 없다.
④ 인가를 받은 실시계획 중 사업시행면적의 100분의 10이 감소된 경우 지정권자의 변경인가를 받을 필요가 없다.
⑤ 지정권자는 시행자가 도시개발구역 지정의 고시일부터 1년 이내에 실시계획의 인가를 신청하지 아니하는 경우 시행자를 변경할 수 있다.

제3절 도시개발사업의 시행

대표기출 3 2019년 제30회 A형 57번 문제 | 난이도 중

도시개발법령상 도시개발사업의 시행방식에 관한 설명으로 옳은 것은?

① 분할 혼용방식은 수용 또는 사용방식이 적용되는 지역과 환지방식이 적용되는 지역을 사업시행지구별로 분할하여 시행하는 방식이다.
② 계획적이고 체계적인 도시개발 등 집단적인 조성과 공급이 필요한 경우에는 환지방식으로 정하여야 하며, 다른 시행방식에 의할 수 없다.
③ 도시개발구역 지정 이후에는 도시개발사업의 시행방식을 변경할 수 없다.
④ 시행자는 도시개발사업의 시행방식을 토지 등을 수용 또는 사용하는 방식, 환지방식 또는 이를 혼용하는 방식 중에서 정하여 국토교통부장관의 허가를 받아야 한다.
⑤ 지방자치단체가 도시개발사업의 전부를 환지방식으로 시행하려고 할 때에는 도시개발사업에 관한 규약을 정하여야 한다.

기출공략 [키워드] 도시개발사업의 시행방식

도시개발사업 시행방식의 종류별 특징을 파악하여야 정답을 찾을 수 있습니다.

29회, 30회, 32회, 35회

도시개발법령상 도시개발사업의 시행방식에 관한 설명으로 옳은 것은? (①)

① 분할 혼용방식은 수용 또는 사용방식이 적용되는 지역과 환지방식이 적용되는 지역을 사업시행지구별로 분할하여 시행하는 방식이다. (O)
② 계획적이고 체계적인 도시개발 등 집단적인 조성과 공급이 필요한 경우에는 ~~환지방식~~
→ 집단적인 택지의 조성과 공급이 필요한 경우에는 수용 또는 사용방식
으로 정하여야 하며, 다른 시행방식에 의할 수 없다. (×)
③ 도시개발구역 지정 이후에는 도시개발사업의 시행방식을 변경할 수 ~~없다~~. (×)
→ 있다.
④ 시행자는 도시개발사업의 시행방식을 ~~토지 등을 수용 또는 사용하는 방식, 환지방식 또는 이를 혼용하는 방식 중에서 정하여 국토교통부장관의 허가를 받아야 한다~~. (×)
→ 시행자는 도시개발사업의 시행방식을 국토교통부장관이 정하는 기준에 따라 토지 등을 수용 또는 사용하는 방식, 환지방식 또는 이를 혼용하는 방식 중에서 정할 수 있다.

정답 20 ①

⑤ 지방자치단체가 도시개발사업의 전부를 환지방식으로 시행하려고 할 때에는 ~~도시 개발사업에 관한 규약을 정하여야 한다~~. (×)
  → 대통령령으로 정하는 바에 따라 시행규정을 작성하여야 한다.

> **이론플러스** 사업시행방식의 종류

종류		특징
수용 또는 사용방식		계획적이고 체계적인 도시개발 등 집단적인 조성과 공급이 필요한 경우
환지방식		㉠ 대지로서의 효용증진과 공공시설의 정비를 위하여 토지의 교환·분할·합병, 그 밖의 구획변경, 지목 또는 형질의 변경이나 공공시설의 설치·변경이 필요한 경우 ㉡ 도시개발사업을 시행하는 지역의 지가가 인근의 다른 지역에 비하여 현저히 높아 수용 또는 사용방식으로 시행하는 것이 어려운 경우
혼용방식	정의	도시개발구역으로 지정하려는 지역이 부분적으로 수용·사용방식 또는 환지방식의 요건에 해당하는 경우
	종류	분할 혼용방식: 수용 또는 사용방식이 적용되는 지역과 환지방식이 적용되는 지역을 사업시행지구별로 분할하여 시행하는 방식 미분할 혼용방식: 사업시행지구를 분할하지 아니하고 수용 또는 사용방식과 환지방식을 혼용하여 시행하는 방식

21 (하)

도시개발법령상 도시개발구역지정 이후 지정권자가 도시개발사업의 시행방식을 변경할 수 있는 경우를 모두 고른 것은? (단, 시행자는 국가이며, 시행방식 변경을 위한 다른 요건은 모두 충족됨) • 35회

㉠ 수용 또는 사용방식에서 전부 환지방식으로의 변경
㉡ 수용 또는 사용방식에서 혼용방식으로의 변경
㉢ 혼용방식에서 전부 환지방식으로의 변경
㉣ 전부 환지방식에서 혼용방식으로의 변경

① ㉠, ㉢
② ㉠, ㉣
③ ㉡, ㉣
④ ㉠, ㉡, ㉢
⑤ ㉡, ㉢, ㉣

> **키워드** 도시개발사업의 시행방식
>
> **해설** 지정권자는 도시개발구역지정 이후 다음의 어느 하나에 해당하는 경우에는 도시개발사업의 시행방식을 변경할 수 있다.
>
> > 1. 도시개발사업의 시행방식을 수용 또는 사용방식에서 전부 환지방식으로 변경하는 경우
> > 2. 도시개발사업의 시행방식을 혼용방식에서 전부 환지방식으로 변경하는 경우
> > 3. 도시개발사업의 시행방식을 수용 또는 사용방식에서 혼용방식으로 변경하는 경우

22 도시개발법령상 원형지의 공급과 개발에 관한 설명으로 틀린 것은?   • 23회

① 원형지는 도시개발구역 안에서 도시개발사업으로 조성되지 아니한 상태의 토지를 말한다.
② 공급될 수 있는 원형지의 면적은 해당 도시개발구역 전체 토지면적의 3분의 1 이내로 한정한다.
③ 원형지개발자인 지방자치단체는 10년의 범위에서 대통령령으로 정하는 기간 안에는 원형지를 매각할 수 없다.
④ 도시개발구역의 지정권자는 원형지 공급·개발의 승인을 할 때에는 교통처리계획 및 기반시설의 설치 등에 관한 이행조건을 붙일 수 있다.
⑤ 원형지를 공장부지로 직접 사용하는 자를 원형지개발자로 선정하는 경우 경쟁입찰의 방식으로 하며, 경쟁입찰이 2회 이상 유찰된 경우에는 수의계약의 방법으로 할 수 있다.

> **키워드** 원형지의 공급과 개발
>
> **해설** 원형지개발자인 지방자치단체는 10년의 범위에서 대통령령으로 정하는 기간 안에도 원형지를 매각할 수 있다.

정답 21 ④ 22 ③

23 도시개발법령상 원형지의 공급과 개발에 관한 설명으로 틀린 것은? • 25회

① 원형지를 공장부지로 직접 사용하는 자는 원형지개발자가 될 수 있다.
② 원형지는 도시개발구역 전체 토지면적의 3분의 1 이내의 면적으로만 공급될 수 있다.
③ 원형지 공급 승인신청서에는 원형지 사용조건에 관한 서류가 첨부되어야 한다.
④ 원형지 공급가격은 개발계획이 반영된 원형지의 감정가격으로 한다.
⑤ 지방자치단체가 원형지개발자인 경우 원형지 공사완료 공고일부터 5년이 경과하기 전에도 원형지를 매각할 수 있다.

키워드 원형지의 공급과 개발

해설 원형지 공급가격은 개발계획이 반영된 원형지의 감정가격에 시행자가 원형지에 설치한 기반시설 등의 공사비를 더한 금액을 기준으로 시행자와 원형지개발자가 협의하여 결정한다.

24 도시개발법령상 원형지의 공급과 개발에 관한 설명으로 옳은 것은? • 34회

① 원형지를 공장부지로 직접 사용하는 원형지개발자의 선정은 경쟁입찰의 방식으로 하며, 경쟁입찰이 2회 이상 유찰된 경우에는 수의계약의 방법으로 할 수 있다.
② 지정권자는 원형지의 공급을 승인할 때 용적률 등 개발밀도에 관한 이행조건을 붙일 수 없다.
③ 원형지 공급가격은 원형지의 감정가격과 원형지에 설치한 기반시설 공사비의 합산 금액을 기준으로 시·도의 조례로 정한다.
④ 원형지개발자인 지방자치단체는 10년의 범위에서 대통령령으로 정하는 기간 안에는 원형지를 매각할 수 없다.
⑤ 원형지개발자가 공급받은 토지의 전부를 시행자의 동의 없이 제3자에게 매각하는 경우 시행자는 원형지개발자에 대한 시정요구 없이 원형지 공급계약을 해제할 수 있다.

키워드 원형지의 공급과 개발

해설
② 지정권자는 원형지의 공급을 승인할 때 용적률 등 개발밀도에 관한 이행조건을 붙일 수 있다(법 제25조의2 제5항).
③ 원형지 공급가격은 원형지의 감정가격과 원형지에 설치한 기반시설 공사비의 합산 금액을 기준으로 시행자와 원형지개발자가 협의하여 결정한다(영 제55조의2 제7항).
④ 원형지개발자는 10년의 범위에서 대통령령으로 정하는 기간 안에는 원형지를 매각할 수 없다. 다만, 원형지개발자가 국가 및 지방자치단체인 경우에는 10년의 범위에서 대통령령으로 정하는 기간 안이라도 원형지를 매각할 수 있다(법 제25조의2 제6항).
⑤ 원형지개발자가 공급받은 토지의 전부를 시행자의 동의 없이 제3자에게 매각하는 경우 시행자는 2회 이상 시정을 요구하여야 하고, 원형지개발자가 시정하지 아니한 경우에는 원형지 공급계약을 해제할 수 있다(법 제25조의2 제8항, 영 제55조의2 제5항).

25 (중)
도시개발법령상 수용 또는 사용방식에 의한 도시개발사업으로 조성된 토지 등을 수의계약의 방법으로 공급할 수 없는 경우는? • 18회

① 330m² 이하의 단독주택용지를 공급하는 경우
② 고시된 실시계획에 따라 존치하는 시설물의 유지관리에 필요한 최소한의 토지를 공급하는 경우
③ 토지상환채권에 의하여 토지를 상환하는 경우
④ 토지의 규모 및 형상, 입지조건 등에 비추어 토지이용가치가 현저히 낮은 토지로서 인접 토지소유자 등에게 공급하는 것이 불가피하다고 시행자가 인정하는 경우
⑤ 학교용지·공공청사용지 등 일반에게 분양할 수 없는 공공용지를 국가·지방자치단체 그 밖의 법령에 따라 해당 시설을 설치할 수 있는 자에게 공급하는 경우

키워드 조성토지등의 공급
해설 330m² 이하의 단독주택용지를 공급하는 경우에는 추첨의 방법으로 공급할 수 있다.

정답 23 ④ 24 ① 25 ①

26 도시개발법령상 다음 시설을 설치하기 위하여 조성토지등을 공급하는 경우 시행자가 「감정평가 및 감정평가사에 관한 법률」에 따른 감정평가법인등이 감정평가한 가격 이하로 해당 토지의 가격을 정할 수 <u>없는</u> 것은? • 24회 수정

① 학교
② 임대주택
③ 공공청사
④ 행정청이 「국토의 계획 및 이용에 관한 법률」에 따라 직접 설치하는 시장
⑤ 「사회복지사업법」에 따른 사회복지법인이 설치하는 유료의 사회복지시설

키워드 조성토지등의 공급

해설 시행자는 학교, 폐기물처리시설, 임대주택 그 밖에 대통령령으로 정하는 '공공청사, 사회복지시설(단, 유료시설은 제외), 공장, 임대주택, 국민주택규모 이하의 공동주택, 「관광진흥법」에 따른 호텔업 시설(단, 시행자가 200실 이상의 객실을 갖춘 호텔의 부지로 토지를 공급하는 경우), 그 밖에 기반시설로서 국토교통부령으로 정하는 시설'을 설치하기 위한 조성토지등과 이주단지의 조성을 위한 토지를 공급하는 경우에는 해당 토지의 가격을 「감정평가 및 감정평가사에 관한 법률」에 따른 감정평가법인등이 감정평가한 가격 이하로 정할 수 있다.

27 도시개발법령상 조성토지의 공급에 관한 설명으로 <u>틀린</u> 것은? • 22회 수정

① 도시개발사업 시행자는 「국토의 계획 및 이용에 관한 법률」에 따른 기반시설의 원활한 설치를 위하여 필요하면 공급대상자의 자격을 제한할 수 있다.
② 단독주택용지로서 330m² 이하인 조성토지는 추첨의 방법으로 분양할 수 있다.
③ 일반에게 분양할 수 없는 공공용지를 지방자치단체에게 공급하는 경우에는 수의계약의 방법에 의할 수 있다.
④ 수의계약의 방법으로 조성토지를 공급하기로 하였으나 공급신청량이 공급계획에서 계획된 면적을 초과하는 경우에는 경쟁입찰의 방법에 의한다.
⑤ 폐기물처리시설을 설치하기 위해 공급하는 조성토지의 가격은 「감정평가 및 감정평가사에 관한 법률」에 따른 감정평가법인등이 감정평가한 가격 이하로 정할 수 있다.

키워드 조성토지등의 공급

해설 수의계약의 방법으로 조성토지를 공급하기로 하였으나 공급신청량이 공급계획에서 계획된 면적을 초과하는 경우에는 추첨의 방법에 따른다.

28 도시개발법령상 조성토지등의 공급에 관한 설명으로 옳은 것은?

• 26회 수정

① 지정권자가 아닌 시행자가 조성토지등을 공급하려고 할 때에는 조성토지등의 공급계획을 작성하여 지정권자의 승인을 받을 필요가 없다.
② 조성토지등을 공급하려고 할 때 「주택법」에 따른 공공택지의 공급은 추첨의 방법으로 분양할 수 없다.
③ 조성토지등의 가격평가는 「감정평가 및 감정평가사에 관한 법률」에 따른 감정평가법인등이 평가한 감정가격으로 한다.
④ 공공청사용지를 지방자치단체에게 공급하는 경우에는 수의계약의 방법으로 할 수 없다.
⑤ 토지상환채권에 의하여 토지를 상환하는 경우에는 수의계약의 방법으로 할 수 없다.

키워드 조성토지등의 공급

해설 ① 지정권자가 아닌 시행자가 조성토지등을 공급하려고 할 때에는 조성토지등의 공급계획을 작성하여 지정권자의 승인을 받아야 한다.
② 조성토지등을 공급하려고 할 때 「주택법」에 따른 공공택지의 공급은 추첨의 방법으로 분양할 수 있다.
④ 공공청사용지를 지방자치단체에게 공급하는 경우에는 수의계약의 방법으로 할 수 있다.
⑤ 토지상환채권에 의하여 토지를 상환하는 경우에는 수의계약의 방법으로 할 수 있다.

정답 26 ⑤ 27 ④ 28 ③

29 도시개발법령상 토지상환채권의 설명으로 옳은 것은?

• 20회

① 토지상환채권은 타인에게 이전하지 못한다.
② 토지상환채권은 기명식 또는 무기명식 증권으로 한다.
③ 토지상환채권의 이율은 발행 당시의 금융기관의 예금금리 및 부동산수급상황을 고려해서 기획재정부장관이 정한다.
④ 도시개발구역의 토지소유자인 시행자가 토지상환채권을 발행하는 때에는 「은행법」에 따른 금융기관이나 「보험업법」에 따른 보험회사의 지급보증을 받아야 한다.
⑤ 토지상환채권의 발행규모는 그 토지상환채권으로 상환할 토지 및 건축물이 해당 도시개발사업으로 조성되는 분양토지 또는 분양건축물 면적의 3분의 2를 넘지 않아야 한다.

키워드 토지상환채권

해설 ① 토지상환채권은 타인에게 이전할 수 있다.
② 토지상환채권은 기명식 증권이다.
③ 토지상환채권의 이율은 발행 당시의 금융기관의 예금금리 및 부동산수급상황을 고려해서 발행자가 정한다.
⑤ 토지상환채권의 발행규모는 그 토지상환채권으로 상환할 토지 및 건축물이 해당 도시개발사업으로 조성되는 분양토지 또는 분양건축물 면적의 2분의 1을 넘지 않아야 한다.

30 상

도시개발법령상 「지방공기업법」에 따라 설립된 지방공사가 단독으로 토지상환채권을 발행하는 경우에 관한 설명으로 옳은 것은? • 33회

① 「은행법」에 따른 은행으로부터 지급보증을 받은 경우에만 토지상환채권을 발행할 수 있다.
② 토지상환채권의 발행규모는 그 토지상환채권으로 상환할 토지·건축물이 해당 도시개발사업으로 조성되는 분양토지 또는 분양건축물 면적의 2분의 1을 초과하지 아니하도록 하여야 한다.
③ 토지상환채권은 이전할 수 없다.
④ 토지가격의 추산방법은 토지상환채권의 발행계획에 포함되지 않는다.
⑤ 토지등의 매수대금 일부의 지급을 위하여 토지상환채권을 발행할 수 없다.

키워드 토지상환채권

해설 ① 민간사업시행자는 대통령령으로 정하는 금융기관 등으로부터 지급보증을 받은 경우에만 이를 발행할 수 있다. 그러나 지방공사는 공공시행자에 해당하므로 지급보증을 받지 아니하고 발행할 수 있다.
③ 토지상환채권을 이전하는 경우 취득자는 그 성명과 주소를 토지상환채권원부에 기재하여 줄 것을 요청하여야 하며, 취득자의 성명과 주소가 토지상환채권에 기재되지 아니하면 취득자는 발행자 및 그 밖의 제3자에게 대항하지 못한다.
④ 토지가격의 추산방법은 토지상환채권의 발행계획에 포함된다.
⑤ 시행자는 토지소유자가 원하면 토지등의 매수대금의 일부를 지급하기 위하여 대통령령으로 정하는 바에 따라 사업시행으로 조성된 토지·건축물로 상환하는 채권(토지상환채권)을 발행할 수 있다.

이론플러스 토지상환채권 발행계획의 기재사항

토지상환채권의 발행계획에는 다음의 사항이 포함되어야 한다.

1. 시행자의 명칭
2. 토지상환채권의 발행총액
3. 토지상환채권의 이율
4. 토지상환채권의 발행가액 및 발행시기
5. 상환 대상지역 또는 상환 대상토지의 용도
6. 토지가격의 추산방법
7. 보증기관 및 보증의 내용(민간시행자가 발행하는 경우에만 해당)

정답 29 ④ 30 ②

31 도시개발법령상 한국토지주택공사가 발행하려는 토지상환채권의 발행계획에 포함되어야 하는 사항이 아닌 것은?
• 35회

① 보증기관 및 보증의 내용
② 토지가격의 추산방법
③ 상환대상지역 또는 상환대상토지의 용도
④ 토지상환채권의 발행가액 및 발행시기
⑤ 토지상환채권의 발행총액

키워드 토지상환채권

해설 토지상환채권은 민간사업시행자가 대통령령으로 정하는 금융기관(은행, 보험회사, 공제조합) 등으로부터 지급보증을 받은 경우에만 발행할 수 있으며, 한국토지주택공사가 토지상환채권을 발행할 경우에는 별도 지급보증 없이 발행할 수 있으므로 보증기관 및 보증의 내용은 발행계획에 포함되지 않는다.

32 도시개발법령상 토지 등의 수용 또는 사용의 방식에 따른 도시개발사업 시행에 관한 설명으로 옳은 것은?
• 26회

① 지방자치단체가 시행자인 경우 토지상환채권을 발행할 수 없다.
② 지방자치단체인 시행자가 토지를 수용하려면 사업대상 토지면적의 3분의 2 이상의 토지를 소유하여야 한다.
③ 시행자는 조성토지를 공급받는 자로부터 해당 대금의 전부를 미리 받을 수 없다.
④ 시행자는 학교를 설치하기 위한 조성토지를 공급하는 경우 해당 토지의 가격을 「감정평가 및 감정평가사에 관한 법률」에 따른 감정평가법인등이 감정평가한 가격 이하로 정할 수 있다.
⑤ 시행자는 지방자치단체에게 도시개발구역 전체 토지면적의 2분의 1 이내에서 원형지를 공급하여 개발하게 할 수 있다.

> **키워드** 수용 또는 사용방식
>
> **해설** ① 지방자치단체가 시행자인 경우 토지상환채권을 발행할 수 있다.
> ② 지방자치단체인 시행자가 토지를 수용할 경우에는 토지소유자의 동의를 받을 필요가 없다.
> ③ 시행자는 조성토지를 공급받는 자로부터 해당 대금의 전부 또는 일부를 미리 받을 수 있다.
> ⑤ 시행자는 지방자치단체에게 도시개발구역 전체 토지면적의 3분의 1 이내에서 원형지를 공급하여 개발하게 할 수 있다.

33 중 도시개발법령상 수용 또는 사용의 방식에 따른 사업시행에 관한 설명으로 옳은 것은?

• 27회

① 시행자가 아닌 지정권자는 도시개발사업에 필요한 토지 등을 수용할 수 있다.
② 도시개발사업을 위한 토지의 수용에 관하여 특별한 규정이 없으면 「도시 및 주거환경정비법」에 따른다.
③ 수용의 대상이 되는 토지의 세부목록을 고시한 경우에는 「공익사업을 위한 토지 등의 취득 및 보상에 관한 법률」에 따른 사업인정 및 그 고시가 있었던 것으로 본다.
④ 국가에 공급될 수 있는 원형지 면적은 도시개발구역 전체 토지면적의 3분의 2까지로 한다.
⑤ 시행자가 토지상환채권을 발행할 경우, 그 발행규모는 토지상환채권으로 상환할 토지·건축물이 도시개발사업으로 조성되는 분양토지 또는 분양건축물 면적의 3분의 2를 초과하지 않아야 한다.

> **키워드** 수용 또는 사용방식
>
> **해설** ① 시행자가 아닌 지정권자는 도시개발사업에 필요한 토지 등을 수용할 수 없다.
> ② 도시개발사업을 위한 토지의 수용에 관하여 특별한 규정이 없으면 「공익사업을 위한 토지 등의 취득 및 보상에 관한 법률」을 준용한다.
> ④ 국가에 공급될 수 있는 원형지 면적은 도시개발구역 전체 토지면적의 3분의 1 이내로 한정한다.
> ⑤ 시행자가 토지상환채권을 발행할 경우, 그 발행규모는 토지상환채권으로 상환할 토지·건축물이 도시개발사업으로 조성되는 분양토지 또는 분양건축물 면적의 2분의 1을 초과하지 아니하도록 하여야 한다.

정답 31 ① 32 ④ 33 ③

34 도시개발법령상 수용 또는 사용의 방식에 따른 사업시행에 관한 설명으로 옳은 것은?
• 30회

① 「지방공기업법」에 따라 설립된 지방공사가 시행자인 경우 토지소유자 전원의 동의 없이는 도시개발사업에 필요한 토지등을 수용하거나 사용할 수 없다.
② 지방자치단체가 시행자인 경우 지급보증 없이 토지상환채권을 발행할 수 있다.
③ 지정권자가 아닌 시행자는 조성토지등을 공급받거나 이용하려는 자로부터 지정권자의 승인 없이 해당 대금의 전부 또는 일부를 미리 받을 수 있다.
④ 원형지의 면적은 도시개발구역 전체 토지면적의 3분의 1을 초과하여 공급될 수 있다.
⑤ 공공용지가 아닌 조성토지등의 공급은 수의계약의 방법에 의하여야 한다.

키워드 수용 또는 사용방식

해설 ① 「지방공기업법」에 따라 설립된 지방공사가 시행자인 경우에는 토지소유자의 동의 없이도 도시개발사업에 필요한 토지등을 수용하거나 사용할 수 있다.
③ 지정권자가 아닌 시행자는 조성토지등을 공급받거나 이용하려는 자로부터 지정권자의 승인을 받아야 해당 대금의 전부 또는 일부를 미리 받을 수 있다.
④ 원형지의 면적은 도시개발구역 전체 토지면적의 3분의 1 이내로 한정한다.
⑤ 공공용지가 아닌 조성토지등의 공급은 경쟁입찰의 방법에 따르는 것이 원칙이다.

35 도시개발법령상 토지등의 수용 또는 사용의 방식에 따른 사업시행에 관한 설명으로 옳은 것은?
• 32회

① 도시개발사업을 시행하는 지방자치단체는 도시개발구역 지정 이후 그 시행방식을 혼용방식에서 수용 또는 사용방식으로 변경할 수 있다.
② 도시개발사업을 시행하는 정부출연기관이 그 사업에 필요한 토지를 수용하려면 사업대상 토지면적의 3분의 2 이상에 해당하는 토지를 소유하고 토지소유자 총수의 2분의 1 이상에 해당하는 자의 동의를 받아야 한다.
③ 도시개발사업을 시행하는 공공기관은 토지상환채권을 발행할 수 없다.
④ 원형지를 공급받아 개발하는 지방공사는 원형지에 대한 공사완료 공고일부터 5년이 지난 시점이라면 해당 원형지를 매각할 수 있다.
⑤ 원형지가 공공택지 용도인 경우 원형지개발자의 선정은 추첨의 방법으로 할 수 있다.

키워드 수용 또는 사용방식

해설 ① 도시개발사업을 시행하는 지방자치단체는 도시개발구역 지정 이후 그 시행방식을 수용 또는 사용방식에서 혼용방식으로 변경할 수 있다.
② 도시개발사업을 시행하는 정부출연기관이 아닌 민간사업시행자가 그 사업에 필요한 토지를 수용하려면 사업대상 토지면적의 3분의 2 이상에 해당하는 토지를 소유하고 토지소유자 총수의 2분의 1 이상에 해당하는 자의 동의를 받아야 한다.
③ 도시개발사업을 시행하는 공공기관은 토지상환채권을 발행할 수 있다.
⑤ 원형지개발자의 선정은 수의계약의 방법으로 한다. 다만, 학교나 공장 등의 부지로 직접 사용하는 자에 해당하는 원형지개발자의 선정은 경쟁입찰의 방식으로 한다.

36 도시개발법령상 환지의 방식에 관한 내용이다. ( )에 들어갈 내용을 옳게 연결한 것은? • 27회

- (㉠): 환지 전 토지에 대한 권리를 도시개발사업으로 조성되는 토지에 이전하는 방식
- (㉡): 환지 전 토지나 건축물(무허가 건축물은 제외)에 대한 권리를 도시개발사업으로 건설되는 구분건축물에 이전하는 방식

① ㉠: 평면환지, ㉡: 입체환지
② ㉠: 평가환지, ㉡: 입체환지
③ ㉠: 입체환지, ㉡: 평면환지
④ ㉠: 평면환지, ㉡: 유동환지
⑤ ㉠: 유동환지, ㉡: 평면환지

키워드 환지의 방식

해설
- (㉠ 평면환지): 환지 전 토지에 대한 권리를 도시개발사업으로 조성되는 토지에 이전하는 방식
- (㉡ 입체환지): 환지 전 토지나 건축물(무허가 건축물은 제외)에 대한 권리를 도시개발사업으로 건설되는 구분건축물에 이전하는 방식

정답 34 ② 35 ④ 36 ①

37 도시개발법령상 도시개발사업 시행자가 환지방식으로 사업을 시행하려는 경우 환지계획에 포함되어야 할 사항이 아닌 것은? • 23회

① 환지설계
② 필지별로 된 환지명세
③ 필지별과 권리별로 된 청산 대상 토지명세
④ 체비지 또는 보류지를 정한 경우 그 명세
⑤ 청산금의 결정

키워드 환지계획에 포함되어야 할 사항

해설 환지계획의 내용에는 환지설계, 필지별로 된 환지명세, 필지별과 권리별로 된 청산 대상 토지명세, 체비지(替費地) 또는 보류지(保留地)의 명세, 입체환지를 계획하는 경우에는 입체환지용 건축물의 명세와 입체환지에 따른 공급 방법·규모에 관한 사항 등이 포함되며, 청산금의 결정은 환지처분을 하는 때에 결정한다.

38 도시개발법령상 토지부담률(환지계획구역 안의 토지소유자가 도시개발사업을 위하여 부담하는 토지의 비율)에 관한 설명으로 옳은 것을 모두 고른 것은? • 21회 수정

㉠ 토지부담률은 사업시행자가 산정한다.
㉡ 환지계획구역의 외부와 연결되는 환지계획구역 안의 도로로서 너비 25m 이상의 간선도로는 관할 지방자치단체가 도로의 부지를 부담한다.
㉢ 환지계획구역의 토지소유자 총수의 2분의 1 이상이 동의하는 경우에는 평균 토지부담률을 60% 초과하여 정할 수 있다.
㉣ 해당 환지계획구역의 특성을 고려하여 지정권자가 인정하는 경우에는 평균 토지부담률을 60%까지로 할 수 있다.

① ㉠, ㉡
② ㉠, ㉢
③ ㉠, ㉣
④ ㉡, ㉢
⑤ ㉢, ㉣

키워드 평균 토지부담률

해설 ㉡ 환지계획구역의 외부와 연결되는 환지계획구역 안의 도로로서 너비 25m 이상의 간선도로는 토지소유자가 도로의 부지를 부담하고, 관할 지방자치단체가 공사비를 보조하여 건설할 수 있다.
㉢ 환지계획구역의 토지소유자 총수의 3분의 2 이상이 동의하는 경우에는 평균 토지부담률을 60% 초과하여 정할 수 있다.

39 도시개발법령상 환지설계를 평가식으로 하는 경우 다음 조건에서 환지계획에 포함되어야 하는 비례율은? (단, 제시된 조건 이외의 다른 조건은 고려하지 않음) •24회, 34회

- 총사업비: 250억원
- 환지 전 토지·건축물의 평가액 합계: 500억원
- 도시개발사업으로 조성되는 토지·건축물의 평가액의 합계: 1,000억원

① 100% ② 125% ③ 150%
④ 200% ⑤ 250%

키워드 환지계획

해설 비례율

$$= \frac{\text{도시개발사업으로 조성된 토지·건축물의 평가액 합계} - \text{총사업비}}{\text{환지 전 토지·건축물의 평가액 합계}} \times 100$$

$$= \frac{1{,}000억 - 250억}{500억} \times 100 = \frac{750억}{500억} \times 100 = 150\%$$

40 도시개발법령상 다음 조건에서 환지계획구역의 평균 토지부담률은? •22회, 27회

- 환지계획구역 면적: 120만m²
- 보류지 면적: 60만m²
- 체비지 면적: 30만m²
- 시행자에게 무상귀속되는 공공시설 면적: 20만m²
- 청산 대상 토지면적: 10만m²

① 10% ② 25% ③ 40%
④ 50% ⑤ 60%

키워드 평균 토지부담률

해설 평균 토지부담률

$$= \frac{\text{보류지 면적} - \text{시행자에게 무상귀속되는 토지와 시행자가 소유한 토지면적}}{\text{환지계획구역 면적} - \text{시행자에게 무상귀속되는 토지와 시행자가 소유한 토지면적}} \times 100$$

$$= \frac{60만m^2 - 20만m^2}{120만m^2 - 20만m^2} \times 100 = 40\%$$

정답 37 ⑤ 38 ③ 39 ③ 40 ③

41 도시개발법령상 환지예정지의 지정에 관한 설명으로 틀린 것은? • 20회

① 시행자가 도시개발사업의 시행을 위해 필요한 경우에는 도시개발구역의 토지에 대하여 환지예정지를 지정할 수 있다.
② 종전의 토지에 대한 임차권자가 있는 경우 해당 환지예정지에 대하여 해당 권리의 목적인 토지 또는 그 부분을 아울러 지정하여야 한다.
③ 도시개발사업비용을 충당하기 위하여 환지예정지를 체비지의 용도로 지정할 수 있다.
④ 종전 토지의 임차권자는 환지예정지 지정 이후에도 환지처분이 공고되는 날까지 종전의 토지를 사용하거나 수익할 수 있다.
⑤ 환지예정지를 지정한 경우에 해당 토지의 사용에 장애가 될 물건이 그 토지에 있는 경우 그 토지의 사용을 시작할 날을 따로 정할 수 있다.

키워드 환지예정지의 지정

해설 종전 토지의 임차권자는 환지예정지 지정 이후에는 환지처분이 공고되는 날까지 종전의 토지를 사용하거나 수익할 수 없다.

42 도시개발법령상 환지계획에 관한 설명으로 틀린 것은? • 19회

① 필지별로 된 환지명세는 환지계획에 포함되어야 한다.
② 환지계획 작성에 따른 환지계획의 기준 등에 관하여 필요한 사항은 시행자가 정한다.
③ 토지평가협의회의 구성 및 운영 등에 필요한 사항은 해당 규약·정관 또는 시행규정으로 정한다.
④ 행정청이 아닌 시행자가 환지계획을 작성한 경우에는 특별자치도지사·시장·군수 또는 구청장의 인가를 받아야 한다.
⑤ 시행자는 환지방식이 적용되는 도시개발구역에 있는 조성토지등의 가격을 평가할 때에는 감정평가법인등의 평가를 거친 후 토지평가협의회의 심의를 거쳐 결정한다.

키워드 환지계획

해설 환지계획 작성에 따른 환지계획의 기준 등에 관하여 필요한 사항은 국토교통부령으로 정할 수 있다.

43 도시개발법령상 환지방식에 의한 사업시행에 관한 설명으로 틀린 것은? • 29회

① 시행자는 환지방식이 적용되는 도시개발구역에 있는 조성토지등의 가격을 평가할 때에는 토지평가협의회의 심의를 거쳐 결정하되, 그에 앞서 감정평가법인등이 평가하게 하여야 한다.
② 행정청이 아닌 시행자가 환지계획을 작성한 경우에는 특별자치도지사·시장·군수 또는 구청장의 인가를 받아야 한다.
③ 행정청인 시행자가 환지계획을 정하려고 하는 경우에 해당 토지의 임차권자는 공람기간에 시행자에게 의견서를 제출할 수 있다.
④ 환지계획에서 정하여진 환지는 그 환지처분이 공고된 날의 다음 날부터 종전의 토지로 본다.
⑤ 환지설계 시 적용되는 토지·건축물의 평가액은 최초 환지계획인가 신청 시를 기준으로 하여 정하되, 환지계획의 변경인가를 받아 변경할 수 있다.

키워드 환지방식

해설 환지설계 시 적용되는 토지·건축물의 평가액은 최초 환지계획인가 시를 기준으로 하여 정하고 변경할 수 없으며, 환지 후 토지·건축물의 평가액은 실시계획의 변경으로 평가요인이 변경된 경우에만 환지계획의 변경인가를 받아 변경할 수 있다.

정답 41 ④ 42 ② 43 ⑤

44 도시개발법령상 환지방식에 의한 사업시행에 관한 설명으로 틀린 것은? • 32회

① 도시개발사업을 입체환지방식으로 시행하는 경우에는 환지계획에 건축계획이 포함되어야 한다.
② 시행자는 토지면적의 규모를 조정할 특별한 필요가 있으면 면적이 넓은 토지는 그 면적을 줄여서 환지를 정하거나 환지 대상에서 제외할 수 있다.
③ 도시개발구역 지정권자가 정한 기준일의 다음 날부터 단독주택이 다세대주택으로 전환되는 경우 시행자는 해당 건축물에 대하여 금전으로 청산하거나 환지 지정을 제한할 수 있다.
④ 시행자는 환지예정지를 지정한 경우에 해당 토지를 사용하거나 수익하는 데에 장애가 될 물건이 그 토지에 있으면 그 토지의 사용 또는 수익을 시작할 날을 따로 정할 수 있다.
⑤ 시행자는 환지를 정하지 아니하기로 결정된 토지소유자나 임차권자등에게 날짜를 정하여 그날부터 해당 토지 또는 해당 부분의 사용 또는 수익을 정지시킬 수 있다.

키워드 환지방식

해설 시행자는 토지면적의 규모를 조정할 특별한 필요가 있으면 면적이 넓은 토지는 그 면적을 줄여서 환지를 정할 수 있지만, 환지 대상에서 제외할 수는 없다. 그러나 시행자는 토지면적의 규모를 조정할 특별한 필요가 있으면 면적이 작은 토지는 환지 대상에서 제외할 수 있다.

45 도시개발법령상 환지처분의 효과에 관한 설명으로 틀린 것은? • 26회

① 환지계획에서 정하여진 환지는 그 환지처분이 공고된 날의 다음 날부터 종전의 토지로 본다.
② 환지처분은 행정상 처분으로서 종전의 토지에 전속(專屬)하는 것에 관하여 영향을 미친다.
③ 도시개발구역의 토지에 대한 지역권은 도시개발사업의 시행으로 행사할 이익이 없어진 경우 환지처분이 공고된 날이 끝나는 때에 소멸한다.
④ 보류지는 환지계획에서 정한 자가 환지처분이 공고된 날의 다음 날에 해당 소유권을 취득한다.
⑤ 청산금은 환지처분이 공고된 날의 다음 날에 확정된다.

> **키워드** 환지처분의 효과
>
> **해설** 환지처분은 행정상 처분으로서 종전의 토지에 전속(專屬)하는 것에 관하여 영향을 받지 않고, 종전의 토지에 존속한다.

46 도시개발법령상 환지방식에 의한 사업 시행에 관한 설명으로 틀린 것은? • 35회

① 행정청이 아닌 시행자가 환지계획을 작성하여 인가를 신청하려는 경우 토지소유자와 임차권자등에게 환지계획의 기준 및 내용 등을 알려야 한다.
② 「집합건물의 소유 및 관리에 관한 법률」에 따른 대지사용권에 해당하는 토지지분은 분할환지할 수 없다.
③ 환지예정지가 지정되면 종전의 토지의 소유자는 환지예정지 지정의 효력발생일부터 환지처분이 공고되는 날까지 종전의 토지를 사용할 수 없다.
④ 도시개발사업으로 임차권의 목적인 토지의 이용이 방해를 받아 종전의 임대료가 불합리하게 된 경우라도, 환지처분이 공고된 날의 다음 날부터는 임대료 감액을 청구할 수 없다.
⑤ 도시개발사업의 시행으로 행사할 이익이 없어진 지역권은 환지처분이 공고된 날이 끝나는 때에 소멸한다.

> **키워드** 환지방식
>
> **해설** 도시개발사업으로 임차권등의 목적인 토지 또는 지역권에 관한 승역지(承役地)의 이용이 증진되거나 방해를 받아 종전의 임대료·지료, 그 밖의 사용료 등이 불합리하게 되면 당사자는 계약 조건에도 불구하고 장래에 관하여 그 증감을 청구할 수 있다. 도시개발사업으로 건축물이 이전된 경우 그 임대료에 관하여도 또한 같다. 다만, 환지처분이 공고된 날부터 60일이 지나면 임대료·지료, 그 밖의 사용료 등의 증감을 청구할 수 있다.

정답 44 ② 45 ② 46 ④

47 도시개발법령상 환지계획 및 청산금에 관한 설명으로 옳은 것은? • 21회

① 시행자는 면적이 작은 토지라도 환지 대상에서 제외할 수는 없다.
② 시행자는 사업 대상토지의 소유자가 신청하거나 동의하면 해당 토지에 관한 임차권자의 동의가 없어도 그 토지의 전부 또는 일부에 대하여 환지를 정하지 않을 수 있다.
③ 환지계획에서 정하여진 환지는 그 환지처분이 공고된 날부터 종전의 토지로 본다.
④ 환지를 정한 경우 그 과부족분에 대한 청산금은 환지처분을 하는 때에 결정하여야 하고, 환지처분이 공고된 날의 다음 날에 확정된다.
⑤ 청산금은 이자를 붙여 분할징수하거나 분할교부할 수 없다.

키워드 환지계획 및 청산금
해설 ① 시행자는 면적이 작은 토지는 환지 대상에서 제외할 수 있다.
② 토지소유자가 신청하거나 동의하면 해당 토지의 전부 또는 일부에 대하여 환지를 정하지 아니할 수 있다. 다만, 해당 토지에 관하여 임차권자등이 있는 경우에는 그 동의를 받아야 한다.
③ 환지계획에서 정하여진 환지는 그 환지처분이 공고된 날의 다음 날부터 종전의 토지로 본다.
⑤ 청산금은 이자를 붙여 분할징수하거나 분할교부할 수 있다.

48 도시개발법령상 청산금 제도에 관한 설명으로 틀린 것은? • 23회

① 환지를 정하거나 그 대상에서 제외한 경우 그 과부족분은 금전으로 청산하여야 한다.
② 과소토지여서 환지 대상에서 제외한 토지에 대하여는 청산금을 교부하는 때에 청산금을 결정할 수 있다.
③ 토지면적의 규모를 조정할 특별한 필요가 있어 환지를 정하지 아니하는 토지에 대하여는 환지처분 전이라도 청산금을 교부할 수 있다.
④ 청산금은 이자를 붙이더라도 분할교부할 수 없다.
⑤ 청산금을 받을 권리나 징수할 권리를 5년간 행사하지 아니하면 시효로 소멸한다.

키워드 청산금
해설 청산금은 이자를 붙여 분할징수하거나 분할교부할 수 있다.

49 도시개발법령상 환지방식에 의한 사업시행에서의 청산금에 관한 설명으로 틀린 것은?

• 34회

① 시행자는 토지소유자의 동의에 따라 환지를 정하지 아니하는 토지에 대하여는 환지처분 전이라도 청산금을 교부할 수 있다.
② 토지소유자의 신청에 따라 환지 대상에서 제외한 토지에 대하여는 청산금을 교부하는 때에 청산금을 결정할 수 없다.
③ 청산금을 받을 권리나 징수할 권리를 5년간 행사하지 아니하면 시효로 소멸한다.
④ 청산금은 대통령령으로 정하는 바에 따라 이자를 붙여 분할징수하거나 분할교부할 수 있다.
⑤ 행정청이 아닌 시행자가 군수에게 청산금의 징수를 위탁한 경우 그 시행자는 군수가 징수한 금액의 100분의 4에 해당하는 금액을 해당 군에 지급하여야 한다.

키워드 청산금
해설 토지소유자의 신청에 따라 환지 대상에서 제외한 토지에 대하여는 청산금을 교부하는 때에 청산금을 결정할 수 있다(법 제41조 제2항).

50 도시개발법령상 환지방식에 의한 사업시행에 관한 설명으로 틀린 것은?

• 24회

① 시행자는 규약으로 정하는 목적을 위하여 일정한 토지를 환지로 정하지 아니하고 보류지로 정할 수 있다.
② 시행자는 도시개발사업의 시행을 위하여 필요하면 도시개발구역의 토지에 대하여 환지예정지를 지정할 수 있다.
③ 시행자는 체비지의 용도로 환지예정지가 지정된 경우에는 도시개발사업에 드는 비용을 충당하기 위하여 이를 처분할 수 있다.
④ 군수는 「주택법」에 따른 공동주택의 건설을 촉진하기 위하여 필요하다고 인정하면 체비지 중 일부를 같은 지역에 집단으로 정하게 할 수 있다.
⑤ 체비지는 환지계획에서 정한 자가 환지처분이 공고된 날에 해당 소유권을 취득한다.

키워드 환지방식
해설 체비지는 시행자가 환지처분이 공고된 날의 다음 날에 해당 소유권을 취득한다.

정답 47 ④ 48 ④ 49 ② 50 ⑤

51 도시개발법령상 환지방식의 사업시행에 관한 설명으로 옳은 것은? (단, 사업시행자는 행정청이 아님)

• 25회 수정

① 사업시행자가 환지계획을 작성한 경우에는 시·도지사의 인가를 받아야 한다.
② 환지로 지정된 토지나 건축물을 금전으로 청산하는 내용으로 환지계획을 변경하는 경우에는 변경인가를 받아야 한다.
③ 토지소유자의 환지 제외 신청이 있더라도 해당 토지에 관한 임차권자등이 동의하지 않는 경우에는 해당 토지를 환지에서 제외할 수 없다.
④ 환지예정지의 지정이 있으면 종전의 토지에 대한 임차권등은 종전의 토지에 대해서는 물론 환지예정지에 대해서도 소멸한다.
⑤ 환지계획에서 환지를 정하지 아니한 종전의 토지에 있던 권리는 환지처분이 공고된 날의 다음 날이 끝나는 때에 소멸한다.

키워드 환지방식

해설 ① 사업시행자가 환지계획을 작성한 경우에는 특별자치도지사·시장·군수·구청장의 인가를 받아야 한다.
② 환지로 지정된 토지나 건축물을 금전으로 청산하는 내용으로 환지계획을 변경하는 경우에는 변경인가를 받을 필요가 없다.
④ 환지예정지의 지정이 있으면 종전의 토지에 대한 임차권등은 종전의 토지에서 소멸되지만, 환지예정지에 대해서는 소멸하지 않는다.
⑤ 환지계획에서 환지를 정하지 아니한 종전의 토지에 있던 권리는 환지처분이 공고된 날이 끝나는 때에 소멸한다.

52 도시개발법령상 환지방식으로 도시개발사업을 시행하는 경우 환지처분에 관한 설명으로 틀린 것은?
• 28회

① 시행자는 도시개발사업에 관한 공사를 끝낸 경우에는 지체 없이 관보 또는 공보에 이를 공고하여야 한다.
② 지정권자가 시행자인 경우 법 제51조에 따른 공사완료 공고가 있는 때에는 60일 이내에 환지처분을 하여야 한다.
③ 환지계획에 따라 입체환지처분을 받은 자는 환지처분이 공고된 날의 다음 날에 환지계획으로 정하는 바에 따라 건축물의 일부와 해당 건축물이 있는 토지의 공유지분을 취득한다.
④ 체비지로 정해지지 않은 보류지는 환지계획에서 정한 자가 환지처분이 공고된 날의 다음 날에 해당 소유권을 취득한다.
⑤ 도시개발사업의 시행으로 행사할 이익이 없어진 지역권은 환지처분이 공고된 날의 다음 날이 끝나는 때에 소멸한다.

키워드 환지처분

해설 도시개발구역의 토지에 대한 지역권(地役權)은 환지처분에도 불구하고 종전의 토지에 존속한다. 다만, 도시개발사업의 시행으로 행사할 이익이 없어진 지역권은 환지처분이 공고된 날이 끝나는 때에 소멸한다.

정답 51 ③ 52 ⑤

53 도시개발법령상 환지방식에 의한 도시개발사업의 시행에 관한 설명으로 옳은 것은?

• 30회

① 시행자는 준공검사를 받은 후 60일 이내에 지정권자에게 환지처분을 신청하여야 한다.
② 도시개발구역이 2 이상의 환지계획구역으로 구분되는 경우에도 사업비와 보류지는 도시개발구역 전체를 대상으로 책정하여야 하며, 환지계획구역별로는 책정할 수 없다.
③ 도시개발구역에 있는 조성토지등의 가격은 개별공시지가로 한다.
④ 환지예정지가 지정되어도 종전 토지의 임차권자는 환지처분공고일까지 종전 토지를 사용·수익할 수 있다.
⑤ 환지계획에는 필지별로 된 환지명세와 필지별과 권리별로 된 청산 대상 토지명세가 포함되어야 한다.

키워드 환지방식

해설 ① 시행자는 지정권자에 의한 준공검사를 받은 경우(지정권자가 시행자인 경우에는 공사완료 공고가 있는 때)에는 60일 이내에 환지처분을 하여야 한다.
② 도시개발구역이 2 이상의 환지계획구역으로 구분되는 경우에는 환지계획구역별로 사업비 및 보류지를 책정하여야 한다.
③ 도시개발구역에 있는 조성토지등의 가격평가는 감정가격으로 한다.
④ 환지예정지가 지정되면 종전의 토지의 소유자와 임차권자등은 환지예정지 지정의 효력발생일부터 환지처분이 공고되는 날까지 환지예정지나 해당 부분에 대하여 종전과 같은 내용의 권리를 행사할 수 있으나, 종전의 토지는 사용하거나 수익할 수 없다.

54 도시개발법령상 환지방식에 의한 사업시행에 관한 설명으로 틀린 것은? • 31회

① 지정권자는 도시개발사업을 환지방식으로 시행하려고 개발계획을 수립할 때에 시행자가 지방자치단체이면 토지소유자의 동의를 받을 필요가 없다.
② 시행자는 체비지의 용도로 환지예정지가 지정된 경우에는 도시개발사업에 드는 비용을 충당하기 위하여 이를 처분할 수 있다.
③ 도시개발구역의 토지에 대한 지역권은 도시개발사업의 시행으로 행사할 이익이 없어지면 환지처분이 공고된 날이 끝나는 때에 소멸한다.
④ 지방자치단체가 도시개발사업의 전부를 환지방식으로 시행하려고 할 때에는 도시개발사업의 시행규정을 작성하여야 한다.
⑤ 행정청이 아닌 시행자가 인가받은 환지계획의 내용 중 종전 토지의 합필 또는 분필로 환지명세가 변경되는 경우에는 변경인가를 받아야 한다.

키워드 환지방식

해설 행정청이 아닌 시행자가 인가받은 환지계획의 내용 중 종전 토지의 합필 또는 분필로 환지명세가 변경되는 경우에는 환지계획을 변경하더라도 변경인가를 받을 필요가 없다.

정답 53 ⑤ 54 ⑤

55 도시개발법령상 환지처분에 관한 설명으로 틀린 것은?

• 33회

① 도시개발구역의 토지소유자나 이해관계인은 환지방식에 의한 도시개발사업 공사 관계 서류의 공람기간에 시행자에게 의견서를 제출할 수 있다.
② 환지를 정하거나 그 대상에서 제외한 경우 그 과부족분(過不足分)은 금전으로 청산하여야 한다.
③ 시행자는 지정권자에 의한 준공검사를 받은 경우에는 90일 이내에 환지처분을 하여야 한다.
④ 시행자가 환지처분을 하려는 경우에는 환지계획에서 정한 사항을 토지소유자에게 알리고 관보 또는 공보에 의해 이를 공고하여야 한다.
⑤ 환지계획에서 정하여진 환지는 그 환지처분이 공고된 날의 다음 날부터 종전의 토지로 본다.

키워드 환지처분

해설 시행자는 지정권자에 의한 준공검사를 받은 경우(지정권자가 시행자인 경우에는 공사 완료 공고가 있는 때)에는 60일 이내에 환지처분을 하여야 한다.

이론플러스 환지처분의 절차

공사완료의 공고 및 공람	시행자는 환지방식으로 도시개발사업에 관한 공사를 끝낸 경우에는 지체 없이 이를 공고하고 공사 관계 서류를 14일 이상 일반에게 공람시켜야 한다.
의견서 제출	도시개발구역의 토지소유자나 이해관계인은 공람기간에 시행자에게 의견서를 제출할 수 있으며, 의견서를 받은 시행자는 공사 결과와 실시계획 내용에 맞는지를 확인하여 필요한 조치를 하여야 한다.
준공검사 또는 공사완료	시행자는 공람기간에 의견서의 제출이 없거나 제출된 의견서에 따라 필요한 조치를 한 경우에는 지정권자에 의한 준공검사를 신청하거나 도시개발사업의 공사를 끝내야 한다.
환지처분 공고	⊙ 시행자는 지정권자에 의한 준공검사를 받은 경우(지정권자가 시행자인 경우에는 공사 완료 공고가 있는 때)에는 60일 이내에 환지처분을 하여야 한다. ⓒ 시행자는 환지처분을 하려는 경우에는 환지계획에서 정한 사항을 토지소유자에게 알리고 대통령령으로 정하는 바(사업의 명칭, 사업비 정산내역 등)에 따라 이를 공고하여야 한다.

56 도시개발법령상 준공검사 등에 관한 설명으로 틀린 것은? • 27회

① 도시개발사업의 준공검사 전에는 체비지를 사용할 수 없다.
② 지정권자는 효율적인 준공검사를 위하여 필요하면 관계 행정기관 등에 의뢰하여 준공검사를 할 수 있다.
③ 지정권자가 아닌 시행자는 도시개발사업에 관한 공사가 전부 끝나기 전이라도 공사가 끝난 부분에 관하여 준공검사를 받을 수 있다.
④ 지정권자가 아닌 시행자가 도시개발사업의 공사를 끝낸 때에는 공사완료 보고서를 작성하여 지정권자의 준공검사를 받아야 한다.
⑤ 지정권자가 시행자인 경우 그 시행자는 도시개발사업의 공사를 완료한 때에는 공사완료 공고를 하여야 한다.

키워드 준공검사

해설 시행자는 도시개발사업의 준공검사 전이라도 체비지를 사용할 수 있다.

정답 55 ③ 56 ①

CHAPTER 03 비용부담 등

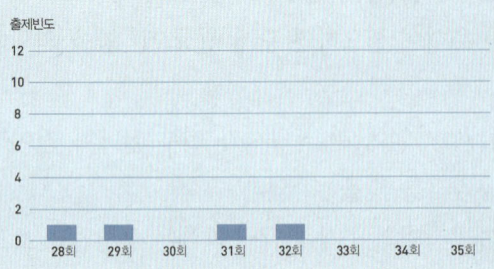

■ 8개년 출제 문항 수
총 40문제 中 평균 약 0.5문제 출제

■ 이 단원을 공략하고 싶다면?
도시개발채권 위주로 학습하자

↳ 기본서 [부동산공법] pp. 271~277

대표기출 | 2021년 제32회 A형 56번 문제 | 난이도 중

도시개발법령상 도시개발채권에 관한 설명으로 옳은 것은?

① 「국토의 계획 및 이용에 관한 법률」에 따른 공작물의 설치허가를 받은 자는 도시개발채권을 매입하여야 한다.
② 도시개발채권의 이율은 기획재정부장관이 국채·공채 등의 금리와 특별회계의 상황 등을 고려하여 정한다.
③ 도시개발채권을 발행하려는 시·도지사는 기획재정부장관의 승인을 받은 후 채권의 발행총액 등을 공고하여야 한다.
④ 도시개발채권의 상환기간은 5년보다 짧게 정할 수는 없다.
⑤ 도시개발사업을 공공기관이 시행하는 경우 해당 공공기관의 장은 시·도지사의 승인을 받아 도시개발채권을 발행할 수 있다.

기출공략 [키워드] 도시개발채권

도시개발채권의 전반적인 내용을 파악하여야 정답을 찾을 수 있습니다.

28회, 29회, 32회

도시개발법령상 도시개발채권에 관한 설명으로 옳은 것은? (④)

① 「국토의 계획 및 이용에 관한 법률」에 따른 ~~공작물의 설치허가를 받은~~ 자는 도시개발채권을 매입하여야 한다. (✕)

→ 「국토의 계획 및 이용에 관한 법률」에 따른 개발행위허가를 받은 자 중 토지의 형질변경허가를 받은 자는 도시개발채권을 매입하여야 한다.

② 도시개발채권의 이율은 ~~기획재정부장관~~이 국채·공채 등의 금리와 특별회계의 상황 등을 고려하여 정한다. (✕)

→ 도시개발채권의 이율은 채권의 발생 당시의 국채·공채 등의 금리와 특별회계의 상황 등을 고려하여 해당 시·도의 조례로 정한다.

③ 도시개발채권을 발행하려는 시·도지사는 ~~기획재정부장관~~의 승인을 받은 후 채권의
→ 행정안전부장관

발행총액 등을 공고하여야 한다. (✕)

④ 도시개발채권의 상환기간은 ⑤년보다 짧게 정할 수는 없다. (○)

⑤ 도시개발사업을 공공기관이 시행하는 경우 해당 ~~공공기관의 장은 시·도지사~~의 승인을 받아 도시개발채권을 발행할 수 있다. (✕)

→ 도시개발채권은 시·도의 조례로 정하는 바에 따라 시·도지사가 발행하며, 행정안전부장관의 승인을 받아야 한다.

이론플러스 도시개발채권의 발행방법 등

발행방법	도시개발채권은 「주식·사채 등의 전자등록에 관한 법률」에 따라 전자등록하여 발행하거나 무기명으로 발행할 수 있으며, 발행방법에 필요한 세부적인 사항은 시·도의 조례로 정한다(영 제83조 제1항).
발행이율	도시개발채권의 이율은 채권의 발행 당시의 국채·공채 등의 금리와 특별회계의 상황 등을 고려하여 해당 시·도의 조례로 정한다(영 제83조 제2항).
상환기간	도시개발채권의 상환은 5년부터 10년까지의 범위에서 지방자치단체의 조례로 정한다(영 제83조 제3항).
사무취급기관	도시개발채권의 매출 및 상환업무의 사무취급기관은 해당 시·도지사가 지정하는 은행 또는 「자본시장과 금융투자업에 관한 법률」에 따라 설립된 한국예탁결제원으로 한다(영 제83조 제4항).
보관·제시	매입필증을 제출받는 자는 매입자로부터 제출받은 매입필증을 5년간 따로 보관하여야 하며, 지방자치단체의 장이나 도시개발채권 사무취급기관 그 밖에 관계기관의 요구가 있는 때에는 이를 제시하여야 한다(규칙 제41조 제3항).

01 도시개발법령상 도시개발사업의 비용부담에 관한 설명으로 틀린 것은?　•27회

① 도시개발사업에 필요한 비용은 「도시개발법」이나 다른 법률에 특별한 규정이 있는 경우를 제외하고는 시행자가 부담한다.
② 지방자치단체의 장이 발행하는 도시개발채권의 소멸시효는 상환일로부터 기산하여 원금은 5년, 이자는 2년으로 한다.
③ 시행자가 지방자치단체인 경우에는 공원·녹지의 조성비 전부를 국고에서 보조하거나 융자할 수 있다.
④ 시행자는 공동구를 설치하는 경우에는 다른 법률에 따라 그 공동구에 수용될 시설을 설치할 의무가 있는 자에게 공동구의 설치에 드는 비용을 부담시킬 수 있다.
⑤ 도시개발사업에 관한 비용부담에 대해 대도시 시장과 시·도지사 간의 협의가 성립되지 아니하는 경우에는 기획재정부장관의 결정에 따른다.

키워드　도시개발사업의 비용부담
해설　도시개발사업에 관한 비용부담에 대해 대도시 시장과 시·도지사 간의 협의가 성립되지 아니하는 경우에는 행정안전부장관의 결정에 따른다.

---

02 도시개발법령상 도시개발사업의 비용부담 등에 관한 설명으로 옳은 것을 모두 고른 것은?　•31회

> ㉠ 지정권자가 시행자가 아닌 경우 도시개발구역의 통신시설의 설치는 특별한 사유가 없으면 준공검사 신청일까지 끝내야 한다.
> ㉡ 전부 환지방식으로 사업을 시행하는 경우 전기시설의 지중선로 설치를 요청한 사업시행자와 전기공급자는 각각 2분의 1의 비율로 그 설치비용을 부담한다.
> ㉢ 지정권자인 시행자는 그가 시행한 사업으로 이익을 얻는 시·도에 비용의 전부 또는 일부를 부담시킬 수 있다.

① ㉠　　② ㉡
③ ㉠, ㉢　　④ ㉡, ㉢
⑤ ㉠, ㉡, ㉢

키워드 도시개발사업의 비용부담

해설 ⓒ 설치비용은 설치의무자가 부담하지만, 전기시설·가스공급시설 또는 지역 난방시설 중 도시개발구역 안의 전기시설을 사업시행자가 지중선로로 설치할 것을 요청하는 경우에는 전기를 공급하는 자와 지중에 설치할 것을 요청하는 자가 각각 2분의 1의 비율로 그 설치비용을 부담한다. 다만, 전부 환지방식으로 도시개발사업을 시행하는 경우에는 전기시설을 공급하는 자가 3분의 2, 지중에 설치할 것을 요청하는 자가 3분의 1의 비율로 부담한다.

ⓒ 지정권자인 시행자는 그가 시행한 사업으로 이익을 얻는 시·도에 도시개발사업에 든 비용의 일부를 부담시킬 수 있다.

03 도시개발법령상 도시개발채권에 관한 설명으로 틀린 것은? • 21회, 28회

① 도시개발채권의 상환은 2년부터 10년까지의 범위에서 지방자치단체의 조례로 정한다.
② 도시개발채권의 소멸시효는 상환일부터 기산하여 원금은 5년, 이자는 2년으로 한다.
③ 수용 또는 사용방식으로 시행하는 도시개발사업의 경우 한국토지주택공사와 공사도급계약을 체결하는 자는 도시개발채권을 매입하여야 한다.
④ 도시개발채권은 무기명으로 발행할 수 있다.
⑤ 도시개발채권의 매입의무자가 매입하여야 할 금액을 초과하여 도시개발채권을 매입한 경우 중도상환을 신청할 수 있다.

키워드 도시개발채권

해설 도시개발채권의 상환은 5년부터 10년까지의 범위에서 지방자치단체의 조례로 정한다.

04 도시개발법령상 도시개발채권에 관한 설명으로 옳은 것은? • 29회

① 도시개발채권의 매입의무자가 아닌 자가 착오로 도시개발채권을 매입한 경우에는 도시개발채권을 중도에 상환할 수 있다.
② 시·도지사는 도시개발채권을 발행하려는 경우 채권의 발행총액에 대하여 국토교통부장관의 승인을 받아야 한다.
③ 도시개발채권의 상환은 3년부터 10년까지의 범위에서 지방자치단체의 조례로 정한다.
④ 도시개발채권의 소멸시효는 상환일부터 기산하여 원금은 3년, 이자는 2년으로 한다.
⑤ 도시개발채권 매입필증을 제출받은 자는 매입필증을 3년간 보관하여야 한다.

키워드 도시개발채권

해설 ② 시·도지사는 도시개발채권을 발행하려는 경우 채권의 발행총액에 대하여 행정안전부장관의 승인을 받아야 한다.
③ 도시개발채권의 상환은 5년부터 10년까지의 범위에서 지방자치단체의 조례로 정한다.
④ 도시개발채권의 소멸시효는 상환일부터 기산하여 원금은 5년, 이자는 2년으로 한다.
⑤ 도시개발채권 매입필증을 제출받은 자는 매입필증을 5년간 보관하여야 한다.

05 도시개발법령상 토지상환채권 및 도시개발채권에 관한 설명으로 옳은 것은?

• 24회 수정

① 도시개발조합은 도시·군계획시설사업에 필요한 자금을 조달하기 위하여 도시개발채권을 발행할 수 있다.
② 토지상환채권을 질권의 목적으로 할 수 없다.
③ 도시개발채권은 무기명으로 발행할 수 없다.
④ 시·도지사가 도시개발채권을 발행하는 경우 상환방법 및 절차에 대하여 행정안전부장관의 승인을 받아야 한다.
⑤ 도시개발채권의 소멸시효는 상환일부터 기산하여 원금은 3년, 이자는 2년으로 한다.

키워드 토지상환채권 및 도시개발채권

해설 ① 지방자치단체의 장(시·도지사)은 도시·군계획시설사업에 필요한 자금을 조달하기 위하여 도시개발채권을 발행할 수 있다.
② 토지상환채권을 질권의 목적으로 할 수 있다.
③ 도시개발채권은 「주식·사채 등의 전자등록에 관한 법률」에 따라 전자등록하여 발행하거나 무기명으로 발행할 수 있으며, 발행방법에 필요한 세부적인 사항은 시·도의 조례로 정한다.
⑤ 도시개발채권의 소멸시효는 상환일부터 기산하여 원금은 5년, 이자는 2년으로 한다.

정답 04 ① 05 ④

PART 3 도시 및 주거환경정비법

		3회독 체크
CHAPTER 01	총칙	☐ ☐ ☐
CHAPTER 02	기본계획 수립 및 정비구역 지정	☐ ☐ ☐
CHAPTER 03	정비사업	☐ ☐ ☐
CHAPTER 04	비용부담 등	☐ ☐ ☐

각 단원의 회독 수를 체크해보세요.

15%
(약 6문제)

PART 3 최근 8개년 출제비중

제35회 출제경향

도시 및 주거환경정비법은 上난이도 2문제, 中난이도 2문제, 下난이도가 2문제가 출제되었습니다. 정비사업에서 4문제가 출제되어 가장 많이 출제되었고, 총칙에서 1문제, 기본계획 수립 및 정비구역 지정에서 1문제가 출제되었으며, 비용부담 등에서는 출제되지 않았습니다.

8개년 회차별 출제빈도 분석표

회차	28회	29회	30회	31회	32회	33회	34회	35회	비중(%)
CHAPTER 01	2	1			1		1	1	12.5
CHAPTER 02	1	1	2	1				1	12.5
CHAPTER 03	3	4	3	5	4	5	4	4	66.7
CHAPTER 04			1		1	1	1		8.3

* 복합문제이거나, 법률이 개정 및 제정된 경우 분류 기준에 따라 위 수치와 달라질 수 있습니다.

CHAPTER 01 총칙

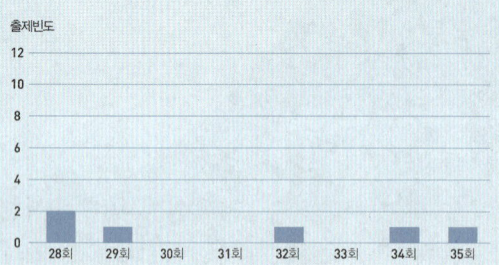

■ 8개년 출제 문항 수
총 40문제 中 평균 약 1문제 출제

■ 이 단원을 공략하고 싶다면?
용어의 정의에 대해 중점적으로 알아두자

↳ 기본서 [부동산공법] pp. 294~298

대표기출 2021년 제32회 A형 59번 문제 | 난이도 하

도시 및 주거환경정비법령상 다음의 정의에 해당하는 정비사업은?

> 도시저소득 주민이 집단거주하는 지역으로서 정비기반시설이 극히 열악하고 노후·불량건축물이 과도하게 밀집한 지역의 주거환경을 개선하거나 단독주택 및 다세대주택이 밀집한 지역에서 정비기반시설과 공동이용시설 확충을 통하여 주거환경을 보전·정비·개량하기 위한 사업

① 주거환경개선사업　② 재건축사업　③ 공공재건축사업
④ 재개발사업　⑤ 공공재개발사업

기출공략 [키워드] 주거환경개선사업

> 정비사업방식별 키워드만 학습하면 바로 정답을 찾을 수 있는 문제입니다.
>
> 32회

도시 및 주거환경정비법령상 다음의 정의에 해당하는 정비사업은? (①)

> 도시저소득 주민이 집단거주하는 지역으로서 정비기반시설이 극히 열악하고 노후·불량건축물이 과도하게 밀집한 지역의 주거환경을 개선하거나 단독주택 및 다세대주택이 밀집한 지역에서 정비기반시설과 공동이용시설 확충을 통하여 주거환경을 보전·정비·개량하기 위한 사업
>
> → 정비사업의 종류 중 주거환경개선사업에 대한 내용이다.

이론플러스 정비사업의 종류

재건축사업	정비기반시설은 양호하나 노후·불량건축물에 해당하는 공동주택이 밀집한 지역에서 주거환경을 개선하기 위한 사업
공공재건축사업	시장·군수등 또는 토지주택공사등이 재건축사업의 시행자나 재건축사업의 대행자일 것
재개발사업	정비기반시설이 열악하고 노후·불량건축물이 밀집한 지역에서 주거환경을 개선하거나 상업지역·공업지역 등에서 도시기능의 회복 및 상권활성화 등을 위하여 도시환경을 개선하기 위한 사업
공공재개발사업	특별자치시장, 특별자치도지사, 시장, 군수, 자치구의 구청장 또는 토지주택공사등이 주거환경개선사업의 시행자, 재개발사업의 시행자나 재개발사업의 대행자일 것

01 도시 및 주거환경정비법령상 아래의 사항을 모두 충족하는 정비사업은? • 18회 수정

- 정비기반시설은 양호하나 노후·불량건축물에 해당하는 공동주택이 밀집한 지역에서 주거환경을 개선하기 위한 사업
- 조합이 시행하거나 조합이 조합원의 과반수의 동의를 받아 시장·군수등, 토지주택공사등, 건설업자 또는 등록사업자와 공동으로 시행하는 사업

① 재건축사업
② 재개발사업
③ 주거환경관리사업
④ 주거환경개선사업
⑤ 도시환경정비사업

키워드 재건축사업

해설 재건축사업은 정비기반시설은 양호하나 노후·불량건축물에 해당하는 공동주택이 밀집한 지역에서 주거환경을 개선하기 위한 사업을 말한다.

정답 01 ①

02 도시 및 주거환경정비법령상 정비기반시설에 해당하지 않는 것은? (단, 주거환경개선사업을 위하여 지정·고시된 정비구역이 아님) • 24회, 28회, 34회

① 녹지
② 공공공지
③ 공용주차장
④ 소방용수시설
⑤ 공동으로 사용하는 구판장

키워드 정비기반시설

해설 공동으로 사용하는 구판장은 공동이용시설에 해당한다.

이론플러스 공동이용시설

1. 주민이 공동으로 사용하는 놀이터·마을회관·공동작업장
2. 그 밖에 대통령령으로 정하는 시설
   ㉠ 공동으로 사용하는 구판장·세탁장·화장실 및 수도
   ㉡ 탁아소·어린이집·경로당 등 노유자시설
   ㉢ 그 밖에 ㉠ 및 ㉡의 시설과 유사한 용도의 시설로서 시·도조례로 정하는 시설

03 도시 및 주거환경정비법령상 주민이 공동으로 사용하는 시설로서 공동이용시설에 해당하지 않는 것은? (단, 조례는 고려하지 않으며, 각 시설은 단독주택, 공동주택 및 제1종 근린생활시설에 해당하지 않음) • 29회

① 유치원
② 경로당
③ 탁아소
④ 놀이터
⑤ 어린이집

키워드 공동이용시설

해설 ②③④⑤ 모두 주민이 공동으로 사용하는 공동이용시설에 해당하지만, 유치원은 공동이용시설에 해당하지 않는다.

04 도시 및 주거환경정비법령상 용어의 정의에 관한 설명으로 틀린 것은? • 23회 수정

① 건축물이 훼손되었거나 일부가 멸실되어 붕괴 그 밖의 안전사고의 우려가 있는 건축물은 노후·불량건축물에 해당한다.
② '주거환경개선사업'이라 함은 정비기반시설은 양호하나 노후·불량건축물에 해당하는 공동주택이 밀집한 지역에서 주거환경을 개선하기 위한 사업을 말한다.
③ 도로, 상하수도, 공원, 공용주차장은 정비기반시설에 해당한다.
④ 재개발사업의 정비구역에 소재한 토지의 지상권자는 토지등소유자에 해당한다.
⑤ '공동이용시설'이란 주민이 공동으로 사용하는 놀이터·마을회관·공동작업장, 그 밖에 대통령령으로 정하는 시설을 말한다.

키워드 용어의 정의

해설 '재건축사업'이라 함은 정비기반시설은 양호하나 노후·불량건축물에 해당하는 공동주택이 밀집한 지역에서 주거환경을 개선하기 위한 사업을 말한다.

이론플러스 주거환경개선사업

도시저소득 주민이 집단거주하는 지역으로서 정비기반시설이 극히 열악하고 노후·불량건축물이 과도하게 밀집한 지역의 주거환경을 개선하거나 단독주택 및 다세대주택이 밀집한 지역에서 정비기반시설과 공동이용시설 확충을 통하여 주거환경을 보전·정비·개량하기 위한 사업을 말한다.

정답 02 ⑤ 03 ① 04 ②

05 도시 및 주거환경정비법령상 '토지등소유자'에 해당하지 않는 자는? • 35회

① 주거환경개선사업 정비구역에 위치한 건축물의 소유자
② 재개발사업 정비구역에 위치한 토지의 지상권자
③ 재개발사업 정비구역에 위치한 건축물의 소유자
④ 재건축사업 정비구역에 위치한 건축물 및 그 부속토지의 소유자
⑤ 재건축사업 정비구역에 위치한 건축물 부속토지의 지상권자

키워드 토지등소유자

해설 '토지등소유자'란 다음의 어느 하나에 해당하는 자를 말한다. 다만, 「자본시장과 금융투자업에 관한 법률」에 따른 신탁업자가 사업시행자로 지정된 경우 토지등소유자가 정비사업을 목적으로 신탁업자에게 신탁한 토지 또는 건축물에 대하여는 위탁자를 토지등소유자로 본다.

> 1. 주거환경개선사업 및 재개발사업의 경우에는 정비구역에 위치한 토지 또는 건축물의 소유자 또는 그 지상권자
> 2. 재건축사업의 경우에는 정비구역에 위치한 건축물 및 그 부속토지의 소유자

정답 05 ⑤

CHAPTER 02 기본계획 수립 및 정비구역 지정

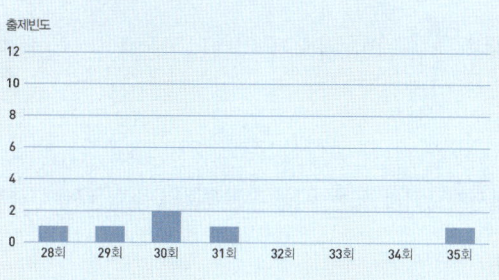

▎8개년 출제 문항 수
총 40문제 中 평균 약 1문제 출제

▎이 단원을 공략하고 싶다면?
개발계획의 수립, 안전진단, 정비계획의 입안, 허가대상 개발행위, 정비구역의 지정 및 해제 위주로 학습하자

↳ 기본서 [부동산공법] pp. 299~320

제1절 도시·주거환경정비기본계획(기본계획)

대표기출 1 | 2018년 제29회 A형 57번 문제 수정 | 난이도 중

도시 및 주거환경정비법령상 도시·주거환경정비기본계획(이하 '기본계획'이라 함)의 수립에 관한 설명으로 **틀린** 것은?

① 도지사가 대도시가 아닌 시로서 기본계획을 수립할 필요가 없다고 인정하는 시에 대하여는 기본계획을 수립하지 아니할 수 있다.
② 국토교통부장관은 기본계획에 대하여 5년마다 타당성을 검토하여 그 결과를 기본계획에 반영하여야 한다.
③ 기본계획의 수립권자는 기본계획을 수립하려는 경우 14일 이상 주민에게 공람하여 의견을 들어야 한다.
④ 기본계획에는 사회복지시설 및 주민문화시설 등의 설치계획이 포함되어야 한다.
⑤ 대도시의 시장이 아닌 시장은 기본계획의 내용 중 정비사업의 계획기간을 단축하는 경우 도지사의 변경승인을 받지 아니할 수 있다.

기출공략 [키워드] 도시·주거환경정비기본계획의 수립

도시·주거환경정비기본계획의 수립에 관한 전반적인 내용을 알아야 정답을 찾을 수 있는 문제입니다.

29회

도시 및 주거환경정비법령상 도시·주거환경정비기본계획(이하 '기본계획'이라 함)의 수립에 관한 설명으로 틀린 것은? (②)

① 도지사가 대도시가 아닌 시로서 기본계획을 수립할 필요가 없다고 인정하는 시에 대하여는 기본계획을 수립하지 아니할 수 있다. (O)

② ~~국토교통부장관~~은 기본계획에 대하여 5년마다 타당성을 검토하여 그 결과를 기본
→ 특별시장·광역시장·특별자치시장·특별자치도지사 또는 시장(기본계획의 수립권자)
계획에 반영하여야 한다. (×)

③ 기본계획의 수립권자는 기본계획을 수립하려는 경우 14일 이상 주민에게 공람하여 의견을 들어야 한다. (O)

④ 기본계획에는 사회복지시설 및 주민문화시설 등의 설치계획이 포함되어야 한다. (O)

⑤ 대도시의 시장이 아닌 시장은 기본계획의 내용 중 정비사업의 계획기간을 단축하는 경우 도지사의 변경승인을 받지 아니할 수 있다. (O)

이론플러스 도시·주거환경정비기본계획의 수립

수립권자	원칙	특별시장·광역시장·특별자치시장·특별자치도지사 또는 시장은 관할 구역에 대하여 도시·주거환경정비기본계획(이하 '기본계획')을 10년 단위로 수립하여야 한다.
	예외	도지사가 대도시가 아닌 시로서 기본계획을 수립할 필요가 없다고 인정하는 시에 대하여는 기본계획을 수립하지 아니할 수 있다.
타당성 검토		특별시장·광역시장·특별자치시장·특별자치도지사 또는 시장(이하 '기본계획의 수립권자')은 기본계획에 대하여 5년마다 타당성을 검토하여 그 결과를 기본계획에 반영하여야 한다.

01 상

도시 및 주거환경정비법령상 도시·주거환경정비기본계획을 변경할 때 지방의회의 의견청취를 생략할 수 있는 경우가 아닌 것은? • 30회

① 공동이용시설에 대한 설치계획을 변경하는 경우
② 정비사업의 계획기간을 단축하는 경우
③ 사회복지시설 및 주민문화시설 등에 대한 설치계획을 변경하는 경우
④ 구체적으로 명시된 정비예정구역 면적의 25%를 변경하는 경우
⑤ 정비사업의 시행을 위하여 필요한 재원조달에 관한 사항을 변경하는 경우

키워드 도시·주거환경정비기본계획의 변경

해설 구체적으로 명시된 정비예정구역의 면적을 20% 미만의 범위에서 변경하는 경우 도시·주거환경정비기본계획을 변경할 때 지방의회의 의견청취를 생략할 수 있다.

02 중

도시 및 주거환경정비법령상 도시·주거환경정비기본계획(이하 '기본계획'이라 함)의 수립에 관한 설명으로 틀린 것은? • 26회 수정

① 대도시가 아닌 시의 경우 도지사가 기본계획의 수립이 필요하다고 인정하는 시를 제외하고는 기본계획을 수립하지 아니할 수 있다.
② 기본계획을 수립하고자 하는 때에는 14일 이상 주민에게 공람하고 지방의회의 의견을 들어야 한다.
③ 대도시의 시장이 아닌 시장이 기본계획을 수립한 때에는 도지사의 승인을 얻어야 한다.
④ 기본계획을 수립한 때에는 지체 없이 당해 지방자치단체의 공보에 고시하여야 한다.
⑤ 기본계획에 대하여는 3년마다 타당성을 검토하여 그 결과를 기본계획에 반영하여야 한다.

키워드 도시·주거환경정비기본계획의 수립

해설 특별시장·광역시장·특별자치시장·특별자치도지사 또는 시장(기본계획의 수립권자)은 기본계획에 대하여 5년마다 타당성을 검토하여 그 결과를 기본계획에 반영하여야 한다.

정답 01 ④ 02 ⑤

03 도시 및 주거환경정비법령상 도시·주거환경정비기본계획(이하 '기본계획'이라 함)의 수립에 관한 설명으로 틀린 것은?
• 27회

① 기본계획의 작성방법은 국토교통부장관이 정한다.
② 대도시의 시장이 아닌 시장은 기본계획의 내용 중 단계별 정비사업추진계획을 변경하는 때에는 도지사의 승인을 얻지 않아도 된다.
③ 기본계획에 생활권별 기반시설 설치계획이 포함된 경우에는 기본계획에 포함되어야 할 사항 중 주거지 관리계획이 생략될 수 있다.
④ 대도시의 시장은 지방도시계획위원회의 심의를 거치기 전에 관계 행정기관의 장과 협의하여야 한다.
⑤ 도지사가 기본계획을 수립할 필요가 없다고 인정하는 대도시가 아닌 시는 기본계획을 수립하지 아니할 수 있다.

키워드 도시·주거환경정비기본계획의 수립

해설 기본계획의 수립권자는 기본계획에 '생활권의 설정, 생활권별 기반시설 설치계획 및 주택수급계획, 생활권별 주거지의 정비·보전·관리의 방향'의 사항을 포함하는 경우에는 '정비예정구역의 개략적 범위와 단계별 정비사업추진계획'의 사항을 생략할 수 있다.

제2절 정비계획의 입안 및 정비구역의 지정

대표기출 2 2017년 제28회 A형 59번 문제 수정 | 난이도 ❸

도시 및 주거환경정비법령상 재건축사업을 위한 재건축진단(2024.12.3.개정, 2025.6.4.시행)에 관한 설명으로 틀린 것은?

① 시장·군수등은 정비예정구역별 정비계획의 수립시기가 도래한 때부터 사업시행계획인가 전까지 재건축진단을 실시하여야 한다.
② 시장·군수등은 재건축진단의 결과와 도시계획 및 지역여건 등을 종합적으로 검토하여 사업시행계획인가 여부를 결정하여야 한다.
③ 시장·군수등은 대통령령으로 정하는 재건축진단기관에 의뢰하여 주거환경 적합성, 해당 건축물의 구조안정성, 건축마감, 설비노후도 등에 관한 재건축진단을 실시하여야 한다.
④ 특별시장·광역시장·특별자치시장·도지사·특별자치도지사(이하 '시·도지사'라 한다)는 필요한 경우 국토안전관리원 또는 한국건설기술연구원에 재건축진단 결과의 적정성 여부에 대한 검토를 의뢰할 수 있다.
⑤ 시장·군수등(특별자치시장 및 특별자치도지사는 제외한다)은 재건축진단 결과보고서를 제출받은 경우에는 지체 없이 국토교통부장관에게 결정 내용과 해당 재건축진단 결과보고서를 제출하여야 한다.

기출공략 [키워드] 재건축사업의 재건축진단

재건축사업의 재건축진단 내용을 학습하면 바로 정답을 찾을 수 있는 문제입니다.

28회

정답 03 ③

도시 및 주거환경정비법령상 재건축사업을 위한 재건축진단(2024.12.3.개정, 2025.6. 4.시행)에 관한 설명으로 틀린 것은? (⑤)

① 시장·군수등은 정비예정구역별 정비계획의 수립시기가 도래한 때부터 사업시행계획인가 전까지 재건축진단을 실시하여야 한다. (O)

② 시장·군수등은 재건축진단의 결과와 도시계획 및 지역여건 등을 종합적으로 검토하여 사업시행계획인가 여부를 결정하여야 한다. (O)

③ 시장·군수등은 대통령령으로 정하는 재건축진단기관에 의뢰하여 주거환경 적합성, 해당 건축물의 구조안정성, 건축마감, 설비노후도 등에 관한 재건축진단을 실시하여야 한다. (O)

④ 특별시장·광역시장·특별자치시장·도지사·특별자치도지사(이하 '시·도지사'라 한다)는 필요한 경우 국토안전관리원 또는 한국건설기술연구원에 재건축진단 결과의 적정성 여부에 대한 검토를 의뢰할 수 있다. (O)

⑤ 시장·군수등(특별자치시장 및 특별자치도지사는 제외한다)은 재건축진단 결과보고서를 제출받은 경우에는 지체 없이 ~~국토교통부장관~~에게 결정 내용과 해당 재건축진단
→ 특별시장·광역시장·도지사

결과보고서를 제출하여야 한다. (×)

| 이론플러스 | 재건축진단의 실시 |

원칙	시장·군수등은 정비예정구역별 정비계획의 수립시기가 도래한 때부터 사업시행계획인가 전까지 재건축진단을 실시하여야 한다.
예외	정비계획의 입안권자는 다음의 어느 하나에 해당하는 경우에는 재건축진단을 실시하여야 한다. 이 경우 시장·군수등은 재건축진단에 드는 비용을 해당 재건축진단의 실시를 요청하는 자에게 부담하게 할 수 있다. ㉠ 정비계획의 입안을 요청하려는 자가 입안을 요청하기 전에 해당 정비예정구역 또는 사업예정구역에 위치한 건축물 및 그 부속토지의 소유자 10분의 1 이상의 동의를 받아 재건축진단의 실시를 요청하는 경우 ㉡ 정비계획의 입안을 제안하려는 자가 입안을 제안하기 전에 해당 정비예정구역에 위치한 건축물 및 그 부속토지의 소유자 10분의 1 이상의 동의를 받아 재건축진단의 실시를 요청하는 경우 ㉢ 정비예정구역을 지정하지 아니한 지역에서 재건축사업을 하려는 자가 사업예정구역에 있는 건축물 및 그 부속토지의 소유자 10분의 1 이상의 동의를 받아 재건축진단의 실시를 요청하는 경우 ㉣ 내진성능이 확보되지 아니한 건축물 중 중대한 기능적 결함 또는 부실 설계·시공으로 구조적 결함 등이 있는 건축물로서 대통령령으로 정하는 건축물의 소유자로서 재건축사업을 시행하려는 자가 해당 사업예정구역에 위치한 건축물 및 그 부속토지의 소유자 10분의 1 이상의 동의를 받아 재건축진단의 실시를 요청하는 경우 ㉤ 정비계획을 입안하여 주민에게 공람한 지역 또는 정비구역으로 지정된 지역에서 재건축사업을 시행하려는 자가 해당구역에 위치한 건축물 및 그 부속토지의 소유자 10분의 1 이상의 동의를 받아 재건축진단의 실시를 요청하는 경우 ㉥ 시장·군수등의 승인을 받은 조합설립추진위원회 또는 사업시행자가 재건축진단의 실시를 요청하는 경우

04 ⓒ 도시 및 주거환경정비법령상 임대주택 및 주택규모별 건설비율에 관한 규정의 일부이다. ( )에 들어 갈 숫자로 옳은 것은?
• 35회

> 정비계획의 입안권자는 주택수급의 안정과 저소득 주민의 입주기회 확대를 위하여 정비사업으로 건설하는 주택에 대하여 다음 각 호의 구분에 따른 범위에서 국토교통부장관이 정하여 고시하는 임대주택 및 주택규모별 건설비율 등을 정비계획에 반영하여야 한다.
> 1. 「주택법」에 따른 국민주택규모의 주택이 전체 세대수의 100분의 (㉠) 이하에서 대통령령으로 정하는 범위
> 2. 공공임대주택 및 「민간임대주택에 관한 특별법」에 따른 민간임대주택이 전체 세대수 또는 전체 연면적의 100분의 (㉡) 이하에서 대통령령으로 정하는 범위

① ㉠: 80, ㉡: 20
② ㉠: 80, ㉡: 30
③ ㉠: 80, ㉡: 50
④ ㉠: 90, ㉡: 30
⑤ ㉠: 90, ㉡: 50

키워드 임대주택 및 주택규모별 건설비율

해설 정비계획의 입안권자는 주택수급의 안정과 저소득 주민의 입주기회 확대를 위하여 정비사업으로 건설하는 주택에 대하여 다음의 구분에 따른 범위에서 국토교통부장관이 정하여 고시하는 임대주택 및 주택규모별 건설비율 등을 정비계획에 반영하여야 한다.
1. 「주택법」에 따른 국민주택규모의 주택이 전체 세대수의 100분의 (㉠ 90) 이하에서 대통령령으로 정하는 범위
2. 공공임대주택 및 「민간임대주택에 관한 특별법」에 따른 민간임대주택이 전체 세대수 또는 전체 연면적의 100분의 (㉡ 30) 이하에서 대통령령으로 정하는 범위

정답 04 ④

05 도시 및 주거환경정비법령상 재건축사업을 위한 재건축진단에 관한 설명으로 옳은 것은?

• 22회 수정

① 재건축진단의 실시를 요청하려면 정비계획의 입안을 제안하려는 자가 입안을 제안하기 전에 해당 정비예정구역에 위치한 건축물 및 그 부속토지의 소유자 3분의 1 이상의 동의를 받아야 한다.
② 주택의 구조안전상 사용금지가 필요하다고 시장·군수등이 인정할 때에는 재건축진단을 실시하여야 한다.
③ 「국토안전관리원법」에 따른 국토안전관리원은 재건축사업의 재건축진단을 할 수 있다.
④ 정비계획의 입안권자가 천재지변 등으로 주택이 붕괴되어 신속히 재건축을 추진할 필요가 있다고 인정할 때에는 재건축진단을 실시하여야 한다.
⑤ 정비계획의 입안권자는 수익자부담의 원칙에 의하여 재건축진단에 드는 비용을 원칙적으로 부담하지 않는다.

키워드 재건축사업의 재건축진단

해설 ① 재건축진단의 실시를 요청하려면 정비계획의 입안을 제안하려는 자가 입안을 제안하기 전에 해당 정비예정구역에 위치한 건축물 및 그 부속토지의 소유자 10분의 1 이상의 동의를 받아야 한다.
② 주택의 구조안전상 사용금지가 필요하다고 시장·군수등(정비계획의 입안권자)이 인정할 때에는 재건축진단을 실시하지 않아도 된다.
④ 정비계획의 입안권자가 천재지변 등으로 주택이 붕괴되어 신속히 재건축을 추진할 필요가 있다고 인정하는 경우에는 재건축진단을 실시하지 않아도 된다.
⑤ 시장·군수등은 정비예정구역별 정비계획의 수립시기가 도래한 때부터 사업시행계획인가 전까지 재건축진단을 실시하여야 한다. 이 경우 재건축진단에 드는 비용은 재건축진단을 실시하는 시장·군수등이 부담하는 것이 원칙이다. 다만, 시장·군수등에게 재건축진단의 실시를 요청하는 경우에는 그 실시를 요청하는 자에게 재건축진단에 드는 비용을 부담하게 할 수 있다.

06 도시 및 주거환경정비법령상 도시·주거환경정비기본계획(이하 '기본계획'이라 함) 및 정비계획에 관한 설명으로 옳은 것은?
• 22회

① 정비계획에 대한 주민공람의 대상에서 세입자는 제외된다.
② 건축물의 건축선에 관한 계획은 기본계획에 포함되어야 한다.
③ 시·군은 기본계획을 5년 단위로 수립하여야 한다.
④ 건폐율·용적률 등에 관한 건축물의 밀도계획은 기본계획에 포함되지 않는다.
⑤ 기본계획의 내용 중 공동이용시설에 대한 설치계획을 변경하는 경우에는 지방도시계획위원회의 심의를 거치지 않아도 된다.

키워드 기본계획 및 정비계획

해설 ① 정비계획에 대한 주민공람의 대상에 세입자도 포함된다.
② 건축물의 건축선에 관한 계획은 정비계획에 포함되어야 한다.
③ 특별시장·광역시장·특별자치시장·특별자치도지사 또는 시장은 관할 구역에 대하여 도시·주거환경정비기본계획(이하 '기본계획'이라 함)을 10년 단위로 수립하여야 하며, 군은 기본계획의 수립대상에 해당하지 않는다.
④ 건폐율·용적률 등에 관한 건축물의 밀도계획은 기본계획에 포함된다.

07 도시 및 주거환경정비법령상 시장·군수가 정비구역 지정을 위하여 직접 정비계획을 입안하는 경우 조사·확인하여야 하는 사항으로 명시되어 있지 <u>않은</u> 것은? (단, 조례는 고려하지 않음)
• 31회

① 주민 또는 산업의 현황
② 관계 중앙행정기관의 장의 의견
③ 건축물의 소유현황
④ 토지 및 건축물의 가격
⑤ 정비구역 및 주변지역의 교통상황

키워드 정비계획

해설 특별시장·광역시장·특별자치시장·특별자치도지사·시장·군수 또는 구청장은 정비구역 지정을 위하여 직접 정비계획을 입안하는 경우 '주민 또는 산업의 현황, 토지 및 건축물의 이용과 소유현황, 도시·군계획시설 및 정비기반시설의 설치현황, 정비구역 및 주변지역의 교통상황, 토지 및 건축물의 가격과 임대차현황, 정비사업의 시행계획 및 시행방법 등에 대한 주민의 의견' 등을 조사·확인하여야 한다. 관계 중앙행정기관의 장의 의견은 시장·군수가 정비구역 지정을 위하여 직접 정비계획을 입안하는 경우 조사·확인하여야 하는 사항으로 명시되어 있지 않다.

정답 05 ③ 06 ⑤ 07 ②

08 도시 및 주거환경정비법령상 정비구역에서의 행위제한에 관한 설명으로 <u>틀린</u> 것은?

• 20회 수정

① 이동이 쉽지 아니한 물건을 1개월 이상 쌓아놓는 행위는 시장·군수등의 허가를 받아야 한다.
② 허가권자가 행위허가를 하고자 하는 경우로서 시행자가 있는 경우에는 미리 그 시행자의 의견을 들어야 한다.
③ 허가받은 사항을 변경하고자 하는 때에는 시장·군수등에게 신고하여야 한다.
④ 허가를 받아야 하는 행위로서 정비구역의 지정·고시 당시 이미 관계법령에 따라 행위허가를 받아 공사에 착수한 자는 정비구역의 지정·고시된 날부터 30일 이내에 시장·군수등에게 신고한 후 이를 계속 시행할 수 있다.
⑤ 정비구역에서 허가를 받은 행위는 「국토의 계획 및 이용에 관한 법률」에 따른 개발행위허가를 받은 것으로 본다.

키워드 정비구역에서의 행위제한
해설 정비구역에서 개발행위를 하려는 자는 시장·군수등의 허가를 받아야 하며, 허가받은 사항을 변경하려는 때에도 허가를 받아야 한다.

09 도시 및 주거환경정비법령상 정비구역에서 시장·군수등의 허가를 받아야 하는 행위는? (단, 국토의 계획 및 이용에 관한 법률에 따른 개발행위허가의 대상이 아님)

• 22회 수정

① 농산물의 생산에 직접 이용되는 탈곡장의 설치
② 농산물의 생산에 직접 이용되는 비닐하우스의 설치
③ 경작을 위한 토지의 형질변경
④ 경작지에서의 관상용 죽목의 임시식재
⑤ 농산물의 생산에 직접 이용되는 종묘배양장의 설치

키워드 정비구역에서의 행위제한
해설 정비구역에서 경작지에서의 관상용 죽목의 임시식재를 하려는 자는 시장·군수등의 허가를 받아야 하지만, '농산물의 생산에 직접 이용되는 탈곡장의 설치, 농산물의 생산에 직접 이용되는 비닐하우스의 설치, 경작을 위한 토지의 형질변경, 농산물의 생산에 직접 이용되는 종묘배양장의 설치' 행위는 허가를 받지 아니하고 할 수 있다.

10 도시 및 주거환경정비법령상 정비구역에서의 행위 중 시장·군수등의 허가를 받아야 하는 것을 모두 고른 것은? (단, 재해복구 또는 재난수습과 관련 없는 행위임)

• 25회 수정

> ㉠ 가설건축물의 건축
> ㉡ 죽목의 벌채
> ㉢ 공유수면의 매립
> ㉣ 이동이 쉽지 아니한 물건을 1개월 이상 쌓아놓는 행위

① ㉠, ㉡
② ㉢, ㉣
③ ㉠, ㉡, ㉢
④ ㉡, ㉢, ㉣
⑤ ㉠, ㉡, ㉢, ㉣

키워드 정비구역에서의 행위제한

해설 정비구역에서 '건축물(가설건축물 포함)의 건축 등, 공작물의 설치, 토지의 형질변경(공유수면의 매립 등), 토석의 채취, 토지분할, 물건을 쌓아놓는 행위, 죽목의 벌채 및 식재'의 어느 하나에 해당하는 행위를 하려는 자는 시장·군수등의 허가를 받아야 한다.

11 도시 및 주거환경정비법령상 정비구역의 지정권자가 정비구역 등을 해제하여야 하는 사유로서 바르지 못한 것은?

• 24회 수정

① 재개발사업에서 토지등소유자가 정비구역으로 지정·고시된 날부터 2년이 되는 날까지 추진위원회의 승인을 신청하지 아니하는 경우(법 제31조 제2항 1호에 따라 추진위원회를 구성하는 경우로 한정한다)
② 재개발사업에서 토지등소유자가 정비구역으로 지정·고시된 날부터 3년이 되는 날까지 조합설립인가를 신청하지 아니하는 경우(법 제31조 제7항에 따라 추진위원회를 구성하지 아니하는 경우로 한정한다)
③ 재건축사업에서 조합이 조합설립인가를 받은 날부터 3년이 되는 날까지 사업시행계획인가를 신청하지 아니하는 경우
④ 정비예정구역에 대하여 기본계획에서 정한 정비구역 지정 예정일부터 3년이 되는 날까지 특별자치시장, 특별자치도지사, 시장 또는 군수가 정비구역을 지정하지 아니하거나 구청장등이 정비구역의 지정을 신청하지 아니하는 경우
⑤ 토지등소유자가 시행하는 재개발사업으로서 토지등소유자가 정비구역으로 지정·고시된 날부터 3년이 되는 날까지 사업시행계획인가를 신청하지 아니하는 경우

키워드 정비구역 등을 해제하여야 하는 사유

해설 토지등소유자가 시행하는 재개발사업으로서 토지등소유자가 정비구역으로 지정·고시된 날부터 5년이 되는 날까지 사업시행계획인가를 신청하지 아니하는 경우에는 지정권자가 정비구역 등을 해제하여야 한다.

12 도시 및 주거환경정비법령상 도시·주거환경정비기본계획의 수립 및 정비구역의 지정에 관한 설명으로 틀린 것은?
• 30회

① 기본계획의 수립권자는 기본계획을 수립하려는 경우에는 14일 이상 주민에게 공람하여 의견을 들어야 한다.
② 기본계획의 수립권자는 기본계획을 수립한 때에는 지체 없이 이를 해당 지방자치단체의 공보에 고시하고 일반인이 열람할 수 있도록 하여야 한다.
③ 정비구역의 지정권자는 정비구역의 진입로 설치를 위하여 필요한 경우에는 진입로 지역과 그 인접지역을 포함하여 정비구역을 지정할 수 있다.
④ 정비구역에서는 「주택법」에 따른 지역주택조합의 조합원을 모집해서는 아니 된다.
⑤ 정비구역에서 이동이 쉽지 아니한 물건을 14일 동안 쌓아두기 위해서는 시장·군수등의 허가를 받아야 한다.

키워드 기본계획의 수립 및 정비구역의 지정

해설 정비구역에서 이동이 쉽지 아니한 물건을 1개월 이상 쌓아놓는 행위를 하려는 자는 시장·군수등의 허가를 받아야 한다. 허가받은 사항을 변경하려는 때에도 또한 같다.

정답 11 ⑤ 12 ⑤

CHAPTER 03 정비사업

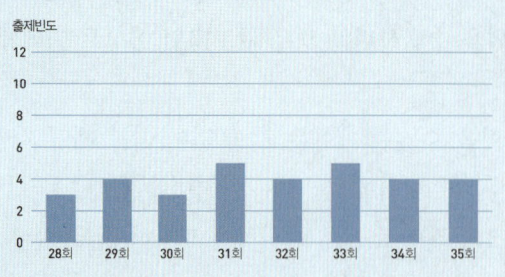

▌8개년 출제 문항 수
총 40문제 中 평균 약 4문제 출제

▌이 단원을 공략하고 싶다면?
정비사업의 시행방법과 관리처분계획의 출제 비율이 높고, 사업시행자도 자주 출제되므로 꼼꼼히 학습하자

↳ 기본서 [부동산공법] pp. 321~381

제1절 정비사업의 시행방법

대표기출 1 | 2018년 제29회 A형 62번 문제 | 난이도 중

도시 및 주거환경정비법령상 정비사업의 시행방법으로 옳은 것만을 모두 고른 것은?

㉠ 주거환경개선사업: 사업시행자가 환지로 공급하는 방법
㉡ 주거환경개선사업: 사업시행자가 정비구역에서 인가받은 관리처분계획에 따라 주택, 부대시설·복리시설 및 오피스텔을 건설하여 공급하는 방법
㉢ 재개발사업: 정비구역에서 인가받은 관리처분계획에 따라 건축물을 건설하여 공급하는 방법

① ㉠
② ㉡
③ ㉠, ㉢
④ ㉡, ㉢
⑤ ㉠, ㉡, ㉢

기출공략 [키워드] 정비사업의 시행방법

정비사업의 시행방법에 대한 내용을 정확하게 알고 있어야 정답을 찾을 수 있습니다.

28회, 29회, 30회, 35회

도시 및 주거환경정비법령상 정비사업의 시행방법으로 옳은 것만을 모두 고른 것은? (③)

㉠ 주거환경개선사업: 사업시행자가 환지로 공급하는 방법 (○)
㉡ ~~주거환경개선사업~~: 사업시행자가 정비구역에서 인가받은 관리처분계획에 따라 주택, 부
  → 재건축사업
  대시설·복리시설 및 오피스텔을 건설하여 공급하는 방법 (×)
㉢ 재개발사업: 정비구역에서 인가받은 관리처분계획에 따라 건축물을 건설하여 공급하는
  방법 (○)

이론플러스 정비사업의 시행방법

정비사업	시행방법	
주거환경 개선사업	주거환경개선사업은 다음의 어느 하나에 해당하는 방법 또는 이를 혼용하는 방법으로 한다.	
	ⓐ 사업시행자가 정비구역에서 정비기반시설 및 공동이용시설을 새로 설치하거나 확대하고 토지등소유자가 스스로 주택을 보전·정비하거나 개량하는 방법	현지개량방법
	ⓑ 사업시행자가 정비구역의 전부 또는 일부를 수용하여 주택을 건설한 후 토지등소유자에게 우선 공급하거나 대지를 토지등소유자 또는 토지등소유자 외의 자에게 공급하는 방법	수용방법
	ⓒ 사업시행자가 환지로 공급하는 방법	환지방법
	ⓓ 사업시행자가 정비구역에서 인가받은 관리처분계획에 따라 주택 및 부대시설·복리시설을 건설하여 공급하는 방법	관리처분방법
재개발사업	정비구역에서 인가받은 관리처분계획에 따라 건축물을 건설하여 공급하거나 환지로 공급하는 방법으로 한다.	관리처분방법· 환지방법
재건축사업	정비구역에서 인가받은 관리처분계획에 따라 주택, 부대시설·복리시설 및 오피스텔을 건설하여 공급하는 방법으로 한다.	관리처분방법

01

도시 및 주거환경정비법령상 정비사업의 시행방법으로 허용되지 <u>않는</u> 것은?

• 20회, 35회

① 주거환경개선사업: 환지로 공급하는 방법
② 주거환경개선사업: 인가받은 관리처분계획에 따라 주택 및 부대시설·복리시설을 건설하여 공급하는 방법
③ 재개발사업: 인가받은 관리처분계획에 따라 건축물을 건설하여 공급하는 방법
④ 재개발사업: 환지로 공급하는 방법
⑤ 재건축사업:「국토의 계획 및 이용에 관한 법률」에 따른 일반주거지역인 정비구역에서 인가받은 관리처분계획에 따라「건축법」에 따른 오피스텔을 건설하여 공급하는 방법

키워드 정비사업의 시행방법

해설 재건축사업은 정비구역에서 인가받은 관리처분계획에 따라 주택, 부대시설·복리시설 및 오피스텔을 건설하여 공급하는 방법으로 하며, 오피스텔을 건설하여 공급하는 경우에는「국토의 계획 및 이용에 관한 법률」에 따른 준주거지역 및 상업지역에서만 건설할 수 있다.

02

도시 및 주거환경정비법령상 다음 (   )에 들어갈 내용으로 옳은 것은?

• 19회 수정

> 주거환경개선사업은 정비구역 지정을 위한 공람공고일 현재 해당 정비예정구역의 토지 또는 건축물의 소유자 또는 지상권자의 (㉠) 이상의 동의와 세입자 세대수 (㉡)의 동의를 각각 받아 시장·군수등이 직접 시행하거나 토지주택공사등을 사업시행자로 지정하여 이를 시행하게 할 수 있다. 다만, 세입자의 세대수가 토지등소유자의 (㉢) 이하인 경우 등 대통령령으로 정하는 사유가 있는 경우에는 세입자의 동의절차를 거치지 아니할 수 있다.

	㉠	㉡	㉢
①	2분의 1	과반수	2분의 1
②	2분의 1	3분의 2	3분의 1
③	3분의 2	과반수	3분의 1
④	3분의 2	과반수	2분의 1
⑤	3분의 2	3분의 2	3분의 1

> **키워드** 주거환경개선사업
>
> **해설** 주거환경개선사업은 정비구역 지정을 위한 공람공고일 현재 해당 정비예정구역의 토지 또는 건축물의 소유자 또는 지상권자의 (㉠ 3분의 2) 이상의 동의와 세입자(공람공고일 3개월 전부터 해당 정비예정구역에 3개월 이상 거주하고 있는 자를 말함) 세대수 (㉡ 과반수)의 동의를 각각 받아 시장·군수등이 직접 시행하거나 토지주택공사등을 사업시행자로 지정하여 이를 시행하게 할 수 있다. 다만, 세입자의 세대수가 토지등소유자의 (㉢ 2분의 1) 이하인 경우 등 대통령령으로 정하는 사유가 있는 경우에는 세입자의 동의절차를 거치지 아니할 수 있다.

03 도시 및 주거환경정비법령상 주거환경개선사업에 관한 설명으로 옳은 것만을 모두 고른 것은?

• 28회 수정

> ㉠ 시장·군수등은 세입자의 세대수가 토지등소유자의 2분의 1인 경우 세입자의 동의절차 없이 토지주택공사등을 사업시행자로 지정할 수 있다.
> ㉡ 사업시행자는 '정비구역에서 정비기반시설을 새로 설치하거나 확대하고 토지등소유자가 스스로 주택을 개량하는 방법' 및 '환지로 공급하는 방법'을 혼용할 수 있다.
> ㉢ 사업시행자는 사업의 시행으로 철거되는 주택의 소유자 또는 세입자에게 해당 정비구역 안과 밖에 위치한 임대주택 등의 시설에 임시로 거주하게 하거나 주택자금의 융자를 알선하는 등 임시거주에 상응하는 조치를 하여야 한다.

① ㉠
② ㉠, ㉡
③ ㉠, ㉢
④ ㉡, ㉢
⑤ ㉠, ㉡, ㉢

> **키워드** 주거환경개선사업
>
> **해설** ㉠㉡㉢ 모두 옳은 내용이다.
>
> **이론플러스** 주거환경개선사업은 토지등소유자가 스스로 주택을 보전·정비하거나 개량하는 방법, 정비구역의 전부 또는 일부를 수용하여 공급하는 방법, 인가받은 관리처분계획에 따라 주택 및 부대시설·복리시설을 건설하여 공급하는 방법, 환지로 공급하는 방법 또는 이를 혼용하는 방법으로 시행할 수 있다.

정답 01 ⑤ 02 ④ 03 ⑤

04 상

도시 및 주거환경정비법령상 군수가 직접 재개발사업을 시행할 수 있는 사유에 해당하지 <u>않는</u> 것은?
• 26회 수정

① 해당 정비구역의 토지면적 2분의 1 이상의 토지소유자와 토지등소유자의 3분의 2 이상에 해당하는 자가 군수의 직접 시행을 요청하는 때
② 해당 정비구역의 국공유지 면적이 전체 토지면적의 3분의 1 이상으로서 토지등소유자의 과반수가 군수의 직접 시행에 동의하는 때
③ 순환정비방식으로 정비사업을 시행할 필요가 있다고 인정하는 때
④ 천재지변, 그 밖의 불가피한 사유로 긴급하게 정비사업을 시행할 필요가 있다고 인정하는 때
⑤ 고시된 정비계획에서 정한 정비사업시행 예정일부터 2년 이내에 사업시행계획인가를 신청하지 아니한 때

키워드 군수가 직접 재개발사업을 시행할 수 있는 사유

해설 해당 정비구역의 국공유지 면적이 전체 토지면적의 2분의 1 이상으로서 토지등소유자의 과반수가 군수의 직접 시행에 동의하는 때에는 군수가 직접 재개발사업을 시행할 수 있다.

05 도시 및 주거환경정비법령상 재개발사업의 시공자 선정에 관한 설명으로 틀린 것은?

• 26회 수정

① 토지등소유자가 사업을 시행하는 경우에는 경쟁입찰의 방법으로 시공자를 선정해야 한다.
② 시장·군수등이 직접 정비사업을 시행하는 경우 사업시행자 지정·고시 후 경쟁입찰 또는 수의계약의 방법으로 건설업자 또는 등록사업자를 시공자로 선정하여야 한다.
③ 조합은 조합설립인가를 받은 후 조합총회에서 경쟁입찰 또는 수의계약(2회 이상 경쟁입찰이 유찰된 경우로 한정한다)의 방법으로 건설업자 또는 등록사업자를 시공자로 선정하여야 한다.
④ 조합원 100명 이하인 정비사업의 경우 조합총회에서 정관으로 정하는 바에 따라 시공자를 선정할 수 있다.
⑤ 사업시행자는 선정된 시공자와 공사에 관한 계약을 체결할 때에는 기존 건축물의 철거공사에 관한 사항을 포함하여야 한다.

키워드 재개발사업의 시공자 선정

해설 토지등소유자가 재개발사업을 시행하는 경우에는 사업시행계획인가를 받은 후 규약에 따라 건설업자 또는 등록사업자를 시공자로 선정하여야 한다.

정답 04 ② 05 ①

제2절 조합설립추진위원회 및 조합

대표기출 2 | 2015년 제26회 A형 62번 문제 수정 | 난이도 중

도시 및 주거환경정비법령상 조합의 설립에 관한 설명으로 옳은 것은?

① 조합설립인가를 받은 경우에는 따로 등기를 하지 않아도 조합이 성립된다.
② 조합임원은 같은 목적의 정비사업을 하는 다른 조합의 임원을 겸할 수 있다.
③ 재건축사업은 조합을 설립하지 않고 토지등소유자가 직접 시행할 수 있다.
④ 추진위원회의 구성에 동의한 토지등소유자는 조합의 설립에 동의한 것으로 본다.
⑤ 조합임원이 결격사유에 해당하여 퇴임한 경우 그 임원이 퇴임 전에 관여한 행위는 효력을 잃는다.

> **기출공략** [키워드] 조합의 설립
>
> 조합의 설립에 관한 전반적인 내용을 알아야 정답을 찾을 수 있습니다.
>
> 29회, 35회

도시 및 주거환경정비법령상 조합의 설립에 관한 설명으로 옳은 것은? (④)

① 조합설립인가를 받은 경우에는 따로 ~~등기를 하지 않아도~~ 조합이 성립된다. (×)
  → 조합은 조합설립인가를 받은 날부터 30일 이내에 주된 사무소의 소재지에서 대통령령으로 정하는 사항을 등기하는 때에 성립한다.

② 조합임원은 같은 목적의 정비사업을 하는 다른 조합의 ~~임원을 겸할 수 있다~~. (×)
  → 임원 또는 직원을 겸할 수 없다.

③ 재건축사업은 ~~조합을 설립하지 않고 토지등소유자가 직접 시행할 수 있다~~. (×)
  → 재건축사업은 조합이 시행하거나 조합이 조합원의 과반수의 동의를 받아 시장·군수등, 토지주택공사등, 건설업자 또는 등록사업자와 공동으로 시행할 수 있다.

④ 추진위원회의 구성에 동의한 토지등소유자는 조합의 설립에 동의한 것으로 본다. (○)

⑤ 조합임원이 결격사유에 해당하여 퇴임한 경우 그 임원이 퇴임 전에 관여한 행위는 효력을 ~~잃는다~~. (×)
  → 잃지 아니한다.

이론플러스	조합임원의 결격사유 및 해임
결격사유	다음의 어느 하나에 해당하는 자는 조합임원 또는 전문조합관리인이 될 수 없다. ㉠ 미성년자·피성년후견인 또는 피한정후견인 ㉡ 파산선고를 받고 복권되지 아니한 자 ㉢ 금고 이상의 실형을 선고받고 그 집행이 종료(종료된 것으로 보는 경우를 포함)되거나 집행이 면제된 날부터 2년이 지나지 아니한 자 ㉣ 금고 이상의 형의 집행유예를 받고 그 유예기간 중에 있는 자 ㉤ 이 법을 위반하여 벌금 100만원 이상의 형을 선고받고 10년이 지나지 아니한 자 ㉥ 법 제35조에 따른 조합설립 인가권자에 해당하는 지방자치단체의 장, 지방의회의원 또는 그 배우자·직계존속·직계비속
퇴임	조합임원이 다음의 어느 하나에 해당하는 경우에는 당연 퇴임한다. ㉠ 조합임원이 결격사유에 해당하게 되거나 선임 당시 그에 해당하는 자이었음이 밝혀진 경우 ㉡ 조합임원이 자격요건을 갖추지 못한 경우
퇴임 전 행위의 효력	퇴임된 임원이 퇴임 전에 관여한 행위는 그 효력을 잃지 아니한다.

06 도시 및 주거환경정비법령상 조합설립추진위원회가 수행할 수 있는 업무가 아닌 것은?

• 23회

① 조합정관의 초안 작성
② 조합의 설립을 위한 창립총회의 개최
③ 개략적인 정비사업 시행계획서의 작성
④ 토지등소유자의 동의서 접수
⑤ 정비사업비의 조합원별 분담내역의 결정

키워드 조합설립추진위원회

해설 조합설립추진위원회가 수행할 수 있는 업무는 '정비사업전문관리업자의 선정 및 변경, 개략적인 정비사업 시행계획서의 작성, 추진위원회 운영규정의 작성, 토지등소유자의 동의서 접수, 조합의 설립을 위한 창립총회의 개최, 조합정관의 초안 작성' 등이다. 정비사업비의 조합원별 분담내역의 결정은 조합설립추진위원회의 업무가 아니라 총회의 의결사항에 해당한다.

정답 06 ⑤

07 도시 및 주거환경정비법령상 정비사업의 시행을 위한 조합설립추진위원회(이하 '추진위원회'라 함)에 관한 설명 중 **틀린** 것은?
• 18회 수정

① 추진위원회는 토지등소유자 과반수의 동의를 받아 위원장을 포함한 5인 이상의 위원으로 구성한다.
② 추진위원회를 구성한 경우 국토교통부령으로 정하는 방법 및 절차에 따라 시장·군수등의 승인을 받아야 한다.
③ 추진위원회는 정비사업전문관리업자를 선정할 수 없다.
④ 추진위원회가 행한 업무와 관련된 권리·의무는 조합이 포괄승계한다.
⑤ 토지등소유자는 추진위원회의 운영에 필요한 경비를 운영규정이 정하는 바에 따라 납부하여야 한다.

키워드 조합설립추진위원회
해설 추진위원회는 정비사업전문관리업자를 선정할 수 있다.

08 도시 및 주거환경정비법령상 조합설립인가를 받기 위한 동의에 관하여 (   )에 들어갈 내용을 바르게 나열한 것은?
• 24회, 31회

- 재개발사업의 추진위원회가 조합을 설립하려면 토지등소유자의 (㉠) 이상 및 토지면적의 (㉡) 이상의 토지소유자의 동의를 받아야 한다.
- 재건축사업의 추진위원회가 조합을 설립하려는 경우 주택단지가 아닌 지역이 정비구역에 포함된 때에는 주택단지가 아닌 지역의 토지 또는 건축물 소유자의 (㉢) 이상 및 토지면적의 (㉣) 이상의 토지소유자의 동의를 받아야 한다.

① ㉠: 4분의 3,   ㉡: 2분의 1,   ㉢: 4분의 3,   ㉣: 3분의 2
② ㉠: 4분의 3,   ㉡: 3분의 1,   ㉢: 4분의 3,   ㉣: 2분의 1
③ ㉠: 4분의 3,   ㉡: 2분의 1,   ㉢: 3분의 2,   ㉣: 2분의 1
④ ㉠: 2분의 1,   ㉡: 3분의 1,   ㉢: 2분의 1,   ㉣: 3분의 2
⑤ ㉠: 2분의 1,   ㉡: 3분의 1,   ㉢: 4분의 3,   ㉣: 2분의 1

키워드 조합설립인가를 받기 위한 동의

해설
- 재개발사업의 추진위원회(추진위원회를 구성하지 아니하는 경우에는 토지등소유자)가 조합을 설립하려면 토지등소유자의 (⊙ 4분의 3) 이상 및 토지면적의 (ⓒ 2분의 1) 이상의 토지소유자의 동의를 받아 일정한 서류를 첨부하여 시장·군수등의 인가를 받아야 한다.
- 재건축사업의 추진위원회가 조합을 설립하려는 경우 주택단지가 아닌 지역이 정비구역에 포함된 때에는 주택단지가 아닌 지역의 토지 또는 건축물 소유자의 (ⓒ 4분의 3) 이상 및 토지면적의 (② 3분의 2) 이상의 토지소유자의 동의를 받아야 한다.

09 중

도시 및 주거환경정비법령상 재개발사업조합의 설립을 위한 동의자 수 산정 시, 다음에서 산정되는 토지등소유자의 수는? (단, 권리관계는 제시된 것만 고려하며, 토지는 정비구역 안에 소재함)   • 25회

- A, B, C 3인이 공유한 1필지의 토지에 하나의 주택을 단독 소유한 D
- 3필지의 나대지를 단독 소유한 E
- 1필지의 나대지를 단독 소유한 F와 그 나대지에 대한 지상권자 G

① 3명 ② 4명 ③ 5명
④ 7명 ⑤ 9명

키워드 토지등소유자의 수

해설
- A, B, C 3인이 공유한 1필지의 토지에 하나의 주택을 단독 소유한 D: 2명
- 3필지의 나대지를 단독 소유한 E: 1명
- 1필지의 나대지를 단독 소유한 F와 그 나대지에 대한 지상권자 G: 1명
∴ 토지등소유자는 4명이다.

정답 07 ③ 08 ① 09 ②

10 토지소유자인 甲은 조합설립추진위원회에 재개발사업을 위한 조합설립 동의를 하였으나, 조합설립인가 신청 전인 2010.10.1. 추진위원회와 인가권자인 시장에게 각각 동의철회서를 발송하였다. 시장은 甲의 철회서가 접수된 사실을 2010.10.5. 추진위원회에 통지하였고, 甲이 추진위원회에 발송한 철회서는 2010.10.7. 추진위원회에 도달하였다. 이 경우 동의 철회의 효력은 언제부터 발생하는가? (다만, 철회는 적법함을 전제함)
• 21회

① 2010.10.1.　② 2010.10.5.　③ 2010.10.6.
④ 2010.10.7.　⑤ 2010.10.8.

키워드 철회의 효력

해설 동의의 철회나 반대의 의사표시는 철회서가 동의의 상대방에게 도달한 때 또는 시장·군수등이 동의의 상대방에게 철회서가 접수된 사실을 통지한 때 중 빠른 때에 효력이 발생하므로 철회서가 동의의 상대방에게 도달한 때는 2010.10.7.이고, 시장·군수가 동의의 상대방에게 철회서가 접수된 사실을 통지한 때는 2010.10.5.이므로, 이 중 빠른 때인 2010.10.5.부터 효력이 발생한다.

11 도시 및 주거환경정비법령상 조합임원에 관한 설명으로 옳은 것은?
• 20회

① 토지등소유자의 수가 100명 미만인 조합에는 감사를 두지 않을 수 있다.
② 조합임원이 결격사유에 해당되어 퇴임되더라도 퇴임 전에 관여한 행위는 그 효력을 잃지 않는다.
③ 조합장의 자기를 위한 조합과의 소송에 관하여는 이사가 조합을 대표한다.
④ 조합임원은 같은 목적의 정비사업을 하는 다른 조합의 임원을 겸할 수 있다.
⑤ 조합장을 포함하여 조합임원은 조합의 대의원이 될 수 없다.

키워드 조합의 임원

해설 ① 토지등소유자의 수가 100명 미만인 조합에도 감사를 두어야 한다.
③ 조합장의 자기를 위한 조합과의 소송에 관하여는 감사가 조합을 대표한다.
④ 조합임원은 같은 목적의 정비사업을 하는 다른 조합의 임원을 겸할 수 없다.
⑤ 조합장을 제외한 조합임원은 조합의 대의원이 될 수 없다.

12 도시 및 주거환경정비법령상 조합의 임원에 관한 설명으로 틀린 것은? • 33회

① 토지등소유자의 수가 100인을 초과하는 경우 조합에 두는 이사의 수는 5명 이상으로 한다.
② 조합임원의 임기는 3년 이하의 범위에서 정관으로 정하되, 연임할 수 있다.
③ 조합장이 아닌 조합임원은 대의원이 될 수 있다.
④ 조합임원은 같은 목적의 정비사업을 하는 다른 조합의 임원 또는 직원을 겸할 수 없다.
⑤ 시장·군수등이 전문조합관리인을 선정한 경우 전문조합관리인이 업무를 대행할 임원은 당연 퇴임한다.

키워드 조합의 임원

해설 조합장이 아닌 조합임원은 대의원이 될 수 없다.

이론플러스 조합임원의 직무

1. 조합장은 조합을 대표하고, 그 사무를 총괄하며, 총회 또는 대의원회의 의장이 된다.
2. 조합장이 대의원회의 의장이 되는 경우에는 대의원으로 본다.
3. 조합장 또는 이사가 자기를 위하여 조합과 계약이나 소송을 할 때에는 감사가 조합을 대표한다.
4. 조합임원은 같은 목적의 정비사업을 하는 다른 조합의 임원 또는 직원을 겸할 수 없다.
5. 조합장이 아닌 조합임원은 대의원이 될 수 없다(법 제46조 제3항).

정답 10 ② 11 ② 12 ③

13 도시 및 주거환경정비법령상 조합의 임원에 관한 설명으로 <u>틀린</u> 것은? • 34회

① 조합임원의 임기만료 후 6개월 이상 조합임원이 선임되지 아니한 경우에는 시장·군수등이 조합임원 선출을 위한 총회를 소집할 수 있다.
② 조합임원이 결격사유에 해당하게 되어 당연 퇴임한 경우 그가 퇴임 전에 관여한 행위는 그 효력을 잃는다.
③ 총회에서 요청하여 시장·군수등이 전문조합관리인을 선정한 경우 전문조합관리인이 업무를 대행할 임원은 당연 퇴임한다.
④ 조합장이 아닌 조합임원은 대의원이 될 수 없다.
⑤ 대의원회는 임기 중 궐위된 조합장을 보궐 선임할 수 없다.

키워드 조합의 임원

해설 ① 법 제44조 제3항
② 조합임원이 결격사유에 해당하게 되어 당연 퇴임한 경우 그가 퇴임 전에 관여한 행위는 그 효력을 잃지 않는다.

14 도시 및 주거환경정비법령상 조합의 정관으로 정할 수 <u>없는</u> 것은? • 28회

① 대의원의 수
② 대의원 선임방법
③ 대의원회 법정 의결정족수의 완화
④ 청산금 분할징수 여부의 결정
⑤ 조합 상근임원 보수에 관한 사항

키워드 조합의 정관

해설 대의원회 법정 의결정족수의 완화에 관한 사항은 정관의 내용에 해당하지 않는다.

15. 도시 및 주거환경정비법령상 조합의 정관을 변경하기 위하여 총회에서 조합원 3분의 2 이상의 찬성을 요하는 사항이 아닌 것은?
• 26회, 34회

① 정비구역의 위치 및 면적
② 조합의 비용부담 및 조합의 회계
③ 정비사업비의 부담시기 및 절차
④ 청산금의 징수·지급의 방법 및 절차
⑤ 시공자·설계자의 선정 및 계약서에 포함될 내용

키워드 조합의 정관 변경

해설 청산금의 징수·지급의 방법 및 절차는 조합의 정관을 변경하기 위하여 총회에서 조합원 3분의 2 이상의 찬성을 요하는 사항에 해당하지 않는다. 정관의 기재사항 중 청산금의 징수·지급의 방법 및 절차에 관한 사항을 변경하려는 경우에는 총회를 개최하여 조합원 과반수의 찬성으로 시장·군수등의 인가를 받아야 한다.

16. 도시 및 주거환경정비법령상 조합총회의 소집에 관한 규정 내용이다. ( )에 들어갈 숫자를 바르게 나열한 것은?
• 30회

> • 정관의 기재사항 중 조합임원의 권리·의무·보수·선임방법·변경 및 해임에 관한 사항을 변경하기 위한 총회의 경우는 조합원 (㉠)분의 1 이상의 요구로 조합장이 소집한다.
> • 총회를 소집하려는 자는 총회가 개최되기 (㉡)일 전까지 회의 목적·안건·일시 및 장소를 정하여 조합원에게 통지하여야 한다.

① ㉠: 3, ㉡: 7
② ㉠: 5, ㉡: 7
③ ㉠: 5, ㉡: 10
④ ㉠: 10, ㉡: 7
⑤ ㉠: 10, ㉡: 10

키워드 조합총회의 소집요건

해설
• 정관의 기재사항 중 조합임원의 권리·의무·보수·선임방법·변경 및 해임에 관한 사항을 변경하기 위한 총회의 경우는 조합원 (㉠ 10)분의 1 이상의 요구로 조합장이 소집한다.
• 총회를 소집하려는 자는 총회가 개최되기 (㉡ 7)일 전까지 회의 목적·안건·일시 및 장소를 정하여 조합원에게 통지하여야 한다.

정답 13 ② 14 ③ 15 ④ 16 ④

17. 도시 및 주거환경정비법령상 조합총회의 의결사항 중 대의원회가 대행할 수 없는 사항을 모두 고른 것은?

• 32회

㉠ 조합임원의 해임
㉡ 사업완료로 인한 조합의 해산
㉢ 정비사업비의 변경
㉣ 정비사업전문관리업자의 선정 및 변경

① ㉠, ㉡, ㉢
② ㉠, ㉡, ㉣
③ ㉠, ㉢, ㉣
④ ㉡, ㉢, ㉣
⑤ ㉠, ㉡, ㉢, ㉣

키워드 대의원회가 대행할 수 없는 사항

해설 조합총회의 의결사항 중 사업완료로 인한 조합의 해산(㉡)은 대의원회가 대행할 수 있지만, 조합임원의 해임(㉠), 정비사업비의 변경(㉢), 정비사업전문관리업자의 선정 및 변경(㉣) 등은 대의원회가 대행할 수 없는 사항이다.

18. 도시 및 주거환경정비법령상 조합설립 등에 관하여 ( )에 들어갈 내용을 바르게 나열한 것은?

• 29회

• 재개발사업의 추진위원회가 조합을 설립하려면 토지등소유자의 (㉠) 이상 및 토지면적의 (㉡) 이상의 토지소유자의 동의를 받아 시장·군수등의 인가를 받아야 한다.
• 조합이 정관의 기재사항 중 조합원의 자격에 관한 사항을 변경하려는 경우에는 총회를 개최하여 조합원 (㉢) (이상)의 찬성으로 시장·군수등의 인가를 받아야 한다.

① ㉠: 3분의 2, ㉡: 3분의 1, ㉢: 3분의 2
② ㉠: 3분의 2, ㉡: 2분의 1, ㉢: 과반수
③ ㉠: 4분의 3, ㉡: 3분의 1, ㉢: 과반수
④ ㉠: 4분의 3, ㉡: 2분의 1, ㉢: 3분의 2
⑤ ㉠: 4분의 3, ㉡: 3분의 2, ㉢: 과반수

키워드 조합의 설립

해설
• 재개발사업의 추진위원회가 조합을 설립하려면 토지등소유자의 (㉠ 4분의 3) 이상 및 토지면적의 (㉡ 2분의 1) 이상의 토지소유자의 동의를 받아 시장·군수등의 인가를 받아야 한다.
• 조합이 정관의 기재사항 중 조합원의 자격에 관한 사항을 변경하려는 경우에는 총회를 개최하여 조합원 (㉢ 3분의 2) 이상의 찬성으로 시장·군수등의 인가를 받아야 한다.

19 도시 및 주건환경정비법령상 조합설립 등에 관한 설명으로 옳은 것은? • 35회

① 재개발조합이 조합설립인가를 받은 날부터 3년 이내에 사업시행계획인가를 신청하지 아니한 때에는 시장·군수등은 직접 정비사업을 시행할 수 있다.
② 재개발사업의 추진위원회가 조합을 설립하려면 토지등소유자의 3분의 2 이상 및 토지면적의 2분의 1 이상의 토지소유자의 동의를 받아야 한다.
③ 토지등소유자가 30인 미만인 경우 토지등소유자는 조합을 설립하지 아니하고 재개발사업을 시행할 수 있다.
④ 조합은 재개발조합설립인가를 받은 때에도 토지등소유자에게 그 내용을 통지하지 아니한다.
⑤ 추진위원회는 조합설립인가 후 지체 없이 추정분담금에 관한 정보를 토지등소유자에게 제공하여야 한다.

키워드 조합의 설립

해설 ② 재개발사업의 추진위원회가 조합을 설립하려면 토지등소유자의 4분의 3 이상 및 토지면적의 2분의 1 이상의 토지소유자의 동의를 받아야 한다.
③ 토지등소유자가 20인 미만인 경우 토지등소유자는 조합을 설립하지 아니하고 재개발사업을 시행할 수 있다.
④ 조합은 조합설립인가를 받은 때에는 정관으로 정하는 바에 따라 토지등소유자에게 그 내용을 통지하고, 이해관계인이 열람할 수 있도록 하여야 한다.
⑤ 추진위원회는 조합설립에 필요한 동의를 받기 전에 추정분담금 등 대통령령으로 정하는 정보를 토지등소유자에게 제공하여야 한다.

정답 17 ③　18 ④　19 ①

20 도시 및 주거환경정비법령상 재개발사업조합에 관한 설명으로 틀린 것은? •23회

① 토지의 소유권이 여러 명의 공유에 속하는 때에는 그 여러 명을 대표하는 1명을 조합원으로 본다.
② 이사의 자기를 위한 조합과의 계약에 관하여는 감사가 조합을 대표한다.
③ 조합임원은 같은 목적의 정비사업을 하는 다른 조합의 임원 또는 직원을 겸할 수 없다.
④ 당연 퇴임된 조합임원이 퇴임 전에 관여한 행위는 그 효력을 잃지 않는다.
⑤ 조합의 이사는 당해 조합의 대의원이 될 수 있다.

키워드 재개발사업조합

해설 조합장이 아닌 조합임원인 이사와 감사는 대의원이 될 수 없다.

21 도시 및 주거환경정비법령상 정비사업의 시행에 관한 설명으로 옳은 것은? •30회

① 조합의 정관에는 정비구역의 위치 및 면적이 포함되어야 한다.
② 조합설립인가 후 시장·군수등이 토지주택공사등을 사업시행자로 지정·고시한 때에는 그 고시일에 조합설립인가가 취소된 것으로 본다.
③ 조합은 명칭에 '정비사업조합'이라는 문자를 사용하지 않아도 된다.
④ 조합장이 자기를 위하여 조합과 소송을 할 때에는 이사가 조합을 대표한다.
⑤ 재건축사업을 하는 정비구역에서 오피스텔을 건설하여 공급하는 경우에는 「국토의 계획 및 이용에 관한 법률」에 따른 준주거지역 및 상업지역 이외의 지역에서 오피스텔을 건설할 수 있다.

키워드 정비사업의 시행

해설 ② 조합설립인가 후 시장·군수등이 토지주택공사등을 사업시행자로 지정·고시한 때에는 그 고시일 다음 날에 조합설립인가가 취소된 것으로 본다.
③ 조합은 명칭에 '정비사업조합'이라는 문자를 사용하여야 한다.
④ 조합장이 자기를 위하여 조합과 소송을 할 때에는 감사가 조합을 대표한다.
⑤ 재건축사업을 하는 정비구역에서 오피스텔을 건설하여 공급하는 경우에는 「국토의 계획 및 이용에 관한 법률」에 따른 준주거지역 및 상업지역에서만 오피스텔을 건설할 수 있다.

22 도시 및 주거환경정비법령상 조합의 설립 등에 관한 설명으로 옳은 것은? • 24회 수정

① 조합의 설립인가를 받기 위해서는 조합장의 인감증명서가 포함된 선임동의서를 시장·군수등에게 제출하여야 한다.
② 대의원회는 조합원의 10분의 1 이상으로 구성한다. 다만, 조합원의 10분의 1이 100명을 넘는 경우에는 조합원의 10분의 1의 범위에서 100명 이상으로 구성할 수 있다.
③ 조합의 임원이 선임 당시 결격사유가 있었음이 선임 이후에 판명되면 당연 퇴임하고, 퇴임 전에 관여한 행위는 효력을 잃게 된다.
④ 조합설립추진위원회의 조합설립을 위한 토지등소유자의 동의는 구두로도 할 수 있다.
⑤ 관리처분계획의 수립 및 변경을 의결하는 총회의 경우에는 조합원의 100분의 10 이상이 직접 출석하여야 한다.

키워드 조합의 설립

해설 ① 조합의 설립인가를 받으려면 토지등소유자의 조합설립동의서 및 동의사항을 증명하는 서류를 시장·군수등에게 제출하여야 한다.
③ 조합의 임원이 선임 당시 결격사유가 있었음이 선임 이후에 판명되면 당연 퇴임하고, 퇴임 전에 관여한 행위는 효력을 잃지 아니한다.
④ 조합설립추진위원회의 조합설립을 위한 토지등소유자의 동의는 서면동의서에 토지등소유자가 성명을 적고 지장(指章)을 날인하는 방법으로 하며, 주민등록증, 여권 등 신원을 확인할 수 있는 신분증명서의 사본을 첨부하여야 한다.
⑤ '창립총회, 시공자 선정 취소를 위한 총회, 사업시행계획서의 작성 및 변경, 관리처분계획의 수립 및 변경'을 의결하는 총회의 경우에는 조합원의 100분의 20 이상이 직접 출석하여야 한다.

정답 20 ⑤ 21 ① 22 ②

23 도시 및 주거환경정비법령상 재개발사업조합에 관한 설명으로 옳은 것은? • 25회 수정

① 재개발사업추진위원회가 조합을 설립하려면 시·도지사의 인가를 받아야 한다.
② 조합원의 수가 50인 이상인 조합은 대의원회를 두어야 한다.
③ 조합원의 자격에 관한 사항에 대하여 정관을 변경하고자 하는 경우 총회에서 조합원 3분의 2 이상의 동의를 받아야 한다.
④ 조합의 이사는 대의원회에서 해임될 수 있다.
⑤ 조합의 이사는 조합의 대의원을 겸할 수 있다.

키워드 재개발사업조합

해설 ① 재개발사업추진위원회가 조합을 설립하려면 시장·군수등의 인가를 받아야 한다.
② 조합원의 수가 100명 이상인 조합은 대의원회를 두어야 한다.
④ 조합의 이사는 대의원회에서 해임할 수 없으며, 총회의 의결사항에 해당한다.
⑤ 조합장을 제외한 조합의 임원인 이사와 감사는 대의원이 될 수 없다.

24 도시 및 주거환경정비법령상 조합에 관한 설명으로 옳은 것은? • 27회 수정

① 토지등소유자가 재개발사업을 시행하고자 하는 경우에는 토지등소유자로 구성된 조합을 설립하여야만 한다.
② 토지등소유자가 100명 이하인 조합에는 2명 이하의 이사를 둔다.
③ 재건축사업의 추진위원회가 주택단지가 아닌 지역이 포함된 정비구역에서 조합을 설립하고자 하는 때에는 주택단지가 아닌 지역의 토지면적의 4분의 3 이상의 토지소유자의 동의를 받아야 한다.
④ 정비사업비가 100분의 10(생산자물가상승률분, 제73조에 따른 손실보상 금액은 제외한다) 이상 늘어나는 경우에는 조합원 과반수의 찬성으로 의결하여야 한다.
⑤ 대의원회는 임기 중 궐위된 조합장을 보궐선임할 수 없다.

키워드 조합

해설 ① 토지등소유자가 재개발사업을 시행하고자 하는 경우에는 토지등소유자로 구성된 조합을 설립하지 않고 토지등소유자가 사업을 시행할 수 있다.
② 토지등소유자가 100명 이하인 조합에는 3명 이상의 이사를 두며, 토지등소유자의 수가 100명을 초과하는 경우에는 이사의 수를 5명 이상으로 한다.
③ 재건축사업의 추진위원회가 주택단지가 아닌 지역이 포함된 정비구역에서 조합을 설립하고자 하는 때에는 주택단지가 아닌 지역의 토지 또는 건축물 소유자의 4분의 3 이상 및 토지면적의 3분의 2 이상의 토지소유자의 동의를 받아야 한다.
④ 정비사업비가 100분의 10(생산자물가상승률분, 제73조에 따른 손실보상 금액은 제외한다) 이상 늘어나는 경우에는 조합원 3분의 2 이상의 찬성으로 의결하여야 한다.

25 도시 및 주거환경정비법령상 주민대표회의 등에 관한 설명으로 틀린 것은? • 31회

① 토지등소유자가 시장·군수등 또는 토지주택공사등의 사업시행을 원하는 경우에는 정비구역 지정·고시 후 주민대표회의를 구성하여야 한다.
② 주민대표회의는 위원장을 포함하여 5명 이상 25명 이하로 구성한다.
③ 주민대표회의는 토지등소유자의 과반수의 동의를 받아 구성한다.
④ 주민대표회의에는 위원장과 부위원장 각 1명과 1명 이상 3명 이하의 감사를 둔다.
⑤ 상가세입자는 사업시행자가 건축물의 철거의 사항에 관하여 시행규정을 정하는 때에 의견을 제시할 수 없다.

키워드 주민대표회의 등

해설 상가세입자는 사업시행자가 건축물의 철거의 사항에 관하여 시행규정을 정하는 때에 의견을 제시할 수 있다.

정답 23 ③ 24 ⑤ 25 ⑤

26 도시 및 주거환경정비법령상 정비사업의 시행에 관한 설명으로 옳은 것은? • 32회

① 세입자의 세대수가 토지등소유자의 3분의 1에 해당하는 경우 시장·군수등은 토지주택공사등을 주거환경개선사업 시행자로 지정하기 위해서는 세입자의 동의를 받아야 한다.
② 재개발사업은 토지등소유자가 30인인 경우에는 토지등소유자가 직접 시행할 수 있다.
③ 재건축사업 조합설립추진위원회가 구성승인을 받은 날부터 2년이 되었음에도 조합설립인가를 신청하지 아니한 경우 시장·군수등이 직접 시행할 수 있다.
④ 조합설립추진위원회는 토지등소유자의 수가 200인인 경우 5명 이상의 이사를 두어야 한다.
⑤ 주민대표회의는 토지등소유자의 과반수의 동의를 받아 구성하며, 위원장과 부위원장 각 1명과 1명 이상 3명 이하의 감사를 둔다.

키워드 정비사업의 시행

해설 ① 세입자의 세대수가 토지등소유자의 3분의 1에 해당(2분의 1 이하에 해당)하는 경우 시장·군수등은 토지주택공사등을 주거환경개선사업 시행자로 지정하기 위해서는 세입자의 동의절차를 거치지 않을 수 있다.
② 재개발사업은 토지등소유자가 20인 미만인 경우에는 토지등소유자가 직접 시행할 수 있다.
③ 재건축사업 조합설립추진위원회가 구성승인을 받은 날부터 3년 이내에 조합설립인가를 신청하지 아니한 경우 시장·군수등이 직접 시행할 수 있다.
④ 조합설립추진위원회가 아니라, 조합은 토지등소유자의 수가 200인인 경우(100인 초과에 해당하는 경우) 5명 이상의 이사를 두어야 한다.

제3절 사업시행계획 및 정비사업시행을 위한 조치

대표기출 3 2014년 제25회 A형 100번 문제 수정 | 난이도 중

도시 및 주거환경정비법령상 사업시행계획 등에 관한 설명으로 틀린 것은?

① 시장·군수등은 재개발사업의 사업시행계획인가를 하는 경우 해당 정비사업의 사업시행자가 지정개발자인 때에는 정비사업비의 100분의 30의 범위에서 시·도조례로 정하는 금액을 예치하게 할 수 있다.
② 사업시행계획서에는 사업시행기간 동안의 정비구역 내 가로등 설치, 폐쇄회로 텔레비전 설치 등 범죄예방대책이 포함되어야 한다.
③ 시장·군수등은 사업시행계획인가를 하려는 경우 정비구역부터 200m 이내에 교육시설이 설치되어 있는 때에는 해당 지방자치단체의 교육감 또는 교육장과 협의하여야 한다.
④ 시장·군수등은 사업시행계획인가를 하려는 경우에는 관계 서류의 사본을 14일 이상 일반인이 공람할 수 있게 하여야 한다.
⑤ 사업시행자가 사업시행인가를 받은 후 대지면적을 10%의 범위 안에서 변경하는 경우 시장·군수등에게 신고하여야 한다.

기출공략 [키워드] 사업시행계획

정비사업시행계획 등에 관한 전반적인 내용을 파악하여야 정답을 찾을 수 있습니다.

31회

정답 26 ⑤

도시 및 주거환경정비법령상 사업시행계획 등에 관한 설명으로 틀린 것은? (①)

① 시장·군수등은 재개발사업의 사업시행계획인가를 하는 경우 해당 정비사업의 사업시행자가 지정개발자인 때에는 정비사업비의 ~~100분의 30~~의 범위에서 시·도조례로 정하는 금액을 예치하게 할 수 있다. (×)
  → 시장·군수등은 재개발사업의 사업시행계획인가를 하는 경우 해당 정비사업의 사업시행자가 지정개발자(지정개발자가 토지등소유자인 경우로 한정)인 때에는 정비사업비의 100분의 20의 범위에서 시·도조례로 정하는 금액을 예치하게 할 수 있다.

② 사업시행계획서에는 사업시행기간 동안의 정비구역 내 가로등 설치, 폐쇄회로 텔레비전 설치 등 범죄예방대책이 포함되어야 한다. (○)

③ 시장·군수등은 사업시행계획인가를 하려는 경우 정비구역부터 200m 이내에 교육시설이 설치되어 있는 때에는 해당 지방자치단체의 교육감 또는 교육장과 협의하여야 한다. (○)

④ 시장·군수등은 사업시행계획인가를 하려는 경우에는 관계 서류의 사본을 14일 이상 일반인이 공람할 수 있게 하여야 한다. (○)

⑤ 사업시행자가 사업시행인가를 받은 후 대지면적을 10%의 범위 안에서 변경하는 경우 시장·군수등에게 신고하여야 한다. (○)

이론플러스 | 사업시행계획서의 작성

사업시행자는 정비계획에 따라 다음의 사항을 포함하는 사업시행계획서를 작성하여야 한다.

1. 토지이용계획(건축물배치계획을 포함)
2. 정비기반시설 및 공동이용시설의 설치계획
3. 임시거주시설을 포함한 주민이주대책
4. 세입자의 주거 및 이주대책
5. 사업시행기간 동안 정비구역 내 가로등 설치, 폐쇄회로 텔레비전 설치 등 범죄예방대책
6. 임대주택의 건설계획(재건축사업의 경우는 제외)
7. 국민주택규모 주택의 건설계획(주거환경개선사업의 경우는 제외)
8. 공공지원민간임대주택 또는 임대관리 위탁주택의 건설계획(필요한 경우로 한정)
9. 건축물의 높이 및 용적률 등에 관한 건축계획
10. 정비사업의 시행과정에서 발생하는 폐기물의 처리계획
11. 교육시설의 교육환경 보호에 관한 계획(정비구역부터 200m 이내에 교육시설이 설치되어 있는 경우로 한정)
12. 정비사업비

27 도시 및 주거환경정비법령상 재건축사업의 사업시행자가 작성하여야 하는 사업시행계획에 포함되어야 하는 사항이 <u>아닌</u> 것은? (단, 조례는 고려하지 않음) • 22회, 31회

① 토지이용계획(건축물배치계획을 포함한다)
② 정비기반시설 및 공동이용시설의 설치계획
③ 「도시 및 주거환경정비법」 제10조(임대주택 및 주택규모별 건설비율)에 따른 임대주택의 건설계획
④ 세입자의 주거 및 이주대책
⑤ 임시거주시설을 포함한 주민이주대책

> **키워드** 사업시행계획서 포함사항
>
> **해설** 재개발·재건축사업의 사업시행자는 정비계획에 따라 '토지이용계획, 정비기반시설 및 공동이용시설의 설치계획, 임시거주시설을 포함한 주민이주대책, 세입자의 주거 및 이주대책, 사업시행기간 동안 정비구역 내 가로등 설치, 폐쇄회로 텔레비전 설치 등 범죄예방대책, 건축물의 높이 및 용적률 등에 관한 건축계획, 교육시설의 교육환경 보호에 관한 계획' 등을 작성하여 사업시행계획에 포함하여야 한다. 하지만 이 중 임대주택의 건설계획은 재개발사업의 사업시행계획서에는 포함되지만 재건축사업의 사업시행계획서에는 포함되지 않는 사항이다.

정답 27 ③

28 〈상〉 도시 및 주거환경정비법령상 사업시행계획의 통합심의에 관한 설명으로 옳은 것은?

• 35회

① 「경관법」에 따른 경관 심의는 통합심의 대상이 아니다.
② 시장·군수등은 특별한 사유가 없으면 통합심의 결과를 반영하여 사업시행계획을 인가하여야 한다.
③ 통합심의를 거친 경우 해당 사항에 대한 조정 또는 재정을 거친 것으로 보지 아니한다.
④ 통합심의위원회 위원장은 위원 중에서 호선한다.
⑤ 사업시행자는 통합심의를 신청할 수 없다.

키워드 사업시행계획의 통합심의

해설 ① 「경관법」에 따른 경관 심의는 통합심의 대상이다.
③ 통합심의를 거친 경우 해당 사항에 대한 조정 또는 재정을 거친 것으로 본다.
④ 통합심의위원회 위원장과 부위원장은 통합심의위원회의 위원 중에서 정비구역지정권자가 임명하거나 위촉한다.
⑤ 사업시행자는 통합심의를 신청할 수 있다.

29 〈중〉 도시 및 주거환경정비법령상 사업시행자 등에 관한 설명으로 틀린 것은? • 22회 수정

① 정비사업의 사업대행자는 사업시행자에게 청구할 수 있는 보수에 대한 권리로써 사업시행자에게 귀속될 건축물을 압류할 수 있다.
② 시장·군수등이 아닌 사업대행자는 사업시행자에게 재산상의 부담을 가하는 행위를 하고자 하는 때에는 미리 시장·군수등의 승인을 얻어야 한다.
③ 주거환경개선사업의 사업시행자가 임시수용을 위하여 지방자치단체의 건축물을 일시 사용하고자 신청한 경우, 그 지방자치단체는 제3자와 이미 매매계약을 체결하였더라도 이를 거절할 수 없다.
④ 사업시행자는 선정된 시공자와 공사에 관한 계약을 체결할 때에는 기존 건축물의 철거 공사에 관한 사항을 포함하여야 한다.
⑤ 사업시행자는 정비사업의 공사를 완료한 때에는 완료한 날부터 30일 이내에 임시거주시설을 철거하고, 사용한 건축물이나 토지를 원상회복하여야 한다.

> **키워드** 사업시행자 등
>
> **해설** 주거환경개선사업의 사업시행자가 임시수용을 위하여 지방자치단체의 건축물을 일시 사용하고자 신청한 경우, 그 지방자치단체가 제3자와 이미 매매계약을 체결하였을 때에는 이를 거절할 수 있다.

30 도시 및 주거환경정비법령상 재건축사업에 관한 설명으로 옳은 것은? •25회 수정

① 재건축사업에 있어 '토지등소유자'는 정비구역에 소재한 토지 또는 건축물의 소유자와 지상권자를 말한다.
② 재건축사업의 사업시행자는 사업시행으로 이주하는 상가세입자가 사용할 수 있도록 정비구역 또는 정비구역 인근에 임시상가를 설치할 수 있다.
③ 재건축사업의 추진위원회가 조합을 설립하고자 하는 때에는 법령상 요구되는 토지등소유자의 동의를 얻어 시장·군수등에게 신고하여야 한다.
④ 재건축사업의 조합원은 재건축사업에 동의한 토지등소유자만 해당한다.
⑤ 재건축사업의 재건축진단에 드는 비용은 시·도지사가 부담한다.

> **키워드** 재건축사업
>
> **해설** ① 주거환경개선사업·재개발사업에 있어 '토지등소유자'는 정비구역에 위치한 토지 또는 건축물의 소유자 또는 그 지상권자를 말하며, 재건축사업의 경우에는 정비구역에 위치한 건축물 및 그 부속토지의 소유자를 말한다.
> ② 재개발사업의 사업시행자는 사업시행으로 이주하는 상가세입자가 사용할 수 있도록 정비구역 또는 정비구역 인근에 임시상가를 설치할 수 있다.
> ③ 재건축사업의 추진위원회가 조합을 설립하고자 하는 때에는 법령상 요구되는 토지등소유자의 동의를 얻어 시장·군수등에게 인가받아야 한다.
> ⑤ 재건축사업의 재건축진단에 드는 비용은 시장·군수등이 부담한다.

정답 28 ② 29 ③ 30 ④

31 도시 및 주거환경정비법령상 조합에 의한 재개발사업의 시행에 관한 설명으로 <u>틀린</u> 것은?

• 25회 수정

① 사업을 시행하고자 하는 경우 시장·군수등에게 사업시행인가를 받아야 한다.
② 사업시행계획서에는 일부 건축물의 존치 또는 리모델링에 관한 내용이 포함될 수 있다.
③ 인가받은 사업시행계획 중 건축물이 아닌 부대시설·복리시설의 위치를 변경하고자 하는 경우에는 변경인가를 받아야 한다.
④ 사업시행으로 철거되는 주택의 소유자 또는 세입자를 위하여 사업시행자가 지방자치단체의 건축물을 임시거주시설로 사용하는 경우 사용료 또는 대부료는 면제된다.
⑤ 조합이 시·도지사 또는 토지주택공사등에게 재개발사업의 시행으로 건설된 임대주택의 인수를 요청하는 경우 토지주택공사등이 우선하여 인수하여야 한다.

> **키워드** 재개발사업의 시행
>
> **해설** 조합이 시·도지사 또는 토지주택공사등에게 재개발사업의 시행으로 건설된 임대주택의 인수를 요청하는 경우 시·도지사가 우선하여 인수하여야 한다.

제4절 정비사업시행 절차

대표기출 4 2016년 제27회 A형 60번 문제 수정 | 난이도 중

도시 및 주거환경정비법령상 관리처분계획 등에 관한 설명으로 옳은 것은?

① 재개발사업의 관리처분은 정비구역의 지상권자에 대한 분양을 포함하여야 한다.
② 재건축사업의 관리처분의 기준은 조합원 전원의 동의를 받더라도 법령상 정하여진 관리처분의 기준과 달리 정할 수 없다.
③ 사업시행자는 폐공가의 밀집으로 범죄 발생의 우려가 있는 경우 기존 건축물의 소유자의 동의 및 시장·군수등의 허가를 얻어 해당 건축물을 철거할 수 있다.
④ 관리처분계획의 인가·고시가 있는 때에는 종전의 토지의 임차권자는 사업시행자의 동의를 받더라도 소유권의 이전고시가 있는 날까지 종전의 토지를 사용할 수 없다.
⑤ 시장·군수등은 사업시행자의 관리처분계획인가의 신청이 있는 날부터 60일 이내에 인가 여부를 결정하여 사업시행자에게 통보하여야 한다.

기출공략 [키워드] 관리처분계획

관리처분계획에 대해서 전반적인 내용을 파악하여야 정답을 찾을 수 있습니다.

28회, 29회, 32회

도시 및 주거환경정비법령상 관리처분계획 등에 관한 설명으로 옳은 것은? (③)

① 재개발사업의 관리처분은 정비구역의 지상권자에 대한 분양을 ~~포함하여야 한다~~. (×) → 포함하지 않는다.
② 재건축사업의 관리처분의 기준은 조합원 전원의 동의를 ~~받더라도~~ 법령상 정하여진 관리처분의 기준과 달리 정할 수 ~~없다~~. (×)   → 받아 → 있다.
③ 사업시행자는 폐공가의 밀집으로 범죄 발생의 우려가 있는 경우 기존 건축물의 소유자의 동의 및 시장·군수등의 허가를 얻어 해당 건축물을 철거할 수 있다. (○)

정답 31 ⑤

④ 관리처분계획의 인가·고시가 있는 때에는 종전의 토지의 임차권자는 사업시행자의 동의를 ~~받지라도~~ 소유권의 이전고시가 있는 날까지 종전의 토지를 사용할 수 ~~없다~~. (×) → 받은 경우에는   → 있다.

⑤ 시장·군수등은 사업시행자의 관리처분계획인가의 신청이 있는 날부터 ~~60일~~ 이내에 인가 여부를 결정하여 사업시행자에게 통보하여야 한다. (×)   → 30일

이론플러스 관리처분계획의 수립기준

1. 종전의 토지 또는 건축물의 면적·이용 상황·환경, 그 밖의 사항을 종합적으로 고려하여 대지 또는 건축물이 균형 있게 분양신청자에게 배분되고 합리적으로 이용되도록 한다.
2. 지나치게 좁거나 넓은 토지 또는 건축물은 넓히거나 좁혀 대지 또는 건축물이 적정 규모가 되도록 한다.
3. 너무 좁은 토지 또는 건축물을 취득한 자나 정비구역 지정 후 분할된 토지 또는 집합건물의 구분소유권을 취득한 자에게는 현금으로 청산할 수 있다.
4. 재해 또는 위생상의 위해를 방지하기 위하여 토지의 규모를 조정할 특별한 필요가 있는 때에는 너무 좁은 토지를 넓혀 토지를 갈음하여 보상을 하거나 건축물의 일부와 그 건축물이 있는 대지의 공유지분을 교부할 수 있다.
5. 분양설계에 관한 계획은 분양신청기간이 만료하는 날을 기준으로 하여 수립한다.

32 도시 및 주거환경정비법령상 분양공고에 포함되어야 할 사항으로 명시되지 않은 것은?
(단, 토지등소유자 1인이 시행하는 재개발사업은 제외하고, 조례는 고려하지 않음) • 30회

① 분양신청자격
② 분양신청방법
③ 분양신청기간 및 장소
④ 분양대상자별 분담금의 추산액
⑤ 분양대상 대지 또는 건축물의 내역

키워드 분양공고의 내용

해설 '사업시행인가의 내용, 정비사업의 종류·명칭 및 정비구역의 위치·면적, 분양신청기간 및 장소, 분양대상 대지 또는 건축물의 내역, 분양신청자격, 분양신청방법, 토지등소유자 외의 권리자의 권리신고방법, 분양을 신청하지 아니한 자에 대한 조치, 그 밖에 시·도조례로 정하는 사항'은 분양공고에 포함되어야 할 사항이지만, '분양대상자별 분담금의 추산액'은 토지등소유자에게 분양통지 시 포함되어야 할 사항에 해당된다.

33 도시 및 주거환경정비법령상 토지등소유자에 대한 분양신청의 통지 및 분양공고 양자에 공통으로 포함되어야 할 사항을 모두 고른 것은? (단, 토지등소유자 1인이 시행하는 재개발사업은 제외하고, 조례는 고려하지 않음) • 34회

㉠ 분양을 신청하지 아니한 자에 대한 조치
㉡ 토지등소유자 외의 권리자의 권리신고방법
㉢ 분양신청서
㉣ 분양대상자별 분담금의 추산액

① ㉠
② ㉠, ㉡
③ ㉡, ㉢
④ ㉢, ㉣
⑤ ㉠, ㉡, ㉣

키워드 분양신청의 통지 및 분양공고의 내용

해설 ㉠ 분양신청의 통지와 분양공고의 공통 포함사항이다.
㉡ 분양공고에만 포함되는 사항이다.
㉢㉣ 분양신청의 통지에만 포함되는 사항이다.

이론플러스 분양공고 및 분양신청

법 제72조 【분양공고 및 분양신청】 ① 사업시행자는 제50조 제9항에 따른 사업시행계획인가의 고시가 있는 날(사업시행계획인가 이후 시공자를 선정한 경우에는 시공자와 계약을 체결한 날)부터 120일 이내에 다음 각 호의 사항을 토지등소유자에게 통지하고, 분양의 대상이 되는 대지 또는 건축물의 내역 등 대통령령으로 정하는 사항을 해당 지역에서 발간되는 일간신문에 공고하여야 한다. 다만, 토지등소유자 1인이 시행하는 재개발사업의 경우에는 그러하지 아니하다.
1. 분양대상자별 종전의 토지 또는 건축물의 명세 및 사업시행계획인가의 고시가 있는 날을 기준으로 한 가격(사업시행계획인가 전에 제81조 제3항에 따라 철거된 건축물은 시장·군수등에게 허가를 받은 날을 기준으로 한 가격)
2. 분양대상자별 분담금의 추산액
3. 분양신청기간
4. 그 밖에 대통령령으로 정하는 사항

영 제59조 【분양신청의 절차 등】 ① 법 제72조 제1항 각 호 외의 부분 본문에서 '분양의 대상이 되는 대지 또는 건축물의 내역 등 대통령령으로 정하는 사항'이란 다음 각 호의 사항을 말한다.
1. 사업시행인가의 내용
2. 정비사업의 종류·명칭 및 정비구역의 위치·면적
3. 분양신청기간 및 장소
4. 분양대상 대지 또는 건축물의 내역
5. 분양신청자격

정답 32 ④ 33 ①

> 6. 분양신청방법
> 7. 토지등소유자 외의 권리자의 권리신고방법
> 8. 분양을 신청하지 아니한 자에 대한 조치
> 9. 그 밖에 시·도조례로 정하는 사항
> ② 법 제72조 제1항 제4호에서 '대통령령으로 정하는 사항'이란 다음 각 호의 사항을 말한다.
> 1. 제1항 제1호부터 제6호까지 및 제8호의 사항
> 2. 분양신청서
> 3. 그 밖에 시·도조례로 정하는 사항

34 중

도시 및 주거환경정비법령상 분양신청을 하지 아니한 자 등에 대한 조치에 관한 설명이다. ( )에 들어갈 내용을 바르게 나열한 것은? • 33회

> - 분양신청을 하지 아니한 토지등소유자가 있는 경우 사업시행자는 관리처분계획이 인가·고시된 다음 날부터 (㉠)일 이내에 그 자와 토지, 건축물 또는 그 밖의 권리의 손실보상에 관한 협의를 하여야 한다.
> - 위 협의가 성립되지 아니하면 사업시행자는 그 기간의 만료일 다음 날부터 (㉡)일 이내에 수용재결을 신청하거나 매도청구소송을 제기하여야 한다.

① ㉠: 60, ㉡: 30
② ㉠: 60, ㉡: 60
③ ㉠: 60, ㉡: 90
④ ㉠: 90, ㉡: 60
⑤ ㉠: 90, ㉡: 90

키워드 분양신청

해설
- 사업시행자는 관리처분계획이 인가·고시된 다음 날부터 (㉠ 90)일 이내에 다음에서 정하는 자와 토지, 건축물 또는 그 밖의 권리의 손실보상에 관한 협의를 하여야 한다. 다만, 사업시행자는 분양신청기간 종료일의 다음 날부터 협의를 시작할 수 있다.

> 1. 분양신청을 하지 아니한 자
> 2. 분양신청기간 종료 이전에 분양신청을 철회한 자
> 3. 분양신청을 할 수 없는 자
> 4. 인가된 관리처분계획에 따라 분양대상에서 제외된 자

- 위 협의가 성립되지 아니하면 사업시행자는 그 기간의 만료일 다음 날부터 (㉡ 60)일 이내에 수용재결을 신청하거나 매도청구소송을 제기하여야 한다.

35

도시 및 주거환경정비법령상 사업시행자가 관리처분계획이 인가·고시된 다음 날부터 90일 이내에 손실보상 협의를 하여야 하는 토지등소유자를 모두 고른 것은? (단, 분양신청기간 종료일의 다음 날부터 협의를 시작할 수 있음) • 35회

> ㉠ 분양신청기간 내에 분양신청을 하지 아니한 자
> ㉡ 인가된 관리처분계획에 따라 분양대상에서 제외된 자
> ㉢ 분양신청기간 종료 후에 분양신청을 철회한 자

① ㉠
② ㉠, ㉡
③ ㉠, ㉢
④ ㉡, ㉢
⑤ ㉠, ㉡, ㉢

키워드 손실보상 협의

해설 사업시행자는 관리처분계획이 인가·고시된 다음 날부터 90일 이내에 다음에서 정하는 자와 토지, 건축물 또는 그 밖의 권리의 손실보상에 관한 협의를 하여야 한다. 다만, 사업시행자는 분양신청기간 종료일의 다음 날부터 협의를 시작할 수 있다.

> 1. 분양신청을 하지 아니한 자
> 2. 분양신청기간 종료 이전에 분양신청을 철회한 자
> 3. 분양신청을 할 수 없는 자
> 4. 인가된 관리처분계획에 따라 분양대상에서 제외된 자

정답 34 ④ 35 ②

36 도시 및 주거환경정비법령상 사업시행자가 인가받은 관리처분계획을 변경하고자 할 때 시장·군수등에게 신고하여야 하는 경우가 아닌 것은?
• 29회

① 사업시행자의 변동에 따른 권리·의무의 변동이 있는 경우로서 분양설계의 변경을 수반하지 아니하는 경우
② 재건축사업에서의 매도청구에 대한 판결에 따라 관리처분계획을 변경하는 경우
③ 주택분양에 관한 권리를 포기하는 토지등소유자에 대한 임대주택의 공급에 따라 관리처분계획을 변경하는 경우
④ 계산착오·오기·누락 등에 따른 조서의 단순정정인 경우로서 불이익을 받는 자가 있는 경우
⑤ 정관 및 사업시행계획인가의 변경에 따라 관리처분계획을 변경하는 경우

키워드 관리처분계획

해설 사업시행자가 인가받은 관리처분계획을 계산착오·오기·누락 등에 따른 조서의 단순정정인 경우로서 불이익을 받는 자가 없는 경우로 변경하고자 할 때 시장·군수등의 인가를 받지 않고, 신고하여야 한다.

37 도시 및 주거환경정비법령상 관리처분계획의 기준에 관한 설명으로 틀린 것은?
• 23회 수정

① 같은 세대에 속하지 아니하는 2명 이상이 1주택을 공유한 경우에는 소유자 수만큼 주택을 공급하여야 한다.
② 지나치게 좁거나 넓은 토지 또는 건축물은 넓히거나 좁혀 대지 또는 건축물이 적정 규모가 되도록 한다.
③ 분양설계에 관한 계획은 분양신청기간이 만료되는 날을 기준으로 하여 수립한다.
④ 근로자(공무원인 근로자를 포함한다) 숙소, 기숙사 용도로 주택을 소유하고 있는 토지등소유자에게는 소유한 주택 수만큼 주택을 공급할 수 있다.
⑤ 너무 좁은 토지 또는 건축물을 취득한 자나 정비구역 지정 후 분할된 토지 또는 집합건물의 구분소유권을 취득한 자에 대하여는 현금으로 청산할 수 있다.

키워드 관리처분계획

해설 같은 세대에 속하지 아니하는 2명 이상이 1주택을 공유한 경우에는 1주택만 공급한다.

38 도시 및 주거환경정비법령상 ( ) 안에 들어갈 내용으로 **틀린** 것은? • 23회 수정

> 정비사업으로 인하여 주택 등 건축물을 공급하는 경우 기준일의 다음 날부터 ( )에는 해당 토지 또는 주택 등 건축물의 분양받을 권리는 기준일을 기준으로 산정한다.
> (기준일이란 정비구역의 지정·고시가 있은 날 또는 시·도지사가 투기억제를 위하여 기본계획수립을 위한 주민공람의 공고일 후 정비구역지정·고시 전에 따로 정하는 날을 말함)

① 1필지의 토지가 여러 개의 필지로 분할되는 경우
② 「집합건물의 소유 및 관리에 관한 법률」에 따른 집합건물이 아닌 건축물이 같은 법에 따른 집합건물로 전환되는 경우
③ 나대지에 건축물을 새로 건축하여 토지등소유자의 수가 증가되는 경우
④ 여러 개 필지의 토지가 1필지의 토지로 합병되어 토지등소유자가 감소하는 경우
⑤ 하나의 대지범위 안에 속하는 동일인 소유의 토지와 주택 등 건축물을 토지와 주택 등 건축물로 각각 분리하여 소유하는 경우

키워드 건축물의 세대수가 증가하는 경우

해설 정비사업을 통하여 분양받을 건축물의 세대수가 증가하는 경우에는 정비구역 지정·고시가 있은 날 또는 시·도지사가 투기를 억제하기 위하여 기본계획 수립을 위한 주민공람의 공고일 후 정비구역 지정·고시 전에 따로 정하는 날(기준일)의 다음 날을 기준으로 분양받을 권리를 산정하지만, 여러 개 필지의 토지가 1필지의 토지로 합병되어 토지등소유자가 감소하는 경우는 여기에 해당되지 않는다.

39 도시 및 주거환경정비법령상 관리처분계획에 따른 처분 등에 관한 설명으로 틀린 것은?

• 31회

① 정비사업의 시행으로 조성된 대지 및 건축물은 관리처분계획에 따라 처분 또는 관리하여야 한다.
② 사업시행자는 정비사업의 시행으로 건설된 건축물을 관리처분계획에 따라 토지등소유자에게 공급하여야 한다.
③ 환지를 공급하는 방법으로 시행하는 주거환경개선사업의 사업시행자가 정비구역에 주택을 건설하는 경우 주택의 공급방법에 관하여 「주택법」에도 불구하고 시장·군수등의 승인을 받아 따로 정할 수 있다.
④ 사업시행자는 분양신청을 받은 후 잔여분이 있는 경우에는 사업시행계획으로 정하는 목적을 위하여 그 잔여분을 조합원 또는 토지등소유자 이외의 자에게 분양할 수 있다.
⑤ 조합이 재개발임대주택의 인수를 요청하는 경우 국토교통부장관이 우선하여 인수하여야 한다.

> **키워드** 관리처분계획에 따른 처분
>
> **해설** 조합이 재개발사업의 시행으로 건설된 재개발임대주택의 인수를 요청하는 경우 시·도지사 또는 시장·군수·구청장이 우선하여 인수하여야 하며, 시·도지사 또는 시장·군수·구청장이 예산·관리인력의 부족 등 부득이한 사정으로 인수하기 어려운 경우에는 국토교통부장관에게 토지주택공사등을 인수자로 지정할 것을 요청할 수 있다.

40 도시 및 주거환경정비법령상 주택의 공급 등에 관한 설명으로 옳은 것은? • 28회

① 주거환경개선사업의 사업시행자는 정비사업의 시행으로 건설된 건축물을 인가된 사업시행계획에 따라 토지등소유자에게 공급하여야 한다.
② 국토교통부장관은 조합이 요청하는 경우 재건축사업의 시행으로 건설된 임대주택을 인수하여야 한다.
③ 시·도지사의 요청이 있는 경우 국토교통부장관은 인수한 임대주택의 일부를 「주택법」에 따른 토지임대부 분양주택으로 전환하여 공급하여야 한다.
④ 사업시행자는 정비사업의 시행으로 임대주택을 건설하는 경우 공급대상자에게 주택을 공급하고 남은 주택에 대하여 공급대상자 외의 자에게 공급할 수 있다.
⑤ 관리처분계획상 분양대상자별 종전의 토지 또는 건축물의 명세에서 종전 주택의 주거전용면적이 60m²를 넘지 않는 경우 2주택을 공급할 수 없다.

키워드 주택의 공급 등

해설 ① 주거환경개선사업의 사업시행자는 정비사업의 시행으로 건설된 건축물을 인가된 관리처분계획에 따라 토지등소유자에게 공급하여야 한다.
② 국토교통부장관, 시·도지사, 시장, 군수, 구청장 또는 토지주택공사등은 조합이 요청하는 경우 재개발사업의 시행으로 건설된 임대주택을 인수하여야 한다.
③ '정비구역에 세입자와 면적 90m² 미만의 토지를 소유한 자로서 건축물을 소유하지 아니한 자'의 요청이 있는 경우 국토교통부장관은 인수한 임대주택의 일부를 「주택법」에 따른 토지임대부 분양주택으로 전환하여 공급하여야 한다.
⑤ 관리처분계획상 분양대상자별 종전의 토지 또는 건축물의 명세 및 사업시행계획인가 고시가 있은 날을 기준으로 한 가격에 따른 가격의 범위 또는 종전 주택의 주거전용면적의 범위에서 2주택을 공급할 수 있고, 이 중 1주택은 주거전용면적을 60m² 이하로 한다.

정답 39 ⑤ 40 ④

41 ⓒ

도시 및 주거환경정비법령상 소규모 토지 등의 소유자에 대한 토지임대부 분양주택 공급에 관한 내용이다. ( )에 들어갈 숫자로 옳은 것은? (단, 조례는 고려하지 않음)

• 34회

> 국토교통부장관, 시·도지사, 시장, 군수, 구청장 또는 토지주택공사등은 정비구역에 세입자와 다음의 어느 하나에 해당하는 자의 요청이 있는 경우에는 인수한 재개발임대주택의 일부를 「주택법」에 따른 토지임대부 분양주택으로 전환하여 공급하여야 한다.
> 1. 면적이 (㉠)m² 미만의 토지를 소유한 자로서 건축물을 소유하지 아니한 자
> 2. 바닥면적이 (㉡)m² 미만의 사실상 주거를 위하여 사용하는 건축물을 소유한 자로서 토지를 소유하지 아니한 자

① ㉠: 90, ㉡: 40
② ㉠: 90, ㉡: 50
③ ㉠: 90, ㉡: 60
④ ㉠: 100, ㉡: 40
⑤ ㉠: 100, ㉡: 50

키워드 토지임대부 분양주택의 공급

해설 국토교통부장관, 시·도지사, 시장, 군수, 구청장 또는 토지주택공사등은 정비구역에 세입자와 다음의 어느 하나에 해당하는 자의 요청이 있는 경우에는 인수한 재개발임대주택의 일부를 「주택법」에 따른 토지임대부 분양주택으로 전환하여 공급하여야 한다(법 제80조 제2항, 영 제71조 제1항).
1. 면적이 (㉠ 90)m² 미만의 토지를 소유한 자로서 건축물을 소유하지 아니한 자
2. 바닥면적이 (㉡ 40)m² 미만의 사실상 주거를 위하여 사용하는 건축물을 소유한 자로서 토지를 소유하지 아니한 자

42 도시 및 주거환경정비법령상 재건축사업의 관리처분계획에 관한 설명으로 틀린 것은?

• 21회 수정

① 사업의 시행으로 조성된 대지는 관리처분계획에 의하여 관리하여야 한다.
② 분양신청기간은 통지한 날부터 30일 이상 60일 이내로 하여야 한다. 다만, 사업시행자는 관리처분계획의 수립에 지장이 없다고 판단하는 경우에는 분양신청기간을 20일의 범위에서 한 차례만 연장할 수 있다.
③ 관리처분계획에는 분양대상자별 종전의 토지 또는 건축물 명세 및 사업시행계획인가의 고시가 있은 날을 기준으로 한 가격이 포함되어야 한다.
④ 주택분양에 관한 권리를 포기하는 토지등소유자에 대한 임대주택의 공급에 따라 관리처분계획을 변경하는 경우 조합총회의 의결을 거쳐야 한다.
⑤ 재건축사업의 관리처분은 조합이 조합원 전원의 동의를 받아 그 기준을 따로 정하는 경우에는 그에 따른다.

키워드 관리처분계획

해설 주택분양에 관한 권리를 포기하는 토지등소유자에 대한 임대주택의 공급에 따라 관리처분계획을 변경하는 경우에는 시장·군수등에게 신고하여야 한다.

정답 41 ① 42 ④

43 도시 및 주거환경정비법령상 관리처분계획 및 관리처분에 관한 설명으로 옳은 것은?

• 22회 수정

① 관리처분계획의 인가·고시가 있은 때에는 종전 토지의 임차권자는 사업시행자의 동의를 받아도 종전의 토지를 사용할 수 없다.
② 재해 또는 위생상의 위해를 방지하기 위하여 토지의 규모를 조정할 특별한 필요가 있는 때에는 관리처분계획으로 건축물의 일부와 그 건축물이 있는 대지의 공유지분을 교부할 수 있다.
③ 재건축사업의 사업시행자는 관리처분계획을 수립하여 시장·군수등의 인가를 받아야 하며, 당해 관리처분계획을 중지하는 경우에는 시장·군수등에게 신고하여야 한다.
④ 재개발사업의 관리처분은 정비구역의 지상권자에 대한 분양을 포함한다.
⑤ 재건축사업의 경우 법령상 관리처분의 기준은 조합이 조합원 전원의 동의를 받아 따로 정할 수 없다.

키워드 관리처분계획 및 관리처분

해설 ① 관리처분계획의 인가·고시가 있은 때에는 종전 토지의 임차권자는 사업시행자의 동의를 받은 경우 종전의 토지를 사용할 수 있다.
③ 재건축사업의 사업시행자는 관리처분계획을 수립하여 시장·군수등의 인가를 받아야 하며, 당해 관리처분계획을 중지하는 경우에도 시장·군수등의 인가를 받아야 한다.
④ 주거환경개선사업과 재개발사업의 경우에는 정비구역의 토지등소유자에게 분양하도록 하지만 지상권자는 제외한다.
⑤ 재건축사업의 경우 법령상 관리처분의 기준은 조합이 조합원 전원의 동의를 받아 따로 정할 수 있다.

44 도시 및 주거환경정비법령상 관리처분계획 등에 관한 설명으로 옳은 것은? (단, 조례는 고려하지 않음)
• 32회

① 지분형주택의 규모는 주거전용면적 60m² 이하인 주택으로 한정한다.
② 분양신청기간의 연장은 30일의 범위에서 한 차례만 할 수 있다.
③ 같은 세대에 속하지 아니하는 3명이 1토지를 공유한 경우에는 3주택을 공급하여야 한다.
④ 조합원 10분의 1 이상이 관리처분계획인가 신청이 있은 날부터 30일 이내에 관리처분계획의 타당성 검증을 요청한 경우 시장·군수등은 이에 따라야 한다.
⑤ 시장·군수등은 정비구역에서 면적이 100m²의 토지를 소유한 자로서 건축물을 소유하지 아니한 자의 요청이 있는 경우에는 인수한 임대주택의 일부를 「주택법」에 따른 토지임대부 분양주택으로 전환하여 공급하여야 한다.

키워드 관리처분계획 등

해설 ② 분양신청기간의 연장은 20일의 범위에서 한 차례만 할 수 있다.
③ 같은 세대에 속하지 아니하는 3명이 1토지를 공유한 경우에는 1주택만 공급하여야 한다.
④ 조합원 5분의 1 이상이 관리처분계획인가 신청이 있은 날부터 15일 이내에 관리처분계획의 타당성 검증을 요청한 경우 시장·군수등은 이에 따라야 한다.
⑤ 시장·군수등은 정비구역에서 면적이 90m² 미만의 토지를 소유한 자로서 건축물을 소유하지 아니한 자의 요청이 있는 경우에는 인수한 임대주택의 일부를 「주택법」에 따른 토지임대부 분양주택으로 전환하여 공급하여야 한다.

정답 43 ② 44 ①

제5절 공사완료에 따른 조치

대표기출 5 | 2020년 제31회 A형 58번 문제 | 난이도 중

도시 및 주거환경정비법령상 공사완료에 따른 조치 등에 관한 설명으로 **틀린** 것을 모두 고른 것은?

> ㉠ 정비사업의 효율적인 추진을 위하여 필요한 경우에는 해당 정비사업에 관한 공사가 전부 완료되기 전이라도 완공된 부분은 준공인가를 받아 대지 또는 건축물별로 분양받을 자에게 소유권을 이전할 수 있다.
> ㉡ 준공인가에 따라 정비구역의 지정이 해제되면 조합도 해산된 것으로 본다.
> ㉢ 정비사업에 관하여 소유권의 이전고시가 있은 날부터는 대지 및 건축물에 관한 등기가 없더라도 저당권의 다른 등기를 할 수 있다.

① ㉠
② ㉡
③ ㉠, ㉡
④ ㉠, ㉢
⑤ ㉡, ㉢

기출공략 [키워드] 공사완료에 따른 조치

공사완료에 따른 조치에 대해서 전반적인 내용을 파악하여야 정답을 찾을 수 있습니다.

29회, 31회

도시 및 주거환경정비법령상 공사완료에 따른 조치 등에 관한 설명으로 **틀린** 것을 모두 고른 것은? (⑤)

> ㉠ 정비사업의 효율적인 추진을 위하여 필요한 경우에는 해당 정비사업에 관한 공사가 전부 완료되기 전이라도 완공된 부분은 준공인가를 받아 대지 또는 건축물별로 분양받을 자에게 소유권을 이전할 수 있다. (O)
> ㉡ 준공인가에 따라 정비구역의 지정이 해제되면 ~~조합도 해산된 것으로 본다~~. (×)
> → 조합의 존속에 영향을 주지 아니한다.
> ㉢ 정비사업에 관하여 소유권의 이전고시가 있은 날부터는 ~~대지 및 건축물에 관한 등기가 없더라도 저당권의 다른 등기를 할 수 있다~~. (×)
> → 정비사업에 관하여 소유권의 이전고시가 있은 날부터 등기가 있을 때까지는 저당권 등의 다른 등기를 하지 못한다.

|이론플러스| **준공인가 등에 따른 정비구역의 해제**

1. 정비구역의 지정은 준공인가의 고시가 있은 날(관리처분계획을 수립하는 경우에는 이전고시가 있은 때)의 다음 날에 해제된 것으로 본다. 이 경우 지방자치단체는 해당 지역을 「국토의 계획 및 이용에 관한 법률」에 따른 지구단위계획으로 관리하여야 한다.
2. 정비구역의 해제는 조합의 존속에 영향을 주지 아니한다.

45 ⓢ

도시 및 주거환경정비법령상 사업시행인가를 받은 정비사업의 공사완료에 따른 조치 등에 관한 다음 절차를 진행순서에 따라 옳게 나열한 것은? (단, 관리처분계획 인가를 받은 사업이고, 공사의 전부 완료를 전제로 함) • 27회

㉠ 준공인가
㉡ 관리처분계획에서 정한 사항을 분양받을 자에게 통지
㉢ 토지의 분할절차
㉣ 대지 또는 건축물의 소유권 이전고시

① ㉠ – ㉢ – ㉡ – ㉣
② ㉠ – ㉣ – ㉢ – ㉡
③ ㉡ – ㉠ – ㉢ – ㉣
④ ㉡ – ㉢ – ㉣ – ㉠
⑤ ㉢ – ㉣ – ㉠ – ㉡

키워드 공사완료에 따른 조치

해설 사업시행자는 준공인가(㉠) 및 공사완료의 고시가 있은 때에는 지체 없이 대지확정측량을 하고 토지의 분할절차(㉢)를 거쳐 관리처분계획에서 정한 사항을 분양받을 자에게 통지(㉡)하고 대지 또는 건축물의 소유권을 이전(㉣)하여야 한다.

정답 45 ①

46 도시 및 주거환경정비법령상 정비사업의 준공인가 및 이전고시에 관한 설명으로 옳은 것은?

• 19회, 21회 수정

① 정비사업의 시행자가 시장·군수등인 경우에는 정비사업에 관한 공사를 완료한 때에 준공인가를 받아야 한다.
② 시장·군수등은 준공인가 이전에는 입주예정자에게 완공된 건축물을 사용할 것을 사업시행자에게 허가할 수 없다.
③ 건축물을 분양받을 자는 사업시행자가 소유권 이전에 관한 내용을 공보에 고시한 날에 건축물에 대한 소유권을 취득한다.
④ 정비사업에 의하여 건축물을 분양받을 자에게 소유권을 이전한 경우 종전의 건축물에 설정된 저당권 등 등기된 권리는 소유권을 이전받은 건축물에 설정된 것으로 본다.
⑤ 토지주택공사등인 사업시행자가 다른 법률에 의하여 자체적으로 준공인가를 처리한 경우에도 시장·군수등이 필요하다고 인정하면 준공검사를 다시 실시할 수 있다.

키워드 정비사업의 준공인가 및 이전고시

해설 ① 정비사업의 시행자가 시장·군수등이 아닌 경우에는 정비사업에 관한 공사를 완료한 때에 시장·군수등의 준공인가를 받아야 한다.
② 시장·군수등은 준공인가를 하기 전이라도 완공된 건축물이 사용에 지장이 없는 등 대통령령으로 정하는 기준에 적합한 경우에는 입주예정자가 완공된 건축물을 사용할 것을 사업시행자에 대하여 허가할 수 있다.
③ 건축물을 분양받을 자는 사업시행자가 소유권 이전에 관한 내용을 공보에 고시한 날의 다음 날에 건축물에 대한 소유권을 취득한다.
⑤ 토지주택공사등인 사업시행자가 다른 법률에 의하여 자체적으로 준공인가를 처리한 경우에는 별도의 준공검사 없이 준공인가를 받은 것으로 보며, 이 경우 토지주택공사등인 사업시행자는 그 내용을 지체 없이 시장·군수등에게 통보하여야 한다.

47 도시 및 주거환경정비법령상 공사완료에 따른 조치 등에 관한 설명으로 틀린 것은?

• 29회

① 사업시행자인 지방공사가 정비사업 공사를 완료한 때에는 시장·군수등의 준공인가를 받아야 한다.
② 시장·군수등은 준공인가 전 사용허가를 하는 때에는 동별·세대별 또는 구획별로 사용허가를 할 수 있다.
③ 관리처분계획을 수립하는 경우 정비구역의 지정은 이전고시가 있은 날의 다음 날에 해제된 것으로 본다.
④ 준공인가에 따른 정비구역의 해제가 있으면 조합은 해산된 것으로 본다.
⑤ 관리처분계획에 따라 소유권을 이전하는 경우 건축물을 분양받을 자는 이전고시가 있은 날의 다음 날에 그 건축물의 소유권을 취득한다.

키워드 공사완료에 따른 조치
해설 준공인가에 따른 정비구역의 해제가 된다 하더라도 조합은 해산된 것으로 보지 않는다.

48 도시 및 주거환경정비법령상 정비사업의 청산금에 관한 설명으로 옳은 것은?

• 21회 수정

① 청산금을 납부할 자가 이를 납부하지 아니하는 경우에는 시장·군수등이 아닌 사업시행자는 시장·군수등에게 청산금의 징수를 위탁할 수 있다. 이 경우 사업시행자는 징수한 금액의 100분의 10에 해당하는 금액을 당해 시장·군수등에게 지급하여야 한다.
② 청산금을 지급받을 권리는 소유권 이전고시일의 다음 날부터 3년간 이를 행사하지 아니하면 소멸한다.
③ 사업시행자는 청산금을 일시금으로 지급하여야 하고 이를 분할하여 지급하여서는 안 된다.
④ 정비사업 시행지역 내의 건축물의 저당권자는 그 건축물의 소유자가 지급받을 청산금에 대하여 청산금을 지급하기 전에 압류절차를 거쳐 저당권을 행사할 수 있다.
⑤ 청산금을 납부할 자가 이를 납부하지 아니하는 경우 시장·군수등인 사업시행자는 지방세체납처분의 예에 의하여 이를 징수할 수 없다.

키워드 청산금

해설 ① 청산금을 납부할 자가 이를 납부하지 아니하는 경우에는 시장·군수등이 아닌 사업시행자는 시장·군수등에게 청산금의 징수를 위탁할 수 있다. 이 경우 사업시행자는 징수한 금액의 100분의 4에 해당하는 금액을 당해 시장·군수등에게 지급하여야 한다.
② 청산금을 지급받을 권리는 소유권 이전고시일의 다음 날부터 5년간 이를 행사하지 아니하면 소멸한다.
③ 사업시행자는 청산금을 일시금으로 지급하는 게 원칙이지만, 이를 분할하여 지급할 수도 있다.
⑤ 청산금을 납부할 자가 이를 납부하지 아니하는 경우 시장·군수등인 사업시행자는 지방세체납처분의 예에 의하여 이를 징수할 수 있다.

49 도시 및 주거환경정비법령상 청산금에 관한 설명으로 틀린 것은?   • 26회

① 조합 총회의 의결을 거쳐 정한 경우에는 관리처분계획인가 후부터 소유권 이전의 고시일까지 청산금을 분할징수할 수 있다.
② 종전에 소유하고 있던 토지의 가격과 분양받은 대지의 가격은 그 토지의 규모·위치·용도·이용상황·정비사업비 등을 참작하여 평가하여야 한다.
③ 청산금을 납부할 자가 이를 납부하지 아니하는 경우에 시장·군수등이 아닌 사업시행자는 시장·군수등에게 청산금의 징수를 위탁할 수 있다.
④ 청산금을 징수할 권리는 소유권 이전의 고시일로부터 5년간 이를 행사하지 아니하면 소멸한다.
⑤ 정비사업의 시행지역 안에 있는 건축물에 저당권을 설정한 권리자는 그 건축물의 소유자가 지급받을 청산금에 대하여 청산금을 지급하기 전에 압류절차를 거쳐 저당권을 행사할 수 있다.

키워드 청산금

해설 청산금을 지급받을 권리 또는 이를 징수할 권리는 소유권 이전고시일의 '다음 날'부터 5년간 이를 행사하지 아니하면 소멸한다.

정답 48 ④ 49 ④

CHAPTER 04 비용부담 등

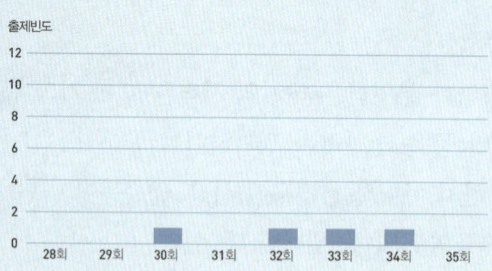

■ 8개년 출제 문항 수
총 40문제 中 평균 약 0.5문제 출제

■ 이 단원을 공략하고 싶다면?
출제빈도가 높지 않지만 기출내용은 정리해 두자

↳ 기본서 [부동산공법] pp. 382~391

대표기출   2019년 제30회 A형 60번 문제 │ 난이도 중

도시 및 주거환경정비법령상 비용의 부담 등에 관한 설명으로 틀린 것은?

① 정비사업비는 「도시 및 주거환경정비법」 또는 다른 법령에 특별한 규정이 있는 경우를 제외하고는 사업시행자가 부담한다.
② 지방자치단체는 시장·군수등이 아닌 사업시행자가 시행하는 정비사업에 드는 비용에 대한 융자를 알선할 수는 있으나 직접적으로 보조할 수는 없다.
③ 정비구역의 국유·공유재산은 사업시행자 또는 점유자 및 사용자에게 다른 사람에 우선하여 수의계약으로 매각될 수 있다.
④ 시장·군수등이 아닌 사업시행자는 부과금 또는 연체료를 체납하는 자가 있는 때에는 시장·군수등에게 그 부과·징수를 위탁할 수 있다.
⑤ 사업시행자는 정비사업을 시행하는 지역에 전기·가스 등의 공급시설을 설치하기 위하여 공동구를 설치하는 경우에는 다른 법령에 따라 그 공동구에 수용될 시설을 설치할 의무가 있는 자에게 공동구의 설치에 드는 비용을 부담시킬 수 있다.

기출공략   [키워드] 비용의 부담

비용부담 등에 대한 전반적인 내용을 파악하여야 정답을 찾을 수 있습니다.

30회, 32회, 33회

도시 및 주거환경정비법령상 비용의 부담 등에 관한 설명으로 틀린 것은? (②)

① 정비사업비는 「도시 및 주거환경정비법」 또는 다른 법령에 특별한 규정이 있는 경우를 제외하고는 사업시행자가 부담한다. (O)

② 지방자치단체는 시장·군수등이 아닌 사업시행자가 시행하는 정비사업에 드는 비용에 대한 융자를 알선할 수는 있으나 ~~직접적으로 보조할 수는 없다.~~ (×)
  → 국가 또는 지방자치단체는 시장·군수등이 아닌 사업시행자가 시행하는 정비사업에 드는 비용의 일부를 보조 또는 융자하거나 융자를 알선할 수 있다.

③ 정비구역의 국유·공유재산은 사업시행자 또는 점유자 및 사용자에게 다른 사람에 우선하여 수의계약으로 매각될 수 있다. (O)

④ 시장·군수등이 아닌 사업시행자는 부과금 또는 연체료를 체납하는 자가 있는 때에는 시장·군수등에게 그 부과·징수를 위탁할 수 있다. (O)

⑤ 사업시행자는 정비사업을 시행하는 지역에 전기가스 등의 공급시설을 설치하기 위하여 공동구를 설치하는 경우에는 다른 법령에 따라 그 공동구에 수용될 시설을 설치할 의무가 있는 자에게 공동구의 설치에 드는 비용을 부담시킬 수 있다. (O)

> **이론플러스** 비용의 보조 및 융자
>
> 1. 국가 또는 지방자치단체는 시장·군수등이 아닌 사업시행자가 시행하는 정비사업에 드는 비용의 일부를 보조 또는 융자하거나 융자를 알선할 수 있다.
> 2. 국가 또는 지방자치단체는 토지임대부 분양주택을 공급받는 자에게 해당 공급비용의 전부 또는 일부를 보조 또는 융자할 수 있다.

01 도시 및 주거환경정비법령상 시장·군수등이 아닌 사업시행자가 시행하는 정비사업의 정비계획에 따라 설치되는 도시·군계획시설 중 그 건설에 드는 비용을 시장·군수등이 부담할 수 있는 시설을 모두 고른 것은?　• 33회

> ㉠ 공원　　　　　　　　　㉡ 공공공지
> ㉢ 공동구　　　　　　　　㉣ 공용주차장

① ㉠
② ㉡, ㉢
③ ㉢, ㉣
④ ㉠, ㉡, ㉢
⑤ ㉠, ㉡, ㉢, ㉣

키워드 비용의 부담

해설 시장·군수등은 시장·군수등이 아닌 사업시행자가 시행하는 정비사업의 정비계획에 따라 설치되는 다음의 시설에 대하여는 그 건설에 드는 비용의 전부 또는 일부를 부담할 수 있다.

> 1. 도로
> 2. 상·하수도
> 3. 공원
> 4. 공용주차장
> 5. 공동구
> 6. 녹지
> 7. 하천
> 8. 공공공지
> 9. 광장
> 10. 임시거주시설

02 도시 및 주거환경정비법령상 청산금 및 비용부담 등에 관한 설명으로 옳은 것은?

• 32회

① 청산금을 징수할 권리는 소유권 이전고시일부터 3년간 행사하지 아니하면 소멸한다.
② 정비구역의 국유·공유재산은 정비사업 외의 목적으로 매각되거나 양도될 수 없다.
③ 청산금을 지급받을 자가 받기를 거부하더라도 사업시행자는 그 청산금을 공탁할 수는 없다.
④ 시장·군수등이 아닌 사업시행자는 부과금을 체납하는 자가 있는 때에는 지방세체납처분의 예에 따라 부과·징수할 수 있다.
⑤ 국가 또는 지방자치단체는 토지임대부 분양주택을 공급받는 자에게 해당 공급비용의 전부를 융자할 수는 없다.

키워드 청산금 및 비용부담

해설 ① 청산금을 징수할 권리는 소유권 이전고시일의 다음 날부터 5년간 행사하지 아니하면 소멸한다.
③ 청산금을 지급받을 자가 받기를 거부한 때에는 사업시행자는 그 청산금을 공탁할 수 있다.
④ 시장·군수등인 사업시행자는 부과금을 체납하는 자가 있는 때에는 지방세체납처분의 예에 따라 부과·징수할 수 있으며, 시장·군수등이 아닌 사업시행자는 시장·군수등에게 부과금의 징수를 위탁할 수 있다.
⑤ 국가 또는 지방자치단체는 토지임대부 분양주택을 공급받는 자에게 해당 공급비용의 전부 또는 일부를 보조 또는 융자할 수 있다.

정답 01 ⑤ 02 ②

PART 4 건축법

		3회독 체크
CHAPTER 01	총칙	☐ ☐ ☐
CHAPTER 02	건축물의 건축	☐ ☐ ☐
CHAPTER 03	건축물의 대지와 도로	☐ ☐ ☐
CHAPTER 04	건축물의 구조 및 재료	☐ ☐ ☐
CHAPTER 05	지역 및 지구 안의 건축물	☐ ☐ ☐
CHAPTER 06	특별건축구역·건축협정 및 결합건축	☐ ☐ ☐

각 단원의 회독 수를 체크해보세요.

17.5%
(약 7문제)

PART 4 최근 8개년 출제비중

제35회 출제경향

건축법은 上난이도 3문제, 中난이도 1문제, 下난이도가 3문제가 출제되었습니다. 건축물의 건축, 건축물의 대지와 도로, 건축물의 구조 및 재료에서 각각 2문제로 가장 많이 출제되었고, 총칙에서 1문제 출제되었으며, 지역 및 지구 안의 건축물, 특별건축구역·건축협정 및 결합건축에서는 출제되지 않았습니다.

8개년 회차별 출제빈도 분석표

회차	28회	29회	30회	31회	32회	33회	34회	35회	비중(%)
CHAPTER 01	3	1	3	2	2	1		1	23.2
CHAPTER 02	3	2	3	2	3	2	1	2	32.1
CHAPTER 03				1			2	2	9
CHAPTER 04		2				1	2	2	16.1
CHAPTER 05		1		1		1	1		7.1
CHAPTER 06	1		1	1	1	2	1		12.5

* 복합문제이거나, 법률이 개정 및 제정된 경우 분류 기준에 따라 위 수치와 달라질 수 있습니다.

CHAPTER 01 총칙

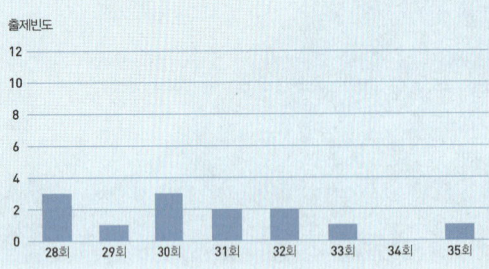

■ 8개년 출제 문항 수
총 40문제 中 평균 약 2문제 출제

■ 이 단원을 공략하고 싶다면?
용어의 정의를 중점적으로 알아두자

↳ 기본서 [부동산공법] pp. 422~446

제1절 용어의 정의

대표기출 1 | 2020년 제31회 A형 73번 문제 | 난이도 하

건축법령상 용어에 관한 설명으로 옳은 것은?

① 건축물을 이전하는 것은 '건축'에 해당한다.
② '고층건축물'에 해당하려면 건축물의 층수가 30층 이상이고 높이가 120m 이상이어야 한다.
③ 건축물이 천재지변으로 전부 멸실된 경우 그 대지에 종전 규모보다 연면적의 합계를 늘려 건축물을 다시 축조하는 것은 '재축'에 해당한다.
④ 건축물의 내력벽을 해체하여 같은 대지의 다른 위치로 옮기는 것은 '이전'에 해당한다.
⑤ 기존 건축물이 있는 대지에서 건축물의 내력벽을 증설하여 건축면적을 늘리는 것은 '대수선'에 해당한다.

기출공략 [키워드] 용어의 정의

용어에 대한 정의를 학습하면 바로 정답을 찾을 수 있는 문제입니다.

28회, 31회

건축법령상 용어에 관한 설명으로 옳은 것은? (①)

① 건축물을 이전하는 것은 '건축'에 해당한다. (O)

② '고층건축물'에 해당하려면 건축물의 층수가 30층 ~~이상이고~~ 높이가 120m 이상이어야 한다. (×)
→ 이상이거나

③ 건축물이 천재지변으로 전부 멸실된 경우 그 대지에 종전 규모보다 연면적의 합계를 늘려 건축물을 다시 축조하는 것은 ~~재축~~에 해당한다. (×)
→ '신축'

④ 건축물의 내력벽을 ~~해체하여~~ 같은 대지의 다른 위치로 옮기는 것은 '이전'에 해당한다. (×)
→ 해체하지 않고

⑤ 기존 건축물이 있는 대지에서 건축물의 내력벽을 증설하여 건축면적을 늘리는 것은 ~~대수선~~에 해당한다. (×)
→ '증축'

이론플러스 건축행위

신축	㉠ 건축물이 없는 대지(기존 건축물이 해체되거나 멸실된 대지를 포함)에 새로 건축물을 축조하는 것을 말한다. ㉡ 부속건축물만 있는 대지에 새로 주된 건축물을 축조하는 것을 포함하되, 개축 또는 재축하는 것은 제외한다.
증축	기존 건축물이 있는 대지에서 건축물의 건축면적, 연면적, 층수 또는 높이를 늘리는 것을 말한다.
개축	기존 건축물의 전부 또는 일부(내력벽, 기둥, 보, 지붕틀 중 셋 이상이 포함되는 경우)를 해체하고 그 대지에 종전과 같은 규모의 범위에서 건축물을 다시 축조하는 것을 말한다.

재축	건축물이 천재지변이나 그 밖의 재해(災害)로 멸실된 경우 그 대지에 다음의 요건을 모두 갖추어 다시 축조하는 것을 말한다.
	1. 연면적 합계는 종전 규모 이하로 할 것
	2. 동(棟)수, 층수 및 높이는 다음의 어느 하나에 해당할 것
	   ㉠ 동수, 층수 및 높이가 모두 종전 규모 이하일 것
	   ㉡ 동수, 층수 또는 높이의 어느 하나가 종전 규모를 초과하는 경우에는 해당 동수, 층수 및 높이가 「건축법」, 「건축법 시행령」 또는 건축조례에 모두 적합할 것

이전	건축물의 주요구조부를 해체하지 아니하고 같은 대지의 다른 위치로 옮기는 것을 말한다.

01 건축물의 바닥이 지표면 아래에 있는 층으로서 건축법령상 지하층에 해당하지 않는 것은?

• 20회

① 해당 층의 높이가 3m인 경우 바닥에서 지표면까지 평균 높이가 2m 이상인 것
② 해당 층의 높이가 4m인 경우 바닥에서 지표면까지 평균 높이가 2m 미만인 것
③ 해당 층의 높이가 4m인 경우 바닥에서 지표면까지 최저 높이가 2m인 것
④ 해당 층의 높이가 3m인 경우 바닥에서 지표면까지 최저 높이가 2m인 것
⑤ 해당 층의 높이가 3m인 경우 바닥에서 지표면까지 평균 높이가 1.5m 이상인 것

키워드 건축법령상 지하층

해설 '지하층'이란 건축물의 바닥이 지표면 아래에 있는 층으로서 바닥에서 지표면까지 평균 높이가 해당 층 높이의 2분의 1 이상인 것을 말하므로, 해당 층의 높이가 4m인 경우 바닥에서 지표면까지 평균 높이가 2m 이상인 것을 말한다.

02 건축법령상 '주요구조부'에 해당하지 않는 것만을 모두 고른 것은?

• 24회, 27회

| ㉠ 지붕틀 | ㉡ 주계단 |
| ㉢ 사이 기둥 | ㉣ 최하층 바닥 |

① ㉡
② ㉠, ㉢
③ ㉢, ㉣
④ ㉠, ㉡, ㉣
⑤ ㉠, ㉡, ㉢, ㉣

키워드 주요구조부

해설 '주요구조부'란 내력벽(耐力壁), 기둥, 바닥, 보, 지붕틀 및 주계단(主階段)을 말한다. 다만, 사이 기둥, 최하층 바닥, 작은 보, 차양, 옥외 계단, 그 밖에 이와 유사한 것으로 건축물의 구조상 중요하지 아니한 부분은 제외한다.

03 건축법령상 다중이용 건축물에 해당하는 용도가 아닌 것은? (단, 16층 이상의 건축물은 제외하고, 해당 용도로 쓰는 바닥면적의 합계는 5,000m² 이상임) • 29회

① 관광휴게시설
② 판매시설
③ 운수시설 중 여객용 시설
④ 종교시설
⑤ 의료시설 중 종합병원

> **키워드** 다중이용 건축물
>
> **해설** '다중이용 건축물'이란 불특정한 다수의 사람들이 이용하는 건축물로서 16층 이상인 건축물이거나 '문화 및 집회시설(동물원·식물원은 제외), 종교시설, 판매시설, 운수시설 중 여객용 시설, 의료시설 중 종합병원, 숙박시설 중 관광숙박시설'에 해당하는 용도로 쓰는 바닥면적의 합계가 5,000m² 이상인 건축물을 말한다.

04 건축법령상 다중이용 건축물에 해당하는 것은? (단, 불특정한 다수의 사람들이 이용하는 건축물을 전제로 함) • 26회 수정

① 종교시설로 사용하는 바닥면적의 합계가 4,000m²인 5층의 성당
② 문화 및 집회시설로 사용하는 바닥면적의 합계가 4,000m²인 10층의 전시장
③ 숙박시설로 사용하는 바닥면적의 합계가 4,000m²인 16층의 관광호텔
④ 교육연구시설로 사용하는 바닥면적의 합계가 5,000m²인 15층의 연구소
⑤ 문화 및 집회시설로 사용하는 바닥면적의 합계가 5,000m²인 2층의 동물원

> **키워드** 다중이용 건축물
>
> **해설** ① 종교시설로 사용하는 바닥면적의 합계가 5,000m² 이상인 5층의 성당
> ② 문화 및 집회시설로 사용하는 바닥면적의 합계가 5,000m² 이상인 10층의 전시장
> ④ 교육연구시설로 사용하는 바닥면적의 합계가 5,000m²인 16층의 연구소
> ⑤ 문화 및 집회시설로 사용하는 바닥면적의 합계가 5,000m²인 동물원·식물원은 제외한 건축물

정답 01 ② 02 ③ 03 ① 04 ③

05 건축법령상 건축에 관한 용어 설명 중 틀린 것은?

• 18회 수정

① 건축물의 주요구조부를 해체하여 같은 대지의 다른 위치로 옮기는 것은 '이전'에 해당한다.
② 기존 건축물이 있는 대지에서 건축물의 높이를 증가시키는 것은 '증축'에 해당한다.
③ 기존 건축물이 있는 대지에서 건축물의 층수를 증가시키는 것은 '증축'에 해당한다.
④ 건축물이 재해로 멸실된 경우 그 대지에 종전 규모 이하에서 다시 축조하는 것은 '재축'에 해당한다.
⑤ 기존 건축물의 전부를 해체하고 그 대지에 종전과 같은 규모의 범위에서 건축물을 다시 축조하는 것은 '개축'에 해당한다.

키워드 건축물의 건축

해설 건축물의 주요구조부를 해체하지 아니하고 같은 대지의 다른 위치로 옮기는 것은 '이전'에 해당한다.

06 건축법령상 '건축'에 해당하는 것을 모두 고른 것은?

• 25회

㉠ 건축물이 없던 나대지에 새로 건축물을 축조하는 것
㉡ 기존 5층의 건축물이 있는 대지에서 건축물의 층수를 7층으로 늘리는 것
㉢ 태풍으로 멸실된 건축물을 그 대지에 종전과 같은 규모의 범위에서 다시 축조하는 것
㉣ 건축물의 주요구조부를 해체하지 아니하고 같은 대지에서 옆으로 5m 옮기는 것

① ㉠, ㉡
② ㉢, ㉣
③ ㉠, ㉡, ㉢
④ ㉡, ㉢, ㉣
⑤ ㉠, ㉡, ㉢, ㉣

키워드 건축물의 건축

해설 건축물의 '건축'이란 건축물을 신축·증축·개축·재축 또는 이전하는 것을 말한다. ㉠㉡㉢㉣ 모두 '건축'에 해당한다.

㉠ 건축물이 없던 나대지에 새로 건축물을 축조하는 것: 신축
㉡ 기존 5층의 건축물이 있는 대지에서 건축물의 층수를 7층으로 늘리는 것: 증축
㉢ 태풍으로 멸실된 건축물을 그 대지에 종전과 같은 규모의 범위에서 다시 축조하는 것: 재축
㉣ 건축물의 주요구조부를 해체하지 아니하고 같은 대지에서 옆으로 5m 옮기는 것: 이전

07 건축법령상 건축물의 '대수선'에 해당하지 <u>않는</u> 것은? (단, 건축물의 증축·개축 또는 재축에 해당하지 않음)
• 35회

① 보를 두 개 변경하는 것
② 기둥을 세 개 수선하는 것
③ 내력벽의 벽면적을 30m^2 수선하는 것
④ 특별피난계단을 변경하는 것
⑤ 다세대주택의 세대 간 경계벽을 증설하는 것

키워드 대수선

해설 보를 증설 또는 해체하거나 3개 이상 수선 또는 변경하는 경우 대수선에 해당한다.

08 건축법령상 특별자치시장·특별자치도지사 또는 시장·군수·구청장에게 신고하고 축조하여야 하는 공작물에 해당하는 것은? (단, 건축물과 분리하여 축조하는 경우이며, 공용건축물에 대한 특례는 고려하지 않음)
• 27회 수정

① 높이 4m의 기념탑
② 높이 7m의 고가수조(高架水槽)
③ 높이 3m의 광고탑
④ 높이 3m의 담장
⑤ 바닥면적 25m^2의 지하대피호

키워드 신고 대상 공작물

해설 ① 높이 4m를 넘는 기념탑
② 높이 8m를 넘는 고가수조(高架水槽)
③ 높이 4m를 넘는 광고탑
⑤ 바닥면적 30m^2를 넘는 지하대피호

정답 05 ①　06 ⑤　07 ①　08 ④

09 건축법령상 대지를 조성하기 위하여 건축물과 분리하여 공작물을 축조하려는 경우, 특별자치시장·특별자치도지사 또는 시장·군수·구청장에게 신고하여야 하는 공작물에 해당하지 않는 것은? (단, 공용건축물에 대한 특례는 고려하지 않음) • 30회 수정

① 상업지역에 설치하는 높이 8m의 통신용 철탑
② 높이 4m의 옹벽
③ 높이 8m의 굴뚝
④ 바닥면적 40m²의 지하대피호
⑤ 높이 4m의 장식탑

> **키워드** 신고 대상 공작물
> **해설** 장식탑은 높이 4m를 넘을 경우 신고 대상 공작물에 해당된다.

10 건축법령상 건축물과 관련된 설명으로 옳은 것을 모두 고른 것은? • 23회 수정

> ㉠ 지하층은 건축물의 바닥이 지표면 아래에 있는 층으로서 바닥에서 지표면까지 평균 높이가 해당 층 높이의 3분의 1 이상인 것을 말한다.
> ㉡ '재축'이란 기존 건축물의 전부 또는 일부[내력벽·기둥·보·지붕틀(한옥의 경우에는 지붕틀의 범위에서 서까래는 제외한다) 중 셋 이상이 포함되는 경우를 말한다]를 해체하고 그 대지에 종전과 같은 규모의 범위에서 건축물을 다시 축조하는 것을 말한다.
> ㉢ 내력벽을 증설 또는 해체하거나 그 벽면적을 30m² 이상 수선 또는 변경하는 것은 대수선에 해당한다.
> ㉣ 연면적은 하나의 건축물 각 층의 바닥면적의 합계를 말하는 것으로서, 용적률을 산정할 때 층수가 50층 이상인 건축물에 설치하는 피난안전구역의 면적은 연면적에 산입하지 않는다.

① ㉠, ㉡   ② ㉠, ㉢   ③ ㉡, ㉢
④ ㉡, ㉣   ⑤ ㉢, ㉣

> **키워드** 용어의 정의
> **해설** ㉠ 지하층은 건축물의 바닥이 지표면 아래에 있는 층으로서 바닥에서 지표면까지 평균 높이가 해당 층 높이의 2분의 1 이상인 것을 말한다.
> ㉡ '개축'이란 기존 건축물의 전부 또는 일부[내력벽·기둥·보·지붕틀(한옥의 경우에는 지붕틀의 범위에서 서까래는 제외한다) 중 셋 이상이 포함되는 경우를 말한다]를 해체하고 그 대지에 종전과 같은 규모의 범위에서 건축물을 다시 축조하는 것을 말한다.

11 건축법령상 용어에 관한 설명으로 틀린 것은? • 28회

① 내력벽을 수선하더라도 수선되는 벽면적의 합계가 $30m^2$ 미만인 경우는 '대수선'에 포함되지 않는다.
② 지하의 공작물에 설치하는 점포는 '건축물'에 해당하지 않는다.
③ 구조 계산서와 시방서는 '설계도서'에 해당한다.
④ '막다른 도로'의 구조와 너비는 '막다른 도로'가 '도로'에 해당하는지 여부를 판단하는 기준이 된다.
⑤ '고층건축물'이란 층수가 30층 이상이거나 높이가 120m 이상인 건축물을 말한다.

키워드 용어의 정의

해설 지하나 고가(高架)의 공작물에 설치하는 사무소·공연장·점포·차고·창고는 '건축물'에 해당한다.

정답 09 ⑤ 10 ⑤ 11 ②

12 건축법령상 특수구조 건축물의 특례에 관한 설명으로 옳은 것은? (단, 건축법령상 다른 특례 및 조례는 고려하지 않음) • 32회

① 건축 공사현장 안전관리 예치금에 관한 규정을 강화하여 적용할 수 있다.
② 대지의 조경에 관한 규정을 변경하여 적용할 수 있다.
③ 한쪽 끝은 고정되고 다른 끝은 지지되지 아니한 구조로 된 차양이 외벽(외벽이 없는 경우에는 외곽 기둥을 말함)의 중심선으로부터 3m 이상 돌출된 건축물은 특수구조 건축물에 해당한다.
④ 기둥과 기둥 사이의 거리(기둥의 중심선 사이의 거리를 말함)가 15m인 건축물은 특수구조 건축물로서 건축물 내진등급의 설정에 관한 규정을 강화하여 적용할 수 있다.
⑤ 특수구조 건축물을 건축하려는 건축주는 건축허가 신청 전에 허가권자에게 해당 건축물의 구조안전에 관하여 지방건축위원회의 심의를 신청하여야 한다.

키워드 특수구조 건축물의 특례
해설 ① 건축 공사현장 안전관리 예치금에 관한 규정을 강화하여 적용할 수 없다.
② 대지의 조경에 관한 규정을 변경하여 적용할 수 없다.
④ 기둥과 기둥 사이의 거리(기둥의 중심선 사이의 거리를 말함)가 20m인 건축물은 특수구조 건축물로서 건축물 내진등급의 설정에 관한 규정을 강화하여 적용할 수 있다.
⑤ 특수구조 건축물을 건축하려는 건축주는 착공신고를 하기 전에 허가권자에게 해당 건축물의 구조안전에 관하여 지방건축위원회의 심의를 신청하여야 한다.

13 건축법령상 건축물의 종류와 그 용도분류가 잘못 연결된 것은? • 15회, 17회

① 무도학원 – 위락시설
② 주유소 – 위험물저장 및 처리시설
③ 야외극장 – 문화 및 집회시설
④ 마을회관 – 제1종 근린생활시설
⑤ 안마시술소 – 제2종 근린생활시설

키워드 용도별 건축물의 종류
해설 야외극장은 관광휴게시설에 해당한다. 그 외 관광휴게시설에는 야외음악당, 어린이회관, 관망탑, 휴게소, 공원·유원지 또는 관광지에 부수되는 시설 등이 있다.

14 건축법령상 제1종 근린생활시설에 해당하는 것은? (단, 동일한 건축물 안에서 당해 용도에 쓰이는 바닥면적의 합계는 1,000m²임)

• 19회, 33회

① 극장
② 서점
③ 탁구장
④ 파출소
⑤ 산후조리원

키워드 제1종 근린생활시설

해설
① 극장은 500m² 미만인 경우에는 제2종 근린생활시설에 해당하고, 그 외에는 문화 및 집회시설에 해당한다(영 제3조의5 별표 1). 1천m²의 극장은 문화 및 집회시설에 해당한다.
② 서점은 1천m² 미만인 경우에 제1종 근린생활시설에 해당하고, 그 외에는 제2종 근린생활시설에 해당한다(영 제3조의5 별표 1). 1천m²의 서점은 제2종 근린생활시설에 해당한다.
③ 탁구장은 500m² 미만인 경우에는 제1종 근린생활시설에 해당하고, 그 외에는 운동시설에 해당한다(영 제3조의5 별표 1). 1천m²의 탁구장은 운동시설에 해당한다.
④ 파출소는 바닥면적의 합계가 1천m² 미만인 경우에 제1종 근린생활시설에 해당하고, 그 외에는 업무시설 중 공공업무시설에 해당한다(영 제3조의5 별표 1). 1천m²의 파출소는 공공업무시설에 해당한다.

이론플러스 제1종 근린생활시설(영 제3조의5 별표 1)

1. 식품·잡화·의류·완구·서적·건축자재·의약품·의료기기 등 일용품을 판매하는 소매점으로서 같은 건축물(하나의 대지에 두 동 이상의 건축물이 있는 경우에는 이를 같은 건축물로 봄. 이하 같음)에 해당 용도로 쓰는 바닥면적의 합계가 1천m² 미만인 것
2. 휴게음식점, 제과점 등 음료·차(茶)·음식·빵·떡·과자 등을 조리하거나 제조하여 판매하는 시설(제4호 너목 또는 제17호에 해당하는 것은 제외)로서 같은 건축물에 해당 용도로 쓰는 바닥면적의 합계가 300m² 미만인 것
3. 이용원, 미용원, 목욕장, 세탁소 등 사람의 위생관리나 의류 등을 세탁·수선하는 시설(세탁소의 경우 공장에 부설되는 것과 대기환경보전법, 물환경보전법 또는 소음·진동관리법에 따른 배출시설의 설치 허가 또는 신고의 대상인 것은 제외)
4. 의원, 치과의원, 한의원, 침술원, 접골원(接骨院), 조산원, 안마원, 산후조리원 등 주민의 진료·치료 등을 위한 시설
5. 탁구장, 체육도장으로서 같은 건축물에 해당 용도로 쓰는 바닥면적의 합계가 500m² 미만인 것
6. 지역자치센터, 파출소, 지구대, 소방서, 우체국, 방송국, 보건소, 공공도서관, 건강보험공단 사무소 등 주민의 편의를 위하여 공공업무를 수행하는 시설로서 같은 건축물에 해당 용도로 쓰는 바닥면적의 합계가 1천m² 미만인 것

정답 12 ③ 13 ③ 14 ⑤

7. 마을회관, 마을공동작업소, 마을공동구판장, 공중화장실, 대피소, 지역아동센터(단독주택과 공동주택에 해당하는 것은 제외) 등 주민이 공동으로 이용하는 시설
8. 변전소, 도시가스배관시설, 통신용 시설(해당 용도로 쓰는 바닥면적의 합계가 1천m^2 미만인 것에 한정), 정수장, 양수장 등 주민의 생활에 필요한 에너지공급·통신서비스제공이나 급수·배수와 관련된 시설
9. 금융업소, 사무소, 부동산중개사무소, 결혼상담소 등 소개업소, 출판사 등 일반업무시설로서 같은 건축물에 해당 용도로 쓰는 바닥면적의 합계가 30m^2 미만인 것
10. 전기자동차 충전소(해당 용도로 쓰는 바닥면적의 합계가 1천m^2 미만인 것으로 한정)
11. 동물병원, 동물미용실 및 「동물보호법」 제73조 제1항 제2호에 따른 동물위탁관리업을 위한 시설로서 같은 건축물에 해당 용도로 쓰는 바닥면적의 합계가 300m^2 미만인 것

제2절 건축법의 적용범위 및 건축위원회 등

대표기출 2 | 2019년 제30회 A형 76번 문제 | 난이도 중

건축법령상 철도의 선로부지(敷地)에 있는 시설로서, 「건축법」의 적용을 받지 <u>않는</u> 건축물만을 모두 고른 것은? (단, 건축법령 이외의 특례는 고려하지 않음)

㉠ 플랫폼
㉡ 운전보안시설
㉢ 철도 선로의 아래를 가로지르는 보행시설
㉣ 해당 철도사업용 급수(給水)·급탄(給炭) 및 급유(給油)시설

① ㉠, ㉡, ㉢
② ㉠, ㉡, ㉣
③ ㉠, ㉢, ㉣
④ ㉡, ㉢, ㉣
⑤ ㉠, ㉡, ㉢, ㉣

기출공략 [키워드] 건축법의 적용범위

「건축법」의 적용을 받지 않는 건축물의 종류를 암기하면 정답을 찾을 수 있습니다.

28회, 30회

건축법령상 철도의 선로부지(敷地)에 있는 시설로서, 「건축법」의 적용을 받지 <u>않는</u> 건축물만을 모두 고른 것은? (단, 건축법령 이외의 특례는 고려하지 않음) (⑤)

㉠ 플랫폼 (×)
㉡ 운전보안시설 (×)
㉢ 철도 선로의 아래를 가로지르는 보행시설 (×)
㉣ 해당 철도사업용 급수(給水)·급탄(給炭) 및 급유(給油)시설 (×)

→ 모두 「건축법」의 적용을 받지 않는 건축물에 속한다.

이론플러스 「건축법」 전부를 적용하지 않는 건축물

1. 컨테이너를 이용한 간이창고(산업집적활성화 및 공장설립에 관한 법률에 따른 공장의 용도로만 사용되는 건축물의 대지 안에 설치하는 것으로서 이동이 쉬운 것만 해당)
2. 고속도로 통행료 징수시설
3. 「문화유산의 보존 및 활용에 관한 법률」에 따른 지정문화유산이나 임시지정문화유산 또는 「자연유산의 보존 및 활용에 관한 법률」에 따라 지정된 천연기념물 등이나 임시지정천연기념물, 임시지정명승, 임시지정시·도 자연유산, 임시자연유산자료
4. 철도나 궤도의 선로부지에 있는 다음의 시설
    ⓐ 운전보안시설
    ⓑ 철도 선로의 위나 아래를 가로지르는 보행시설
    ⓒ 플랫폼
    ⓓ 해당 철도 또는 궤도사업용 급수(給水)·급탄(給炭) 및 급유(給油)시설
5. 「하천법」에 따른 하천구역 내의 수문조작실

15 건축법령상 「건축법」의 적용에 관한 설명으로 틀린 것은? • 22회 수정

① 철도의 선로부지에 있는 플랫폼을 건축하는 경우에는 「건축법」상 건폐율 규정이 적용되지 않는다.
② 고속도로 통행료 징수시설을 건축하는 경우에는 「건축법」상 대지의 분할제한 규정이 적용되지 않는다.
③ 지구단위계획구역이 아닌 계획관리지역으로서 동이나 읍이 아닌 지역에서는 「건축법」상 대지의 분할제한 규정이 적용되지 않는다.
④ 지구단위계획구역이 아닌 계획관리지역으로서 동이나 읍이 아닌 지역에서는 「건축법」상 건축선에 따른 건축제한 규정이 적용되지 않는다.
⑤ 지구단위계획구역이 아닌 계획관리지역으로서 동이나 읍이 아닌 지역에서는 「건축법」상 용적률 규정이 적용되지 않는다.

키워드 건축법의 적용범위

해설 지구단위계획구역이 아닌 계획관리지역으로서 동이나 읍이 아닌 지역에서는 「건축법」상 용적률 규정은 적용되며, '대지와 도로의 관계, 도로의 지정·폐지 또는 변경, 건축선의 지정, 건축선에 따른 건축제한, 방화지구 안의 건축물, 대지의 분할제한' 규정이 적용되지 아니한다.

16 건축법령상 「건축법」이 모두 적용되지 않는 건축물이 아닌 것은? • 26회

① 「문화유산의 보존 및 활용에 관한 법률」에 따른 지정문화유산
② 철도의 선로부지에 있는 철도 선로의 위나 아래를 가로지르는 보행시설
③ 고속도로 통행료 징수시설
④ 지역자치센터
⑤ 궤도의 선로부지에 있는 플랫폼

키워드 건축법의 적용범위

해설 지역자치센터는 제1종 근린생활시설로서 「건축법」 적용대상에 해당한다.

17 다음 건축물 중 「건축법」의 적용을 받는 것은?
• 28회 수정

① 대지에 정착된 컨테이너를 이용한 주택
② 철도의 선로부지에 있는 운전보안시설
③ 「문화유산의 보존 및 활용에 관한 법률」에 따른 임시지정문화유산
④ 고속도로 통행료 징수시설
⑤ 「하천법」에 따른 하천구역 내의 수문조작실

키워드 건축법의 적용범위

해설 대지에 정착된 컨테이너를 이용한 주택은 「건축법」 적용대상에 해당하며, 컨테이너를 이용한 간이창고로 공장의 용도로만 사용되는 건축물을 대지에 설치하는 것으로서 이동이 쉬운 것만 「건축법」을 적용하지 않는다.

18 건축법령상 건축민원전문위원회에 관한 설명으로 틀린 것은? (단, 조례는 고려하지 않음)
• 30회

① 도지사는 건축위원회의 심의 등을 효율적으로 수행하기 위하여 필요하면 자신이 설치하는 건축위원회에 건축민원전문위원회를 두어 운영할 수 있다.
② 건축민원전문위원회가 위원회에 출석하게 하여 의견을 들을 수 있는 자는 신청인과 허가권자에 한한다.
③ 건축민원전문위원회에 질의민원의 심의를 신청하려는 자는 문서에 의할 수 없는 특별한 사정이 있는 경우에는 구술로도 신청할 수 있다.
④ 건축민원전문위원회는 심의에 필요하다고 인정하면 위원 또는 사무국의 소속 공무원에게 관계 서류를 열람하게 하거나 관계 사업장에 출입하여 조사하게 할 수 있다.
⑤ 건축민원전문위원회는 건축법령의 운영 및 집행에 관한 민원을 심의할 수 있다.

키워드 건축민원전문위원회

해설 건축민원전문위원회가 위원회에 출석하게 하여 의견을 들을 수 있는 자는 신청인, 허가권자의 업무담당자, 이해관계자 또는 참고인이다.

정답 15 ⑤ 16 ④ 17 ① 18 ②

19 건축법령상 건축등과 관련된 분쟁으로서 건축분쟁전문위원회의 조정 및 재정의 대상이 되는 것은? (단, 건설산업기본법 제69조에 따른 조정의 대상이 되는 분쟁은 고려하지 않음)

• 28회, 32회

① '건축주'와 '건축신고수리자' 간의 분쟁
② '공사시공자'와 '건축지도원' 간의 분쟁
③ '건축허가권자'와 '공사감리자' 간의 분쟁
④ '관계전문기술자'와 '해당 건축물의 건축 등으로 피해를 입은 인근주민' 간의 분쟁
⑤ '건축허가권자'와 '해당 건축물의 건축 등으로 피해를 입은 인근주민' 간의 분쟁

키워드 건축분쟁전문위원회

해설 건축등과 관련된 '건축관계자와 해당 건축물의 건축등으로 피해를 입은 인근주민 간의 분쟁, 관계전문기술자와 인근주민 간의 분쟁, 건축관계자와 관계전문기술자 간의 분쟁, 건축관계자 간의 분쟁, 인근주민 간의 분쟁, 관계전문기술자 간의 분쟁'의 조정(調停) 및 재정(裁定)을 하기 위하여 국토교통부에 건축분쟁전문위원회를 둔다.

정답 19 ④

CHAPTER 02 건축물의 건축

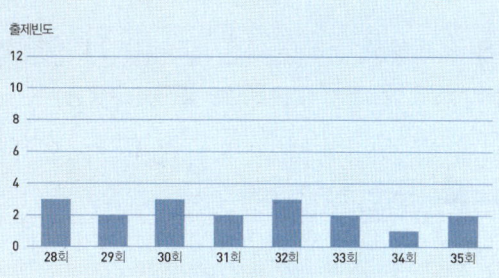

■ 8개년 출제 문항 수
총 40문제 中 평균 약 2문제 출제

■ 이 단원을 공략하고 싶다면?
건축허가와 건축신고를 중점적으로 학습하자

↳ 기본서 [부동산공법] pp. 447~474

제1절 건축허가

대표기출 1 2014년 제25회 A형 116번 문제 수정 | 난이도 중

건축법령상 건축허가 및 건축신고 등에 관한 설명으로 틀린 것은? (단, 조례는 고려하지 않음)

① 바닥면적이 각 80m²인 3층의 건축물을 신축하고자 하는 자는 건축허가의 신청 전에 허가권자에게 그 건축의 허용성에 대한 사전결정을 신청할 수 있다.
② 연면적의 10분의 3을 증축하여 연면적의 합계가 10만m²가 되는 창고를 광역시에 건축하고자 하는 자는 광역시장의 허가를 받아야 한다.
③ 건축물의 건축허가를 받으면 「국토의 계획 및 이용에 관한 법률」에 따른 개발행위허가를 받은 것으로 본다.
④ 연면적의 합계가 200m²인 건축물의 높이를 2m 증축할 경우 건축신고를 하면 건축허가를 받은 것으로 본다.
⑤ 건축신고를 한 자가 신고일부터 1년 이내에 공사에 착수하지 아니하면 그 신고의 효력은 없어진다.

기출공략 [키워드] 건축허가 및 건축신고

건축허가 및 건축신고에 관한 전반적인 내용을 학습한 경우에만 정답을 찾을 수 있는 문제입니다.

29회, 31회, 32회

건축법령상 건축허가 및 건축신고 등에 관한 설명으로 틀린 것은? (단, 조례는 고려하지 않음)
(②)

① 바닥면적이 각 80m²인 3층의 건축물을 신축하고자 하는 자는 건축허가의 신청 전에 허가권자에게 그 건축의 허용성에 대한 사전결정을 신청할 수 있다. (O)

② 연면적의 10분의 3을 증축하여 연면적의 합계가 10만m²가 되는 창고를 광역시에 건축하고자 하는 자는 ~~광역시장의 허가를 받아야 한다~~. (X)
  → 공장이나 창고는 특별시장이나 광역시장의 허가를 받지 아니한다.

③ 건축물의 건축허가를 받으면 「국토의 계획 및 이용에 관한 법률」에 따른 개발행위허가를 받은 것으로 본다. (O)

④ 연면적의 합계가 200m²인 건축물의 높이를 2m 증축할 경우 건축신고를 하면 건축허가를 받은 것으로 본다. (O)

⑤ 건축신고를 한 자가 신고일부터 1년 이내에 공사에 착수하지 아니하면 그 신고의 효력은 없어진다. (O)

이론플러스 건축허가권자

원칙	건축물을 건축하거나 대수선하려는 자는 특별자치시장·특별자치도지사 또는 시장·군수·구청장의 허가를 받아야 한다(법 제11조 제1항).
예외	층수가 21층 이상이거나 연면적의 합계가 10만m² 이상인 건축물의 건축(연면적의 10분의 3 이상을 증축하여 층수가 21층 이상으로 되거나 연면적의 합계가 10만m² 이상으로 되는 경우를 포함)을 특별시나 광역시에 건축하려면 특별시장이나 광역시장의 허가를 받아야 한다. 다만, 다음의 어느 하나에 해당하는 건축물의 건축은 제외한다(법 제11조 제1항 단서). ㉠ 공장 ㉡ 창고 ㉢ 지방건축위원회의 심의를 거친 건축물(특별시 또는 광역시의 건축조례로 정하는 바에 따라 해당 지방건축위원회의 심의사항으로 할 수 있는 건축물에 한정하며, 초고층 건축물은 제외)

01 상

건축법령상 건축허가의 사전결정에 관한 설명으로 옳은 것은? • 20회 수정

① A도(道) B시(市)에서 30층의 건축물을 건축하려는 자는 건축허가신청 전에 A도 지사에게 그 건축물의 건축이 법령에서 허용되는지에 대한 사전결정을 신청할 수 있다.
② 허가권자는 사전결정이 신청된 건축물의 대지면적이 「환경영향평가법」에 따른 소규모 환경영향평가 대상인 경우 국토교통부장관과 협의하여야 한다.
③ 사전결정신청자가 사전결정을 통지받은 날부터 2년 이내에 법령에 따른 건축허가를 신청하지 않으면 그 사전결정은 효력을 상실한다.
④ 사전결정을 받은 자는 사전결정된 건축물의 입지, 규모, 용도 등에 관하여 공고하여야 한다.
⑤ 사전결정의 신청자는 그 신청 시 건축위원회의 심의와 교통영향평가서의 검토를 동시에 신청할 수 없다.

키워드 건축허가의 사전결정

해설 ① A도(道) B시(市)에서 30층의 건축물을 건축하려는 자는 건축허가신청 전에 B시장에게 그 건축물의 건축이 법령에서 허용되는지에 대한 사전결정을 신청할 수 있다.
② 허가권자는 사전결정이 신청된 건축물의 대지면적이 「환경영향평가법」에 따른 소규모 환경영향평가 대상인 경우 환경부장관이나 지방환경관서의 장과 소규모 환경영향평가에 관한 협의를 하여야 한다.
④ 허가권자는 사전결정된 건축물의 입지, 규모, 용도 등에 관하여 사전결정신청자에게 알려야 한다.
⑤ 사전결정의 신청자는 그 신청 시 건축위원회의 심의와 교통영향평가서의 검토를 동시에 신청할 수 있다.

정답 01 ③

02

건축법령상 건축허가의 사전결정에 관한 설명으로 틀린 것은? • 28회 수정

① 사전결정을 할 수 있는 자는 건축허가권자이다.
② 사전결정 신청사항에는 건축허가를 받기 위하여 신청자가 고려하여야 할 사항이 포함될 수 있다.
③ 사전결정의 통지로써 「국토의 계획 및 이용에 관한 법률」에 따른 개발행위허가가 의제되는 경우 허가권자는 사전결정을 하기에 앞서 관계 행정기관의 장과 협의하여야 한다.
④ 사전결정신청자는 건축위원회 심의와 「도시교통정비 촉진법」에 따른 교통영향평가서의 검토를 동시에 신청할 수 있다.
⑤ 사전결정신청자는 사전결정을 통지받은 날부터 2년 이내에 착공신고를 하여야 하며, 이 기간에 착공신고를 하지 아니하면 사전결정의 효력이 상실된다.

키워드 건축허가의 사전결정

해설 사전결정신청자는 사전결정을 통지받은 날부터 2년 이내에 건축허가를 신청하여야 하며, 이 기간에 건축허가를 신청하지 아니하면 사전결정의 효력이 상실된다.

03

건축법령상 건축허가 대상 건축물을 건축하려는 자가 허가권자의 사전결정통지를 받은 경우 그 허가를 받은 것으로 볼 수 있는 것만을 모두 고른 것은? • 30회 수정

㉠ 「국토의 계획 및 이용에 관한 법률」 제56조에 따른 개발행위허가
㉡ 「산지관리법」 제15조의2에 따른 도시지역 안의 보전산지에 대한 산지일시사용허가
㉢ 「산지관리법」 제14조에 따른 농림지역 안의 보전산지에 대한 산지전용허가
㉣ 「농지법」 제34조에 따른 농지전용허가

① ㉠, ㉡
② ㉠, ㉡, ㉣
③ ㉠, ㉢, ㉣
④ ㉡, ㉢, ㉣
⑤ ㉠, ㉡, ㉢, ㉣

키워드 사전결정통지

해설 ㉢ 보전산지의 경우 도시지역만 「산지관리법」 제14조에 의한 산지전용허가가 의제된다.

04 건축법령상 건축허가 대상 건축물을 건축하려는 자가 건축 관련 입지와 규모의 사전결정통지를 받은 경우에 허가를 받은 것으로 볼 수 있는 것을 모두 고른 것은? (단, 미리 관계 행정기관의 장과 사전결정에 관하여 협의한 것을 전제로 함) • 33회

> ㉠ 「농지법」 제34조에 따른 농지전용허가
> ㉡ 「하천법」 제33조에 따른 하천점용허가
> ㉢ 「국토의 계획 및 이용에 관한 법률」 제56조에 따른 개발행위허가
> ㉣ 도시지역 외의 지역에서 「산지관리법」 제14조에 따른 보전산지에 대한 산지전용허가

① ㉠, ㉡
② ㉢, ㉣
③ ㉠, ㉡, ㉢
④ ㉡, ㉢, ㉣
⑤ ㉠, ㉡, ㉢, ㉣

키워드 사전결정통지

해설 ㉣ 건축법령상 건축허가 대상 건축물을 건축하려는 자가 건축 관련 입지와 규모의 사전결정통지를 받은 경우 도시지역에서 「산지관리법」 제14조에 따른 보전산지에 대한 산지전용허가는 허가를 받은 것으로 볼 수 있다.

이론플러스 사전결정통지를 받은 경우에는 다음의 허가를 받거나 신고 또는 협의를 한 것으로 본다.

> 1. 「국토의 계획 및 이용에 관한 법률」 제56조에 따른 개발행위허가
> 2. 「산지관리법」 제14조와 제15조에 따른 산지전용허가와 산지전용신고, 같은 법 제15조의2에 따른 산지일시사용허가·신고. 다만, 보전산지인 경우에는 도시지역만 해당된다.
> 3. 「농지법」 제34조, 제35조 및 제43조에 따른 농지전용허가·신고 및 협의
> 4. 「하천법」 제33조에 따른 하천점용허가

정답 02 ⑤ 03 ② 04 ③

05 건축법령상 시장·군수가 건축허가를 하기 위해 도지사의 사전승인을 받아야 하는 건축물은?

• 21회

① 연면적의 10분의 2를 증축하여 층수가 21층이 되는 공장
② 연면적의 합계가 10만m²인 창고
③ 자연환경을 보호하기 위하여 도지사가 지정·공고한 구역에 건축하는 연면적의 합계가 900m²인 2층의 위락시설
④ 주거환경 등 주변 환경을 보호하기 위하여 도시자가 지정·공고한 구역에 건축하는 숙박시설
⑤ 수질을 보호하기 위하여 도지사가 지정·공고한 구역에 건축하는 연면적의 합계가 900m²인 2층의 숙박시설

키워드 도지사의 사전승인

해설
① 공장은 도지사의 사전승인을 받아야 하는 건축물이 아니다.
② 창고는 도지사의 사전승인을 받아야 하는 건축물이 아니다.
③ 자연환경을 보호하기 위하여 도지사가 지정·공고한 구역에 건축하는 연면적의 합계가 1천m² 이상 또는 3층 이상의 위락시설
⑤ 수질을 보호하기 위하여 도지사가 지정·공고한 구역에 건축하는 연면적의 합계가 1천m² 이상 또는 3층 이상의 숙박시설

06 건축법령상 건축물 안전영향평가에 관한 설명으로 옳은 것은?

• 35회

① 초고층 건축물에 대하여는 건축허가 이후 지체 없이 건축물 안전영향평가를 실시하여야 한다.
② 안전영향평가기관은 안전영향평가를 의뢰받은 날부터 30일 이내에 안전영향평가 결과를 허가권자에게 제출하여야 하며, 이 기간은 연장될 수 없다.
③ 건축물 안전영향평가 결과는 도시계획위원회의 심의를 거쳐 확정된다.
④ 허가권자는 안전영향평가에 대한 심의 결과 및 안전영향평가 내용을 일간신문에 게재하는 방법으로 공개하여야 한다.
⑤ 안전영향평가를 실시하여야 하는 건축물이 다른 법률에 따라 구조안전과 인접 대지의 안전에 미치는 영향 등을 평가받은 경우에는 안전영향평가의 해당 항목을 평가받은 것으로 본다.

키워드 건축물 안전영향평가

해설 ① 허가권자는 초고층 건축물 또는 16층 이상이고 연면적이 10만㎡ 이상인 건축물에 대하여 건축허가를 하기 전에 건축물의 구조, 지반 및 풍환경 등이 건축물의 건축안전과 인접 대지의 안전에 미치는 영향 등을 평가하는 건축물 안전영향평가를 안전영향평가기관에 의뢰하여 실시하여야 한다.

② 안전영향평가기관은 안전영향평가를 의뢰받은 날부터 30일 이내에 안전영향평가 결과를 허가권자에게 제출하여야 한다. 다만, 부득이한 경우에는 20일의 범위에서 그 기간을 한 차례만 연장할 수 있다.

③ 건축물 안전영향평가 결과는 건축위원회의 심의를 거쳐 확정된다.

④ 허가권자는 안전영향평가에 대한 심의 결과 및 안전영향평가 내용을 해당 지방자치단체의 공보에 게시하는 방법으로 즉시 공개하여야 한다.

07 중

건축법령상 건축허가를 받으려는 자가 해당 대지의 소유권을 확보하지 않아도 되는 경우만 모두 고른 것은? • 28회

> ㉠ 분양을 목적으로 하는 공동주택의 건축주가 그 대지를 사용할 수 있는 권원을 확보한 경우
> ㉡ 건축주가 집합건물의 공용부분을 변경하기 위하여 「집합건물의 소유 및 관리에 관한 법률」 제15조 제1항에 따른 결의가 있었음을 증명한 경우
> ㉢ 건축하려는 대지에 포함된 국유지에 대하여 허가권자가 해당 토지의 관리청이 해당 토지를 건축주에게 매각할 것을 확인한 경우

① ㉠   ② ㉡   ③ ㉠, ㉢
④ ㉡, ㉢   ⑤ ㉠, ㉡, ㉢

키워드 대지의 소유권 확보

해설 ㉠ 건축주가 대지의 소유권을 확보하지 못하였으나 그 대지를 사용할 수 있는 권원을 확보한 경우(단, 분양을 목적으로 하는 공동주택은 제외) 대지의 소유권을 확보하지 않아도 된다.

정답 05 ④ 06 ⑤ 07 ④

08 건축법령상 건축허가의 제한에 관한 설명으로 틀린 것은?
• 21회, 26회

① 국방부장관이 국방을 위하여 특히 필요하다고 인정하여 요청하면 국토교통부장관은 허가권자의 건축허가를 제한할 수 있다.
② 교육감이 교육환경의 개선을 위하여 특히 필요하다고 인정하여 요청하면 국토교통부장관은 허가를 받은 건축물의 착공을 제한할 수 있다.
③ 특별시장은 지역계획에 특히 필요하다고 인정하면 관할 구청장의 건축허가를 제한할 수 있다.
④ 건축물의 착공을 제한하는 경우 제한기간은 2년 이내로 하되, 1회에 한하여 1년 이내의 범위에서 제한기간을 연장할 수 있다.
⑤ 도지사가 관할 군수의 건축허가를 제한한 경우, 국토교통부장관은 제한 내용이 지나치다고 인정하면 해제를 명할 수 있다.

키워드 건축허가의 제한
해설 국토교통부장관은 국토관리를 위하여 특히 필요하다고 인정하거나 주무부장관이 국방, 「국가유산기본법」에 따른 국가유산의 보존, 환경보전 또는 국민경제를 위하여 특히 필요하다고 인정하여 요청하면 허가권자의 건축허가나 허가를 받은 건축물의 착공을 제한할 수 있다. 주무부장관이 아닌 교육감은 건축물의 착공제한을 요청할 수 없다.

09 건축법령상 건축허가 제한에 관한 설명으로 옳은 것은?
• 32회 수정

① 국방, 「국가유산기본법」에 따른 국가유산의 보존 또는 국민경제를 위하여 특히 필요한 경우 주무부장관은 허가권자의 건축허가를 제한할 수 있다.
② 지역계획을 위하여 특히 필요한 경우 도지사는 특별자치시장의 건축허가를 제한할 수 있다.
③ 건축허가를 제한하는 경우 건축허가 제한기간은 2년 이내로 하며, 1회에 한하여 1년 이내의 범위에서 제한기간을 연장할 수 있다.
④ 시·도지사가 건축허가를 제한하는 경우에는 「토지이용규제 기본법」에 따라 주민의견을 청취하거나 건축위원회의 심의를 거쳐야 한다.
⑤ 국토교통부장관은 건축허가를 제한하는 경우 제한 목적·기간, 대상 건축물의 용도와 대상 구역의 위치·면적·경계를 지체 없이 공고하여야 한다.

> **키워드** 건축허가의 제한
>
> **해설** ① 국방,「국가유산기본법」에 따른 국가유산의 보존 또는 국민경제를 위하여 특히 필요한 경우 주무부장관이 요청하면 국토교통부장관은 허가권자의 건축허가를 제한할 수 있다.
> ② 지역계획을 위하여 특히 필요한 경우 도지사는 시장 또는 군수의 건축허가를 제한할 수 있다.
> ④ 시·도지사가 건축허가를 제한하는 경우에는 「토지이용규제 기본법」에 따라 주민의 견을 청취한 후 건축위원회의 심의를 거쳐야 한다.
> ⑤ 국토교통부장관은 건축허가를 제한하는 경우 제한 목적·기간, 대상 건축물의 용도와 대상 구역의 위치·면적·경계 등을 상세하게 정하여 허가권자에게 통보하여야 하며, 통보를 받은 허가권자는 지체 없이 이를 공고하여야 한다.

10 상

甲은 A광역시 B구에서 20층의 연면적 합계가 5만m²인 허가 대상 건축물을 신축하려고 한다. 건축법령상 이에 관한 설명으로 **틀린** 것은? (단, 건축법령상 특례규정은 고려하지 않음) • 31회

① 甲은 B구청장에게 건축허가를 받아야 한다.
② 甲이 건축허가를 받은 경우에도 해당 대지를 조성하기 위해 높이 5m의 옹벽을 축조하려면 따로 공작물 축조신고를 하여야 한다.
③ 甲이 건축허가를 받은 이후에 공사시공자를 변경하는 경우에는 B구청장에게 신고하여야 한다.
④ 甲이 건축허가를 받은 경우에도 A광역시장은 지역계획에 특히 필요하다고 인정하면 甲의 건축물 착공을 제한할 수 있다.
⑤ 공사감리자는 필요하다고 인정하면 공사시공자에게 상세시공도면을 작성하도록 요청할 수 있다.

> **키워드** 허가 대상 건축물
>
> **해설** 甲이 건축허가를 받은 경우에는 해당 대지를 조성하기 위해 높이 5m의 옹벽을 축조하려면 따로 공작물 축조신고를 하지 않아도 신고한 것으로 본다.

정답 08 ② 09 ③ 10 ②

11 건축법령상 건축허가 제한 등에 관한 설명으로 틀린 것은? •23회 수정

① 국토교통부장관은 국토관리를 위하여 특히 필요하다고 인정되는 경우 허가받은 건축물의 착공을 제한할 수 있다.
② 국토교통부장관은 환경부장관이 환경보전을 위하여 특히 필요하다고 인정하여 요청하는 경우 허가권자의 건축허가를 제한할 수 있다.
③ 건축허가의 제한을 연장하는 경우 1회에 한하여 2년 이내의 범위에서 제한기간을 연장할 수 있다.
④ 특별시장·광역시장·도지사는 지역계획에 특히 필요하다고 인정하는 경우 시장·군수·구청장의 건축허가를 제한할 수 있다.
⑤ 국토교통부장관은 보고받은 특별시장·광역시장·도지사의 건축허가 제한 내용이 지나치다고 인정하면 해제를 명할 수 있다.

키워드 건축허가의 제한
해설 건축허가나 건축물의 착공을 제한하는 경우 제한기간은 2년 이내로 한다. 다만, 1회에 한하여 1년 이내의 범위에서 제한기간을 연장할 수 있다.

12 건축법령상 건축허가 제한 등에 관한 설명으로 옳은 것은? •35회

① 도지사는 지역계획에 특히 필요하다고 인정하더라도 허가받은 건축물의 착공을 제한할 수 없다.
② 시장·군수·구청장이 건축허가를 제한하려는 경우에는 주민의견을 청취한 후 도시계획위원회의 심의를 거쳐야 한다.
③ 건축허가를 제한하는 경우 제한기간은 2년 이내로 하며, 1회에 한하여 1년 이내의 범위에서 제한기간을 연장할 수 있다.
④ 건축허가를 제한하는 경우 국토교통부장관은 제한 목적·기간 등을 상세하게 정하여 지체 없이 공고하여야 한다.
⑤ 건축허가를 제한한 경우 허가권자는 즉시 국토교통부장관에게 보고하여야 하며, 보고를 받은 국토교통부장관은 제한 내용이 지나치다고 인정하면 직권으로 이를 해제하여야 한다.

| 키워드 | 건축허가 제한 |

해설
① 특별시장·광역시장·도지사는 지역계획에 특히 필요하다고 인정하면 허가받은 건축물의 착공을 제한할 수 있다.
② 국토교통부장관이나 시·도지사는 건축허가를 제한하려는 경우에는 주민의견을 청취한 후 건축위원회의 심의를 거쳐야 한다.
④ 건축허가를 제한하는 경우 국토교통부장관은 제한 목적·기간 등을 상세하게 정하여 허가권자에게 통보하여야 하며, 통보를 받은 허가권자는 지체 없이 이를 공고하여야 한다.
⑤ 특별시장·광역시장·도지사는 시장·군수·구청장의 건축허가를 제한한 경우 즉시 국토교통부장관에게 보고하여야 하며, 보고를 받은 국토교통부장관은 제한 내용이 지나치다고 인정하면 해제를 명할 수 있다.

13 건축법령상 건축신고에 관한 설명으로 틀린 것은? • 23회 수정

① 연면적의 합계가 85m²인 단층의 건축물의 신축은 신고의 대상이다.
② 신고 대상 건축물에 대하여 건축신고를 하면 건축허가를 받은 것으로 본다.
③ 건축허가를 받은 건축물의 건축주를 변경하는 경우에는 신고를 하여야 한다.
④ 건축신고를 하였더라도 공사에 필요한 규모로 공사용 가설건축물의 축조가 필요한 경우에는 별도로 가설건축물 축조신고를 하여야 한다.
⑤ 건축신고를 한 건축물을 주요구조부를 해체하지 아니하고 같은 대지의 다른 위치로 옮기는 경우에는 변경신고를 하여야 한다.

키워드 건축신고

해설 건축신고를 한 경우에는 공사용 가설건축물의 축조신고를 한 것으로 본다.

정답 11 ③ 12 ③ 13 ④

14 건축법령상 건축신고를 하면 건축허가를 받은 것으로 볼 수 있는 경우에 해당하지 <u>않는</u> 것은?

• 29회

① 연면적 150m²인 3층 건축물의 피난계단 증설
② 연면적 180m²인 2층 건축물의 대수선
③ 연면적 270m²인 3층 건축물의 방화벽 수선
④ 1층의 바닥면적 50m², 2층의 바닥면적 30m²인 2층 건축물의 신축
⑤ 바닥면적 100m²인 단층 건축물의 신축

키워드 건축신고

해설 연면적이 200m² 미만이고 3층 미만인 건축물의 피난계단을 증설하는 경우가 신고 대상이고, 그렇지 않으면 허가 대상에 해당한다.

15 건축법령상 건축허가와 건축신고에 관한 설명으로 틀린 것은?

• 22회 수정

① 허가 대상 건축물이라 하더라도 바닥면적의 합계가 85m² 이내의 증축인 경우에는 건축신고를 하면 건축허가를 받은 것으로 본다.
② 시장·군수는 연면적의 합계가 10만m² 이상인 공장의 건축을 허가하려면 미리 도지사의 승인을 얻어야 한다.
③ 국가가 건축물을 건축하기 위하여 미리 건축물의 소재지를 관할하는 허가권자와 협의한 경우에는 건축허가를 받았거나 신고한 것으로 본다.
④ 건축신고를 한 자가 신고일부터 1년 이내에 공사에 착수하지 아니하면 그 신고의 효력은 없어진다.
⑤ 특별시장·광역시장·도지사가 시장·군수·구청장의 건축허가를 제한하는 경우 제한기간은 2년 이내로 하되, 1회에 한하여 1년 이내의 범위에서 연장할 수 있다.

키워드 건축허가 및 건축신고

해설 공장과 창고는 도지사의 사전승인 대상 건축물이 아니다.

16 건축법령상 건축허가 및 건축신고에 관한 설명으로 틀린 것은? • 24회 수정

① 수질을 보호하기 위하여 도지사가 지정·공고한 구역에 시장·군수가 3층의 관광호텔의 건축물을 허가하기 위해서는 도지사의 사전승인을 받아야 한다.
② 숙박시설에 해당하는 건축물의 건축을 허가하는 경우 건축물의 용도·규모 또는 형태가 주거환경이나 교육환경 등 주변 환경을 고려할 때 부적합하다고 인정되면 건축위원회의 심의를 거쳐 건축허가를 하지 않을 수 있다.
③ 특별시장·광역시장·도지사는 시장·군수·구청장의 건축허가를 제한한 경우 즉시 국토교통부장관에게 보고하여야 한다.
④ 연면적이 180m^2이고 2층인 건축물의 대수선은 건축신고의 대상이다.
⑤ 건축신고를 한 자가 신고일부터 2년 이내에 공사에 착수하지 아니하면 그 신고의 효력은 없어진다.

키워드 건축허가 및 건축신고

해설 건축신고를 한 자가 신고일부터 1년 이내에 공사에 착수하지 아니하면 그 신고의 효력은 없어진다.

정답 14 ① 15 ② 16 ⑤

17

건축주 甲은 A도 B시에서 연면적이 100m²이고 2층인 건축물을 대수선하고자 「건축법」 제14조에 따른 신고(이하 '건축신고')를 하려고 한다. 건축법령상 이에 관한 설명으로 옳은 것은? (단, 건축법령상 특례 및 조례는 고려하지 않음) • 32회

① 甲이 대수선을 하기 전에 B시장에게 건축신고를 하면 건축허가를 받은 것으로 본다.
② 건축신고를 한 甲이 공사시공자를 변경하려면 B시장에게 허가를 받아야 한다.
③ B시장은 건축신고의 수리 전에 건축물 안전영향평가를 실시하여야 한다.
④ 건축신고를 한 甲이 신고일부터 6개월 이내에 공사에 착수하지 아니하면 그 신고의 효력은 없어진다.
⑤ 건축신고를 한 甲은 건축물의 공사가 끝난 후 사용승인 신청 없이 건축물을 사용할 수 있다.

키워드 건축신고

해설 ② 건축신고를 한 甲이 공사시공자를 변경하려면 B시장에게 신고를 하여야 한다.
③ 안전영향평가 대상은 허가 대상 건축물 중 초고층 건축물 또는 연면적이 10만m² 이상이고 16층 이상인 건축물이 해당하므로, 신고 대상 건축물은 안전영향평가를 실시할 필요가 없다.
④ 건축신고를 한 甲이 신고일부터 1년 이내에 공사에 착수하지 아니하면 그 신고의 효력은 없어진다.
⑤ 건축신고를 한 甲은 건축물의 공사가 끝난 후 사용승인을 받은 후에 건축물을 사용할 수 있다.

18

건축법령상 도시·군 계획시설예정지에 건축하는 3층 이하의 가설건축물에 관한 설명으로 틀린 것은? (다만, 조례는 고려하지 않음) • 21회 수정

① 가설건축물은 철근콘크리트조 또는 철골철근콘크리트조가 아니어야 한다.
② 가설건축물은 공동주택·판매시설·운수시설 등으로서 분양을 목적으로 하는 건축물이 아니어야 한다.
③ 가설건축물은 전기·수도·가스 등 새로운 간선공급설비의 설치를 필요로 하는 것이 아니어야 한다.
④ 가설건축물의 존치기간은 2년 이내이어야 한다.
⑤ 가설건축물은 도시·군계획예정도로에도 건축할 수 있다.

키워드 가설건축물

해설 가설건축물의 존치기간은 3년 이내이어야 한다.

19 건축법령상 가설건축물 축조신고의 대상이 <u>아닌</u> 것은? (단, 조례와 '공용건축물에 대한 특례'는 고려하지 않음) •28회 수정

① 전시를 위한 견본주택
② 도시지역 중 주거지역에 설치하는 농업용 비닐하우스로서 연면적이 $100m^2$인 것
③ 조립식 구조로 된 주거용으로 쓰는 가설건축물로서 연면적이 $20m^2$인 것
④ 야외흡연실 용도로 쓰는 가설건축물로서 연면적이 $50m^2$인 것
⑤ 조립식 구조로 된 경비용으로 쓰는 가설건축물로서 연면적이 $10m^2$ 이하인 것

> **키워드** 가설건축물
>
> **해설** 조립식 구조로 된 경비용으로 쓰는 가설건축물로서 연면적이 $10m^2$ 이하인 경우 신고 대상 가설건축물에 해당한다.

20 건축법령상 신고 대상 가설건축물인 전시를 위한 견본주택을 축조하는 경우에 관한 설명으로 옳은 것을 모두 고른 것은? (단, 건축법령상 특례규정은 고려하지 않음) •31회

> ㉠ 「건축법」 제44조(대지와 도로의 관계)는 적용된다.
> ㉡ 견본주택의 존치기간은 해당 주택의 분양완료일까지이다.
> ㉢ 견본주택이 2층 이상인 경우 공사감리자를 지정하여야 한다.

① ㉠
② ㉢
③ ㉠, ㉡
④ ㉡, ㉢
⑤ ㉠, ㉡, ㉢

> **키워드** 가설건축물
>
> **해설** ㉡ 견본주택의 존치기간은 가설건축물로서 3년 이내이고, 공사용 가설건축물의 경우가 공사완료일까지이다.
> ㉢ 견본주택은 층수에 상관없이 공사감리자를 지정하지 않는다.

정답 17 ① 18 ④ 19 ③ 20 ①

21 건축법령상 건축공사현장 안전관리 예치금에 관한 조문의 내용이다. ( )에 들어갈 내용을 바르게 나열한 것은? (단, 적용 제외는 고려하지 않음) • 30회

> 허가권자는 연면적이 (㉠)m² 이상인 건축물로서 해당 지방자치단체의 조례로 정하는 건축물에 대하여는 착공신고를 하는 건축주에게 장기간 건축물의 공사현장이 방치되는 것에 대비하여 미리 미관 개선과 안전관리에 필요한 비용을 건축공사비의 (㉡)%의 범위에서 예치하게 할 수 있다.

① ㉠: 1천, ㉡: 1
② ㉠: 1천, ㉡: 3
③ ㉠: 1천, ㉡: 5
④ ㉠: 3천, ㉡: 3
⑤ ㉠: 3천, ㉡: 5

키워드 건축공사현장 안전관리 예치금

해설 허가권자는 연면적이 (㉠ 1천)m² 이상인 건축물로서 해당 지방자치단체의 조례로 정하는 건축물에 대하여는 착공신고를 하는 건축주에게 장기간 건축물의 공사현장이 방치되는 것에 대비하여 미리 미관 개선과 안전관리에 필요한 비용을 건축공사비의 (㉡ 1)%의 범위에서 예치하게 할 수 있다.

22 건축법령상 건축공사현장 안전관리에 관한 설명 중 틀린 것은? • 18회

① 건축허가를 받은 자는 건축물의 건축공사를 중단하고 장기간 공사현장을 방치할 경우에는 안전관리조치 등을 할 의무가 있다.
② 허가권자는 일정한 경우에는 장기간 공사현장방치에 대비하여 미리 안전관리비용 등을 예치하게 할 수 있다.
③ 예치금을 대통령령으로 정하는 보증서로 대신할 수 있다.
④ 허가권자는 안전에 위해하다고 판단되는 경우 안전관리를 위한 개선명령을 발할 수 있다.
⑤ 예치금은 반환하여야 하므로 이를 사용하여 대집행을 할 수 없다.

키워드 건축공사현장 안전관리

해설 허가권자는 개선명령을 받은 자가 개선을 하지 아니하면 「행정대집행법」으로 정하는 바에 따라 대집행을 할 수 있다. 이 경우 건축주가 예치한 예치금을 행정대집행에 필요한 비용에 사용할 수 있으며, 행정대집행에 필요한 비용이 이미 납부한 예치금보다 많을 때에는 「행정대집행법」에 따라 그 차액을 추가로 징수할 수 있다.

제2절 사용승인 및 용도변경

대표기출 2 | 2020년 제31회 A형 74번 문제 | 난이도 중

甲은 A도 B군에서 숙박시설로 사용승인을 받은 바닥면적의 합계가 3천m²인 건축물의 용도를 변경하려고 한다. 건축법령상 이에 관한 설명으로 틀린 것은?

① 의료시설로 용도를 변경하려는 경우에는 용도변경 신고를 하여야 한다.
② 종교시설로 용도를 변경하려는 경우에는 용도변경 허가를 받아야 한다.
③ 甲이 바닥면적의 합계 1천m²의 부분에 대해서만 업무시설로 용도를 변경하는 경우에는 사용승인을 받지 않아도 된다.
④ A도지사는 도시·군계획에 특히 필요하다고 인정하면 B군수의 용도변경허가를 제한할 수 있다.
⑤ B군수는 甲이 판매시설과 위락시설의 복수 용도로 용도변경 신청을 한 경우 지방건축위원회의 심의를 거쳐 이를 허용할 수 있다.

기출공략 [키워드] 건축물의 용도변경

건축물의 용도변경에 관한 전반적인 내용을 학습하면 바로 정답을 찾을 수 있는 문제입니다.

29회, 31회, 34회

甲은 A도 B군에서 숙박시설로 사용승인을 받은 바닥면적의 합계가 3천m²인 건축물의 용도를 변경하려고 한다. 건축법령상 이에 관한 설명으로 틀린 것은? (③)

① 의료시설로 용도를 변경하려는 경우에는 용도변경 신고를 하여야 한다. (○)
② 종교시설로 용도를 변경하려는 경우에는 용도변경 허가를 받아야 한다. (○)
③ 甲이 바닥면적의 합계 1천m²의 부분에 대해서만 업무시설로 용도를 변경하는 경우에는 사용승인을 ~~받지 않아도 된다~~. (×)
   → 신고 대상 중 용도변경하려는 부분의 바닥면적의 합계가 100m² 이상인 경우에는 사용승인에 관한 규정을 적용한다. 따라서 甲이 바닥면적의 합계 1천m²의 부분에 대해서만 숙박시설에서 업무시설로 용도를 변경하는 경우에도 신고 대상이므로 사용승인을 받아야 된다.
④ A도지사는 도시·군계획에 특히 필요하다고 인정하면 B군수의 용도변경허가를 제한할 수 있다. (○)

정답 21 ① 22 ⑤

⑤ B군수는 甲이 판매시설과 위락시설의 복수 용도로 용도변경 신청을 한 경우 지방건축위원회의 심의를 거쳐 이를 허용할 수 있다. (O)

이론플러스 용도변경에 따른 대상

허가 대상		각 시설군에 속하는 건축물의 용도를 상위군에 해당하는 용도로 변경하는 경우
신고 대상		각 시설군에 속하는 건축물의 용도를 하위군에 해당하는 용도로 변경하는 경우
건축물대장 기재 내용 변경 신청 대상	변경 신청 O	같은 시설군 안에서 용도를 변경하려는 자
	변경 신청 ×	㉠ 「건축법 시행령」 별표 1의 같은 호에 속하는 건축물 상호간의 용도변경 ㉡ 「국토의 계획 및 이용에 관한 법률」이나 그 밖의 관계 법령에서 정하는 용도제한에 적합한 범위에서 제1종 근린생활시설과 제2종 근린생활시설 상호간의 용도변경

23 건축법령상 사용승인에 관한 설명으로 옳은 것은?

• 20회

① 건축주가 건축공사 완료 후 그 건축물을 사용하려면 건축공사 완료 이전에 공사감리자에게 그 건축물 전체의 사용승인을 신청하여야 한다.
② 건축주가 사용승인을 받은 경우에는 「대기환경보전법」에 따른 대기오염물질 배출시설의 가동개시 신고를 한 것으로 본다.
③ 허가권자가 법령이 정한 기간 내에 사용승인서를 교부하지 않은 경우 건축주는 그 건축물을 사용하거나 사용하게 할 수 없다.
④ 건축물의 사용승인 신청을 위해서는 공사시공자가 작성한 감리중간보고서와 공사예정도서를 첨부하여야 한다.
⑤ 사용승인서의 교부 전에 공사가 완료된 부분이 건폐율, 용적률 등의 법적 기준에 적합한 경우 허가권자는 임시사용을 승인할 수 있으며 그 기간은 1년 이내로 하여야 한다.

키워드 사용승인

해설 ① 건축주가 건축공사 완료 후 그 건축물을 사용하려면 건축공사 완료 이후에 허가권자에게 그 건축물 전체의 사용승인을 신청하여야 한다.
③ 허가권자가 법령이 정한 기간 내에 사용승인서를 교부하지 않은 경우 건축주는 그 건축물을 사용하거나 사용하게 할 수 있다.
④ 건축물의 사용승인 신청을 위해서는 공사감리자가 작성한 감리완료보고서와 공사완료도서를 첨부하여야 한다.
⑤ 사용승인서의 교부 전에 공사가 완료된 부분이 건폐율, 용적률 등의 법적 기준에 적합한 경우 허가권자는 임시사용을 승인할 수 있으며 그 기간은 2년 이내로 하여야 한다.

24 건축법령상 사용승인을 받은 건축물의 용도변경에 관한 설명으로 <u>틀린</u> 것은? • 24회

① 단독주택을 다가구주택으로 변경하는 경우에는 건축물대장 기재 내용의 변경을 신청하지 않아도 된다.
② 제1종 근린생활시설을 의료시설로 변경하는 경우에는 허가를 받아야 한다.
③ 숙박시설을 수련시설로 변경하는 경우에는 신고를 하여야 한다.
④ 교육연구시설을 판매시설로 변경하는 경우에는 허가를 받아야 한다.
⑤ 공장을 자동차 관련 시설로 변경하는 경우에는 신고를 하여야 한다.

키워드 건축물의 용도변경

해설 공장을 자동차 관련 시설로 변경하는 경우에는 허가를 받아야 한다.

25 건축법령상 사용승인을 받은 건축물의 용도변경이 신고 대상인 경우만을 모두 고른 것은? • 25회

구분	용도변경 전	용도변경 후
㉠	판매시설	창고시설
㉡	숙박시설	위락시설
㉢	장례시설	종교시설
㉣	의료시설	교육연구시설
㉤	제1종 근린생활시설	업무시설

① ㉠, ㉡
② ㉠, ㉢
③ ㉡, ㉣
④ ㉢, ㉤
⑤ ㉣, ㉤

키워드 건축물의 용도변경

해설 ㉠과 ㉡은 허가 대상, ㉢과 ㉤은 신고 대상, ㉣은 건축물대장 기재 내용 변경 신청의 대상에 해당한다.

정답 23 ② 24 ⑤ 25 ④

26 건축법령상 사용승인을 받은 건축물의 용도변경에 관한 설명으로 옳은 것은? (단, 조례는 고려하지 않음)
• 23회

① 특별시나 광역시에 소재하는 건축물인 경우에는 특별시장이나 광역시장의 허가를 받거나 신고하여야 한다.
② 영업시설군에서 문화 및 집회시설군으로 용도변경하는 경우에는 허가를 받아야 한다.
③ 교육 및 복지시설군에서 전기통신시설군으로 용도변경하는 경우에는 신고를 하여야 한다.
④ 같은 시설군 안에서 용도를 변경하려는 경우에는 신고를 하여야 한다.
⑤ 용도변경하려는 부분의 바닥면적의 합계가 100m² 이상인 경우라도 신고 대상인 용도변경을 하는 경우에는 건축물의 사용승인을 받을 필요가 없다.

키워드 건축물의 용도변경

해설 ① 특별시나 광역시에 소재하는 건축물인 경우에는 관할 구청장의 허가를 받거나 신고하여야 한다.
③ 교육 및 복지시설군에서 전기통신시설군으로 용도변경하는 경우에는 허가를 받아야 한다.
④ 같은 시설군 안에서 용도를 변경하는 경우에는 건축물대장 기재 내용의 변경을 신청하여야 한다.
⑤ 용도변경하려는 부분의 바닥면적의 합계가 100m² 이상인 경우 신고 대상인 용도변경을 하는 경우에는 건축물의 사용승인을 받아야 한다.

27 건축주인 甲은 4층 건축물을 병원으로 사용하던 중 이를 서점으로 용도변경하고자 한다. 건축법령상 이에 관한 설명으로 옳은 것은? (단, 다른 조건은 고려하지 않음) • 29회

① 甲이 용도변경을 위하여 건축물을 대수선할 경우 그 설계는 건축사가 아니어도 할 수 있다.
② 甲은 건축물의 용도를 서점으로 변경하려면 용도변경을 신고하여야 한다.
③ 甲은 서점에 다른 용도를 추가하여 복수용도로 용도변경 신청을 할 수 없다.
④ 甲의 병원이 준주거지역에 위치하고 있다면 서점으로 용도변경을 할 수 없다.
⑤ 甲은 서점으로 용도변경을 할 경우 피난 용도로 쓸 수 있는 광장을 옥상에 설치하여야 한다.

키워드 건축물의 용도변경

해설 ① 甲이 용도변경을 위하여 건축물을 대수선할 경우 그 설계는 3층 이상의 건축물이므로 건축사가 아니면 설계를 할 수 없다.
③ 甲은 서점에 다른 용도를 추가하여 복수용도로 용도변경 신청을 할 수 있다.
④ 甲의 병원이 준주거지역에 위치하고 있다면 서점으로 용도변경을 할 수 있다.
⑤ 5층 이상인 층이 제2종 근린생활시설 중 공연장·종교집회장·인터넷컴퓨터게임시설제공업소(해당 용도로 쓰는 바닥면적의 합계가 각각 300m² 이상인 경우만 해당), 문화 및 집회시설(전시장 및 동·식물원은 제외), 종교시설, 판매시설, 위락시설 중 주점영업 또는 장례시설의 용도로 쓰는 경우에는 피난 용도로 쓸 수 있는 광장을 옥상에 설치하지만, 甲은 4층인 건축물이므로 피난 용도로 쓸 수 있는 광장을 옥상에 설치하지 않아도 된다.

정답 26 ② 27 ②

28 상

甲은 A도 B시에 소재하는 자동차영업소로만 쓰는 건축물(사용승인을 받은 건축물로서 같은 건축물에 해당 용도로 쓰는 바닥면적의 합계가 500㎡임)의 용도를 전부 노래연습장으로 용도변경하려고 한다. 건축법령상 이에 관한 설명으로 옳은 것은? (단, 제시된 조건 이외의 다른 조건이나 제한, 건축법령상 특례 및 조례는 고려하지 않음)   • 34회

① 甲은 건축물 용도변경에 관하여 B시장의 허가를 받아야 한다.
② 甲은 B시장에게 건축물 용도변경에 관하여 신고를 하여야 한다.
③ 甲은 용도변경한 건축물을 사용하려면 B시장의 사용승인을 받아야 한다.
④ 甲은 B시장에게 건축물대장 기재 내용의 변경을 신청하여야 한다.
⑤ 甲의 건축물에 대한 용도변경을 위한 설계는 건축사가 아니면 할 수 없다.

키워드 건축물의 용도변경

해설 ①② 해당 용도로 쓰는 바닥면적의 합계가 500㎡인 자동차영업소(1,000㎡ 미만)는 제2종 근린생활시설에 해당하고 노래연습장도 제2종 근린생활시설에 해당한다. 500㎡인 자동차영업소를 노래연습장으로 변경하는 경우는 제2종 근린생활시설을 제2종 근린생활시설로 변경하는 경우이므로 「건축법 시행령」 별표 1의 같은 호에 속하는 건축물 상호간의 용도변경에 해당한다. 따라서 허가 대상도 아니고 신고 대상도 아니다.

③ 甲은 용도변경한 건축물을 사용하려면 B시장의 사용승인을 받지 않아도 된다. 허가나 신고 대상인 경우로서 용도변경하려는 부분의 바닥면적의 합계가 100㎡ 이상인 경우의 사용승인에 관하여는 법 제22조(건축물의 사용승인)를 준용한다. 사례의 경우는 허가 대상도 아니고 신고 대상도 아니므로 사용승인을 받지 않아도 된다.

④ 「건축법 시행령」 별표 1의 같은 호에 속하는 건축물 상호간의 용도변경의 경우는 건축물대장 기재 내용의 변경을 신청하지 않아도 되지만, 이 경우에도 노래연습장으로 변경하는 경우에는 건축물대장 기재 내용의 변경을 신청하여야 한다(법 제19조 제3항 단서, 영 제14조 제4항 단서, 별표 1 제4호 러목).

⑤ 甲의 건축물에 대한 용도변경을 위한 설계는 건축사가 아니어도 할 수 있다. 허가 대상인 경우로서 용도변경하려는 부분의 바닥면적의 합계가 500㎡ 이상인 용도변경의 설계에 관하여는 법 제23조(건축물의 설계)를 준용한다. 사례의 경우는 허가 대상이 아니므로 건축사가 아니어도 용도변경을 위한 설계를 할 수 있다.

정답 28 ④

CHAPTER 03 건축물의 대지와 도로

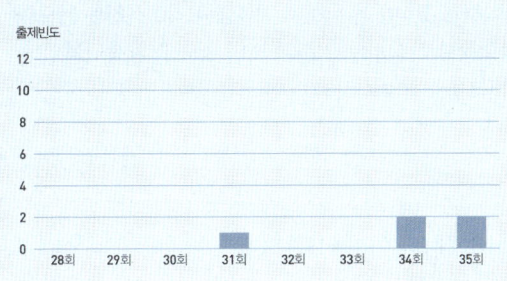

■ 8개년 출제 문항 수
총 40문제 中 평균 약 0.5문제 출제

■ 이 단원을 공략하고 싶다면?
대지의 조경과 공개공지등의 확보를 중심으로 학습하자

↳ 기본서 [부동산공법] pp. 475~482

대표기출 2016년 제27회 A형 74번 문제 | 난이도 중

건축법령상 건축물에 공개공지 또는 공개공간을 설치하여야 하는 대상지역에 해당하는 것은? (단, 지방자치단체장이 별도로 지정·공고하는 지역은 고려하지 않음)

① 전용주거지역
② 일반주거지역
③ 전용공업지역
④ 일반공업지역
⑤ 보전녹지지역

기출공략 [키워드] 공개공지 또는 공개공간

건축물 공개공지등의 설치 대상지역을 학습하면 정답을 찾을 수 있는 문제입니다.

34회, 35회

건축법령상 건축물에 공개공지 또는 공개공간을 설치하여야 하는 대상지역에 해당하는 것은? (단, 지방자치단체장이 별도로 지정·공고하는 지역은 고려하지 않음) (②)

① 전용주거지역 (×)
② 일반주거지역 (○)
→ 일반주거지역은 공개공지 또는 공개공간을 설치하여야 하는 지역에 해당한다.
③ 전용공업지역 (×)
④ 일반공업지역 (×)
⑤ 보전녹지지역 (×)

> **이론플러스** 공개공지등 설치 대상지역
>
> 다음의 어느 하나에 해당하는 지역의 환경을 쾌적하게 조성하기 위하여 대통령령으로 정하는 용도와 규모의 건축물은 일반이 사용할 수 있도록 대통령령으로 정하는 기준에 따라 소규모 휴식시설 등의 공개공지(空地; 공터) 또는 공개공간(이하 '공개공지등')을 설치하여야 한다(법 제43조 제1항).
> 1. 일반주거지역, 준주거지역
> 2. 상업지역
> 3. 준공업지역
> 4. 특별자치시장·특별자치도지사 또는 시장·군수·구청장이 도시화의 가능성이 크거나 노후 산업단지의 정비가 필요하다고 인정하여 지정·공고하는 지역

01 건축법령상 건축물의 대지에 조경을 하지 않아도 되는 건축물에 해당하는 것을 모두 고른 것은? (단, 건축협정은 고려하지 않음) • 27회

> ㉠ 면적 5,000m² 미만인 대지에 건축하는 공장
> ㉡ 연면적의 합계가 1,500m² 미만인 공장
> ㉢ 「산업집적활성화 및 공장설립에 관한 법률」에 따른 산업단지의 공장

① ㉠
② ㉢
③ ㉠, ㉡
④ ㉡, ㉢
⑤ ㉠, ㉡, ㉢

키워드 대지의 조경

해설 ㉠㉡㉢ 건축물의 대지에 조경을 하지 않아도 되는 건축물에 해당한다.

02 건축법령상 대지면적이 2천m²인 대지에 건축하는 경우 조경 등의 조치를 하여야 하는 건축물은? (단, 건축법령상 특례규정 및 조례는 고려하지 않음) • 22회, 31회

① 상업지역에 건축하는 물류시설
② 2층의 공장
③ 도시·군계획시설에서 허가를 받아 건축하는 가설건축물
④ 녹지지역에서 건축하는 기숙사
⑤ 연면적의 합계가 1천m²인 축사

> **키워드** 대지의 조경
>
> **해설** 연면적의 합계가 1,500m² 미만인 물류시설은 조경 등의 조치를 하지 않지만, 주거지역과 상업지역에서는 규모에 관계없이 무조건 조경 등의 조치를 하여야 한다.

03 건축법령상 대지의 조경 등의 조치를 하지 아니할 수 있는 건축물이 아닌 것은? (단, 가설건축물은 제외하고, 건축법령상 특례, 기타 강화·완화조건 및 조례는 고려하지 않음) • 35회

① 녹지지역에 건축하는 건축물
② 면적 4천m²인 대지에 건축하는 공장
③ 연면적의 합계가 1천m²인 공장
④ 「국토의 계획 및 이용에 관한 법률」에 따라 지정된 관리지역(지구단위계획구역으로 지정된 지역이 아님)의 건축물
⑤ 주거지역에 건축하는 연면적의 합계가 1천500m²인 물류시설

> **키워드** 대지의 조경
>
> **해설** 연면적의 합계가 1천500m² 미만인 물류시설은 대지의 조경 등의 조치를 하지 아니할 수 있지만, 주거지역 또는 상업지역에 건축하는 경우에는 하여야 한다.

정답 01 ⑤ 02 ① 03 ⑤

04 건축법령상 공개공지 또는 공개공간을 설치하여야 하는 건축물에 해당하지 않는 것은?
(단, 건축물은 해당 용도로 쓰는 바닥면적의 합계가 5,000m² 이상이며, 조례는 고려하지 않음) • 26회

① 일반공업지역에 있는 종합병원
② 일반주거지역에 있는 교회
③ 준주거지역에 있는 예식장
④ 일반상업지역에 있는 생활숙박시설
⑤ 유통상업지역에 있는 여객자동차터미널

키워드 공개공지 또는 공개공간

해설 공개공지 또는 공개공간을 설치하여야 하는 경우는 '일반주거지역, 준주거지역, 상업지역, 준공업지역'에 해당하는 지역의 환경을 쾌적하게 조성하기 위하여 '문화 및 집회시설, 종교시설, 판매시설(농수산물유통시설은 제외), 운수시설(여객용 시설만 해당), 숙박시설 및 업무시설'로서 해당 용도로 쓰는 바닥면적의 합계가 5,000m² 이상인 건축물은 일반이 사용할 수 있도록 대통령령으로 정하는 기준에 따라 소규모 휴식시설 등의 공개공지(空地; 공터) 또는 공개공간을 설치하여야 한다.

05 건축법령상 대지에 공개공지 또는 공개공간을 설치하여야 하는 건축물은? (단, 건축물의 용도로 쓰는 바닥면적의 합계는 5천m² 이상이며, 건축법령상 특례 및 조례는 고려하지 않음) • 34회

① 일반주거지역에 있는 초등학교
② 준주거지역에 있는 「농수산물 유통 및 가격안정에 관한 법률」에 따른 농수산물 유통시설
③ 일반상업지역에 있는 관망탑
④ 자연녹지지역에 있는 「청소년활동진흥법」에 따른 유스호스텔
⑤ 준공업지역에 있는 여객용 운수시설

키워드 공개공지 또는 공개공간

해설 ① 초등학교는 교육연구시설에 해당하고, 교육연구시설은 공개공지등을 설치하여야 하는 건축물에 해당하지 않는다.
② 판매시설은 공개공지등을 설치하여야 하는 건축물에 해당하지만, 판매시설 중 「농수산물 유통 및 가격안정에 관한 법률」에 따른 농수산물유통시설은 공개공지등을 설치하여야 하는 건축물에 해당하지 않는다.

③ 관망탑은 관광휴게시설에 해당하고, 관광휴게시설은 공개공지등을 설치하여야 하는 건축물에 해당하지 않는다.
④ 「청소년활동진흥법」에 따른 유스호스텔은 수련시설에 해당하고, 수련시설은 공개공지등을 설치하여야 하는 건축물에 해당하지 않는다.

> **이론플러스** 공개공지등의 확보
>
> 일반주거지역, 준주거지역, 상업지역, 준공업지역의 환경을 쾌적하게 조성하기 위하여 문화 및 집회시설, 종교시설, 판매시설(농수산물 유통 및 가격안정에 관한 법률에 따른 농수산물유통시설은 제외), 운수시설(여객용 시설만 해당), 업무시설 및 숙박시설로서 해당 용도로 쓰는 바닥면적의 합계가 5천m² 이상인 건축물은 일반이 사용할 수 있도록 소규모 휴식시설 등의 공개공지(空地; 공터) 또는 공개공간(공개공지등)을 설치하여야 한다(법 제43조 제1항, 영 제27조의2 제1항).

06 중

건축법령상 공개공지등을 확보하여야 하는 건축물의 공개공지등에 관한 설명으로 (   )에 알맞은 것을 바르게 나열한 것은? • 24회

- 공개공지등의 면적은 대지면적의 (㉠) 이하의 범위에서 건축조례로 정한다.
- 대지에 공개공지등을 확보하여야 하는 건축물의 경우 공개공지등을 설치하는 때에는 해당 지역에 적용하는 용적률의 (㉡) 이하의 범위에서 건축조례로 정하는 바에 따라 용적률을 완화하여 적용할 수 있다.

① ㉠: 100분의 10, ㉡: 1.1배
② ㉠: 100분의 10, ㉡: 1.2배
③ ㉠: 100분의 10, ㉡: 1.5배
④ ㉠: 100분의 20, ㉡: 1.1배
⑤ ㉠: 100분의 20, ㉡: 1.2배

키워드 공개공지등

해설
- 공개공지등의 면적은 대지면적의 (㉠ 100분의 10) 이하의 범위에서 건축조례로 정한다.
- 대지에 공개공지등을 확보하여야 하는 건축물의 경우 공개공지등을 설치하는 때에는 해당 지역에 적용하는 용적률의 (㉡ 1.2배) 이하의 범위에서 건축조례로 정하는 바에 따라 용적률을 완화하여 적용할 수 있다.

정답 04 ① 05 ⑤ 06 ②

07 건축법령상 대지의 조경 및 공개공지등의 설치에 관한 설명으로 옳은 것은? (단, 건축법 제73조에 따른 적용 특례 및 조례는 고려하지 않음) • 25회

① 도시·군계획시설에서 건축하는 연면적의 합계가 1,500m² 이상인 가설건축물에 대하여는 조경 등의 조치를 하여야 한다.
② 면적 5천m² 미만인 대지에 건축하는 공장에 대하여는 조경 등의 조치를 하지 아니할 수 있다.
③ 녹지지역에 건축하는 창고에 대해서는 조경 등의 조치를 하여야 한다.
④ 상업지역의 건축물에 설치하는 공개공지등의 면적은 대지면적의 100분의 10을 넘어야 한다.
⑤ 공개공지등을 설치하는 경우 건축물의 건폐율은 완화하여 적용할 수 있으나, 건축물의 높이제한은 완화하여 적용할 수 없다.

키워드 대지의 조경 및 공개공지등

해설 ① 도시·군계획시설에서 건축하는 연면적의 합계가 1,500m² 이상인 가설건축물에 대하여는 조경 등의 조치를 아니할 수 있다.
③ 녹지지역에 건축하는 창고에 대해서는 조경 등의 조치를 아니할 수 있다.
④ 상업지역의 건축물에 설치하는 공개공지등의 면적은 대지면적의 100분의 10 이하의 범위에서 건축조례로 정한다.
⑤ 공개공지등을 설치하는 경우 건축물의 건폐율과 건축물의 높이제한은 완화하여 적용할 수 있다.

08 건축법령상 공개공지등에 관한 설명으로 옳은 것은? (단, 건축법령상 특례, 기타 강화·완화조건은 고려하지 않음) • 35회

① 노후 산업단지의 정비가 필요하다고 인정되어 지정·공고된 지역에는 공개공지등을 설치할 수 없다.
② 공개공지는 필로티의 구조로 설치할 수 없다.
③ 공개공지등을 설치할 때에는 모든 사람들이 환경친화적으로 편리하게 이용할 수 있도록 긴 의자 또는 조경시설 등 건축조례로 정하는 시설을 설치해야 한다.
④ 공개공지등에는 건축조례로 정하는 바에 따라 연간 최장 90일의 기간 동안 주민들을 위한 문화행사를 열거나 판촉활동을 할 수 있다.
⑤ 울타리나 담장 등 시설의 설치 또는 출입구의 폐쇄 등을 통하여 공개공지등의 출입을 제한한 경우 지체 없이 관할 시장·군수·구청장에게 신고하여야 한다.

키워드 공개공지등

해설 ① 노후 산업단지의 정비가 필요하다고 인정되어 지정·공고된 지역에는 공개공지등을 설치하여야 한다.
② 공개공지는 필로티의 구조로 설치할 수 있다.
④ 공개공지등에는 건축조례로 정하는 바에 따라 연간 60일 이내의 기간 동안 주민들을 위한 문화행사를 열거나 판촉활동을 할 수 있다.
⑤ 울타리나 담장 등 시설의 설치 또는 출입구의 폐쇄 등을 통하여 공개공지등의 출입을 제한하는 행위를 하여서는 아니 된다.

09 중

甲은 대지에 높이 4m, 연면적의 합계가 90m²인 건축물을 신축하려고 한다. 건축법령상 건축규제에 위반되는 것은? (단, 조례는 고려하지 않음) • 22회

① 甲은 건축을 위해 건축신고를 하였다.
② 甲의 대지는 인접한 도로면보다 낮으나, 대지의 배수에 지장이 없고 건축물의 용도상 방습의 필요가 없다.
③ 甲은 공개공지 또는 공개공간을 확보하지 않았다.
④ 甲의 대지는 보행과 자동차통행이 가능한 도로에 3m 접하고 있다.
⑤ 甲의 건축물은 창문을 열었을 때 건축선의 수직면을 넘어서는 구조로 되어 있다.

키워드 건축규제

해설 도로면으로부터 높이 4.5m 이하에 있는 출입구, 창문, 그 밖에 이와 유사한 구조물은 열고 닫을 때 건축선의 수직면을 넘지 아니하는 구조로 하여야 하며, 넘어서는 구조가 되면 건축규제에 위반된다.

정답 07 ② 08 ③ 09 ⑤

10 건축법령상 건축물의 대지와 도로에 관한 설명으로 옳은 것은? (단, 건축법 제3조에 따른 적용 제외 및 조례는 고려하지 않음) • 23회 수정

① 손궤의 우려가 있는 토지에 대지를 조성하면서 설치한 옹벽의 외벽면에는 옹벽의 지지 또는 배수를 위한 시설물이 밖으로 튀어 나오게 해서는 아니 된다.
② 건축물의 대지는 6m 이상이 보행과 자동차의 통행이 가능한 도로에 접하여야 한다.
③ 도시·군계획시설에서 건축하는 가설건축물의 경우에는 대지에 대한 조경의무가 있다.
④ 바닥면적의 합계가 5천m² 이상인 「농수산물유통 및 가격안정에 관한 법률」에 따른 농수산물유통시설의 경우에는 공개공지를 설치하여야 한다.
⑤ 건축물의 지표 아래 부분은 건축선의 수직면을 넘을 수 있다.

키워드 건축물의 대지와 도로

해설 ① 손궤의 우려가 있는 토지에 대지를 조성하면서 설치한 옹벽의 외벽면에는 옹벽의 지지 또는 배수를 위한 시설 외의 구조물이 밖으로 튀어 나오게 해서는 아니 된다.
② 건축물의 대지는 2m 이상이 보행과 자동차의 통행이 가능한 도로에 접하여야 한다.
③ 도시·군계획시설에서 건축하는 가설건축물의 경우에는 대지에 대한 조경의무가 없다.
④ 판매시설 중 농수산물유통시설은 공개공지의 설치의무 대상이 아니다.

11 건축법령상 도시지역에 건축하는 건축물의 대지와 도로 등에 관한 설명으로 틀린 것은? • 25회

① 연면적의 합계가 2천m²인 공장의 대지는 너비 6m 이상의 도로에 4m 이상 접하여야 한다.
② 쓰레기로 매립된 토지에 건축물을 건축하는 경우 성토, 지반 개량 등 필요한 조치를 하여야 한다.
③ 군수는 건축물의 위치나 환경을 정비하기 위하여 필요하다고 인정되면 4m 이하의 범위에서 건축선을 따로 지정할 수 있다.
④ 담장의 지표 위 부분은 건축선의 수직면을 넘어서는 아니 된다.
⑤ 공장의 주변에 허가권자가 인정한 공지인 광장이 있는 경우 연면적의 합계가 1천m²인 공장의 대지는 도로에 2m 이상 접하지 않아도 된다.

> **키워드** 건축물의 대지와 도로
>
> **해설** 연면적의 합계가 3천m² 이상인 공장의 대지는 너비 6m 이상의 도로에 4m 이상 접하여야 한다.

12 건축법령상 대지A의 건축선을 고려한 대지면적은? (다만, 도로는 보행과 자동차 통행이 가능한 통과도로로서 법률상 도로이며, 대지A는 도시지역임)　　• 21회

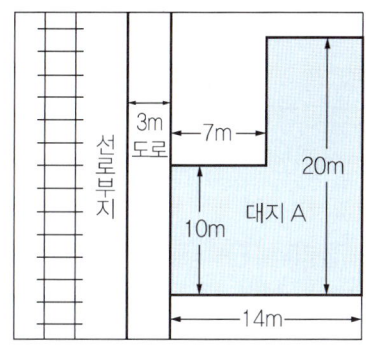

① 170m²
② 180m²
③ 200m²
④ 205m²
⑤ 210m²

> **키워드** 건축선
>
> **해설** 1. 도로의 반대쪽에 선로부지가 있는 경우 선로부지가 있는 쪽의 도로경계선에서 소요너비(4m)에 해당하는 수평거리의 선을 건축선으로 한다.
> 2. 소요너비 미달도로와 도로모퉁이의 건축선인 경우에는 도로와 건축선 사이의 면적은 해당 대지의 대지면적을 산정하는 경우에 이를 '제외'한다.
> ∴ A대지면적 = (6m × 10m) + (7m × 20m) = 200m²

13

건축법령상 건축선과 대지의 면적에 관한 설명이다. (   )에 들어갈 내용으로 옳은 것은? (단, 허가권자의 건축선의 별도 지정, 건축법 제3조에 따른 적용 제외, 건축법령상 특례 및 조례는 고려하지 않음) • 34회

> 「건축법」 제2조 제1항 제11호에 따른 소요너비에 못 미치는 너비의 도로인 경우에는 그 중심선으로부터 그 (㉠)을 건축선으로 하되, 그 도로의 반대쪽에 하천이 있는 경우에는 그 하천이 있는 쪽의 도로경계선에서 (㉡)을 건축선으로 하며, 그 건축선과 도로 사이의 대지면적은 건축물의 대지면적 산정 시 (㉢)한다.

	㉠	㉡	㉢
①	소요너비에 해당하는 수평거리만큼 물러난 선	소요너비에 해당하는 수평거리의 선	제외
②	소요너비의 2분의 1의 수평거리만큼 물러난 선	소요너비의 2분의 1의 수평거리의 선	제외
③	소요너비의 2분의 1의 수평거리만큼 물러난 선	소요너비에 해당하는 수평거리의 선	제외
④	소요너비의 2분의 1의 수평거리만큼 물러난 선	소요너비에 해당하는 수평거리의 선	포함
⑤	소요너비에 해당하는 수평거리만큼 물러난 선	소요너비의 2분의 1의 수평거리의 선	포함

키워드 건축선과 대지

해설 「건축법」 제2조 제1항 제11호에 따른 소요너비에 못 미치는 너비의 도로인 경우에는 그 중심선으로부터 그 (㉠ 소요너비의 2분의 1의 수평거리만큼 물러난 선)을 건축선으로 하되, 그 도로의 반대쪽에 하천이 있는 경우에는 그 하천이 있는 쪽의 도로경계선에서 (㉡ 소요너비에 해당하는 수평거리의 선)을 건축선으로 하며, 그 건축선과 도로 사이의 대지면적은 건축물의 대지면적 산정 시 (㉢ 제외)한다(법 제46조 제1항, 영 제119조 제1항 제1호).

정답 13 ③

CHAPTER 04 건축물의 구조 및 재료

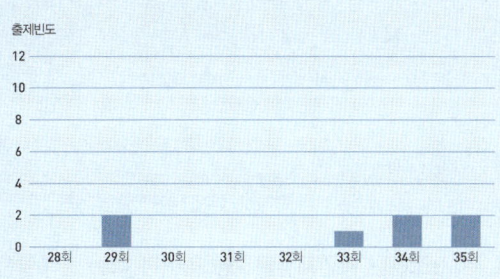

■ 8개년 출제 문항 수
 총 40문제 中 평균 약 1문제 출제

■ 이 단원을 공략하고 싶다면?
 기출문제 관련 내용 위주로만 학습하자

→ 기본서 [부동산공법] pp. 483~494

대표기출 | 2018년 제29회 A형 71번 문제 | 난이도 하

건축법령상 구조안전 확인 건축물 중 건축주가 착공신고 시 구조안전 확인서류를 제출하여야 하는 건축물이 <u>아닌</u> 것은? (단, 건축법상 적용 제외 및 특례는 고려하지 않음)

① 단독주택
② 처마높이가 10m인 건축물
③ 기둥과 기둥 사이의 거리가 10m인 건축물
④ 연면적이 330m²인 2층의 목구조 건축물
⑤ 다세대주택

[기출공략] [키워드] 구조안전 확인서류

구조안전 확인서류를 암기하여야 바로 정답을 찾을 수 있는 문제입니다.

29회

건축법령상 구조안전 확인 건축물 중 건축주가 착공신고 시 구조안전 확인서류를 제출하여야 하는 건축물이 <u>아닌</u> 것은? (단, 건축법상 적용 제외 및 특례는 고려하지 않음) (④)

① 단독주택 (O)

② 처마높이가 10m인 건축물 (O)

③ 기둥과 기둥 사이의 거리가 10m인 건축물 (O)

④ 연면적이 ~~330m²인 2층~~의 목구조 건축물 (X)

　→ 목구조 건축물의 경우 건축주가 착공신고 시 구조안전 확인서류를 제출하여야 하는 건축물은 3층 이상인 건축물 또는 연면적이 500m² 이상인 건축물이다.

⑤ 다세대주택 (O)

이론플러스 구조안전 확인서류의 제출이 필요한 건축물

구조안전을 확인한 건축물 중 다음의 어느 하나에 해당하는 건축물의 건축주는 해당 건축물의 설계자로부터 구조안전의 확인서류를 받아 착공신고를 하는 때에 그 확인서류를 허가권자에게 제출하여야 한다. 다만, 표준설계도서에 따라 건축하는 건축물은 제외한다(영 제32조 제2항).

1. 층수가 2층(주요구조부인 기둥과 보를 설치하는 건축물로서 그 기둥과 보가 목재인 목구조 건축물의 경우에는 3층) 이상인 건축물
2. 연면적이 200m²(목구조 건축물의 경우에는 500m²) 이상인 건축물(단, 창고, 축사, 작물 재배사는 제외)
3. 높이가 13m 이상인 건축물
4. 처마높이가 9m 이상인 건축물
5. 기둥과 기둥 사이의 거리가 10m 이상인 건축물
6. 건축물의 용도 및 규모를 고려한 중요도가 높은 건축물로서 국토교통부령으로 정하는 건축물
7. 국가적 문화유산으로 보존할 가치가 있는 건축물로서 국토교통부령으로 정하는 것
8. 한쪽 끝은 고정되고 다른 끝은 지지(支持)되지 아니한 구조로 된 보·차양 등이 외벽(외벽이 없는 경우에는 외곽 기둥)의 중심선으로부터 3m 이상 돌출된 건축물, 무량판 구조(보가 없이 바닥판·기둥으로 구성된 구조를 말함)를 가진 건축물로서 무량판 구조인 어느 하나의 층에 수직으로 배치된 주요구조부의 전체 단면적에서 보가 없이 배치된 기둥의 단면적이 차지하는 비율이 4분의 1 이상인 건축물, 특수한 설계·시공·공법 등이 필요한 건축물로서 국토교통부장관이 정하여 고시하는 구조로 된 건축물
9. 단독주택 및 공동주택

01 건축법령상 건축허가를 받은 건축물의 착공신고 시 허가권자에 대하여 구조안전 확인서류의 제출이 필요한 대상 건축물의 기준으로 옳은 것을 모두 고른 것은? (단, 표준설계도서에 따라 건축하는 건축물이 아니며, 건축법령상 특례는 고려하지 않음) • 19회, 34회

㉠ 건축물의 높이: 13m 이상
㉡ 건축물의 처마높이: 7m 이상
㉢ 건축물의 기둥과 기둥 사이의 거리: 10m 이상

① ㉠
② ㉡
③ ㉠, ㉢
④ ㉡, ㉢
⑤ ㉠, ㉡, ㉢

키워드 구조안전 확인서류의 제출이 필요한 건축물
해설 ㉡ 건축물의 처마높이: 9m 이상

정답 01 ③

02

건축법령상 건축허가 대상 건축물로서 내진능력을 공개하여야 하는 건축물에 해당하지 않는 것은? (단, 소규모건축구조기준을 적용한 건축물이 아님) • 35회

① 높이가 13m인 건축물
② 처마높이가 9m인 건축물
③ 기둥과 기둥 사이의 거리가 10m인 건축물
④ 건축물의 용도 및 규모를 고려한 중요도가 높은 건축물로서 국토교통부령으로 정하는 건축물
⑤ 국가적 문화유산으로 보존할 가치가 있는 것으로 문화체육관광부령으로 정하는 건축물

키워드 내진능력을 공개하여야 하는 건축물

해설 국가적 문화유산으로 보존할 가치가 있는 것으로 문화체육관광부령이 아닌 국토교통부령으로 정하는 건축물이 건축허가 대상 건축물로서 내진능력을 공개하여야 하는 건축물에 해당한다.

이론플러스 건축물의 내진능력 공개

> 다음의 어느 하나에 해당하는 건축물을 건축하고자 하는 자는 사용승인을 받는 즉시 건축물이 지진 발생 시에 견딜 수 있는 능력(이하 '내진능력'이라 함)을 공개하여야 한다. 다만, 구조안전 확인 대상 건축물이 아니거나 내진능력 산정이 곤란한 건축물로서 대통령령으로 정하는 건축물은 공개하지 아니한다.
> 1. 층수가 2층[주요구조부인 기둥과 보를 설치하는 건축물로서 그 기둥과 보가 목재인 목구조 건축물(이하 '목구조 건축물'이라 함)의 경우에는 3층] 이상인 건축물
> 2. 연면적이 200m²(목구조 건축물의 경우에는 500m²) 이상인 건축물
> 3. 높이가 13m 이상인 건축물
> 4. 처마높이가 9m 이상인 건축물
> 5. 기둥과 기둥 사이의 거리가 10m 이상인 건축물
> 6. 건축물의 용도 및 규모를 고려한 중요도가 높은 건축물로서 국토교통부령으로 정하는 건축물
> 7. 국가적 문화유산으로 보존할 가치가 있는 건축물로서 국토교통부령으로 정하는 것

03

건축법령상 국토교통부장관이 정하여 고시하는 건축물, 건축설비 및 대지에 관한 범죄예방 기준에 따라 건축하여야 하는 건축물에 해당하지 않는 것은? • 29회 수정

① 문화 및 집회시설 중 동·식물원
② 제1종 근린생활시설 중 일용품을 판매하는 소매점
③ 제2종 근린생활시설 중 다중생활시설
④ 숙박시설 중 다중생활시설
⑤ 아파트

키워드 범죄예방 기준에 따라 건축하여야 하는 건축물

해설 문화 및 집회시설 중 동·식물원은 범죄예방 기준에 따라 건축하여야 하는 건축물에서 제외된다.

이론플러스 '다가구주택, 아파트, 연립주택 및 다세대주택, 제1종 근린생활시설 중 일용품을 판매하는 소매점, 제2종 근린생활시설 중 다중생활시설, 문화 및 집회시설(동·식물원은 제외), 교육연구시설(연구소 및 도서관은 제외), 노유자시설, 수련시설, 업무시설 중 오피스텔, 숙박시설 중 다중생활시설'의 건축물은 범죄예방 기준에 따라 건축하여야 한다.

04

건축법령상 고층건축물의 피난시설에 관한 내용으로 (   )에 들어갈 것을 옳게 연결한 것은? • 27회

> 층수가 63층이고 높이가 190m인 (㉠) 건축물에는 피난층 또는 지상으로 통하는 직통계단과 직접 연결되는 피난안전구역을 지상층으로부터 최대 (㉡)개 층마다 (㉢)개소 이상 설치하여야 한다.

① ㉠: 준고층, ㉡: 20, ㉢: 1
② ㉠: 준고층, ㉡: 30, ㉢: 2
③ ㉠: 초고층, ㉡: 20, ㉢: 1
④ ㉠: 초고층, ㉡: 30, ㉢: 1
⑤ ㉠: 초고층, ㉡: 30, ㉢: 2

키워드 고층건축물의 피난시설

해설 층수가 63층이고 높이가 190m인 (㉠ 초고층) 건축물에는 피난층 또는 지상으로 통하는 직통계단과 직접 연결되는 피난안전구역(건축물의 피난·안전을 위하여 건축물 중간층에 설치하는 대피공간)을 지상층으로부터 최대 (㉡ 30)개 층마다 (㉢ 1)개소 이상 설치하여야 한다.

정답 02 ⑤ 03 ① 04 ④

05 건축법령상 건축물로부터 바깥쪽으로 나가는 출구를 설치하여야 하는 건축물이 아닌 것은? (단, 건축물은 해당 용도로 쓰는 바닥면적의 합계가 300m² 이상으로 승강기를 설치하여야 하는 건축물이 아니며, 건축법령상 특례는 고려하지 않음) • 34회

① 전시장
② 무도학원
③ 동물 전용의 장례식장
④ 인터넷컴퓨터게임시설제공업소
⑤ 업무시설 중 국가 또는 지방자치단체의 청사

키워드 건축물 바깥쪽으로의 출구 설치

해설 문화 및 집회시설 중 전시장 및 동·식물원은 건축물로부터 바깥쪽으로 나가는 출구를 설치하여야 하는 건축물에서 제외되는 건축물이다.

> **영 제39조【건축물 바깥쪽으로의 출구 설치】** ① 법 제49조 제1항에 따라 다음 각 호의 어느 하나에 해당하는 건축물에는 국토교통부령으로 정하는 기준에 따라 그 건축물로부터 바깥쪽으로 나가는 출구를 설치하여야 한다.
> 1. 제2종 근린생활시설 중 공연장·종교집회장·인터넷컴퓨터게임시설제공업소(해당 용도로 쓰는 바닥면적의 합계가 각각 300m² 이상인 경우만 해당한다)(지문 ④)
> 2. 문화 및 집회시설(전시장 및 동·식물원은 제외한다)(지문 ①)
> 3. 종교시설
> 4. 판매시설
> 5. 업무시설 중 국가 또는 지방자치단체의 청사(지문 ⑤)
> 6. 위락시설(지문 ②)
> 7. 연면적이 5천m² 이상인 창고시설
> 8. 교육연구시설 중 학교
> 9. 장례시설(지문 ③)
> 10. 승강기를 설치하여야 하는 건축물

06 건축법령상 건축물의 마감재료 등에 관한 규정의 일부이다. ( )에 들어갈 내용으로 옳은 것은?

• 35회

> 대통령령으로 정하는 용도 및 규모의 건축물의 벽, 반자, 지붕(반자가 없는 경우에 한정한다) 등 내부의 (㉠)는 (㉡)에 지장이 없는 재료로 하되, 「실내공기질 관리법」 제5조 및 제6조에 따른 (㉢) 유지기준 및 권고기준을 고려하고 관계 중앙행정기관의 장과 협의하여 국토교통부령으로 정하는 기준에 따른 것이어야 한다.

① ㉠: 난연재료, ㉡: 방화, ㉢: 공기청정
② ㉠: 완충재료, ㉡: 내진, ㉢: 실내공기질
③ ㉠: 완충재료, ㉡: 내진, ㉢: 공기청정
④ ㉠: 마감재료, ㉡: 방화, ㉢: 실내공기질
⑤ ㉠: 마감재료, ㉡: 내진, ㉢: 실내공기질

키워드 건축물의 마감재료 등

해설 대통령령으로 정하는 용도 및 규모의 건축물의 벽, 반자, 지붕(반자가 없는 경우에 한정한다) 등 내부의 (㉠ 마감재료)는 (㉡ 방화)에 지장이 없는 재료로 하되, 「실내공기질 관리법」 제5조 및 제6조에 따른 (㉢ 실내공기질) 유지기준 및 권고기준을 고려하고 관계 중앙행정기관의 장과 협의하여 국토교통부령으로 정하는 기준에 따른 것이어야 한다.

정답 05 ① 06 ④

CHAPTER 05 지역 및 지구 안의 건축물

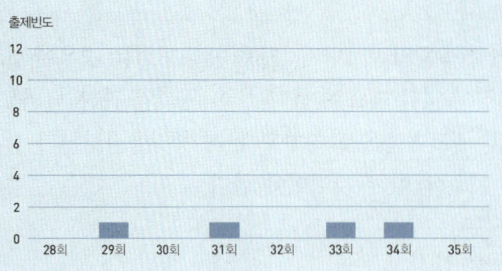

■ 8개년 출제 문항 수
총 40문제 中 평균 약 0.5문제 출제

■ 이 단원을 공략하고 싶다면?
건폐율과 용적률의 계산문제, 건축물의 높이제한, 바닥면적의 산정방법 위주로 학습하자

기본서 [부동산공법] pp. 495~509

대표기출   2015년 제26회 A형 116번 문제 수정 | 난이도 중

건축법령상 지역 및 지구의 건축물에 관한 설명으로 옳은 것은? (단, 조례 및 특별건축구역에 대한 특례는 고려하지 않음)

① 하나의 건축물이 방화벽을 경계로 방화지구와 그 밖의 구역에 속하는 부분으로 구획되는 경우, 건축물 전부에 대하여 방화지구 안의 건축물에 관한 「건축법」의 규정을 적용한다.
② 대지가 녹지지역과 그 밖의 지역·지구 또는 구역에 걸치는 경우에는 각 지역·지구 또는 구역 안의 건축물과 대지에 관한 이 법의 규정을 적용한다.
③ 대지가 녹지지역과 관리지역에 걸치면서 녹지지역 안의 건축물이 취락지구에 걸치는 경우에는 건축물과 대지 전부에 대해 취락지구에 관한 「건축법」의 규정을 적용한다.
④ 시장·군수는 도시의 관리를 위하여 필요하면 가로구역별 건축물의 높이를 시·군의 조례로 정할 수 있다.
⑤ 상업지역에서 건축물을 건축하는 경우에는 일조의 확보를 위하여 건축물을 정북방향으로의 인접 대지경계선으로부터 1.5m 이상 띄어 건축하여야 한다.

기출공략 [키워드] 대지가 걸치는 경우, 건축물의 높이제한

대지가 걸치는 경우와 높이제한에 관한 내용을 이해하면 바로 정답을 찾을 수 있는 문제입니다.

건축법령상 지역 및 지구의 건축물에 관한 설명으로 옳은 것은? (단, 조례 및 특별건축구역에 대한 특례는 고려하지 않음) (②)

① 하나의 건축물이 방화벽을 경계로 방화지구와 그 밖의 구역에 속하는 부분으로 구획되는 경우, ~~건축물 전부에 대하여 방화지구 안의 건축물에 관한 「건축법」의 규정을 적용한다.~~ (✗)
   → 하나의 건축물이 방화벽을 경계로 방화지구와 그 밖의 구역에 속하는 부분으로 구획되는 경우, 그 밖의 구역에 속하는 부분은 방화지구 규정을 적용하지 않는다.

② 대지가 녹지지역과 그 밖의 지역·지구 또는 구역에 걸치는 경우에는 각 지역·지구 또는 구역 안의 건축물과 대지에 관한 이 법의 규정을 적용한다. (O)

③ 대지가 녹지지역과 관리지역에 걸치면서 녹지지역 안의 건축물이 취락지구에 걸치는 경우에는 ~~건축물과 대지 전부에 대해 취락지구에 관한 「건축법」의 규정을 적용한다.~~ (✗)
   → 대지가 녹지지역과 관리지역에 걸치면서 녹지지역 안의 건축물이 취락지구에 걸치는 경우에는 각 지역·지구 또는 구역 안의 건축물과 대지에 관한 이 법의 규정을 적용한다.

④ ~~시장·군수는~~ 도시의 관리를 위하여 필요하면 가로구역별 건축물의 높이를 ~~시·구의~~
   → 특별시장이나 광역시장은   → 특별시나 광역시
   조례로 정할 수 있다. (✗)

⑤ ~~상업지역~~에서 건축물을 건축하는 경우에는 일조의 확보를 위하여 건축물을 정북방
   → 전용주거지역이나 일반주거지역
   향으로의 인접 대지경계선으로부터 1.5m 이상 띄어 건축하여야 한다. (✗)

이론플러스 건축물 또는 대지가 걸치는 경우

건축물이 방화지구에 걸치는 경우	원칙	하나의 건축물이 방화지구와 그 밖의 구역에 걸치는 경우에는 그 전부에 대하여 방화지구 안의 건축물에 관한 이 법의 규정을 적용한다(법 제54조 제2항).
	예외	건축물의 방화지구에 속한 부분과 그 밖의 구역에 속한 부분의 경계가 방화벽으로 구획되는 경우 그 밖의 구역에 있는 부분에 대하여는 그러하지 아니하다 (법 제54조 제2항 단서).
대지가 녹지지역 등에 걸치는 경우		대지가 녹지지역과 그 밖의 지역·지구 또는 구역에 걸치는 경우에는 각 지역·지구 또는 구역 안의 건축물과 대지에 관한 이 법의 규정을 적용한다. 다만, 녹지지역 안의 건축물이 방화지구에 걸치는 경우에는 방화지구의 규정에 따른다(법 제54조 제3항).

01

1,000m²의 대지가 그림과 같이 각 지역·지구에 걸치는 경우, 건축법령상 건축물 및 대지에 적용되는 규정으로 옳은 것은? (단, 빗금친 면은 대지, 검은 면은 건축물이며, 조례는 고려하지 않음)
• 22회 수정

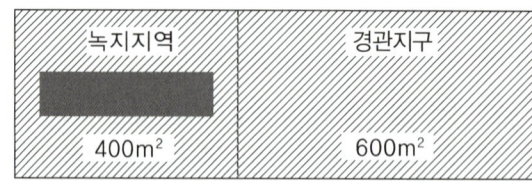

① 건축물: 전부 경관지구에 관한 규정
   대지: 전부 경관지구에 관한 규정
② 건축물: 전부 녹지지역에 관한 규정
   대지: 대지의 각 부분이 속한 지역·지구에 관한 규정
③ 건축물: 전부 녹지지역에 관한 규정
   대지: 전부 경관지구에 관한 규정
④ 건축물: 전부 경관지구에 관한 규정
   대지: 대지의 각 부분이 속한 지역·지구에 관한 규정
⑤ 건축물: 전부 녹지지역에 관한 규정
   대지: 전부 녹지지역에 관한 규정

> **키워드** 대지가 걸치는 경우
> **해설** 녹지지역에 건축물이 있고 경관지구에 걸친 경우가 아니므로 건축물은 녹지지역의 규정을 적용하고, 대지는 각 부분이 속한 지역·지구의 규정을 적용한다.

02

건축법령상 건폐율 및 용적률에 관한 설명으로 옳은 것은?
• 23회

① 건폐율은 대지면적에 대한 건축물의 바닥면적의 비율이다.
② 용적률을 산정할 경우 연면적에는 지하층의 면적은 포함되지 않는다.
③ 「건축법」의 규정을 통하여 「국토의 계획 및 이용에 관한 법률」상 건폐율의 최대한도를 강화하여 적용할 수 있으나, 이를 완화하여 적용할 수는 없다.
④ 하나의 대지에 건축물이 둘 이상 있는 경우 용적률의 제한은 건축물별로 각각 적용한다.
⑤ 도시지역에서 건축물이 있는 대지를 분할하는 경우에는 건폐율 기준에 못 미치게 분할하는 것도 가능하다.

> **키워드** 건폐율 및 용적률

> **해설** ① 건폐율은 대지면적에 대한 건축면적의 비율이다.
> ③ 「건축법」의 규정을 통하여 「국토의 계획 및 이용에 관한 법률」상 건폐율의 최대한도를 강화 또는 완화하여 적용할 수 있다.
> ④ 하나의 대지에 건축물이 둘 이상 있는 경우 용적률의 제한은 대지 안에 있는 모든 건축물들의 연면적을 합하여 산정한다.
> ⑤ 도시지역에서 건축물이 있는 대지를 분할하는 경우에는 건폐율 및 용적률 등에 의한 기준에 미달되게 분할할 수 없다.

03 ㉠ 건축법령상 1,000m²의 대지에 건축한 다음 건축물의 용적률은 얼마인가? (단, 제시된 조건 외에 다른 조건은 고려하지 않음) • 24회

> - 하나의 건축물로서 지하 2개 층, 지상 5개 층으로 구성되어 있으며, 지붕은 평지붕임
> - 건축면적은 500m²이고, 지하층 포함 각 층의 바닥면적은 480m²로 동일함
> - 지하 2층은 전부 주차장, 지하 1층은 전부 제1종 근린생활시설로 사용됨
> - 지상 5개 층은 전부 업무시설로 사용됨

① 240% ② 250%
③ 288% ④ 300%
⑤ 480%

> **키워드** 건축물의 용적률

> **해설** 1. 용적률 산정 시 연면적에서 지하층은 제외된다.
> 2. 지상 5개 층의 연면적 = 480m² × 5 = 2,400m²
> ∴ 용적률 = $\frac{연면적}{대지면적}$ × 100 = $\frac{2,400}{1,000}$ × 100 = 240%

정답 01 ② 02 ② 03 ①

04 건축법령상 건축물이 있는 대지는 조례로 정하는 면적에 못 미치게 분할할 수 없다. 다음 중 조례로 정할 수 있는 최소 분할면적 기준이 가장 작은 용도지역은? (단, 건축법 제3조에 따른 적용 제외는 고려하지 않음) • 24회

① 제2종 전용주거지역
② 일반상업지역
③ 근린상업지역
④ 준공업지역
⑤ 생산녹지지역

키워드 최소 분할면적 기준

해설
① 제2종 전용주거지역: 60m²
② 일반상업지역: 150m²
③ 근린상업지역: 150m²
④ 준공업지역: 150m²
⑤ 생산녹지지역: 200m²

05 건축법령상 건축물의 면적 등의 산정방법으로 옳은 것은? • 31회 수정

① 공동주택으로서 지상층에 설치한 생활폐기물 보관시설의 면적은 바닥면적에 산입한다.
② 지하층에 설치한 기계실, 전기실의 면적은 용적률을 산정할 때 연면적에 산입한다.
③ 「건축법」상 건축물의 높이제한 규정을 적용할 때, 건축물의 1층 전체에 필로티가 설치되어 있는 경우 건축물의 높이는 필로티의 층고를 제외하고 산정한다.
④ 건축물의 층고는 방의 바닥구조체 윗면으로부터 위층 바닥구조체의 아랫면까지의 높이로 한다.
⑤ 건축물이 부분에 따라 그 층수가 다른 경우에는 그중 가장 많은 층수와 가장 적은 층수를 평균하여 반올림한 수를 그 건축물의 층수로 본다.

> **키워드** 면적 등의 산정방법
> **해설** ① 공동주택으로서 지상층에 설치한 생활폐기물 보관시설의 면적은 바닥면적에 산입하지 않는다.
> ② 지하층에 설치한 기계실, 전기실의 면적은 용적률을 산정할 때 연면적에 산입하지 않는다.
> ④ 건축물의 층고는 방의 바닥구조체 윗면으로부터 위층 바닥구조체의 윗면까지의 높이로 한다.
> ⑤ 건축물이 부분에 따라 그 층수가 다른 경우에는 그중 가장 많은 층수를 그 건축물의 층수로 본다.

06 건축법령상 건축물의 면적 등의 산정방법에 관한 설명으로 틀린 것은? (단, 건축법령상 특례는 고려하지 않음)
• 33회

① 공동주택으로서 지상층에 설치한 조경시설의 면적은 바닥면적에 산입하지 않는다.
② 지하주차장의 경사로의 면적은 건축면적에 산입한다.
③ 태양열을 주된 에너지원으로 이용하는 주택의 건축면적은 건축물의 외벽 중 내측 내력벽의 중심선을 기준으로 한다.
④ 용적률을 산정할 때에는 지하층의 면적은 연면적에 산입하지 않는다.
⑤ 층의 구분이 명확하지 아니한 건축물의 높이는 4m마다 하나의 층으로 보고 그 층수를 산정한다.

> **키워드** 면적 등의 산정방법
> **해설** 지하주차장의 경사로의 면적은 건축면적에 산입하지 않는다.

이론플러스 **용적률의 산정**
연면적은 하나의 건축물 각 층의 바닥면적의 합계로 하되, 용적률을 산정할 때에는 다음에 해당하는 면적은 제외한다(영 제119조 제1항 제4호).

1. 지하층의 면적
2. 지상층의 주차용(해당 건축물의 부속용도인 경우만 해당)으로 쓰는 면적
3. 초고층 건축물과 준초고층 건축물에 설치하는 피난안전구역의 면적
4. 건축물의 경사지붕 아래에 설치하는 대피공간의 면적

정답 04 ① 05 ③ 06 ②

07 건축법령상 건축물 바닥면적의 산정방법에 관한 설명으로 틀린 것은? • 29회

① 벽·기둥의 구획이 없는 건축물은 그 지붕 끝부분으로부터 수평거리 1m를 후퇴한 선으로 둘러싸인 수평투영면적으로 한다.
② 승강기탑은 바닥면적에 산입하지 아니한다.
③ 필로티 부분은 공동주택의 경우에는 바닥면적에 산입한다.
④ 공동주택으로서 지상층에 설치한 조경시설은 바닥면적에 산입하지 아니한다.
⑤ 건축물의 노대의 바닥은 난간 등의 설치 여부에 관계없이 노대의 면적에서 노대가 접한 가장 긴 외벽에 접한 길이에 1.5m를 곱한 값을 뺀 면적을 바닥면적에 산입한다.

키워드 바닥면적의 산정방법

해설 필로티나 그 밖에 이와 비슷한 구조의 부분은 그 부분이 공중의 통행이나 차량의 통행 또는 주차에 전용되는 경우와 공동주택의 경우에는 바닥면적에 산입하지 아니한다.

08 다음의 그림은 지상 3층과 다락의 구조를 갖추고 있는 다세대주택인 건물이다. 1층은 필로티 구조로서 주차장으로 사용하고 있는 면적이 60m²이며 40m²는 주민휴게시설로 사용되고, 2~3층은 주거전용공간으로 그 면적이 각각 100m²이며 3층 위에 지붕이 경사진 형태인 높이가 1.7m인 다락이 있는 건축물로서, 대지면적이 200m², 용적률 및 건폐율 한도가 각각 200%, 50%라 할 때 증축 가능한 최대면적은 얼마인가? (다만, 기타 건축제한 및 인센티브는 없는 것으로 함) • 20회 수정

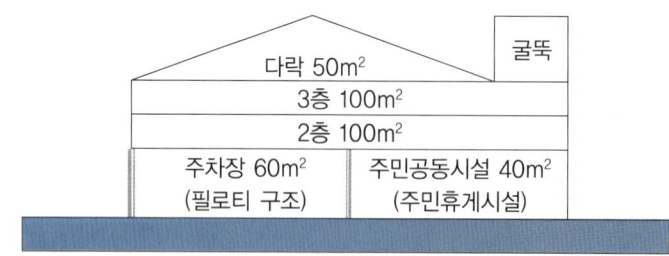

① 90m²
② 110m²
③ 140m²
④ 160m²
⑤ 200m²

키워드 면적 등의 산정방법

해설 1. 용적률 산정 시 지상층의 주차장(60m²)과 다락의 높이가 1.8m 이하이므로 바닥면적에서 제외된다.
2. 최대 연면적 = 용적률 200% × 대지면적 200m² = 400m²
∴ 증축 가능한 최대 연면적 = 400m² − 240m²(현재 사용 연면적) = 160m²

09 중

건축법령상 지상 11층, 지하 3층인 하나의 건축물이 다음 조건을 갖추고 있는 경우 건축물의 용적률은? (단, 제시된 조건 이외의 다른 조건이나 제한 및 건축법령상 특례는 고려하지 않음) • 34회

- 대지면적은 1,500m²임
- 각 층의 바닥면적은 1,000m²로 동일함
- 지상 1층 중 500m²는 건축물의 부속용도인 주차장으로, 나머지 500m²는 제2종 근린생활시설로 사용함
- 지상 2층에서 11층까지는 업무시설로 사용함
- 지하 1층은 제1종 근린생활시설로, 지하 2층과 지하 3층은 주차장으로 사용함

① 660%
② 700%
③ 800%
④ 900%
⑤ 1,100%

키워드 건축물의 용적률

해설 1. 용적률 산정 시의 연면적에는 지하층의 면적과 지상층의 주차용으로 쓰는 면적은 제외한다. 따라서 사례의 경우 지상 1층 중 건축물의 부속용도인 주차장 면적 500m²와 지하 3개 층(지하 1층, 2층, 3층)의 면적은 연면적에서 제외되고, 지상 1층 중 제2종 근린생활시설로 사용하는 500m²와 업무시설로 사용하는 지상 10개 층만 연면적에 산입된다.
2. 연면적 = (제2종 근린생활시설 500m²) + (업무시설 10개 층 × 각 층의 바닥면적 1,000m²) = 10,500m²
∴ 용적률 = (연면적 ÷ 대지면적) × 100 = (10,500m² ÷ 1,500m²) × 100 = 700%

정답 07 ③ 08 ④ 09 ②

10 지하층이 2개 층이고 지상층은 전체가 층의 구분이 명확하지 아니한 건축물로서, 건축물의 바닥면적은 600m²이며 바닥면적은 300m²에 해당하는 부분은 그 높이가 12m이고 나머지 300m²에 해당하는 부분의 높이는 16m이다. 이러한 건축물의 건축법령상 층수는? (단, 건축물의 높이는 건축법령에 의하여 산정한 것이고, 지표면의 고저 차는 없으며, 건축물의 옥상에는 별도의 설치물이 없음)　　•23회

① 1층　　② 3층　　③ 4층
④ 5층　　⑤ 6층

키워드 층수의 산정방법

해설 층의 구분이 명확하지 아니한 경우에는 4m마다 1개 층으로 산정하며, 부분마다 층수가 다른 경우에는 가장 많은 층수를 층수로 산정한다.
∴ 층수 = 16m ÷ 4m = 4층

---

11 건축법령상 건축물의 높이제한에 관한 설명으로 <u>틀린</u> 것은? (단, 건축법 제73조에 따른 적용 특례 및 조례는 고려하지 않음)　　•25회 수정

① 전용주거지역과 일반주거지역 안에서 건축하는 건축물에 대하여는 일조의 확보를 위한 높이제한이 적용된다.
② 일반상업지역에 건축하는 공동주택으로서 하나의 대지에 두 동(棟) 이상을 건축하는 경우에는 채광의 확보를 위한 높이제한이 적용된다.
③ 2층 이하로서 높이가 8m 이하인 건축물에 대하여는 해당 지방자치단체의 조례가 정하는 바에 의하여 일조권에 의한 높이제한을 적용하지 아니할 수 있다.
④ 허가권자는 같은 가로구역에서 건축물의 용도 및 형태에 따라 건축물의 높이를 다르게 정할 수 있다.
⑤ 허가권자는 가로구역별 건축물의 최고 높이를 지정하려면 지방건축위원회의 심의를 거쳐야 한다.

키워드 건축물의 높이제한

해설 중심상업지역과 일반상업지역에서 건축하는 공동주택으로서 하나의 대지에 두 동(棟) 이상을 건축하는 경우에는 채광의 확보를 위한 높이제한을 적용하지 아니한다.

12 건축법령상 건축물의 면적, 층수 등의 산정방법에 관한 설명으로 틀린 것은? • 21회

① 건축물의 1층이 차량의 주차에 전용되는 필로티인 경우 그 면적은 바닥면적에 산입되지 아니한다.
② 층고가 2m인 다락은 바닥면적에 산입된다.
③ 용적률을 산정할 때에는 초고층 건축물의 피난안전구역의 면적은 연면적에 포함시키지 아니한다.
④ 층의 구분이 명확하지 않은 건축물은 그 건축물의 높이 4m마다 하나의 층으로 보고 층수를 산정한다.
⑤ 주택의 발코니의 바닥은 전체가 바닥면적에 산입된다.

키워드 면적 등의 산정방법

해설 건축물의 노대등의 바닥은 난간 등의 설치 여부에 관계없이 노대등의 면적(외벽의 중심선으로부터 노대등의 끝부분까지의 면적)에서 노대등이 접한 가장 긴 외벽에 접한 길이에 1.5m를 곱한 값을 뺀 면적을 바닥면적에 산입한다.

13 건축법령상 건축물의 면적 및 층수의 산정방법에 관한 설명으로 옳은 것을 모두 고른 것은? • 24회 수정

㉠ 공동주택으로서 지상층에 설치한 전기실의 면적은 바닥면적에 산입하지 아니한다.
㉡ 용적률을 산정할 때에는 해당 건축물의 부속용도로서 지상층의 주차용으로 쓰는 면적은 연면적에 포함한다.
㉢ 건축물이 부분에 따라 그 층수가 다른 경우에는 그중 많은 층수를 그 건축물의 층수로 본다.
㉣ 건축물을 리모델링하는 경우로서 미관 향상, 열의 손실 방지 등을 위하여 외벽에 부가하여 마감재 등을 설치하는 부분은 바닥면적에 산입한다.

① ㉠, ㉡
② ㉠, ㉢
③ ㉡, ㉢
④ ㉡, ㉣
⑤ ㉢, ㉣

키워드 면적 등의 산정방법

해설 ㉡ 용적률을 산정할 때에는 해당 건축물의 부속용도로서 지상층의 주차용으로 쓰는 면적은 연면적에서 제외한다.
㉣ 건축물을 리모델링하는 경우로서 미관 향상, 열의 손실 방지 등을 위하여 외벽에 부가하여 마감재 등을 설치하는 부분은 바닥면적에 산입하지 아니한다.

정답 10 ③ 11 ② 12 ⑤ 13 ②

14 건축법령상 지역 및 지구 안에서의 건축제한 등에 관한 설명으로 옳은 것은? (단, 조례로 규정한 사항은 제외)
• 19회 수정

① 하나의 건축물이 방화지구와 그 밖의 구역에 걸치는 경우에는 그 전부에 대하여 방화지구 안의 건축물에 관한 이 법의 규정을 적용한다.
② 시장은 건축물의 용도 및 형태에 관계없이 같은 가로구역(도로로 둘러싸인 일단의 지역)에서는 건축물의 높이를 동일하게 정해야 한다.
③ 시장·군수는 도시의 관리를 위하여 필요하면 가로구역별 건축물의 높이를 시·군의 조례로 정할 수 있다.
④ 3층 이하로서 높이가 12m 이하인 건축물에는 일조 등의 확보를 위한 건축물의 높이제한에 관한 규정을 적용하지 아니할 수 있다.
⑤ 정북방향으로 도로 등 건축이 금지된 공지에 접하는 대지인 경우 건축물의 높이를 정북방향의 인접 대지경계선으로부터의 거리에 따라 대통령령으로 정하는 높이 이하로 해야 한다.

키워드 지역 및 지구 안에서의 건축제한

해설 ② 시장은 건축물의 용도 및 형태에 따라 같은 가로구역(도로로 둘러싸인 일단의 지역)에서 건축물의 높이를 다르게 정할 수 있다.
③ 특별시장이나 광역시장은 도시의 관리를 위하여 필요하면 가로구역별 건축물의 높이를 특별시나 광역시의 조례로 정할 수 있다.
④ 2층 이하로서 높이가 8m 이하인 건축물에는 일조 등의 확보를 위한 건축물의 높이제한에 관한 규정을 적용하지 아니할 수 있다.
⑤ 정북방향으로 도로 등 건축이 금지된 공지에 접하는 대지인 경우 건축물의 높이를 정남방향의 인접 대지경계선으로부터의 거리에 따라 대통령령으로 정하는 높이 이하로 해야 한다.

정답 14 ①

CHAPTER 06 특별건축구역·건축협정 및 결합건축

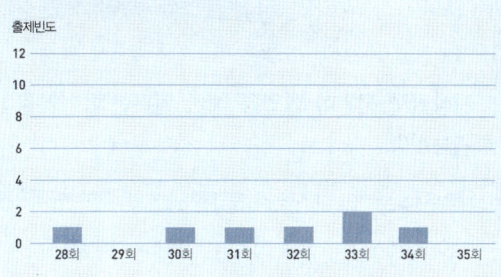

8개년 출제 문항 수
총 40문제 中 평균 약 1문제 출제

이 단원을 공략하고 싶다면?
건축협정과 특별건축구역 위주로 알아두자

기본서 [부동산공법] pp. 510~525

대표기출 2020년 제31회 A형 72번 문제 | 난이도 중

건축법령상 건축협정에 관한 설명으로 옳은 것은? (단, 조례는 고려하지 않음)

① 해당 지역의 토지 또는 건축물의 소유자 전원이 합의하면 지상권자가 반대하는 경우에도 건축협정을 체결할 수 있다.
② 건축협정 체결 대상 토지가 둘 이상의 시·군·구에 걸치는 경우에는 관할 시·도지사에게 건축협정의 인가를 받아야 한다.
③ 협정체결자는 인가받은 건축협정을 변경하려면 협정체결자 과반수의 동의를 받아 건축협정인가권자에게 신고하여야 한다.
④ 건축협정을 폐지하려면 협정체결자 전원의 동의를 받아 건축협정인가권자의 인가를 받아야 한다.
⑤ 건축협정에서 달리 정하지 않는 한, 건축협정이 공고된 후에 건축협정구역에 있는 토지에 관한 권리를 협정체결자로부터 이전받은 자도 건축협정에 따라야 한다.

기출공략 [키워드] 건축협정

건축협정의 세부적인 내용과 절차를 학습하여야만 정답을 찾을 수 있는 문제입니다.

28회, 31회

건축법령상 건축협정에 관한 설명으로 옳은 것은? (단, 조례는 고려하지 않음) (⑤)

① 해당 지역의 토지 또는 건축물의 소유자 전원이 합의하면 ~~지상권자가 반대하는 경우에도 건축협정을 체결할 수 있다.~~ (×)
   → 해당 지역의 토지 또는 건축물의 소유자, 지상권자 전원이 합의를 해야 건축협정의 체결이 가능하며, 지상권자가 반대하면 체결이 불가능하다.

② 건축협정 체결 대상 토지가 둘 이상의 ~~시·군·구~~에 걸치는 경우에는 ~~관할 시·도지사에게 건축협정의 인가를 받아야 한다.~~ (×)
   → 건축협정 체결 대상 토지가 둘 이상의 특별자치시 또는 시·군·구에 걸치는 경우에는 건축협정 체결 대상 토지면적의 과반(過半)이 속하는 건축협정인가권자에게 인가를 신청할 수 있다.

③ 협정체결자는 인가받은 건축협정을 변경하려면 ~~협정체결자 과반수의 동의를 받아 건축협정인가권자에게 신고하여야 한다.~~ (×)
   → 협정체결자 또는 건축협정운영회의 대표자는 인가받은 사항을 변경하려면 국토교통부령으로 정하는 바에 따라 변경인가를 받아야 한다.

④ 건축협정을 폐지하려면 협정체결자 ~~전원~~의 동의를 받아 건축협정인가권자의 인가를 받아야 한다. (×)
   → 협정체결자 또는 건축협정운영회의 대표자는 건축협정을 폐지하려는 경우에는 협정체결자 과반수의 동의를 받아 국토교통부령으로 정하는 바에 따라 건축협정인가권자의 인가를 받아야 한다.

⑤ 건축협정에서 달리 정하지 않는 한, 건축협정이 공고된 후에 건축협정구역에 있는 토지에 관한 권리를 협정체결자로부터 이전받은 자도 건축협정에 따라야 한다. (○)

이론플러스 건축협정 대상자 및 대상지역

토지 또는 건축물의 소유자, 지상권자 등 대통령령으로 정하는 자(이하 '소유자등')는 전원의 합의로 다음의 어느 하나에 해당하는 지역 또는 구역에서 건축물의 건축·대수선 또는 리모델링에 관한 협정(이하 '건축협정')을 체결할 수 있으며, 이 경우 둘 이상의 토지를 소유한 자가 1인인 경우에도 그 토지소유자는 해당 토지의 구역을 건축협정 대상지역으로 하는 건축협정을 정할 수 있다. 이 경우 그 토지소유자 1인을 건축협정 체결자로 본다(법 제77조의4 제1항·제2항).

1. 「국토의 계획 및 이용에 관한 법률」에 따라 지정된 지구단위계획구역
2. 「도시 및 주거환경정비법」에 따른 주거환경개선사업을 시행하기 위하여 지정·고시된 정비구역
3. 「도시재정비 촉진을 위한 특별법」에 따른 존치지역
4. 「도시재생 활성화 및 지원에 관한 특별법」에 따른 도시재생활성화지역
5. 그 밖에 시·도지사 및 시장·군수·구청장이 도시 및 주거환경개선이 필요하다고 인정하여 해당 지방자치단체의 조례로 정하는 구역

01 건축법령상 특별건축구역에 관한 설명으로 옳은 것은? • 32회

① 국토교통부장관은 지방자치단체가 국제행사 등을 개최하는 지역의 사업구역을 특별건축구역으로 지정할 수 있다.
② 「도로법」에 따른 접도구역은 특별건축구역으로 지정될 수 없다.
③ 특별건축구역에서의 건축기준의 특례사항은 지방자치단체가 건축하는 건축물에는 적용되지 않는다.
④ 특별건축구역에서 「주차장법」에 따른 부설주차장의 설치에 관한 규정은 개별 건축물마다 적용하여야 한다.
⑤ 특별건축구역을 지정한 경우에는 「국토의 계획 및 이용에 관한 법률」에 따른 용도지역·지구·구역의 지정이 있는 것으로 본다.

키워드 특별건축구역

해설 ① 국토교통부장관은 국가가 국제행사 등을 개최하는 지역의 사업구역을 특별건축구역으로 지정할 수 있다.
③ 특별건축구역에서의 건축기준의 특례사항은 국가나 지방자치단체가 건축하는 건축물에 적용한다.
④ 특별건축구역에서는 '공원의 설치, 부설주차장의 설치, 미술작품의 설치'는 개별 건축물마다 적용하지 아니하고 특별건축구역 전부 또는 일부를 대상으로 통합하여 적용할 수 있다.
⑤ 특별건축구역을 지정한 경우에는 「국토의 계획 및 이용에 관한 법률」에 따른 도시·군관리계획의 결정(용도지역·지구·구역의 지정 및 변경은 제외)이 있는 것으로 본다.

정답 01 ②

02 ⓢ 건축법령상 특별건축구역에서 국가가 건축하는 건축물에 적용하지 아니할 수 있는 사항을 모두 고른 것은? (단, 건축법령상 특례 및 조례는 고려하지 않음) • 33회

> ㉠ 「건축법」 제42조 대지의 조경에 관한 사항
> ㉡ 「건축법」 제44조 대지와 도로의 관계에 관한 사항
> ㉢ 「건축법」 제57조 대지의 분할제한에 관한 사항
> ㉣ 「건축법」 제58조 대지 안의 공지에 관한 사항

① ㉠, ㉡
② ㉠, ㉢
③ ㉠, ㉣
④ ㉡, ㉢
⑤ ㉢, ㉣

키워드 특별건축구역

해설 특별건축구역에 건축하는 건축물에 대하여는 다음의 사항을 적용하지 아니할 수 있다(법 제73조 제1항).

> 1. 법 제42조(대지의 조경), 제55조(건축물의 건폐율), 제56조(건축물의 용적률), 제58조(대지 안의 공지), 제60조(건축물의 높이제한) 및 제61조(일조 등의 확보를 위한 건축물의 높이제한)
> 2. 「주택법」 제35조 중 대통령령으로 정하는 규정

이론플러스 특별건축구역에서 법 제73조에 따라 건축기준 등의 특례사항을 적용하여 건축할 수 있는 건축물은 다음의 어느 하나에 해당되어야 한다(법 제70조).

> 1. 국가 또는 지방자치단체가 건축하는 건축물
> 2. 「공공기관의 운영에 관한 법률」 제4조에 따른 공공기관 중 대통령령으로 정하는 공공기관이 건축하는 건축물
> 3. 그 밖에 대통령령으로 정하는 용도·규모의 건축물로서 도시경관의 창출, 건설기술 수준향상 및 건축 관련 제도개선을 위하여 특례 적용이 필요하다고 허가권자가 인정하는 건축물

03 건축법령상 결합건축을 하고자 하는 건축주가 건축허가를 신청할 때 결합건축협정서에 명시하여야 하는 사항이 아닌 것은? • 30회

① 결합건축 대상 대지의 용도지역
② 결합건축협정서를 체결하는 자가 자연인인 경우 성명, 주소 및 생년월일
③ 결합건축협정서를 체결하는 자가 법인인 경우 지방세 납세증명서
④ 결합건축 대상 대지별 건축계획서
⑤ 「국토의 계획 및 이용에 관한 법률」 제78조에 따라 조례로 정한 용적률과 결합건축으로 조정되어 적용되는 대지별 용적률

키워드 결합건축

해설 결합건축을 하고자 하는 건축주가 건축허가를 신청할 때 결합건축협정서에 명시하여야 하는 사항은 '결합건축 대상 대지의 위치 및 용도지역, 결합건축협정서를 체결하는 자의 성명, 주소 및 생년월일(법인, 법인이 아닌 사단이나 재단 및 외국인의 경우에는 부동산등기법에 따라 부여된 등록번호), 조례로 정한 용적률과 결합건축으로 조정되어 적용되는 대지별 용적률, 결합건축 대상 대지별 건축계획서'이다.

정답 02 ③ 03 ③

04 건축법령상 결합건축을 할 수 있는 지역·구역에 해당하지 않는 것은? (단, 조례는 고려하지 않음)
• 33회

① 「국토의 계획 및 이용에 관한 법률」에 따라 지정된 상업지역
② 「역세권의 개발 및 이용에 관한 법률」에 따라 지정된 역세권개발구역
③ 건축협정구역
④ 특별가로구역
⑤ 리모델링활성화구역

키워드 결합건축

해설 결합건축을 할 수 있는 지역·구역에 해당하는 것은 특별가로구역이 아니라 특별건축구역이다.

이론플러스 결합건축을 할 수 있는 지역

다음의 어느 하나에 해당하는 지역에서 대지 간의 최단거리가 100m 이내의 범위에서 대통령령으로 정하는 범위에 있는 2개의 대지의 건축주가 서로 합의한 경우 2개의 대지를 대상으로 결합건축을 할 수 있다(법 제77조의15 제1항).

1. 「국토의 계획 및 이용에 관한 법률」 제36조에 따라 지정된 상업지역
2. 「역세권의 개발 및 이용에 관한 법률」 제4조에 따라 지정된 역세권개발구역
3. 「도시 및 주거환경정비법」 제2조에 따른 정비구역 중 주거환경개선사업의 시행을 위한 구역
4. 그 밖에 도시 및 주거환경 개선과 효율적인 토지이용이 필요하다고 대통령령으로 정하는 다음의 지역
   ㉠ 건축협정구역
   ㉡ 특별건축구역
   ㉢ 리모델링활성화구역
   ㉣ 「도시재생 활성화 및 지원에 관한 특별법」에 따른 도시재생활성화지역
   ㉤ 「한옥 등 건축자산의 진흥에 관한 법률」에 따른 건축자산진흥구역

05 건축법령상 건축협정의 인가를 받은 건축협정구역에서 연접한 대지에 대하여 관계 법령의 규정을 개별 건축물마다 적용하지 아니하고 건축협정구역을 대상으로 통합하여 적용할 수 있는 것만을 모두 고른 것은?   • 28회

> ㉠ 건폐율
> ㉡ 계단의 설치
> ㉢ 지하층의 설치
> ㉣ 「주차장법」 제19조에 따른 부설주차장의 설치
> ㉤ 「하수도법」 제34조에 따른 개인하수처리시설의 설치

① ㉠, ㉡, ㉣
② ㉠, ㉡, ㉢, ㉤
③ ㉠, ㉢, ㉣, ㉤
④ ㉡, ㉢, ㉣, ㉤
⑤ ㉠, ㉡, ㉢, ㉣, ㉤

키워드 건축협정구역

해설 건축협정의 인가를 받은 건축협정구역에서 연접한 대지에 대하여는 '법 제42조에 따른 대지의 조경, 제44조에 따른 대지와 도로와의 관계, 제53조에 따른 지하층의 설치, 제55조에 따른 건폐율, 「주차장법」 제19조에 따른 부설주차장의 설치, 「하수도법」 제34조에 따른 개인하수처리시설의 설치'의 관계 법령의 규정을 개별 건축물마다 적용하지 아니하고 건축협정구역의 전부 또는 일부를 대상으로 통합하여 적용할 수 있다.

06 건축법령상 건축협정구역에서 건축하는 건축물에 대하여 완화하여 적용할 수 있는 건축기준 중 건축위원회의 심의와 「국토의 계획 및 이용에 관한 법률」에 따른 지방도시계획위원회의 심의를 통합하여 거쳐야 하는 것은?   • 34회

① 건축물의 용적률
② 건축물의 건폐율
③ 건축물의 높이제한
④ 대지의 조경면적
⑤ 일조 등의 확보를 위한 건축물의 높이제한

키워드 건축협정구역

해설 건축협정구역에 건축하는 건축물에 대하여는 법 제42조(대지의 조경), 제55조(건축물의 건폐율), 제56조(건축물의 용적률), 제58조(대지 안의 공지), 제60조(건축물의 높이제한) 및 제61조(일조 등의 확보를 위한 건축물의 높이제한)와 「주택법」 제35조(주택건설기준)를 대통령령으로 정하는 바에 따라 완화하여 적용할 수 있다. 다만, 법 제56조(용적률)를 완화하여 적용하는 경우에는 건축위원회의 심의와 「국토의 계획 및 이용에 관한 법률」에 따른 지방도시계획위원회의 심의를 통합하여 거쳐야 한다(법 제77조의13 제6항).

정답 04 ④ 05 ③ 06 ①

07 건축법령상 건축협정에 관한 설명으로 틀린 것은? •27회

① 건축물의 소유자등은 과반수의 동의로 건축물의 리모델링에 관한 건축협정을 체결할 수 있다.
② 협정체결자 또는 건축협정운영회의 대표자는 건축협정서를 작성하여 해당 건축협정인가권자의 인가를 받아야 한다.
③ 건축협정인가권자가 건축협정을 인가하였을 때에는 해당 지방자치단체의 공보에 그 내용을 공고하여야 한다.
④ 건축협정 체결 대상 토지가 둘 이상의 특별자치시 또는 시·군·구에 걸치는 경우 건축협정 체결 토지면적의 과반이 속하는 건축협정인가권자에게 인가를 신청할 수 있다.
⑤ 협정체결자 또는 건축협정운영회의 대표자는 건축협정을 폐지하려는 경우 협정체결자 과반수의 동의를 받아 건축협정인가권자의 인가를 받아야 한다.

키워드 건축협정

해설 건축물의 소유자등은 전원의 합의로 건축물의 건축·대수선 또는 리모델링에 관한 건축협정을 체결할 수 있다.

08 건축법령상 이행강제금에 관한 설명 중 틀린 것은? •16회 수정

① 허가권자는 이행강제금을 부과하기 전에 이행강제금을 부과·징수한다는 뜻을 미리 문서로써 계고하여야 한다.
② 허가권자는 최초의 시정명령이 있었던 날을 기준으로 하여 1년에 2회 이내의 범위에서 해당 지방자치단체의 조례로 정하는 횟수만큼 그 시정명령이 이행될 때까지 반복하여 이행강제금을 부과·징수할 수 있다.
③ 연면적 60m² 이하의 주거용 건축물인 경우에는 법정 이행강제금의 2분의 1의 범위에서 해당 지방자치단체의 조례로 정하는 금액을 부과한다.
④ 허가 대상 건축물을 허가받지 아니하고 건축하여 벌금이 부과된 자에게는 이행강제금을 부과할 수 없다.
⑤ 시정명령을 받은 자가 그 시정명령을 이행한 경우에도 이미 부과된 이행강제금을 납부하여야 한다.

> **키워드** 이행강제금
>
> **해설** 허가 대상 건축물을 허가받지 아니하고 건축하여 벌금이 부과된 자에게도 이행강제금을 부과할 수 있다.

09 건축법령상 이행강제금을 산정하기 위하여 위반 내용에 따라 곱하는 비율을 높은 순서대로 나열한 것은? (단, 조례는 고려하지 않음) • 29회

> ㉠ 용적률을 초과하여 건축한 경우
> ㉡ 건폐율을 초과하여 건축한 경우
> ㉢ 신고를 하지 아니하고 건축한 경우
> ㉣ 허가를 받지 아니하고 건축한 경우

① ㉠ - ㉡ - ㉣ - ㉢
② ㉠ - ㉣ - ㉢ - ㉡
③ ㉡ - ㉠ - ㉣ - ㉢
④ ㉣ - ㉠ - ㉡ - ㉢
⑤ ㉣ - ㉢ - ㉡ - ㉠

> **키워드** 이행강제금
>
> **해설** ㉠ 용적률을 초과하여 건축한 경우: 100분의 90
> ㉡ 건폐율을 초과하여 건축한 경우: 100분의 80
> ㉢ 신고를 하지 아니하고 건축한 경우: 100분의 70
> ㉣ 허가를 받지 아니하고 건축한 경우: 100분의 100

PART 5 주택법

		3회독 체크
CHAPTER 01	총칙	☐ ☐ ☐
CHAPTER 02	주택의 건설	☐ ☐ ☐
CHAPTER 03	주택의 공급	☐ ☐ ☐
CHAPTER 04	주택의 리모델링	☐ ☐ ☐

각 단원의 회독 수를 체크해보세요.

17.5%
(약 7문제)

PART 5 최근 8개년 출제비중

제35회 출제경향

주택법은 上난이도 4문제, 中난이도 1문제, 下난이도가 2문제가 출제되었습니다. 주택의 건설에서 4문제가 출제되어 가장 많이 출제되었고, 총칙에서 2문제, 주택의 공급에서 1문제가 출제되었습니다.

8개년 회차별 출제빈도 분석표

회차	28회	29회	30회	31회	32회	33회	34회	35회	비중(%)
CHAPTER 01	1	2	1	1	2	1	2	2	24
CHAPTER 02	3	4	3	5	2	2	3	4	52
CHAPTER 03	2			1		1	1	1	12
CHAPTER 04	1			1		1	1		12

* 복합문제이거나, 법률이 개정 및 제정된 경우 분류 기준에 따라 위 수치와 달라질 수 있습니다.

CHAPTER 01 총칙

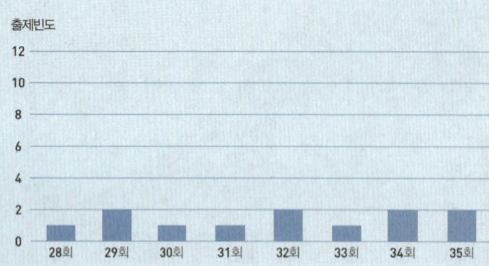

■ 8개년 출제 문항 수
총 40문제 中 평균 약 1.5문제 출제

■ 이 단원을 공략하고 싶다면?
용어의 정의를 확실히 알아두자

→ 기본서 [부동산공법] pp. 544~552

대표기출 2020년 제31회 A형 66번 문제 | 난이도 중

주택법령상 용어에 관한 설명으로 옳은 것은?

① 「건축법 시행령」에 따른 다중생활시설은 '준주택'에 해당하지 않는다.
② 주택도시기금으로부터 자금을 지원받아 건설되는 1세대당 주거전용면적 84m²인 주택은 '국민주택'에 해당한다.
③ '간선시설'이란 도로·상하수도·전기시설·가스시설·통신시설·지역난방시설 등을 말한다.
④ 방범설비는 '복리시설'에 해당한다.
⑤ 주민공동시설은 '부대시설'에 해당한다.

기출공략 [키워드] 용어의 정의

용어에 대한 정의를 학습하면 바로 정답을 찾을 수 있는 문제입니다.
28회, 29회, 30회, 31회, 32회, 34회

주택법령상 용어에 관한 설명으로 옳은 것은? (②)

① 「건축법 시행령」에 따른 다중생활시설은 '준주택'에 해당하지 않는다. (×)
   → 해당한다.
② 주택도시기금으로부터 자금을 지원받아 건설되는 1세대당 주거전용면적 84m²인 주택은 '국민주택'에 해당한다. (○)

③ '간선시설'이란 ~~도로·상하수도·전기시설·가스시설·통신시설·지역난방시설 등을 말한다~~. (✕)
   → '간선시설이란 도로·상하수도·전기시설·가스시설·통신시설·지역난방시설 등을 말한다'라고 표현하면 안 된다. 해당 시설 중에서 단지 안과 밖을 연결하는 시설이 간선시설이다.

④ 방범설비는 ~~복리시설~~에 해당한다. (✕)
   → 부대시설

⑤ 주민공동시설은 ~~부대시설~~에 해당한다. (✕)
   → 복리시설

이론플러스 준주택

주택 외의 건축물과 그 부속토지로서 주거시설로 이용가능한 시설 등을 말하며, 그 범위와 종류는 대통령령으로 정한다(법 제2조 제4호, 영 제4조).

1. 기숙사
2. 다중생활시설
3. 노인복지주택
4. 오피스텔

---

01 주택법령상 용어의 정의에 따를 때 '주택'에 해당하지 <u>않는</u> 것을 모두 고른 것은? • 29회

㉠ 3층의 다가구주택   ㉡ 2층의 공관
㉢ 4층의 다세대주택   ㉣ 3층의 기숙사
㉤ 7층의 오피스텔

① ㉠, ㉡, ㉢   ② ㉠, ㉣, ㉤   ③ ㉡, ㉢, ㉣
④ ㉡, ㉣, ㉤   ⑤ ㉢, ㉣, ㉤

키워드 주택의 분류

해설 '주택'이란 세대(世帶)의 구성원이 장기간 독립된 주거생활을 할 수 있는 구조로 된 건축물 전부 또는 일부 및 그 부속토지를 말하며, 단독주택(단독주택, 다가구주택, 다중주택)과 공동주택(아파트, 다세대주택, 연립주택)으로 구분한다. 2층의 공관은 「건축법」에 의한 단독주택에 해당하며, 3층의 기숙사와 7층의 오피스텔은 준주택에 해당한다.

정답 01 ④

02 주택법령상 준주택에 해당하는 것은?
• 21회 수정

① 여관 및 여인숙
② 제2종 근린생활시설에 해당하지 않는 다중생활시설
③ 주택에 해당하지 않는 지역아동센터
④ 「청소년활동 진흥법」에 따른 유스호스텔
⑤ 공관

키워드 준주택

해설 '준주택'이란 주택 외의 건축물과 그 부속토지로서 주거시설로 이용가능한 시설 등을 말하며, 그 종류로는 기숙사, 노인복지주택, 다중생활시설, 오피스텔이 있다.

03 주택법령상 국민주택 등에 관한 설명으로 옳은 것은?
• 29회

① 민영주택이라도 국민주택규모 이하로 건축되는 경우 국민주택에 해당한다.
② 한국토지주택공사가 수도권에 건설한 주거전용면적이 1세대당 80m²인 아파트는 국민주택에 해당한다.
③ 지방자치단체의 재정으로부터 자금을 지원받아 건설되는 주택이 국민주택에 해당하려면 자금의 50% 이상을 지방자치단체로부터 지원받아야 한다.
④ 다세대주택의 경우 주거전용면적은 건축물의 바닥면적에서 지하층 면적을 제외한 면적으로 한다.
⑤ 아파트의 경우 복도, 계단 등 아파트의 지상층에 있는 공용면적은 주거전용면적에 포함한다.

키워드 국민주택, 주거전용면적

해설 ① 민영주택은 국민주택을 제외한 주택을 말한다.
③ 지방자치단체의 재정으로부터 자금을 지원받아 건설되는 주택이 국민주택에 해당할 경우에는 자금의 50% 이상의 규정을 별도로 적용하지 않아도 된다.
④ 다세대주택의 경우 주거전용면적은 건축물의 바닥면적에서 지하층 면적뿐만 아니라 지상층에 있는 공용면적과 관리사무소 등 그 밖의 공용면적 모두를 제외한 면적으로 한다.
⑤ 아파트의 경우 복도, 계단 등 아파트의 지상층에 있는 공용면적은 주거전용면적에서 제외된다.

04 주택법령상 도시형 생활주택에 관한 설명으로 틀린 것은?

• 23회 수정

① 도시형 생활주택은 세대수가 300세대 미만이어야 한다.
② 「수도권정비계획법」에 따른 수도권의 경우 도시형 생활주택은 1호(戶) 또는 1세대당 주거전용면적이 85m² 이하이어야 한다.
③ 「국토의 계획 및 이용에 관한 법률」에 따른 도시지역에 건설하는 세대별 주거전용면적이 85m²인 아파트는 도시형 생활주택에 해당하지 아니한다.
④ 도시형 생활주택에는 분양가상한제가 적용되지 아니한다.
⑤ 준주거지역에서 도시형 생활주택인 소형 주택과 도시형 생활주택이 아닌 주택 1세대는 하나의 건축물에 함께 건축할 수 없다.

키워드 도시형 생활주택

해설 하나의 건축물에는 도시형 생활주택과 그 밖의 주택을 함께 건축할 수 없다. 다만, 다음의 어느 하나에 해당하는 경우는 예외로 한다.

> 1. 소형 주택과 주거전용면적이 85m²를 초과하는 주택 1세대를 함께 건축하는 경우
> 2. 「국토의 계획 및 이용에 관한 법률 시행령」 제30조 제1호 다목에 따른 준주거지역 또는 같은 조 제2호에 따른 상업지역에서 소형 주택과 도시형 생활주택 외의 주택을 함께 건축하는 경우

정답 02 ② 03 ② 04 ⑤

05
주택법령상 도시형 생활주택으로서 소형 주택의 요건에 해당하는 것을 모두 고른 것은?
• 22회, 33회 수정

㉠ 세대별 주거전용면적은 60m² 이하일 것
㉡ 세대별로 독립된 주거가 가능하도록 욕실 및 부엌을 설치할 것
㉢ 지하층에는 세대를 설치하지 아니할 것

① ㉠
② ㉡
③ ㉠, ㉡
④ ㉠, ㉢
⑤ ㉠, ㉡, ㉢

키워드 소형 주택의 요건

해설 ㉠㉡㉢ 모두 주택법령상 도시형 생활주택으로서 소형 주택의 요건에 해당한다.

이론플러스 소형 주택

소형 주택은 다음의 요건을 모두 갖춘 공동주택을 말한다.

1. 세대별 주거전용면적은 60m² 이하일 것
2. 세대별로 독립된 주거가 가능하도록 욕실 및 부엌을 설치할 것
3. 지하층에는 세대를 설치하지 아니할 것

06
주택법령상 사업계획의 승인을 받아 건설하는 공동주택으로서의 세대구분형 공동주택의 건설기준 등으로 틀린 것은?
• 27회 수정

① 세대별로 구분된 각각의 공간마다 별도의 욕실, 부엌과 현관을 설치할 것
② 세대구분형 공동주택의 세대별로 구분된 각각의 공간은 주거전용면적이 30m² 이상일 것
③ 하나의 세대가 통합하여 사용할 수 있도록 세대 간에 연결문 또는 경량구조의 경계벽 등을 설치할 것
④ 세대구분형 공동주택의 세대수가 해당 주택단지 안의 공동주택 전체 세대수의 3분의 1을 넘지 않을 것
⑤ 세대별로 구분된 각각의 공간의 주거전용면적(주거의 용도로만 쓰이는 면적) 합계가 해당 주택단지 전체 주거전용면적 합계의 3분의 1을 넘지 않는 등 국토교통부장관이 정하여 고시하는 주거전용면적의 비율에 관한 기준을 충족할 것

키워드 세대구분형 공동주택

해설 '세대구분형 공동주택'이란 공동주택의 주택 내부 공간의 일부를 세대별로 구분하여 생활이 가능한 구조로 하되, 그 구분된 공간의 일부를 구분소유할 수 없는 주택으로서 대통령령으로 정하는 요건을 모두 갖추어 건설된 공동주택을 말하며, 세대별로 구분된 각각의 공간에 대한 주거전용면적의 제한 규정은 별도로 없다.

07 주택법령상 「공동주택관리법」에 따른 행위의 허가를 받거나 신고를 하고 설치하는 세대구분형 공동주택이 충족하여야 하는 요건에 해당하는 것을 모두 고른 것은? (단, 조례는 고려하지 않음)
• 34회

㉠ 하나의 세대가 통합하여 사용할 수 있도록 세대 간에 연결문 또는 경량구조의 경계벽 등을 설치할 것
㉡ 구분된 공간의 세대수는 기존 세대를 포함하여 2세대 이하일 것
㉢ 세대별로 구분된 각각의 공간마다 별도의 욕실, 부엌과 구분 출입문을 설치할 것
㉣ 구조, 화재, 소방 및 피난안전 등 관계 법령에서 정하는 안전기준을 충족할 것

① ㉠, ㉡, ㉢　　② ㉠, ㉡, ㉣
③ ㉠, ㉢, ㉣　　④ ㉡, ㉢, ㉣
⑤ ㉠, ㉡, ㉢, ㉣

키워드 세대구분형 공동주택

해설 ㉠ 「주택법」 제15조에 따른 사업계획의 승인을 받아 건설하는 세대구분형 공동주택의 경우 충족해야 할 요건에 해당하지만, 「공동주택관리법」에 따른 행위의 허가를 받거나 신고를 하고 설치하는 세대구분형 공동주택이 충족하여야 하는 요건에는 해당하지 않는다.
㉡㉢㉣ 「공동주택관리법」에 따른 행위의 허가를 받거나 신고를 하고 설치하는 세대구분형 공동주택이 충족하여야 하는 요건에 해당한다.

08 주택법령상 주택단지가 일정한 시설로 분리된 토지는 각각 별개의 주택단지로 본다. 그 시설에 해당하지 <u>않는</u> 것은?
• 27회, 32회

① 철도
② 폭 20m의 고속도로
③ 폭 10m의 일반도로
④ 폭 20m의 자동차전용도로
⑤ 폭 10m의 도시계획예정도로

키워드 주택단지

해설 폭 20m 이상인 일반도로로 분리된 토지를 각각 별개의 주택단지로 본다.

이론플러스 '주택단지'란 주택건설사업계획 또는 대지조성사업계획의 승인(법 제15조)을 받아 주택과 그 부대시설 및 복리시설을 건설하거나 대지를 조성하는 데 사용되는 일단의 토지를 말한다. 다만, 다음으로 분리된 토지는 각각 별개의 주택단지로 본다.

1. 철도·고속도로·자동차전용도로
2. 폭 20m 이상인 일반도로
3. 폭 8m 이상인 도시계획예정도로
4. 「도로법」에 따른 일반국도·특별시도·광역시도 또는 지방도

---

09 주택법령상 용어에 관한 설명으로 <u>틀린</u> 것은?
• 22회 수정

① 주택단지의 입주자 등의 생활복리를 위한 유치원은 복리시설에 해당한다.
② 주택에 딸린 관리사무소는 부대시설에 해당한다.
③ 「건축법 시행령」에 따른 숙박시설로 제2종 근린생활시설에 해당하지 않는 다중생활시설은 준주택에 해당한다.
④ '도시형 생활주택'이란 300세대 미만의 국민주택규모에 해당하는 주택으로 대통령령으로 정하는 주택을 말한다.
⑤ 수도권에 위치한 읍 또는 면 지역의 경우 '국민주택규모의 주택'이란 1호(戶) 또는 1세대당 주거전용면적이 $100m^2$ 이하인 주택을 말한다.

키워드 용어의 정의

해설 수도권을 제외한 도시지역이 아닌 읍 또는 면 지역의 경우 '국민주택규모의 주택'이란 1호(戶) 또는 1세대당 주거전용면적이 $100m^2$ 이하인 주택을 말한다.

10 주택법령상 용어에 관한 설명으로 옳은 것은? • 28회 수정

① 폭 10m인 일반도로로 분리된 토지는 각각 별개의 주택단지이다.
② '공구'란 하나의 주택단지에서 둘 이상으로 구분되는 일단의 구역으로서 공구별 세대수는 200세대 이상으로 해야 한다.
③ '세대구분형 공동주택'이란 공동주택의 주택 내부 공간의 일부를 세대별로 구분하여 생활이 가능한 구조로 하되 그 구분된 공간의 일부를 구분 소유할 수 있는 주택이다.
④ 500세대인 국민주택규모의 소형 주택은 도시형 생활주택에 해당한다.
⑤ 「산업입지 및 개발에 관한 법률」에 따른 산업단지개발사업에 의하여 개발·조성되는 공동주택이 건설되는 용지는 공공택지에 해당한다.

> **키워드** 용어의 정의
> **해설** ① 폭 20m 이상인 일반도로로 분리된 토지는 각각 별개의 주택단지이다.
> ② '공구'란 하나의 주택단지에서 둘 이상으로 구분되는 일단의 구역으로서 공구별 세대수는 300세대 이상으로 해야 한다.
> ③ '세대구분형 공동주택'이란 공동주택의 주택 내부 공간의 일부를 세대별로 구분하여 생활이 가능한 구조로 하되 그 구분된 공간의 일부를 구분 소유할 수 없는 주택이다.
> ④ 300세대 미만인 국민주택규모의 소형 주택은 도시형 생활주택에 해당한다.

11 주택법령상 '기간시설'에 해당하지 않는 것은? • 35회

① 전기시설
② 통신시설
③ 상하수도
④ 어린이놀이터
⑤ 지역난방시설

> **키워드** 기간시설
> **해설** 도로·상하수도·전기시설·통신시설·지역난방시설 등은 기간시설이며, 어린이놀이터는 복리시설에 속한다.

정답 08 ③ 09 ⑤ 10 ⑤ 11 ④

12 주택법령상 용어에 관한 설명으로 틀린 것은? • 34회

① 「건축법 시행령」에 따른 다세대주택은 공동주택에 해당한다.
② 「건축법 시행령」에 따른 오피스텔은 준주택에 해당한다.
③ 주택단지에 해당하는 토지가 폭 8m 이상인 도시계획예정도로로 분리된 경우, 분리된 토지를 각각 별개의 주택단지로 본다.
④ 주택에 딸린 자전거보관소는 복리시설에 해당한다.
⑤ 도로·상하수도·전기시설·가스시설·통신시설·지역난방시설은 기간시설(基幹施設)에 해당한다.

키워드 용어의 정의

해설 주택에 딸린 자전거보관소는 부대시설에 해당한다(영 제6조 제1호).

13 주택법령상 용어에 관한 설명으로 옳은 것은? • 30회

① '주택단지'에 해당하는 토지가 폭 8m 이상인 도시계획예정도로로 분리된 경우, 분리된 토지를 각각 별개의 주택단지로 본다.
② '단독주택'에는 「건축법 시행령」에 따른 다가구주택이 포함되지 않는다.
③ '공동주택'에는 「건축법 시행령」에 따른 아파트, 연립주택, 기숙사 등이 포함된다.
④ '주택'이란 세대의 구성원이 장기간 독립된 주거생활을 할 수 있는 구조로 된 건축물의 전부 또는 일부를 말하며, 그 부속토지는 제외한다.
⑤ 주택단지에 딸린 어린이놀이터, 근린생활시설, 유치원, 주민운동시설, 지역난방공급시설 등은 '부대시설'에 포함된다.

키워드 용어의 정의

해설 ② '단독주택'에는 「건축법 시행령」에 따른 단독주택, 다중주택 및 다가구주택이 포함된다.
③ 기숙사는 준주택에 해당한다.
④ '주택'이란 세대의 구성원이 장기간 독립된 주거생활을 할 수 있는 구조로 된 건축물의 전부 또는 일부를 말하며, 그 부속토지를 포함한다.
⑤ 주택단지에 딸린 어린이놀이터, 근린생활시설, 유치원, 주민운동시설은 '복리시설'에 해당하며, 지역난방공급시설은 '기간시설'에 해당한다.

14 주택법령상 용어에 관한 설명으로 옳은 것을 모두 고른 것은?
• 32회

> ㉠ 주택에 딸린 「건축법」에 따른 건축설비는 복리시설에 해당한다.
> ㉡ 300세대인 국민주택규모의 단지형 다세대주택은 도시형 생활주택에 해당한다.
> ㉢ 민영주택은 국민주택을 제외한 주택을 말한다.

① ㉠
② ㉢
③ ㉠, ㉡
④ ㉡, ㉢
⑤ ㉠, ㉡, ㉢

키워드 용어의 정의

해설 ㉠ 주택에 딸린 「건축법」에 따른 건축설비는 부대시설에 해당한다.
㉡ 300세대 미만의 국민주택규모의 단지형 다세대주택은 도시형 생활주택에 해당한다.

15 주택법령상 수직증축형 리모델링의 허용 요건에 관한 규정의 일부이다. ( )에 들어갈 숫자로 옳은 것은?
• 35회

> 시행령 제13조 ① 법 제2조 제25호 다목 1)에서 '대통령령으로 정하는 범위'란 다음 각 호의 구분에 따른 범위를 말한다.
> 1. 수직으로 증축하는 행위(이하 '수직증축형 리모델링'이라 한다)의 대상이 되는 기존 건축물의 층수가 (㉠)층 이상인 경우: (㉡)개 층
> 2. 수직증축형 리모델링의 대상이 되는 기존 건축물의 층수가 (㉢)층 이하인 경우: (㉣)개 층

① ㉠: 10, ㉡: 3, ㉢: 9, ㉣: 2
② ㉠: 10, ㉡: 4, ㉢: 9, ㉣: 3
③ ㉠: 15, ㉡: 3, ㉢: 14, ㉣: 2
④ ㉠: 15, ㉡: 4, ㉢: 14, ㉣: 3
⑤ ㉠: 20, ㉡: 5, ㉢: 19, ㉣: 4

키워드 수직증축형 리모델링의 허용 요건

해설 수직증축형 리모델링의 허용 요건은 다음에 따른 범위를 말한다.
1. 수직으로 증축하는 행위(이하 '수직증축형 리모델링'이라 한다)의 대상이 되는 기존 건축물의 층수가 (㉠ 15)층 이상인 경우: (㉡ 3)개 층
2. 수직증축형 리모델링의 대상이 되는 기존 건축물의 층수가 (㉢ 14)층 이하인 경우: (㉣ 2)개 층

정답 12 ④ 13 ① 14 ② 15 ③

CHAPTER 02 주택의 건설

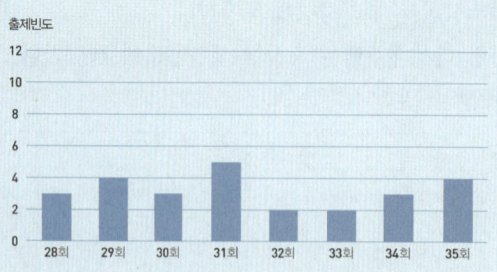

■ 8개년 출제 문항 수
총 40문제 중 평균 약 3문제 출제

■ 이 단원을 공략하고 싶다면?
주택상환사채, 주택조합, 사업계획승인 위주로 알아두자

→ 기본서 [부동산공법] pp. 553~595

제1절 주택건설사업자

대표기출 1 | 2015년 제26회 A형 64번 문제 | 난이도 하

주택법령상 주택건설사업 등의 등록과 관련하여 (   ) 안에 들어갈 내용으로 옳게 연결된 것은? (단, 사업등록이 필요한 경우를 전제로 함)

> 연간 (㉠)호 이상의 단독주택 건설사업을 시행하려는 자 또는 연간 (㉡)m² 이상의 대지조성사업을 시행하려는 자는 국토교통부장관에게 등록하여야 한다.

① ㉠: 10, ㉡: 10만
② ㉠: 20, ㉡: 1만
③ ㉠: 20, ㉡: 10만
④ ㉠: 30, ㉡: 1만
⑤ ㉠: 30, ㉡: 10만

기출공략 [키워드] 주택건설사업의 등록

주택건설사업의 등록에 대한 수치를 암기하면 바로 정답을 찾을 수 있는 문제입니다.

31회

주택법령상 주택건설사업 등의 등록과 관련하여 (   ) 안에 들어갈 내용으로 옳게 연결된 것은? (단, 사업등록이 필요한 경우를 전제로 함) (②)

> 연간 (㉠)호 이상의 단독주택 건설사업을 시행하려는 자 또는 연간 (㉡)m² 이상의 대지조성사업을 시행하려는 자는 국토교통부장관에게 등록하여야 한다.

① ㉠: 10, ㉡: 10만 (×)

② ㉠: 20, ㉡: 1만 (O)

→ 연간 20호 이상의 단독주택 건설사업을 시행하려는 자 또는 연간 1만m² 이상의 대지조성사업을 시행하려는 자는 국토교통부장관에게 등록하여야 한다.

③ ㉠: 20, ㉡: 10만 (×)

④ ㉠: 30, ㉡: 1만 (×)

⑤ ㉠: 30, ㉡: 10만 (×)

이론플러스 주택건설사업의 등록 대상

1. 원칙

    연간 대통령령으로 정하는 호수(戶數) 이상의 주택건설사업을 시행하려는 자 또는 연간 대통령령으로 정하는 면적 이상의 대지조성사업을 시행하려는 자는 국토교통부장관에게 등록하여야 한다.

주택건설사업자	단독주택	연간 20호 이상
	공동주택	연간 20세대 이상(단, 도시형 생활주택은 30세대 이상)
대지조성사업자	연간 1만m² 이상	

2. 예외

    다음에 해당하는 사업주체의 경우에는 국토교통부장관에게 등록하지 않아도 된다.
    ⓐ 국가·지방자치단체
    ⓑ 한국토지주택공사
    ⓒ 지방공사
    ⓓ 「공익법인의 설립·운영에 관한 법률」에 따라 주택건설사업을 목적으로 설립된 공익법인
    ⓔ 주택조합(등록사업자와 공동으로 주택건설사업을 하는 주택조합만 해당)
    ⓕ 근로자를 고용하는 자(등록사업자와 공동으로 주택건설사업을 시행하는 고용자만 해당)

01 주택법령상 주택건설사업 또는 대지조성사업의 등록에 관한 설명 중 옳은 것은?

• 18회 수정

① 지방자치단체가 주택건설사업을 시행하고자 하는 경우에는 국토교통부장관에게 등록하여야 한다.
② 한국토지주택공사가 대지조성사업을 시행하고자 하는 경우에는 국토교통부장관에게 등록하여야 한다.
③ 지방공사가 주택건설사업을 시행하고자 하는 경우에는 국토교통부장관에게 등록하지 않아도 된다.
④ 근로자를 고용하고 있는 고용자가 등록사업자와 공동으로 근로자의 주택을 건설하는 사업을 시행하고자 하는 경우에는 국토교통부장관에게 등록하여야 한다.
⑤ 한국토지주택공사가 주택건설사업을 시행하고자 하는 경우에는 국토교통부장관에게 등록하여야 한다.

키워드 주택건설사업 또는 대지조성사업의 등록

해설 ① 지방자치단체가 주택건설사업을 시행하고자 하는 경우에는 국토교통부장관에게 등록하지 않아도 된다.
② 한국토지주택공사가 대지조성사업을 시행하고자 하는 경우에는 국토교통부장관에게 등록하지 않아도 된다.
④ 근로자를 고용하고 있는 고용자가 등록사업자와 공동으로 근로자의 주택을 건설하는 주택건설사업을 시행하고자 하는 경우에는 국토교통부장관에게 등록하지 않아도 된다.
⑤ 한국토지주택공사가 주택건설사업을 시행하고자 하는 경우에는 국토교통부장관에게 등록하지 않아도 된다.

02 주택법령상 주택건설사업의 등록을 할 수 <u>없는</u> 자는? • 19회 수정

① 피한정후견인의 선고가 취소된 후 2년이 경과되지 아니한 자
② 파산선고를 받은 자로서 복권된 후 2년이 경과되지 아니한 자
③ 「주택법」을 위반하여 자격정지 이상의 형의 선고를 받고 그 집행이 면제된 날부터 2년이 경과된 자
④ 「주택법」을 위반하여 금고 이상의 형의 집행유예선고를 받고 그 유예기간이 종료된 자
⑤ 거짓으로 주택건설사업을 등록하여 그 등록이 말소된 후 2년이 경과되지 아니한 자

키워드 주택건설사업의 등록

해설 다음의 어느 하나에 해당하는 자는 주택건설사업 등의 등록을 할 수 없다(법 제6조).

> 1. 미성년자·피성년후견인·피한정후견인
> 2. 파산선고를 받은 자로서 복권되지 아니한 자
> 3. 「부정수표 단속법」 또는 이 법을 위반하여 금고 이상의 실형을 선고받고 그 집행이 끝나거나(집행이 끝난 것으로 보는 경우를 포함) 집행이 면제된 날부터 2년이 지나지 아니한 자
> 4. 「부정수표 단속법」 또는 이 법을 위반하여 금고 이상의 형의 집행유예를 선고받고 그 유예기간 중에 있는 자
> 5. 등록이 말소된 후 2년이 지나지 아니한 자
> 6. 임원 중에 위 1.부터 5.까지의 내용 중 어느 하나에 해당하는 자가 있는 법인

정답 01 ③ 02 ⑤

03 주택법령상 주택건설사업자 등에 관한 설명으로 옳은 것은? • 34회

① 「공익법인의 설립·운영에 관한 법률」에 따라 주택건설사업을 목적으로 설립된 공익법인이 연간 20호 이상의 단독주택 건설사업을 시행하려는 경우 국토교통부장관에게 등록하여야 한다.
② 세대수를 증가하는 리모델링주택조합이 그 구성원의 주택을 건설하는 경우에는 국가와 공동으로 사업을 시행할 수 있다.
③ 고용자가 그 근로자의 주택을 건설하는 경우에는 대통령령으로 정하는 바에 따라 등록사업자와 공동으로 사업을 시행하여야 한다.
④ 국토교통부장관은 등록사업자가 타인에게 등록증을 대여한 경우에는 1년 이내의 기간을 정하여 영업의 정지를 명할 수 있다.
⑤ 영업정지처분을 받은 등록사업자는 그 처분 전에 사업계획승인을 받은 사업을 계속 수행할 수 없다.

키워드 주택건설사업자

해설 ① 「공익법인의 설립·운영에 관한 법률」에 따라 주택건설사업을 목적으로 설립된 공익법인이 연간 20호 이상의 단독주택 건설사업을 시행하려는 경우 국토교통부장관에게 등록하지 않아도 된다(법 제4조 제1항 단서, 제4호).
② 세대수를 증가하는 리모델링주택조합이 그 구성원의 주택을 건설하는 경우에는 등록사업자(지방자치단체·한국토지주택공사 및 지방공사를 포함)와 공동으로 사업을 시행할 수 있다. 이 경우 국가는 공동사업주체의 대상에 해당하지 않는다(법 제5조 제2항).
④ 국토교통부장관은 등록사업자가 타인에게 등록증을 대여한 경우에는 등록을 말소하여야 한다(법 제8조 제1항 단서, 제5호).
⑤ 영업정지처분을 받은 등록사업자는 그 처분 전에 사업계획승인을 받은 사업을 계속 수행할 수 있다(법 제9조).

04 주택법령상 주택건설사업자 등에 관한 설명으로 옳은 것을 모두 고른 것은? • 31회

> ㉠ 한국토지주택공사가 연간 10만m² 이상의 대지조성사업을 시행하려는 경우에는 대지조성사업의 등록을 하여야 한다.
> ㉡ 세대수를 증가하는 리모델링주택조합이 그 구성원의 주택을 건설하는 경우에는 등록사업자와 공동으로 사업을 시행할 수 없다.
> ㉢ 주택건설공사를 시공할 수 있는 등록사업자가 최근 3년간 300세대 이상의 공동주택을 건설한 실적이 있는 경우에는 주택으로 쓰는 층수가 7개 층인 주택을 건설할 수 있다.

① ㉠
② ㉢
③ ㉠, ㉡
④ ㉡, ㉢
⑤ ㉠, ㉡, ㉢

키워드 주택건설사업자 등

해설 ㉠ 한국토지주택공사는 공공사업주체에 해당하므로 등록하지 않는 사업주체에 해당한다.
㉡ 주택조합(세대수를 증가하지 아니하는 리모델링주택조합은 제외)이 그 구성원의 주택을 건설하는 경우에는 대통령령으로 정하는 바에 따라 등록사업자(지방자치단체·한국토지주택공사 및 지방공사를 포함)와 공동으로 사업을 시행할 수 있다. 이 경우 주택조합과 등록사업자를 공동사업주체로 본다. 즉, 세대수를 증가하는 리모델링주택조합이라 하였으므로 등록사업자와 공동으로 사업을 시행할 수 있다.

정답 03 ③ 04 ②

제2절 주택조합

대표기출 2 | 2016년 제27회 A형 64번 문제 수정 | 난이도 중

주택법령상 주택조합에 관한 설명으로 옳은 것은?

① 국민주택을 공급받기 위하여 설립한 직장주택조합을 해산하려면 관할 시장·군수·구청장의 인가를 받아야 한다.
② 지역주택조합은 임대주택으로 건설·공급하여야 하는 세대수를 포함하여 주택건설 예정 세대수의 50% 이상의 조합원으로 구성하여야 한다.
③ 리모델링주택조합의 경우 공동주택의 소유권이 여러 명의 공유에 속하는 경우에는 그 여러 명 모두를 조합원으로 본다.
④ 지역주택조합의 설립인가 후 조합원이 사망하였더라도 조합원 수가 주택건설 예정 세대수의 50% 이상을 유지하고 있다면 조합원을 충원할 수 없다.
⑤ 지역주택조합이 설립인가를 받은 후에 조합원을 추가모집한 경우에는 주택조합의 변경인가를 받아야 한다.

기출공략 [키워드] 주택조합

> 주택조합에 대한 전반적인 내용을 학습하여야만 정답을 찾을 수 있는 문제입니다.
>
> 28회, 29회

주택법령상 주택조합에 관한 설명으로 옳은 것은? (⑤)

① 국민주택을 공급받기 위하여 설립한 직장주택조합을 해산하려면 관할 시장·군수·구청장의 ~~인가를 받아야 한다.~~ (✕)
  → 신고하여야 한다.
② 지역주택조합은 임대주택으로 건설·공급하여야 하는 세대수를 ~~포함하여~~ 주택건설 예정 세대수의 50% 이상의 조합원으로 구성하여야 한다. (✕)
  → 주택건설 예정 세대수의 50% 이상의 조합원으로 구성하며, 주택건설 예정 세대수에서 임대주택으로 공급하는 세대수는 제외된다.
③ 리모델링주택조합의 경우 공동주택의 소유권이 여러 명의 공유에 속하는 경우에는 ~~그 여러 명 모두를~~ 조합원으로 본다. (✕)
  → 공유의 경우 그 여러 명을 대표하는 1명을 조합원으로 본다.

④ 지역주택조합의 설립인가 후 조합원이 사망하였더라도 조합원 수가 주택건설 예정 세대수의 50% 이상을 유지하고 있다면 조합원을 ~~충원할 수 없다~~. (×)
   → 조합원의 사망으로 인한 결원의 경우 조합원 수가 주택건설 예정 세대수의 50% 이상을 유지하고 있더라도 충원은 가능하다.
⑤ 지역주택조합이 설립인가를 받은 후에 조합원을 추가모집한 경우에는 주택조합의 변경인가를 받아야 한다. (○)

> **이론플러스** **주택조합의 설립인가 및 설립신고**
>
> | | |
> |---|---|
> | 설립인가 | 많은 수의 구성원이 주택을 마련하거나 리모델링하기 위하여 주택조합을 설립하려는 경우(신고대상 직장주택조합의 경우는 제외)에는 관할 특별자치시장, 특별자치도지사, 시장, 군수 또는 구청장(자치구의 구청장)의 인가를 받아야 한다. 인가받은 내용을 변경하거나 주택조합을 해산하려는 경우에도 또한 같다(법 제11조 제1항). |
> | 설립신고 | 국민주택을 공급받기 위하여 직장주택조합을 설립하려는 자는 관할 시장·군수·구청장에게 신고하여야 한다. 신고한 내용을 변경하거나 직장주택조합을 해산하려는 경우에도 또한 같다(법 제11조 제5항). |

05 주택법령상 지역주택조합에 관한 설명으로 옳은 것은? • 24회 수정

① 등록사업자와 공동으로 주택건설사업을 하는 조합은 국토교통부장관에게 주택건설사업등록을 하여야 한다.
② 조합과 등록사업자가 공동으로 사업을 시행하면서 시공하는 경우 등록사업자는 자신의 귀책사유로 발생한 손해에 대해서도 조합원에게 배상책임을 지지 않는다.
③ 조합설립인가 신청일부터 해당 조합주택의 입주가능일까지 주거전용면적 80m²의 주택 1채를 보유하고, 6개월 이상 동일 지역에 거주한 세대주인 자는 조합원의 자격이 없다.
④ 조합의 설립인가를 받은 후 승인을 얻어 조합원을 추가모집하는 경우 추가모집 되는 자의 조합원 자격요건의 충족 여부는 해당 조합의 설립인가 신청일을 기준으로 판단한다.
⑤ 조합원의 사망으로 인하여 조합원의 지위를 상속받으려는 자는 무주택자이어야 한다.

키워드 지역주택조합

해설 ① 등록사업자와 공동으로 주택건설사업을 하는 조합은 국토교통부장관에게 등록하지 않아도 된다.
② 조합과 등록사업자가 공동으로 사업을 시행하면서 시공하는 경우 등록사업자는 자신의 귀책사유로 발생한 손해에 대해서는 조합원에게 배상할 책임이 있다.
③ 조합설립인가 신청일부터 해당 조합주택의 입주가능일까지 주거전용면적 85m² 이하의 주택 1채를 보유하고, 6개월 이상 지역주택조합 설립지역에 거주한 세대주인 자는 조합원의 자격이 있다.
⑤ 조합원의 사망으로 인하여 조합원의 지위를 상속받으려는 자는 무주택자에 한하지 않는다.

06 주택법령상 지역주택조합의 조합원에 관한 설명으로 틀린 것은? • 28회
중

① 조합원의 사망으로 그 지위를 상속받는 자는 조합원이 될 수 있다.
② 조합원이 근무로 인하여 세대주 자격을 일시적으로 상실한 경우로서 시장·군수·구청장이 인정하는 경우에는 조합원 자격이 있는 것으로 본다.
③ 조합설립인가 후에 조합원의 탈퇴로 조합원 수가 주택건설 예정 세대수의 50% 미만이 되는 경우에는 결원이 발생한 범위에서 조합원을 신규로 가입하게 할 수 있다.
④ 조합설립인가 후 조합원으로 추가모집되는 자가 조합원 자격요건을 갖추었는지를 판단할 때에는 추가모집공고일을 기준으로 한다.
⑤ 조합원 추가모집에 따른 주택조합의 변경인가 신청은 사업계획승인신청일까지 하여야 한다.

키워드 지역주택조합의 조합원

해설 조합원으로 추가모집되거나 충원되는 자가 조합원 자격요건을 갖추었는지를 판단할 때에는 해당 조합설립인가 신청일을 기준으로 한다.

정답 05 ④ 06 ④

07 주택법령상 지역주택조합에 관한 설명으로 옳은 것은?

• 29회

① 조합설립에 동의한 조합원은 조합설립인가가 있은 이후에는 자신의 의사에 의해 조합을 탈퇴할 수 없다.
② 총회의 의결로 제명된 조합원은 조합에 자신이 부담한 비용의 환급을 청구할 수 없다.
③ 조합임원의 선임을 의결하는 총회의 경우에는 조합원의 100분의 20 이상이 직접 출석하여야 한다.
④ 조합원을 공개모집한 이후 조합원의 자격상실로 인한 결원을 충원하려면 시장·군수·구청장에게 신고하고 공개모집의 방법으로 조합원을 충원하여야 한다.
⑤ 조합의 임원이 금고 이상의 실형을 받아 당연퇴직을 하면 그가 퇴직 전에 관여한 행위는 그 효력을 상실한다.

키워드 지역주택조합

해설 ①② 조합원은 조합규약으로 정하는 바에 따라 조합에 탈퇴 의사를 알리고 탈퇴할 수 있다. 이 경우 탈퇴한 조합원(제명된 조합원을 포함)은 조합규약으로 정하는 바에 따라 부담한 비용의 환급을 청구할 수 있다.
④ 지역주택조합 또는 직장주택조합의 설립인가를 받거나 인가받기 위하여 조합원을 모집하려는 자는 해당 주택건설대지의 50% 이상에 해당하는 토지의 사용권원을 확보하여 관할 시장·군수·구청장에게 신고하고, 공개모집의 방법으로 조합원을 모집하여야 한다. 조합설립인가를 받기 전에 신고한 내용을 변경하는 경우에도 또한 같다. 다만, 공개모집 이후 조합원의 사망·자격상실·탈퇴 등으로 인한 결원을 충원하거나 미달된 조합원을 재모집하는 경우에는 신고하지 아니하고 선착순의 방법으로 조합원을 모집할 수 있다.
⑤ 조합의 임원이 금고 이상의 실형을 받아 당연퇴직을 하면 그가 퇴직 전에 관여한 행위는 그 효력을 상실하지 아니한다.

08 주택법령상 지역주택조합의 설립인가 신청을 위하여 제출하여야 하는 서류에 해당하지 않는 것은?

• 30회

① 조합장선출동의서
② 조합원의 동의를 받은 정산서
③ 조합원 전원이 자필로 연명한 조합규약
④ 조합원 자격이 있는 자임을 확인하는 서류
⑤ 해당 주택건설대지의 80% 이상에 해당하는 토지의 사용권원을 확보하였음을 증명하는 서류

키워드 지역주택조합의 설립인가 신청서류

해설 조합원의 동의를 받은 정산서는 해산인가신청서에 첨부하는 서류이다.

이론플러스 지역주택조합의 설립·변경 또는 해산의 인가를 받으려는 자는 신청서에 다음의 구분에 따른 서류를 첨부하여 주택건설대지를 관할하는 시장·군수·구청장에게 제출하여야 한다.

> 1. 창립총회 회의록
> 2. 조합장선출동의서
> 3. 조합원 전원이 자필로 연명(連名)한 조합규약
> 4. 조합원 명부
> 5. 사업계획서
> 6. 해당 주택건설대지의 80% 이상에 해당하는 토지의 사용권원을 확보하였음을 증명하는 서류
> 7. 해당 주택건설대지의 15% 이상에 해당하는 토지의 소유권을 확보하였음을 증명하는 서류
> 8. 그 밖에 국토교통부령으로 정하는 서류
>   ㉠ 고용자가 확인한 근무확인서(직장주택조합의 경우만 해당)
>   ㉡ 조합원 자격이 있는 자임을 확인하는 서류

정답 07 ③ 08 ②

09 주택법령상 주택단지 전체를 대상으로 증축형 리모델링을 하기 위하여 리모델링주택조합을 설립하려는 경우 조합설립인가 신청 시 제출해야 할 첨부서류가 아닌 것은? (단, 조례는 고려하지 않음)
• 26회

① 창립총회의 회의록
② 조합원 전원이 자필로 연명한 조합규약
③ 해당 주택건설대지의 80% 이상에 해당하는 토지의 사용권원을 확보하였음을 증명하는 서류
④ 해당 주택이 사용검사를 받은 후 15년 이상 경과하였음을 증명하는 서류
⑤ 조합원 명부

키워드 리모델링주택조합의 설립인가 신청서류

해설 리모델링주택조합의 경우에는 토지의 사용승낙서가 필요하지 않다. 주택을 리모델링하기 위하여 주택조합을 설립하려는 경우에는 다음의 구분에 따른 구분소유자와 의결권의 결의를 증명하는 서류를 첨부하여 관할 시장·군수·구청장의 인가를 받아야 한다.

> 1. 주택단지 전체를 리모델링하고자 하는 경우 주택단지 전체의 구분소유자와 의결권의 각 3분의 2 이상의 결의 및 각 동의 구분소유자와 의결권의 각 과반수의 결의
> 2. 동을 리모델링하고자 하는 경우 그 동의 구분소유자 및 의결권의 각 3분의 2 이상의 결의

10 주택법령상 인가 대상행위가 아닌 것은?
• 25회

① 지역주택조합의 해산
② 리모델링주택조합의 설립
③ 국민주택을 공급받기 위하여 설립한 직장주택조합의 해산
④ 승인받은 조합원 추가모집에 따른 지역주택조합의 변경
⑤ 지역주택조합의 설립

키워드 인가 대상행위

해설 국민주택을 공급받기 위하여 직장주택조합을 설립하려는 자는 관할 시장·군수·구청장에게 신고하여야 한다. 신고한 내용을 변경하거나 직장주택조합을 해산하려는 경우에도 또한 같다.

11 주택법령상 주택조합에 관한 설명으로 옳은 것은? • 20회, 22회 수정

① 세대수를 증가하지 않는 리모델링주택조합은 등록사업자와 공동으로 주택건설사업을 시행할 수 있다.
② 등록사업자와 공동으로 주택건설사업을 하려는 주택조합은 국토교통부장관에게 등록하여야 한다.
③ 리모델링의 허가를 신청하기 위한 동의율을 확보한 경우 리모델링 결의를 한 리모델링주택조합은 그 리모델링 결의에 찬성하지 아니하는 자의 주택 및 토지에 대하여 매도청구를 할 수 있다.
④ 국민주택을 공급받기 위하여 직장주택조합을 설립하려는 자는 관할 시장·군수·구청장에게 인가받아야 한다.
⑤ 주택조합(리모델링주택조합은 포함)은 주택건설 예정 세대수의 50% 이상의 조합원으로 구성하되, 조합원은 20명 이상이어야 한다.

키워드 주택조합

해설 ① 세대수를 증가하지 않는 리모델링주택조합은 새로운 주택을 건설하지 않기 때문에 등록사업자와 공동으로 주택건설사업을 시행하지 아니한다.
② 등록사업자와 공동으로 주택건설사업을 하려는 주택조합은 국토교통부장관에게 등록할 필요가 없다.
④ 국민주택을 공급받기 위하여 직장주택조합을 설립하려는 자는 관할 시장·군수·구청장에게 신고하여야 한다.
⑤ 주택조합(리모델링주택조합은 제외)은 주택건설 예정 세대수의 50% 이상의 조합원으로 구성하되, 조합원은 20명 이상이어야 한다.

정답 09 ③ 10 ③ 11 ③

12 주택법령상 주택조합에 관한 설명으로 <u>틀린</u> 것은? • 25회 수정

① 등록사업자와 공동으로 주택건설사업을 하는 주택조합은 등록하지 않고 20세대 이상의 공동주택의 건설사업을 시행할 수 있다.
② 리모델링의 허가를 신청하기 위한 동의율을 확보한 경우 리모델링 결의를 한 리모델링주택조합은 그 리모델링 결의에 찬성하지 아니하는 자의 주택 및 토지에 대하여 매도청구를 할 수 없다.
③ 국민주택을 공급받기 위하여 직장주택조합을 설립하려는 자는 관할 시장·군수·구청장에게 신고하여야 한다.
④ 직장주택조합은 설립인가를 받은 후에는 원칙적으로 해당 조합원을 교체하거나 신규로 가입하게 할 수 없다.
⑤ 시공자와의 공사계약 체결은 조합총회의 의결을 거쳐야 한다.

키워드 주택조합

해설 리모델링의 허가를 신청하기 위한 동의율을 확보한 경우 리모델링 결의를 한 리모델링주택조합은 그 리모델링 결의에 찬성하지 아니하는 자의 주택 및 토지에 대하여 매도청구를 할 수 있다.

13 주택법령상 주택조합에 관한 설명으로 <u>틀린</u> 것은? (단, 리모델링주택조합은 제외함)
• 28회 수정

① 지역주택조합설립인가를 받으려는 자는 해당 주택건설대지의 80% 이상에 해당하는 토지의 사용권원과 해당 주택건설대지의 15% 이상에 해당하는 토지의 소유권을 확보하여야 한다.
② 탈퇴한 조합원은 조합규약으로 정하는 바에 따라 부담한 비용의 환급을 청구할 수 있다.
③ 주택조합은 주택건설 예정 세대수의 50% 이상의 조합원으로 구성하되, 조합원은 10명 이상이어야 한다.
④ 지역주택조합은 그 구성원을 위하여 건설하는 주택을 그 조합원에게 우선 공급할 수 있다.
⑤ 조합원의 공개모집 이후 조합원의 사망·자격상실·탈퇴 등으로 인한 결원을 충원하거나 미달된 조합원을 재모집하는 경우에는 신고하지 아니하고 선착순의 방법으로 조합원을 모집할 수 있다.

> **키워드** 주택조합
>
> **해설** 주택조합(리모델링주택조합은 제외)은 주택건설 예정 세대수(설립인가 당시의 사업계획서상 주택건설 예정 세대수를 말하되, 법 제20조에 따라 임대주택으로 건설·공급하는 세대수는 제외)의 50% 이상의 조합원으로 구성하되, 조합원은 20명 이상이어야 한다.

14 상

주택법령상 지역주택조합이 설립인가를 받은 후 조합원을 신규로 가입하게 할 수 있는 경우와 결원의 범위에서 충원할 수 있는 경우 중 어느 하나에도 해당하지 <u>않는</u> 것은?

• 31회

① 조합원이 사망한 경우
② 조합원이 무자격자로 판명되어 자격을 상실하는 경우
③ 조합원 수가 주택건설 예정 세대수를 초과하지 아니하는 범위에서 조합원 추가 모집의 승인을 받은 경우
④ 조합원의 탈퇴 등으로 조합원 수가 주택건설 예정 세대수의 60%가 된 경우
⑤ 사업계획승인의 과정에서 주택건설 예정 세대수가 변경되어 조합원 수가 변경된 세대수의 40%가 된 경우

> **키워드** 지역주택조합의 설립인가
>
> **해설** 조합원의 탈퇴 등으로 조합원 수가 주택건설 예정 세대수의 50% 미만이 되어야 충원이 가능한데, 60%면 50% 미만이 아니므로 충원이 불가능하다.

정답 12 ② 13 ③ 14 ④

제3절 주택건설자금

대표기출 3 2020년 제31회 A형 64번 문제 | 난이도 중

주택법령상 주택상환사채에 관한 설명으로 틀린 것은?

① 한국토지주택공사는 주택상환사채를 발행할 수 있다.
② 주택상환사채는 기명증권으로 한다.
③ 사채권자의 명의변경은 취득자의 성명과 주소를 사채원부에 기록하는 방법으로 한다.
④ 주택상환사채를 발행한 자는 발행조건에 따라 주택을 건설하여 사채권자에게 상환하여야 한다.
⑤ 등록사업자의 등록이 말소된 경우에는 등록사업자가 발행한 주택상환사채도 효력을 상실한다.

기출공략 [키워드] 주택상환사채

주택상환사채에 관한 내용을 이해하면 정답을 찾을 수 있습니다.

31회, 32회, 33회

주택법령상 주택상환사채에 관한 설명으로 틀린 것은? (⑤)

① 한국토지주택공사는 주택상환사채를 발행할 수 있다. (O)
② 주택상환사채는 기명증권으로 한다. (O)
③ 사채권자의 명의변경은 취득자의 성명과 주소를 사채원부에 기록하는 방법으로 한다. (O)
④ 주택상환사채를 발행한 자는 발행조건에 따라 주택을 건설하여 사채권자에게 상환하여야 한다. (O)
⑤ 등록사업자의 등록이 말소된 경우에는 등록사업자가 발행한 주택상환사채도 ~~효력을 상실~~한다. (X)
  → 등록사업자의 등록이 말소된 경우에도 등록사업자가 발행한 주택상환사채의 효력에는 영향을 미치지 아니한다.

이론플러스	주택상환사채
발행권자	㉠ 한국토지주택공사와 등록사업자는 대통령령으로 정하는 바에 따라 주택으로 상환하는 주택상환사채를 발행할 수 있다. ㉡ 등록사업자는 자본금·자산평가액 및 기술인력 등이 대통령령으로 정하는 기준에 맞고 금융기관 또는 주택도시보증공사의 보증을 받은 경우에만 주택상환사채를 발행할 수 있다.
승인권자	주택상환사채를 발행하려는 자는 대통령령으로 정하는 바에 따라 주택상환사채발행계획을 수립하여 국토교통부장관의 승인을 받아야 한다.
발행방법	㉠ 주택상환사채는 기명증권(記名證券)으로 하고, 사채권자의 명의변경은 취득자의 성명과 주소를 사채원부에 기록하는 방법으로 하며, 취득자의 성명을 채권에 기록하지 아니하면 사채발행자 및 제3자에게 대항할 수 없다. ㉡ 주택상환사채의 발행자는 주택상환사채대장을 갖추어 두고 주택상환사채권의 발행 및 상환에 관한 사항을 적어야 한다.
상환기간	㉠ 주택상환사채를 발행한 자는 발행조건에 따라 주택을 건설하여 사채권자에게 상환하여야 한다. ㉡ 주택상환사채의 상환기간은 3년을 초과할 수 없다.
납입금 사용용도	㉠ 택지의 구입 및 조성 ㉡ 주택건설자재의 구입 ㉢ 건설공사비에의 충당 ㉣ 그 밖에 주택상환을 위하여 필요한 비용으로서 국토교통부장관의 승인을 받은 비용에의 충당
효력	등록사업자의 등록이 말소된 경우에도 등록사업자가 발행한 주택상환사채의 효력에는 영향을 미치지 아니한다.

15 주택법령상 주택상환사채를 양도하거나 중도에 해약할 수 있는 경우가 <u>아닌</u> 것은? (단, 세대원은 세대주가 포함된 세대의 구성원을 말함) • 23회

① 세대원의 취학으로 인하여 세대원 전원이 다른 행정구역으로 이전하는 경우
② 세대원의 질병치료로 인하여 세대원 전원이 다른 행정구역으로 이전하는 경우
③ 세대원이 근무로 인하여 세대원 일부가 다른 행정구역으로 이전하는 경우
④ 세대원 전원이 2년 이상 해외에 체류하고자 하는 경우
⑤ 세대원 전원이 상속에 의하여 취득한 주택으로 이전하는 경우

키워드 주택상환사채
해설 세대원이 근무로 인하여 세대원 전원이 다른 행정구역으로 이전하여야 한다.

정답 15 ③

16 주택법령상 주택상환사채에 관한 설명으로 틀린 것은? • 27회 수정

① 등록사업자가 주택상환사채를 발행하려면 금융기관 또는 주택도시보증공사의 보증을 받아야 한다.
② 주택상환사채는 취득자의 성명을 채권에 기록하지 아니하면 사채발행자 및 제3자에게 대항할 수 없다.
③ 등록사업자의 등록이 말소된 경우에는 등록사업자가 발행한 주택상환사채의 효력은 상실된다.
④ 주택상환사채의 발행자는 주택상환사채대장을 갖추어 두고, 주택상환사채권의 발행 및 상환에 관한 사항을 적어야 한다.
⑤ 주택상환사채를 발행하려는 자는 주택상환사채발행계획을 수립하고 국토교통부장관의 승인을 받아야 한다.

키워드 주택상환사채

해설 등록사업자의 등록이 말소된 경우에도 등록사업자가 발행한 주택상환사채의 효력은 상실되지 않는다.

---

17 주택법령상 주택상환사채의 납입금이 사용될 수 있는 용도로 명시된 것을 모두 고른 것은? • 32회

㉠ 주택건설자재의 구입
㉡ 택지의 구입 및 조성
㉢ 주택조합 운영비에의 충당
㉣ 주택조합 가입 청약철회자의 가입비 반환

① ㉠, ㉡
② ㉠, ㉣
③ ㉢, ㉣
④ ㉠, ㉡, ㉢
⑤ ㉡, ㉢, ㉣

키워드 주택상환사채

해설 주택상환사채의 납입금이 사용될 수 있는 용도는 택지의 구입 및 조성, 주택건설자재의 구입, 건설공사비에의 충당, 그 밖에 주택상환을 위하여 필요한 비용으로서 국토교통부장관의 승인을 받은 비용에의 충당으로만 사용될 수 있다.

18 주택법령상 주택상환사채에 관한 설명으로 옳은 것은? •33회

① 법인으로서 자본금이 3억원인 등록사업자는 주택상환사채를 발행할 수 있다.
② 발행 조건은 주택상환사채권에 적어야 하는 사항에 포함된다.
③ 주택상환사채를 발행하려는 자는 주택상환사채발행계획을 수립하여 시·도지사의 승인을 받아야 한다.
④ 주택상환사채는 액면으로 발행하고, 할인의 방법으로는 발행할 수 없다.
⑤ 주택상환사채는 무기명증권(無記名證券)으로 발행한다.

키워드 주택상환사채

해설 ① 등록사업자는 자본금·자산평가액 및 기술인력 등이 대통령령으로 정하는 기준에 맞고 금융기관 또는 주택도시보증공사의 보증을 받은 경우에만 주택상환사채를 발행할 수 있다. '대통령령으로 정하는 기준'이란 다음의 기준 모두를 말한다.

> 1. 법인으로서 자본금이 5억원 이상일 것
> 2. 「건설산업기본법」 제9조에 따라 건설업 등록을 한 자일 것
> 3. 최근 3년간 연평균 주택건설 실적이 300호 이상일 것

③ 주택상환사채를 발행하려는 자는 주택상환사채발행계획을 수립하여 국토교통부장관의 승인을 받아야 한다.
④ 주택상환사채는 액면 또는 할인의 방법으로 발행한다.
⑤ 주택상환사채는 기명증권(記名證券)으로 하고, 사채권자의 명의변경은 취득자의 성명과 주소를 사채원부에 기록하는 방법으로 하며, 취득자의 성명을 채권에 기록하지 아니하면 사채발행자 및 제3자에게 대항할 수 없다.

이론플러스 주택상환사채권에 적어야 하는 사항

주택상환사채권에는 기호와 번호를 붙이고 국토교통부령으로 정하는 사항을 적어야 한다(영 제83조 제2항). '국토교통부령으로 정하는 사항'이란 다음의 사항을 말한다(규칙 제33조 제1항).

> 1. 발행 기관
> 2. 발행 금액
> 3. 발행 조건
> 4. 상환의 시기와 절차

정답 16 ③ 17 ① 18 ②

제4절 주택건설사업의 시행 및 건설

대표기출 4 2017년 제28회 A형 70번 문제 수정 | 난이도 중

주택법령상 주택건설사업계획의 승인 등에 관한 설명으로 **틀린** 것은? (단, 다른 법률에 따른 사업은 제외함)

① 주거전용 단독주택인 건축법령상 한옥인 경우 50호 이상의 건설사업을 시행하려는 자는 사업계획승인을 받아야 한다.
② 주택건설사업을 시행하려는 자는 전체 세대수가 600세대 이상의 주택단지를 공구별로 분할하여 주택을 건설·공급할 수 있다.
③ 사업주체는 공사의 착수기간이 연장되지 않는 한 주택건설사업계획의 승인을 받은 날부터 5년 이내에 공사를 시작하여야 한다.
④ 사업계획승인권자는 사업계획승인의 신청을 받았을 때에는 정당한 사유가 없으면 신청받은 날부터 60일 이내에 사업주체에게 승인 여부를 통보하여야 한다.
⑤ 사업계획승인의 조건으로 부과된 사항을 이행함에 따라 공사착수가 지연되는 경우, 사업계획승인권자는 그 사유가 없어진 날부터 3년의 범위에서 공사의 착수기간을 연장할 수 있다.

기출공략 [키워드] 주택건설사업계획의 승인

주택건설사업계획의 승인에 대한 내용을 전반적으로 학습하면 정답을 찾을 수 있는 문제입니다.

28회, 29회, 30회, 31회, 32회

주택법령상 주택건설사업계획의 승인 등에 관한 설명으로 틀린 것은? (단, 다른 법률에 따른 사업은 제외함) (⑤)

① 주거전용 단독주택인 건축법령상 한옥인 경우 50호 이상의 건설사업을 시행하려는 자는 사업계획승인을 받아야 한다. (O)

② 주택건설사업을 시행하려는 자는 전체 세대수가 600세대 이상의 주택단지를 공구별로 분할하여 주택을 건설·공급할 수 있다. (O)

③ 사업주체는 공사의 착수기간이 연장되지 않는 한 주택건설사업계획의 승인을 받은 날부터 5년 이내에 공사를 시작하여야 한다. (O)

④ 사업계획승인권자는 사업계획승인의 신청을 받았을 때에는 정당한 사유가 없으면 신청받은 날부터 60일 이내에 사업주체에게 승인 여부를 통보하여야 한다. (O)

⑤ 사업계획승인의 조건으로 부과된 사항을 이행함에 따라 공사착수가 지연되는 경우, 사업계획승인권자는 그 사유가 없어진 날부터 ~~3년~~의 범위에서 공사의 착수기간을 연장할 수 있다. (×) → 1년

이론플러스 | 공사착수시기의 연장

사업계획승인권자는 다음의 정당한 사유가 있다고 인정하는 경우에는 사업주체의 신청을 받아 그 사유가 없어진 날부터 1년의 범위에서 분할시행사업 시 최초로 공사를 진행하는 공구 외의 공구를 제외한 나머지 경우는 공사의 착수기간을 연장할 수 있다.

1. 「매장유산 보호 및 조사에 관한 법률」에 따라 국가유산청장의 매장유산 발굴허가를 받은 경우
2. 해당 사업시행지에 대한 소유권 분쟁(소송절차가 진행 중인 경우만 해당)으로 인하여 공사착수가 지연되는 경우
3. 사업계획승인의 조건으로 부과된 사항을 이행함에 따라 공사착수가 지연되는 경우
4. 천재지변 또는 사업주체에게 책임이 없는 불가항력적인 사유로 인하여 공사착수가 지연되는 경우
5. 공공택지의 개발·조성을 위한 계획에 포함된 기반시설의 설치 지연으로 공사착수가 지연되는 경우
6. 해당 지역의 미분양주택 증가 등으로 사업성이 악화될 우려가 있거나 주택건설경기가 침체되는 등 공사에 착수하지 못할 부득이한 사유가 있다고 사업계획승인권자가 인정하는 경우

19 주택법령상 (　) 안에 들어갈 내용으로 옳게 연결된 것은? (단, 주택 외의 시설과 주택이 동일 건축물로 건축되지 않음을 전제로 함) • 26회

> • 한국토지주택공사가 서울특별시 A구에서 대지면적 10만m²에 50호의 한옥 건설사업을 시행하려는 경우 (㉠)으로부터 사업계획승인을 받아야 한다.
> • B광역시 C구에서 지역균형개발이 필요하여 국토교통부장관이 지정·고시하는 지역 안에 50호의 한옥 건설사업을 시행하는 경우 (㉡)으로부터 사업계획승인을 받아야 한다.

① ㉠: 국토교통부장관,　㉡: 국토교통부장관
② ㉠: 서울특별시장,　㉡: C구청장
③ ㉠: 서울특별시장,　㉡: 국토교통부장관
④ ㉠: A구청장,　㉡: C구청장
⑤ ㉠: 국토교통부장관,　㉡: B광역시장

키워드 사업계획승인권자
해설 둘 다 국토교통부장관에게 사업계획승인을 받아야 한다.

20 주택법령상 (　) 안에 알맞은 것은? • 26회

> 도시지역에서 국민주택 건설 사업계획승인을 신청하려는 경우 공구별로 분할하여 주택을 건설·공급하려면 주택단지의 전체 세대수는 (　)세대 이상이어야 한다.

① 200　　　　　　　　　② 300
③ 400　　　　　　　　　④ 500
⑤ 600

키워드 공구별 분할
해설 주택건설사업을 시행하려는 자는 전체 세대수가 600세대 이상인 주택단지는 해당 주택단지를 공구별로 분할하여 주택을 건설·공급할 수 있다.

21 주택법령상 주택건설사업에 대한 사업계획의 승인에 관한 설명으로 틀린 것은? • 29회

중

① 지역주택조합은 설립인가를 받은 날부터 2년 이내에 사업계획승인을 신청하여야 한다.
② 사업주체가 승인받은 사업계획에 따라 공사를 시작하려는 경우 사업계획승인권자에게 신고하여야 한다.
③ 사업계획승인권자는 사업주체가 경매로 인하여 대지소유권을 상실한 경우에는 그 사업계획의 승인을 취소하여야 한다.
④ 사업주체가 주택건설대지를 사용할 수 있는 권원을 확보한 경우에는 그 대지의 소유권을 확보하지 못한 경우에도 사업계획의 승인을 받을 수 있다.
⑤ 주택조합이 승인받은 총사업비의 10%를 감액하는 변경을 하려면 변경승인을 받아야 한다.

키워드 주택건설사업계획의 승인
해설 사업계획승인권자는 사업주체가 경매로 인하여 대지소유권을 상실한 경우에는 그 사업계획의 승인을 취소할 수 있다.

정답 19 ① 20 ⑤ 21 ③

22 주택법령상 주택건설사업계획승인에 관한 설명으로 <u>틀린</u> 것은? • 30회

① 사업계획에는 부대시설 및 복리시설의 설치에 관한 계획 등이 포함되어야 한다.
② 주택단지의 전체 세대수가 500세대인 주택건설사업을 시행하려는 자는 주택단지를 공구별로 분할하여 주택을 건설·공급할 수 있다.
③ 「한국토지주택공사법」에 따른 한국토지주택공사는 동일한 규모의 주택을 대량으로 건설하려는 경우에는 국토교통부장관에게 주택의 형별(型別)로 표본설계도서를 작성·제출하여 승인을 받을 수 있다.
④ 사업계획승인권자는 사업계획을 승인할 때 사업주체가 제출하는 사업계획에 해당 주택건설사업과 직접적으로 관련이 없거나 과도한 기반시설의 기부채납을 요구하여서는 아니 된다.
⑤ 사업계획승인권자는 사업계획승인의 신청을 받았을 때에는 정당한 사유가 없으면 신청받은 날부터 60일 이내에 사업주체에게 승인 여부를 통보하여야 한다.

키워드 주택건설사업계획의 승인
해설 주택건설사업을 시행하려는 자는 전체 세대수가 600세대 이상인 주택단지는 해당 주택단지를 공구별로 분할하여 주택을 건설·공급할 수 있다.

23 사업주체 甲은 사업계획승인권자 乙로부터 주택건설사업을 공구별로 분할하여 시행하는 것을 내용으로 사업계획승인을 받았다. 주택법령상 이에 관한 설명으로 <u>틀린</u> 것은? • 26회

① 乙은 사업계획승인에 관한 사항을 고시하여야 한다.
② 甲은 최초로 공사를 진행하는 공구 외의 공구에서 해당 주택단지에 대한 최초 착공신고일부터 2년 이내에 공사를 시작하여야 한다.
③ 甲이 소송진행으로 인하여 공사착수가 지연되어 연장 신청을 한 경우, 乙은 그 분쟁이 종료된 날부터 2년의 범위에서 공사 착수기간을 연장할 수 있다.
④ 주택분양보증을 받지 않은 甲이 파산하여 공사 완료가 불가능한 경우, 乙은 사업계획승인을 취소할 수 있다.
⑤ 甲이 최초로 공사를 진행하는 공구 외의 공구에서 해당 주택단지에 대한 최초 착공신고일부터 2년이 지났음에도 사업주체가 공사를 시작하지 아니한 경우 乙은 사업계획승인을 취소할 수 없다.

> **키워드** 주택건설사업계획의 승인
>
> **해설** 甲이 소송진행으로 인하여 공사착수가 지연되어 연장 신청을 한 경우, 乙은 그 분쟁이 종료된 날부터 1년의 범위에서 공사착수기간을 연장할 수 있다.

이론플러스 공사착수기간의 연장

사업계획승인을 받은 사업주체는 승인받은 사업계획대로 사업을 시행하여야 하고, 다음의 구분에 따라 공사를 시작하여야 한다. 다만, 사업계획승인권자는 대통령령으로 정하는 정당한 사유가 있다고 인정하는 경우에는 사업주체의 신청을 받아 그 사유가 없어진 날부터 1년의 범위에서 다음의 1. 또는 2.의 ㉠에 따른 공사의 착수기간을 연장할 수 있다.

> 1. 사업계획승인을 받은 경우: 승인받은 날부터 5년 이내
> 2. 공구별 분할시행을 위한 승인을 받은 경우
>   ㉠ 최초로 공사를 진행하는 공구: 승인을 받은 날부터 5년 이내
>   ㉡ 최초로 공사를 진행하는 공구 외의 공구: 해당 주택단지에 대한 최초 착공신고일부터 2년 이내(연장 안 됨)

24 주택법령상 사업계획승인권자가 사업주체의 신청을 받아 공사의 착수기간을 연장할 수 있는 경우가 아닌 것은? (단, 공사에 착수하지 못할 다른 부득이한 사유는 고려하지 않음)
• 30회

① 사업계획승인의 조건으로 부과된 사항을 이행함에 따라 공사착수가 지연되는 경우
② 공공택지의 개발·조성을 위한 계획에 포함된 기반시설의 설치 지연으로 공사착수가 지연되는 경우
③ 「매장유산 보호 및 조사에 관한 법률」에 따라 국가유산청장의 매장유산 발굴 허가를 받은 경우
④ 해당 사업시행지에 대한 소유권 분쟁을 사업주체가 소송 외의 방법으로 해결하는 과정에서 공사착수가 지연되는 경우
⑤ 사업주체에게 책임이 없는 불가항력적인 사유로 인하여 공사착수가 지연되는 경우

> **키워드** 공사착수기간의 연장
>
> **해설** 해당 사업시행지에 대한 소유권 분쟁(소송절차가 진행 중인 경우만 해당)으로 인하여 공사착수가 지연되는 경우에 사업주체의 신청을 받아 그 사유가 없어진 날부터 1년의 범위에서 공사의 착수기간을 연장할 수 있다.

25 주택법령상 사업계획의 승인 등에 관한 설명으로 옳은 것을 모두 고른 것은? (단, 다른 법률에 따른 사업은 제외함)
• 31회

> ㉠ 대지조성사업계획승인을 받으려는 자는 사업계획승인신청서에 조성한 대지의 공급계획서를 첨부하여 사업계획승인권자에게 제출하여야 한다.
> ㉡ 등록사업자는 동일한 규모의 주택을 대량으로 건설하려는 경우에는 시·도지사에게 주택의 형별로 표본설계도서를 작성·제출하여 승인을 받을 수 있다.
> ㉢ 지방공사가 사업주체인 경우 건축물의 설계와 용도별 위치를 변경하지 아니하는 범위에서의 건축물의 배치조정은 사업계획 변경승인을 받지 않아도 된다.

① ㉠ ② ㉠, ㉡ ③ ㉠, ㉢
④ ㉡, ㉢ ⑤ ㉠, ㉡, ㉢

키워드 사업계획의 승인

해설 ㉡ 등록사업자는 동일한 규모의 주택을 대량으로 건설하려는 경우에는 국토교통부장관에게 주택의 형별로 표본설계도서를 작성·제출하여 승인을 받을 수 있다. 즉, 시·도지사가 아니라 국토교통부장관이다.

26 주택법령상 사업계획승인 등에 관한 설명으로 틀린 것은? (단, 다른 법률에 따른 사업은 제외함)
• 32회

① 주택건설사업을 시행하려는 자는 전체 세대수가 600세대 이상인 주택단지를 공구별로 분할하여 주택을 건설·공급할 수 있다.
② 사업계획승인권자는 착공신고를 받은 날부터 20일 이내에 신고수리 여부를 신고인에게 통지하여야 한다.
③ 사업계획승인권자는 사업계획승인의 신청을 받았을 때에는 정당한 사유가 없으면 신청받은 날부터 60일 이내에 사업주체에게 승인 여부를 통보하여야 한다.
④ 사업주체는 사업계획승인을 받은 날부터 1년 이내에 공사를 착수하여야 한다.
⑤ 사업계획에는 부대시설 및 복리시설의 설치에 관한 계획 등이 포함되어야 한다.

키워드 사업계획의 승인

해설 사업주체는 사업계획승인을 받은 날부터 5년 이내에 공사를 착수하여야 한다.

27 주택법령상 사업계획의 승인 등에 관한 설명으로 틀린 것은?
•35회

① 승인받은 사업계획 중 공공시설 설치계획의 변경이 필요한 경우에는 사업계획승인권자로부터 변경승인을 받지 않아도 된다.
② 주택건설사업계획에는 부대시설 및 복리시설의 설치에 관한 계획 등이 포함되어야 한다.
③ 주택건설사업을 시행하려는 자는 전체 세대수가 600세대 이상인 주택단지를 공구별로 분할하여 주택을 건설·공급할 수 있다.
④ 주택건설사업계획의 승인을 받으려는 한국토지주택공사는 해당 주택건설대지의 소유권을 확보하지 않아도 된다.
⑤ 사업주체는 입주자 모집공고를 한 후 사업계획변경승인을 받은 경우에는 14일 이내에 문서로 입주예정자에게 그 내용을 통보하여야 한다.

키워드 사업계획의 승인

해설 승인받은 사업계획 중 사업계획승인의 조건으로 부과된 사항을 이행함에 따라 발생되는 변경은 경미한 변경에 속하기 때문에 변경승인을 받지 않아도 되지만, 공공시설 설치계획의 변경이 필요한 경우에는 사업계획승인권자로부터 변경승인을 받아야 한다.

28 주택법령상 주택의 건설에 관한 설명으로 옳은 것은? (단, 조례는 고려하지 않음) • 35회

① 하나의 건축물에는 단지형 연립주택 또는 단지형 다세대주택과 소형 주택을 함께 건축할 수 없다.
② 국토교통부장관이 적정한 주택수급을 위하여 필요하다고 인정하는 경우, 고용자가 건설하는 주택에 대하여 국민주택규모로 건설하게 할 수 있는 비율은 주택의 75% 이하이다.
③ 「주택법」에 따라 건설사업자로 간주하는 등록사업자는 주택건설사업계획승인을 받은 주택의 건설공사를 시공할 수 없다.
④ 장수명 주택의 인증기준·인증절차 및 수수료 등은 「주택공급에 관한 규칙」으로 정한다.
⑤ 국토교통부장관은 바닥충격음 성능등급을 인정받은 제품이 인정받은 내용과 다르게 판매·시공한 경우에 해당하면 그 인정을 취소하여야 한다.

키워드 주택의 건설

해설 ② 국토교통부장관이 적정한 주택수급을 위하여 필요하다고 인정하는 경우, 사업주체가 건설하는 주택의 75%(주택조합이나 고용자가 건설하는 주택은 100%) 이하의 범위에서 일정 비율 이상을 국민주택규모로 건설하게 할 수 있다.
③ 「주택법」에 따라 건설사업자로 간주하는 등록사업자는 주택건설사업계획승인을 받은 주택의 건설공사를 시공할 수 있다.
④ 장수명 주택의 인증기준·인증절차 및 수수료 등은 국토교통부령으로 정한다.
⑤ 국토교통부장관은 바닥충격음 성능등급을 인정받은 제품이 인정받은 내용과 다르게 판매·시공한 경우에 해당하면 그 인정을 취소할 수 있다.

29 주택법령상 사전방문 등에 관한 설명으로 틀린 것은?

• 35회

① 사전방문한 입주예정자가 보수공사 등 적절한 조치를 요청한 사항이 하자가 아니라고 판단하는 사업주체는 사용검사권자에게 하자 여부를 확인해줄 것을 요청할 수 있다.
② 사업주체는 사전방문을 주택공급계약에 따라 정한 입주지정기간 시작일 60일 전까지 1일 이상 실시해야 한다.
③ 사업주체가 사전방문을 실시하려는 경우, 사용검사권자에 대한 사전방문계획의 제출은 사전방문기간 시작일 1개월 전까지 해야 한다.
④ 사용검사권자는 사업주체로부터 하자 여부의 확인 요청을 받은 날부터 7일 이내에 하자 여부를 확인하여 해당 사업주체에게 통보해야 한다.
⑤ 보수공사 등의 조치계획을 수립한 사업주체는 사전방문기간의 종료일부터 7일 이내에 사용검사권자에게 해당 조치계획을 제출해야 한다.

키워드 사전방문

해설 사업주체는 사전방문을 주택공급계약에 따라 정한 입주지정기간 시작일 45일 전까지 2일 이상 실시해야 한다.

정답 20 ① 29 ②

30 주택법령상 사업계획승인을 받은 사업주체에게 인정되는 매도청구권에 관한 설명으로 옳은 것은?
• 21회, 26회

① 주택건설대지에 사용권원을 확보하지 못한 건축물이 있는 경우 그 건축물은 매도청구의 대상이 되지 않는다.
② 사업주체는 매도청구일 전 60일부터 매도청구 대상이 되는 대지의 소유자와 협의를 진행하여야 한다.
③ 사업주체가 주택건설대지면적 중 100분의 90에 대하여 사용권원을 확보한 경우, 사용권원을 확보하지 못한 대지의 모든 소유자에게 매도청구를 할 수 있다.
④ 사업주체가 주택건설대지면적 중 100분의 80에 대하여 사용권원을 확보한 경우, 사용권원을 확보하지 못한 대지의 소유자 중 지구단위계획구역 결정고시일 10년 이전에 해당 대지의 소유권을 취득하여 계속 보유하고 있는 자에 대하여는 매도청구를 할 수 없다.
⑤ 리모델링의 허가를 신청하기 위한 동의율을 확보한 경우 리모델링 결의를 한 리모델링주택조합은 그 리모델링 결의에 찬성하지 아니하는 자의 주택 및 토지에 대하여 매도청구를 할 수 없다.

키워드 매도청구권

해설 ① 주택건설대지에 사용권원을 확보하지 못한 건축물이 있는 경우 그 건축물도 매도청구의 대상이 된다.
② 사업주체는 매도청구를 하기 위해서는 매도청구 대상 대지의 소유자와 3개월 이상 협의를 하여야 한다.
③ 사업주체가 주택건설대지면적 중 100분의 95 이상에 대하여 사용권원을 확보한 경우, 사용권원을 확보하지 못한 대지의 모든 소유자에게 매도청구를 할 수 있다.
⑤ 리모델링의 허가를 신청하기 위한 동의율을 확보한 경우 리모델링 결의를 한 리모델링주택조합은 그 리모델링 결의에 찬성하지 아니하는 자의 주택 및 토지에 대하여 매도청구를 할 수 있다.

31 「주택법」상 사용검사 후 매도청구 등에 관한 조문의 일부이다. (   )에 들어갈 숫자를 바르게 나열한 것은?
• 30회

> 「주택법」 제62조 【사용검사 후 매도청구 등】 ① ~ ③ 〈생략〉
> ④ 제1항에 따라 매도청구를 하려는 경우에는 해당 토지의 면적이 주택단지 전체 대지면적의 (㉠)% 미만이어야 한다.
> ⑤ 제1항에 따른 매도청구의 의사표시는 실소유자가 해당 토지소유권을 회복한 날부터 (㉡)년 이내에 해당 실소유자에게 송달되어야 한다.
> ⑥ 〈생략〉

① ㉠: 5, ㉡: 1
② ㉠: 5, ㉡: 2
③ ㉠: 5, ㉡: 3
④ ㉠: 10, ㉡: 1
⑤ ㉠: 10, ㉡: 2

키워드 사용검사 후 매도청구

해설
- 제1항에 따라 매도청구를 하려는 경우에는 해당 토지의 면적이 주택단지 전체 대지면적의 (㉠ 5)% 미만이어야 한다.
- 제1항에 따른 매도청구의 의사표시는 실소유자가 해당 토지소유권을 회복한 날부터 (㉡ 2)년 이내에 해당 실소유자에게 송달되어야 한다.

이론플러스 사용검사 후 매도청구 등

1. 주택(복리시설을 포함)의 소유자들은 주택단지 전체 대지에 속하는 일부의 토지에 대한 소유권이전등기 말소소송 등에 따라 제49조의 사용검사(동별 사용검사를 포함)를 받은 이후에 해당 토지의 소유권을 회복한 자(이하 '실소유자'라 함)에게 해당 토지를 시가로 매도할 것을 청구할 수 있다.
2. 주택의 소유자들은 대표자를 선정하여 위 1.에 따른 매도청구에 관한 소송을 제기할 수 있다. 이 경우 대표자는 주택의 소유자 전체의 4분의 3 이상의 동의를 받아 선정한다.
3. 위 2.에 따른 매도청구에 관한 소송에 대한 판결은 주택의 소유자 전체에 대하여 효력이 있다.
4. 위 1.에 따른 매도청구를 하려는 경우에는 해당 토지의 면적이 주택단지 전체 대지면적의 5% 미만이어야 한다.
5. 위 1.에 따른 매도청구의 의사표시는 실소유자가 해당 토지소유권을 회복한 날부터 2년 이내에 해당 실소유자에게 송달되어야 한다.
6. 주택의 소유자들은 위 1.에 따른 매도청구로 인하여 발생한 비용의 전부를 사업주체에게 구상(求償)할 수 있다.

정답 30 ④ 31 ②

32 주택건설사업이 완료되어 사용검사가 있은 후에 甲이 주택단지 일부의 토지에 대해 소유권이전등기 말소소송에 따라 해당 토지의 소유권을 회복하게 되었다. 주택법령상 이에 관한 설명으로 옳은 것은?　　　　　　　　　　　　　　　　　　　　• 29회

① 주택의 소유자들은 甲에게 해당 토지를 공시지가로 매도할 것을 청구할 수 있다.
② 대표자를 선정하여 매도청구에 관한 소송을 하는 경우 대표자는 복리시설을 포함하여 주택의 소유자 전체의 4분의 3 이상의 동의를 받아 선정한다.
③ 대표자를 선정하여 매도청구에 관한 소송을 하는 경우 그 판결은 대표자 선정에 동의하지 않은 주택의 소유자에게는 효력이 미치지 않는다.
④ 甲이 소유권을 회복한 토지의 면적이 주택단지 전체 대지면적의 5%를 넘는 경우에는 주택소유자 전원의 동의가 있어야 매도청구를 할 수 있다.
⑤ 甲이 해당 토지의 소유권을 회복한 날부터 1년이 경과한 이후에는 甲에게 매도청구를 할 수 없다.

키워드 사용검사 후 매도청구

해설 ① 주택의 소유자들은 甲에게 해당 토지를 시가로 매도할 것을 청구할 수 있다.
③ 대표자를 선정하여 매도청구에 관한 소송을 하는 경우 그 판결은 대표자 선정에 동의하지 않은 주택의 소유자에게도 효력이 미친다.
④ 甲이 소유권을 회복한 토지의 면적이 주택단지 전체 대지면적의 5% 미만이어야 매도청구를 할 수 있다.
⑤ 甲이 해당 토지의 소유권을 회복한 날부터 2년 이내에 매도청구의 의사표시가 송달되면 甲에게 매도청구를 할 수 있다.

33 주택법령상 주택의 사용검사 등에 관한 설명으로 틀린 것은?

• 24회

① 주택건설 사업계획승인의 조건이 이행되지 않은 경우에는 공사가 완료된 주택에 대하여 동별로 사용검사를 받을 수 없다.
② 사업주체가 파산하여 주택건설사업을 계속할 수 없고 시공보증자도 없는 경우 입주예정자대표회의가 시공자를 정하여 잔여공사를 시공하고 사용검사를 받아야 한다.
③ 주택건설사업을 공구별로 분할하여 시행하는 내용으로 사업계획의 승인을 받은 경우 완공된 주택에 대하여 공구별로 사용검사를 받을 수 있다.
④ 사용검사는 그 신청일부터 15일 이내에 하여야 한다.
⑤ 공동주택이 동별로 공사가 완료되고 임시사용승인 신청이 있는 경우 대상주택이 사업계획의 내용에 적합하고 사용에 지장이 없는 때에는 세대별로 임시사용승인을 할 수 있다.

키워드 주택의 사용검사 등

해설 주택건설 사업계획승인의 조건이 이행되지 않은 경우에는 공사가 완료된 주택에 대하여 동별로 사용검사를 받을 수 있다.

이론플러스 사업주체는 사업계획승인을 받아 시행하는 주택건설사업 또는 대지조성사업을 완료한 경우에는 주택 또는 대지에 대하여 국토교통부령으로 정하는 바에 따라 시장·군수·구청장(국가 또는 한국토지주택공사가 사업주체인 경우와 대통령령으로 정하는 경우에는 국토교통부장관)의 사용검사를 받아야 한다. 다만, 공구별로 분할시행을 위한 사업계획을 승인받은 경우에는 완공된 주택에 대하여 공구별로 사용검사(이하 '분할 사용검사')를 받을 수 있고, 사업계획승인 조건의 미이행 등 대통령령으로 정하는 다음의 사유가 있는 경우에는 공사가 완료된 주택에 대하여 동별로 사용검사(이하 '동별 사용검사')를 받을 수 있다.

> 1. 사업계획승인의 조건으로 부과된 사항의 미이행
> 2. 하나의 주택단지의 입주자를 분할 모집하여 전체 단지의 사용검사를 마치기 전에 입주가 필요한 경우
> 3. 그 밖에 사업계획승인권자가 동별로 사용검사를 받을 필요가 있다고 인정하는 경우

34 주택법령상 주택의 사용검사 등에 관한 설명으로 틀린 것은?

• 34회

① 하나의 주택단지의 입주자를 분할 모집하여 전체 단지의 사용검사를 마치기 전에 입주가 필요한 경우에는 공사가 완료된 주택에 대하여 동별로 사용검사를 받을 수 있다.
② 사용검사는 사용검사 신청일부터 15일 이내에 하여야 한다.
③ 사업주체는 건축물의 동별로 공사가 완료된 경우로서 사용검사권자의 임시사용승인을 받은 경우에는 사용검사를 받기 전에 주택을 사용하게 할 수 있다.
④ 사업주체가 파산 등으로 사용검사를 받을 수 없는 경우에는 해당 주택의 시공을 보증한 자, 해당 주택의 시공자 또는 입주예정자는 사용검사를 받을 수 있다.
⑤ 무단거주가 아닌 입주예정자가 사업주체의 파산 등으로 사용검사를 받을 때에는 입주예정자의 대표회의가 사용검사권자에게 사용검사를 신청할 때 하자보수보증금을 예치하여야 한다.

키워드 주택의 사용검사 등

해설 ④ 사업주체가 파산 등으로 사용검사를 받을 수 없는 경우에는 해당 주택의 시공을 보증한 자 또는 입주예정자는 사용검사를 받을 수 있다. 그러나 해당 주택의 시공자는 사용검사를 받을 수 있는 자에 해당하지 않는다(법 제49조 제3항 제1호).
※ 비교: 사업주체가 정당한 이유 없이 사용검사를 위한 절차를 이행하지 아니하는 경우에는 해당 주택의 시공을 보증한 자, 해당 주택의 시공자 또는 입주예정자는 사용검사를 받을 수 있다(법 제49조 제3항 제2호).
⑤ 법 제50조 제1항

35 주택법령상 토지임대부 분양주택에 관한 설명으로 옳은 것은?

• 33회 수정

① 토지임대부 분양주택의 토지에 대한 임대차기간은 50년 이내로 한다.
② 토지임대부 분양주택의 토지에 대한 임대차기간을 갱신하기 위해서는 토지임대부 분양주택 소유자의 3분의 2 이상이 계약갱신을 청구하여야 한다.
③ 토지임대료를 보증금으로 전환하여 납부하는 경우, 그 보증금을 산정할 때 적용되는 이자율은 「은행법」에 따른 은행의 3년 만기 정기예금 평균이자율 이상이어야 한다.
④ 토지임대부 분양주택을 공급받은 자는 전매제한기간이 지나기 전에 시·도지사에게 해당 주택의 매입을 신청할 수 있다.
⑤ 토지임대료는 분기별 임대료를 원칙으로 한다.

키워드 토지임대부 분양주택

해설 ① 토지임대부 분양주택의 토지에 대한 임대차기간은 40년 이내로 한다.
② 토지임대부 분양주택 소유자의 75% 이상이 계약갱신을 청구하는 경우 40년의 범위에서 이를 갱신할 수 있다.
④ 토지임대부 분양주택을 공급받은 자는 전매제한기간이 지나기 전에 대통령령으로 정하는 바에 따라 한국토지주택공사에 해당 주택의 매입을 신청할 수 있다.
⑤ 토지임대료는 월별 임대료를 원칙으로 한다.

이론플러스 토지임대부 분양주택의 토지에 관한 임대차 관계

1. 토지임대부 분양주택의 토지에 대한 임대차기간은 40년 이내로 한다. 이 경우 토지임대부 분양주택 소유자의 75% 이상이 계약갱신을 청구하는 경우 40년의 범위에서 이를 갱신할 수 있다.
2. 토지임대부 분양주택을 공급받은 자가 토지소유자와 임대차계약을 체결한 경우 해당 주택의 구분소유권을 목적으로 그 토지 위에 임대차기간 동안 지상권이 설정된 것으로 본다.
3. 토지임대부 분양주택의 토지에 대한 임대차계약을 체결하고자 하는 자는 국토교통부령으로 정하는 표준임대차계약서를 사용하여야 한다.
4. 토지임대부 분양주택을 양수한 자 또는 상속받은 자는 임대차계약을 승계한다.
5. 토지임대부 분양주택의 토지임대료는 해당 토지의 조성원가 또는 감정가격 등을 기준으로 산정하되, 구체적인 토지임대료의 책정 및 변경기준, 납부 절차 등에 관한 사항은 대통령령으로 정한다.
6. 토지임대료는 월별 임대료를 원칙으로 하되, 토지소유자와 주택을 공급받은 자가 합의한 경우 대통령령으로 정하는 바에 따라 임대료를 선납하거나 보증금으로 전환하여 납부할 수 있다.

정답 34 ④ 35 ③

CHAPTER 03 주택의 공급

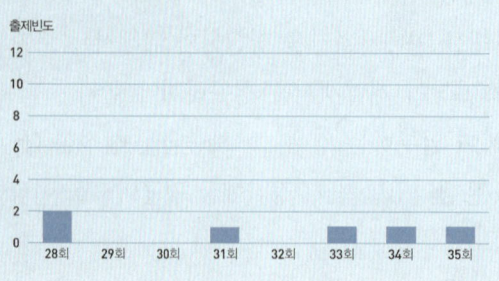

■ 8개년 출제 문항 수
총 40문제 中 평균 약 1문제 출제

■ 이 단원을 공략하고 싶다면?
주택을 공급하는 자의 의무, 분양가상한제 적용주택, 주택공급질서의 교란 금지행위, 투기과열지구의 지정, 주택의 전매제한 대상 및 특례 위주로 학습하자

↳ 기본서 [부동산공법] pp. 596~620

제1절 주택의 공급

대표기출 1 2015년 제26회 A형 65번 문제 | 난이도 중

주택법령상 주택의 공급에 관한 설명으로 옳은 것은?

① 한국토지주택공사가 사업주체로서 복리시설의 입주자를 모집하려는 경우 시장·군수·구청장에게 신고하여야 한다.
② 지방공사가 사업주체로서 견본주택을 건설하는 경우에는 견본주택에 사용되는 마감자재 목록표와 견본주택의 각 실의 내부를 촬영한 영상물 등을 제작하여 시장·군수·구청장에게 제출하여야 한다.
③ 「관광진흥법」에 따라 지정된 관광특구에서 건설·공급하는 50층 이상의 공동주택은 분양가상한제의 적용을 받는다.
④ 공공택지 외의 택지로서 분양가상한제가 적용되는 지역에서 공급하는 도시형 생활주택은 분양가상한제의 적용을 받는다.
⑤ 시·도지사는 사업계획승인 신청이 있는 날부터 30일 이내에 분양가심사위원회를 설치·운영하여야 한다.

기출공략 [키워드] 주택의 공급

주택의 공급에 대한 전반적인 내용을 학습하여야 정답을 찾을 수 있는 문제입니다.

28회

주택법령상 주택의 공급에 관한 설명으로 옳은 것은? (②)

① 한국토지주택공사가 사업주체로서 복리시설의 입주자를 모집하려는 경우 시장·군수·구청장에게 ~~신고하여야 한다.~~ (✕)
　　　　　　　　→ 신고하지 않아도 된다.

② 지방공사가 사업주체로서 견본주택을 건설하는 경우에는 견본주택에 사용되는 마감자재 목록표와 견본주택의 각 실의 내부를 촬영한 영상물 등을 제작하여 시장·군수·구청장에게 제출하여야 한다. (○)

③ 「관광진흥법」에 따라 지정된 관광특구에서 건설·공급하는 50층 이상의 공동주택은 분양가상한제의 ~~적용을 받는다.~~ (✕)
　　　　　　　　→ 적용을 받지 않는다.

④ 공공택지 외의 택지로서 분양가상한제가 적용되는 지역에서 공급하는 도시형 생활주택은 분양가상한제의 ~~적용을 받는다.~~ (✕)
　　　　　　　　→ 적용을 받지 않는다.

⑤ ~~시·도지사는~~ 사업계획승인 신청이 있는 날부터 ~~30일~~ 이내에 분양가심사위원회를
　→ 시장·군수·구청장은　　　　　　　　　→ 20일
설치·운영하여야 한다. (✕)

이론플러스 주택을 공급하는 자의 의무

사업주체는 다음에서 정하는 바에 따라 주택을 건설·공급하여야 한다. 이 경우 국가유공자, 보훈보상대상자, 장애인, 철거주택의 소유자, 그 밖에 국토교통부령으로 정하는 대상자에게는 국토교통부령으로 정하는 바에 따라 입주자 모집조건 등을 달리 정하여 별도로 공급할 수 있다(법 제54조 제1항).

사업주체가 입주자를 모집하려는 경우	⊙ 국토교통부령으로 정하는 바에 따라 시장·군수·구청장의 승인을 받아야 한다(단, 복리시설의 경우에는 신고). ⓒ 공공주택사업자(국가·지방자치단체·한국토지주택공사·지방공사)는 승인을 받지 아니하며, 복리시설의 경우에는 신고하지 않아도 된다.
사업주체가 건설하는 주택을 공급하려는 경우	⊙ 국토교통부령으로 정하는 입주자모집의 시기·조건·방법·절차, 입주금의 납부방법·시기·절차, 주택공급계약의 방법·절차 등에 적합할 것 ⓒ 국토교통부령으로 정하는 바에 따라 벽지·바닥재·주방용구·조명기구 등을 제외한 부분의 가격을 따로 제시하고, 이를 입주자가 선택할 수 있도록 할 것

01 주택법령상 「주택공급에 관한 규칙」으로 정하는 사항을 모두 고른 것은? • 35회

㉠ 법 제54조에 따른 주택의 공급
㉡ 법 제57조에 따른 분양가격 산정방식
㉢ 법 제60조에 따른 견본주택의 건축기준
㉣ 법 제65조 제5항에 따른 입주자자격 제한

① ㉠, ㉡, ㉢
② ㉠, ㉡, ㉣
③ ㉠, ㉢, ㉣
④ ㉡, ㉢, ㉣
⑤ ㉠, ㉡, ㉢, ㉣

키워드 주택공급에 관한 규칙으로 정하는 사항

해설 ㉡ 법 제57조에 따른 분양가격 산정방식 등은 「공동주택 분양가격의 산정 등에 관한 규칙」으로 정한다.

이론플러스 「주택공급에 관한 규칙」으로 정하는 사항

1. 법 제54조에 따른 주택의 공급
2. 법 제56조에 따른 입주자저축
3. 법 제60조에 따른 견본주택의 건축기준
4. 법 제65조 제5항에 따른 입주자자격 제한

02 주택법령상 주택의 분양가격제한과 관련된 설명으로 틀린 것은? • 21회 수정

① 사업주체가 일반인에게 공급하는 공동주택이라도 도시형 생활주택에 대해서는 분양가상한제가 적용되지 않는다.
② 「관광진흥법」에 따라 지정된 관광특구에서 55층의 아파트를 건설·공급하는 경우 분양가상한제는 적용되지 않는다.
③ 사업주체가 공공택지에서 공급하는 주택에 대하여 입주자모집 승인을 받은 경우에는 분양가상한제 적용주택이라도 입주자 모집공고에 분양가격을 공시할 필요가 없다.
④ 분양가상한제의 적용에 있어 분양가격 산정의 기준이 되는 기본형건축비는 시장·군수·구청장이 해당 지역의 특성을 고려하여 국토교통부령으로 정하는 범위에서 따로 정하여 고시할 수 있다.
⑤ 시장·군수·구청장은 분양가격의 제한 및 공시에 관한 사항을 심의하기 위하여 분양가심사위원회를 설치·운영하여야 한다.

키워드   주택의 분양가격제한

해설   사업주체는 분양가상한제 적용주택으로서 공공택지에서 공급하는 주택에 대하여 입주자모집 승인을 받았을 때에는 입주자 모집공고에 다음[국토교통부령으로 정하는 세분류(細分類)를 포함]에 대하여 분양가격을 공시하여야 한다.

> 1. 택지비
> 2. 공사비
> 3. 간접비
> 4. 그 밖에 국토교통부령으로 정하는 비용

03 주택법령상 주택의 공급 및 분양가상한제에 관한 설명으로 틀린 것은? • 22회 수정

① 지방공사가 사업주체가 되어 입주자를 모집하려는 경우 시장·군수·구청장의 승인을 받아야 한다.
② 사업주체가 주택을 공급하려는 경우에는 국토교통부령으로 정하는 바에 따라 벽지, 바닥재, 주방용구, 조명기구 등을 제외한 부분의 가격을 따로 제시하여야 한다.
③ 도시형 생활주택은 분양가상한제의 적용을 받지 않는다.
④ 「관광진흥법」에 따라 지정된 관광특구에서 건설·공급하는 50층 이상의 공동주택은 분양가상한제의 적용을 받지 않는다.
⑤ 공공택지에서 주택을 공급하는 경우 분양가상한제 적용주택의 택지비는 해당 택지의 공급가격에 국토교통부령으로 정하는 택지와 관련된 비용을 가산한 금액으로 한다.

키워드   주택의 공급 및 분양가상한제

해설   지방공사가 사업주체가 되어 입주자를 모집하려는 경우 시장·군수·구청장의 승인을 받지 않는다.

정답 01 ③ 02 ③ 03 ①

04 주택법령상 주택의 공급 및 분양가격 등에 관한 설명으로 옳은 것은? • 23회

① 분양가상한제 적용주택의 분양가격은 택지비와 건축비로 구성된다.
② 한국토지주택공사가 사업주체로서 입주자를 모집하려는 경우에는 시장·군수·구청장의 승인을 받아야 한다.
③ 사업주체가 복리시설의 입주자를 모집하려는 경우 시장·군수·구청장의 승인을 받아야 한다.
④ 사업주체가 공공택지에서 공급하는 분양가상한제 적용주택에 대하여 입주자모집 승인을 받았을 때에는 분양가격을 공시할 필요가 없다.
⑤ 「관광진흥법」에 따라 지정된 관광특구에서 건설·공급하는 높이 150m 이상의 공동주택은 분양가상한제의 적용을 받는다.

키워드 주택의 공급 및 분양가상한제

해설 ② 한국토지주택공사가 사업주체로서 입주자를 모집하려는 경우에는 시장·군수·구청장의 승인을 받지 않는다.
③ 사업주체가 복리시설의 입주자를 모집하려는 경우 시장·군수·구청장에게 신고하여야 한다.
④ 사업주체가 공공택지에서 공급하는 분양가상한제 적용주택에 대하여 입주자모집 승인을 받았을 때에는 분양가격을 공시하여야 한다.
⑤ 「관광진흥법」에 따라 지정된 관광특구에서 건설·공급하는 높이 150m 이상의 공동주택은 분양가상한제의 적용을 받지 않는다.

05 주택법령상 주택의 공급에 관한 설명으로 옳은 것은? • 27회 수정

① 한국토지주택공사가 사업주체로서 입주자를 모집하려는 경우에는 시장·군수·구청장의 승인을 받아야 한다.
② 「관광진흥법」에 따라 지정된 관광특구에서 건설·공급하는 층수가 51층이고 높이가 140m인 아파트는 분양가상한제의 적용 대상이다.
③ 시·도지사는 주택가격상승률이 물가상승률보다 현저히 높은 지역으로서 주택가격의 급등이 우려되는 지역에 대해서 분양가상한제 적용지역으로 지정할 수 있다.
④ 주택의 사용검사 후 주택단지 내 일부의 토지의 소유권을 회복한 자에게 주택소유자들이 매도청구를 하려면 해당 토지의 면적이 주택단지 전체 대지면적의 5% 미만이어야 한다.
⑤ 사업주체가 투기과열지구에서 건설·공급되는 주택은 매매하거나 상속할 수 없다.

키워드 주택의 공급 및 분양가상한제

해설 ① 한국토지주택공사가 사업주체로서 입주자를 모집하려는 경우에는 시장·군수·구청장의 승인을 받지 않아도 된다.
② 「관광진흥법」에 따라 지정된 관광특구에서 건설·공급하는 층수가 51층이고 높이가 140m인 아파트는 분양가상한제를 적용하지 아니한다.
③ 국토교통부장관은 주택가격상승률이 물가상승률보다 현저히 높은 지역으로서 주택가격의 급등이 우려되는 지역에 대해서 분양가상한제 적용지역으로 지정할 수 있다.
⑤ 사업주체가 투기과열지구에서 건설·공급되는 주택은 매매할 수는 없지만, 상속할 수는 있다.

06 주택법령상 주택의 공급에 관한 설명으로 틀린 것은? • 28회

① 군수는 입주자모집 승인 시 사업주체에게서 받은 마감자재 목록표의 열람을 입주자가 요구하는 경우 이를 공개하여야 한다.
② 사업주체가 부득이한 사유로 인하여 사업계획승인의 마감자재와 다르게 시공·설치하려는 경우에는 당초의 마감자재와 같은 질 이하의 자재로 설치할 수 있다.
③ 사업주체가 마감자재 목록표의 자재와 다른 마감자재를 시공·설치하려는 경우에는 그 사실을 입주예정자에게 알려야 한다.
④ 사업주체가 일반인에게 공급하는 공동주택 중 공공택지에서 공급하는 주택의 경우에는 분양가상한제가 적용된다.
⑤ 도시형 생활주택을 공급하는 경우에는 분양가상한제가 적용되지 않는다.

키워드 주택의 공급

해설 사업주체가 마감자재 생산업체의 부도 등으로 인한 제품의 품귀 등 부득이한 사유로 인하여 법 제15조에 따른 사업계획승인 또는 마감자재 목록표의 마감자재와 다르게 마감자재를 시공·설치하려는 경우에는 당초의 마감자재와 같은 질 이상으로 설치하여야 한다.

07 주택법령상 분양가상한제 적용주택에 관한 설명으로 옳은 것을 모두 고른 것은? • 33회

㉠ 도시형 생활주택은 분양가상한제 적용주택에 해당하지 않는다.
㉡ 토지임대부 분양주택의 분양가격은 택지비와 건축비로 구성된다.
㉢ 사업주체는 분양가상한제 적용주택으로서 공공택지에서 공급하는 주택에 대하여 입주자 모집공고에 분양가격을 공시해야 하는데, 간접비는 공시해야 하는 분양가격에 포함되지 않는다.

① ㉠
② ㉠, ㉡
③ ㉠, ㉢
④ ㉡, ㉢
⑤ ㉠, ㉡, ㉢

키워드 분양가상한제

해설 ㉡ 분양가격은 택지비와 건축비로 구성되는데, 토지임대부 분양주택의 경우에는 건축비만 해당된다.
㉢ 사업주체는 분양가상한제 적용주택으로서 공공택지에서 공급하는 주택에 대하여 입주자모집 승인을 받았을 때에는 입주자 모집공고에 다음에 대하여 분양가격을 공시하여야 한다.

ⓐ 택지비
ⓑ 공사비
ⓒ 간접비
ⓓ 그 밖에 국토교통부령으로 정하는 비용

제2절 공급질서 교란 금지

대표기출 2 | 2021년 제32회 A형 71번 문제 | 난이도 중

주택법령상 주택공급과 관련하여 금지되는 공급질서 교란행위에 해당하는 것을 모두 고른 것은?

㉠ 주택을 공급받을 수 있는 조합원 지위의 상속
㉡ 입주자저축증서의 저당
㉢ 공공사업의 시행으로 인한 이주대책에 따라 주택을 공급받을 수 있는 지위의 매매
㉣ 주택을 공급받을 수 있는 증서로서 시장·군수·구청장이 발행한 무허가건물확인서의 증여

① ㉠, ㉡
② ㉠, ㉣
③ ㉢, ㉣
④ ㉠, ㉡, ㉢
⑤ ㉡, ㉢, ㉣

기출공략 [키워드] 주택의 공급질서 교란행위

'상속·저당의 경우는 제외'된다는 것만 암기하면 정답을 찾을 수 있습니다.

32회

주택법령상 주택공급과 관련하여 금지되는 공급질서 교란행위에 해당하는 것을 모두 고른 것은? (③)

㉠ 주택을 공급받을 수 있는 조합원 지위의 상속(✕)
  → 주택을 공급받을 수 있는 조합원 지위의 상속은 공급받거나 공급받게 할 수 있다.
㉡ 입주자저축증서의 저당(✕)
  → 입주자저축증서의 저당은 공급받거나 공급받게 할 수 있다.
㉢ 공공사업의 시행으로 인한 이주대책에 따라 주택을 공급받을 수 있는 지위의 매매(○)
㉣ 주택을 공급받을 수 있는 증서로서 시장·군수·구청장이 발행한 무허가건물확인서의 증여(○)

정답 07 ①

이론플러스 주택의 공급질서 교란 금지

누구든지 「주택법」에 따라 건설·공급되는 주택을 공급받거나 공급받게 하기 위하여 다음의 어느 하나에 해당하는 증서 또는 지위를 양도·양수(매매·증여나 그 밖에 권리 변동을 수반하는 모든 행위를 포함하되, 상속·저당의 경우는 제외) 또는 이를 알선하거나 양도·양수 또는 이를 알선할 목적으로 하는 광고(각종 간행물·인쇄물·전화·인터넷, 그 밖의 매체를 통한 행위를 포함)를 하여서는 아니 되며, 누구든지 거짓이나 그 밖의 부정한 방법으로 이 법에 따라 건설·공급되는 증서나 지위 또는 주택을 공급받거나 공급받게 하여서는 아니 된다.

1. 주택을 공급받을 수 있는 지위
2. 입주자저축증서
3. 주택상환사채
4. 시장·군수·구청장이 발행한 무허가건물확인서, 건물철거예정증명서 또는 건물철거확인서
5. 공공사업의 시행으로 인한 이주대책에 따라 주택을 공급받을 수 있는 지위 또는 이주대책대상자 확인서

08 주택법령상 주택의 공급질서 교란행위에 해당하지 않는 것은? • 23회, 25회

① 주택상환사채의 증여
② 입주자저축증서의 매매의 알선
③ 도시개발채권의 양도
④ 시장이 발행한 무허가건물확인서를 매매할 목적으로 하는 광고
⑤ 공공사업의 시행으로 인한 이주대책에 의하여 주택을 공급받을 수 있는 지위의 매매

키워드 주택의 공급질서 교란행위

해설 도시개발채권은 주택을 공급받는 지위에 해당하지 않기 때문에 그 채권의 양도는 주택의 공급질서 교란행위에 해당하지 않는다.

09 주택법령상 주택공급질서의 교란을 방지하기 위하여 금지되는 행위가 아닌 것은?

• 24회

① 주택을 공급받을 수 있는 조합원 지위의 매매
② 주택상환사채의 매매의 알선
③ 입주자저축증서의 저당
④ 공공사업의 시행으로 인한 이주대책에 의하여 주택을 공급받을 수 있는 지위의 매매를 위한 인터넷 광고
⑤ 주택을 공급받을 수 있는 증서로서 군수가 발행한 건물철거확인서의 매매

키워드 주택의 공급질서 교란행위

해설 입주자저축증서의 '저당'은 주택공급질서의 교란을 방지하기 위하여 금지되는 행위에 해당되지 않는다.

제3절　투기과열지구 및 전매제한

대표기출 3　2021년 제32회 A형 문제 수정 ｜ 난이도 중

주택법령상 투기과열지구의 지정기준에 관한 설명이다. (　)에 들어갈 숫자와 내용을 바르게 나열한 것은?

> - 투기과열지구로 지정하는 날이 속하는 달의 바로 전달(이하 '투기과열지구 지정 직전월')부터 소급하여 주택공급이 있었던 (㉠)개월 동안 해당 지역에서 공급되는 주택의 월별 평균 청약경쟁률이 모두 5대 1을 초과하였거나 국민주택규모 주택의 월별 평균 청약경쟁률이 모두 (㉡)대 1을 초과한 곳
> - 투기과열지구 지정 직전월의 (㉢)이 전달보다 30% 이상 감소하여 주택공급이 위축될 우려가 있는 곳

① ㉠: 2, ㉡: 10, ㉢: 주택분양실적
② ㉠: 2, ㉡: 10, ㉢: 건축허가실적
③ ㉠: 2, ㉡: 20, ㉢: 건축허가실적
④ ㉠: 3, ㉡: 10, ㉢: 주택분양실적
⑤ ㉠: 3, ㉡: 20, ㉢: 건축허가실적

기출공략　[키워드] 투기과열지구

투기과열지구의 지정기준에 대한 내용을 학습하면 정답을 찾을 수 있는 문제입니다.

28회, 29회, 32회

주택법령상 투기과열지구의 지정기준에 관한 설명이다. (   )에 들어갈 숫자와 내용을 바르게 나열한 것은? (①)

- 투기과열지구로 지정하는 날이 속하는 달의 바로 전달(이하 '투기과열지구 지정 직전월')부터 소급하여 주택공급이 있었던 (㉠ 2)개월 동안 해당 지역에서 공급되는 주택의 월별 평균 청약경쟁률이 모두 5대 1을 초과하였거나 국민주택규모 주택의 월별 평균 청약경쟁률이 모두 (㉡ 10)대 1을 초과한 곳
- 투기과열지구 지정 직전월의 (㉢ 주택분양실적)이 전달보다 30% 이상 감소하여 주택공급이 위축될 우려가 있는 곳

이론플러스 투기과열지구의 지정기준

1. 투기과열지구 지정 직전월(투기과열지구로 지정하는 날이 속하는 달의 바로 전달)부터 소급하여 주택공급이 있었던 2개월 동안 해당 지역에서 공급되는 주택의 월별 평균 청약경쟁률이 모두 5대 1을 초과했거나 국민주택규모 주택의 월별 평균 청약경쟁률이 모두 10대 1을 초과한 곳
2. 다음에 해당하는 곳으로서 주택공급이 위축될 우려가 있는 곳
   ⓐ 투기과열지구 지정 직전월의 주택분양실적이 전달보다 30% 이상 감소한 곳
   ⓑ 주택건설사업계획승인 건수나 「건축법」에 따른 건축허가 건수(투기과열지구 지정 직전월부터 소급하여 6개월간의 건수)가 직전 연도보다 급격하게 감소한 곳
3. 신도시 개발이나 주택 전매행위의 성행 등으로 투기 및 주거불안의 우려가 있는 곳으로서 다음에 해당하는 곳
   ⓐ 해당 지역이 속하는 시·도의 주택보급률이 전국 평균 이하인 곳
   ⓑ 해당 지역이 속하는 시·도의 자가주택비율이 전국 평균 이하인 곳
   ⓒ 해당 지역의 분양주택(투기과열지구로 지정하는 날이 속하는 연도의 직전 연도에 분양된 주택)의 수가 입주자저축에 가입한 사람으로서 국토교통부령으로 정하는 사람의 수보다 현저히 적은 곳

10 주택법령상 투기과열지구에 관한 설명으로 옳은 것은? •21회, 25회 수정

① 일정한 지역의 주택가격상승률이 물가상승률보다 현저히 높은 경우 관할 시장·군수·구청장은 해당 지역을 투기과열지구로 지정할 수 있다.
② 시·도지사가 투기과열지구를 지정하는 경우 당해 지역의 시장·군수·구청장과 협의하여야 한다.
③ 투기과열지구로 지정되면 투기과열지구 내의 기존 주택에 대해서 주택의 전매제한이 적용된다.
④ 주택분양실적이 전달보다 30% 이상 증가한 곳은 투기과열지구로 지정하여야 한다.
⑤ 투기과열지구에서 건설·공급되는 주택의 입주자로 선정된 지위를 세대원 전원이 해외로 이주하게 되어 한국토지주택공사의 동의를 받아 전매하는 경우에는 전매제한이 적용되지 않는다.

키워드 투기과열지구

해설 ① 국토교통부장관 또는 시·도지사는 주택가격의 안정을 위하여 필요한 경우에는 주거정책심의위원회(시·도지사의 경우에는 시·도 주거정책심의위원회)의 심의를 거쳐 일정한 지역을 투기과열지구로 지정하거나 이를 해제할 수 있다.
② 국토교통부장관과 협의하여야 한다.
③ 기존 주택에 대하여는 전매제한이 적용되지 아니한다.
④ 주택분양실적이 전달보다 30% 이상 감소한 곳이라야 한다.

11 주택법령상 투기과열지구의 지정기준에 관한 조문의 일부이다. 다음 (   )에 들어갈 숫자를 옳게 연결한 것은? •28회 수정

> 1. 주택공급이 있었던 (㉠)개월 동안 해당 지역에서 공급되는 주택의 월별 평균 청약경쟁률이 모두 (㉡)대 1을 초과하였거나 국민주택규모 주택의 월별 평균 청약경쟁률이 모두 10대 1을 초과한 곳
> 2. 다음 각 목의 어느 하나에 해당하여 주택공급이 위축될 우려가 있는 곳
>   가. 투기과열지구 지정 직전월의 주택분양실적이 전달보다 (㉢)% 이상 감소한 곳

① ㉠: 2, ㉡: 5, ㉢: 30   ② ㉠: 2, ㉡: 10, ㉢: 40
③ ㉠: 6, ㉡: 5, ㉢: 30   ④ ㉠: 6, ㉡: 10, ㉢: 30
⑤ ㉠: 6, ㉡: 10, ㉢: 40

> **키워드** 투기과열지구의 지정기준
>
> **해설**
>
> 1. 투기과열지구 지정 직전월(투기과열지구로 지정하는 날이 속하는 달의 바로 전달)부터 소급하여 주택공급이 있었던 (㉠ 2)개월 동안 해당 지역에서 공급되는 주택의 월별 평균 청약경쟁률이 모두 (㉡ 5)대 1을 초과했거나 국민주택규모 주택의 월별 평균 청약경쟁률이 모두 10대 1을 초과한 곳
> 2. 다음 각 목의 어느 하나에 해당하여 주택공급이 위축될 우려가 있는 곳
>   가. 투기과열지구 지정 직전월의 주택분양실적이 전달보다 (㉢ 30)% 이상 감소한 곳
>   나. 주택건설사업계획승인 건수나「건축법」에 따른 건축허가 건수(투기과열지구 지정 직전월부터 소급하여 6개월간의 건수)가 직전 연도보다 급격하게 감소한 곳

12 주택법령상 조정대상지역의 지정기준의 일부이다. (   )에 들어갈 숫자로 옳은 것은?

• 34회

> 조정대상지역 지정 직전월부터 소급하여 6개월간의 평균 주택가격상승률이 마이너스 (㉠)% 이하인 지역으로서 다음에 해당하는 지역
> • 조정대상지역 지정 직전월부터 소급하여 (㉡)개월 연속 주택매매거래량이 직전 연도의 같은 기간보다 (㉢)% 이상 감소한 지역
> • 조정대상지역 지정 직전월부터 소급하여 (㉡)개월간의 평균 미분양주택(주택법 제15조 제1항에 따른 사업계획승인을 받아 입주자를 모집했으나 입주자가 선정되지 않은 주택을 말한다)의 수가 직전연도의 같은 기간보다 2배 이상인 지역

① ㉠: 1, ㉡: 3, ㉢: 20
② ㉠: 1, ㉡: 3, ㉢: 30
③ ㉠: 1, ㉡: 6, ㉢: 30
④ ㉠: 3, ㉡: 3, ㉢: 20
⑤ ㉠: 3, ㉡: 6, ㉢: 20

> **키워드** 조정대상지역의 지정기준
>
> **해설** 조정대상지역 지정 직전월부터 소급하여 6개월간의 평균 주택가격상승률이 마이너스 (㉠ 1)% 이하인 지역으로서 다음에 해당하는 지역
> • 조정대상지역 지정 직전월부터 소급하여 (㉡ 3)개월 연속 주택매매거래량이 직전 연도의 같은 기간보다 (㉢ 20)% 이상 감소한 지역
> • 조정대상지역 지정 직전월부터 소급하여 (㉡ 3)개월간의 평균 미분양주택(주택법 제15조 제1항에 따른 사업계획승인을 받아 입주자를 모집했으나 입주자가 선정되지 않은 주택을 말한다)의 수가 직전연도의 같은 기간보다 2배 이상인 지역

정답 10 ⑤ 11 ① 12 ①

13 주택법령상 투기과열지구 및 조정대상지역에 관한 설명으로 옳은 것은? • 29회

① 국토교통부장관은 시·도의 주택보급률 또는 자가주택비율이 전국 평균을 초과하는 지역을 투기과열지구로 지정할 수 있다.
② 시·도지사는 주택의 분양·매매 등 거래가 위축될 우려가 있는 지역을 시·도 주거정책심의위원회의 심의를 거쳐 조정대상지역으로 지정할 수 있다.
③ 투기과열지구의 지정기간은 3년으로 하되, 당해 지역 시장·군수·구청장의 의견을 들어 연장할 수 있다.
④ 투기과열지구로 지정되면 지구 내 주택은 전매행위가 제한된다.
⑤ 조정대상지역으로 지정된 지역의 시장·군수·구청장은 조정대상지역으로 유지할 필요가 없다고 판단되는 경우 국토교통부장관에게 그 지정의 해제를 요청할 수 있다.

키워드 투기과열지구 및 조정대상지역
해설 ① 국토교통부장관은 시·도의 주택보급률 또는 자가주택비율이 전국 평균 이하인 지역을 투기과열지구로 지정할 수 있다.
② 국토교통부장관은 주택가격, 주택거래량, 미분양주택의 수 및 주택보급률 등을 고려하여 주택의 분양·매매 등 거래가 위축되어 있거나 위축될 우려가 있는 지역을 주거정책심의위원회의 심의를 거쳐 조정대상지역으로 지정할 수 있다.
③ 투기과열지구의 지정의 효력기간은 규정된 바 없다.
④ 투기과열지구라도 기존 주택은 전매행위가 제한되지 않는다.

14 세대주인 甲이 취득한 주택은 주택법령에 의한 전매제한기간 중에 있다. 다음 중 甲이 이 주택을 전매할 수 있는 경우는? (단, 다른 요건은 충족됨) • 22회

① 세대원인 甲의 아들이 결혼으로 甲의 세대원 전원이 수도권 안에서 이전하는 경우
② 甲은 상속에 의하여 취득한 주택으로 이전하면서, 甲을 제외한 나머지 세대원은 다른 새로운 주택으로 이전하는 경우
③ 甲의 세대원 전원이 1년 6개월간 해외에 체류하고자 하는 경우
④ 세대원인 甲의 가족은 국내에 체류하고, 甲은 해외로 이주하고자 하는 경우
⑤ 甲이 이 주택의 일부를 배우자에게 증여하는 경우

|키워드| 전매제한의 특례

|해설| ① 수도권 안에서 이전하는 것은 제외한다.
② 상속에 의하여 취득한 주택으로 세대원 전원이 이전하여야 한다.
③ 세대원 전원이 2년 이상 해외에 체류하여야 한다.
④ 세대원 전원이 해외로 이주하여야 한다.

15 주택법령상 주택의 전매행위 제한을 받는 경우에도 불구하고 전매가 허용되는 경우에 해당하는 것은? (단, 전매를 위해 필요한 다른 요건은 충족한 것으로 함) • 24회

① 세대주의 근무상 사정으로 인하여 세대원 일부가 수도권이 아닌 지역으로 이전하는 경우
② 세대원 전원이 1년간 해외에 체류하고자 하는 경우
③ 이혼으로 인하여 주택을 그 배우자에게 이전하는 경우
④ 세대원 일부가 해외로 이주하는 경우
⑤ 상속에 의하여 취득한 주택으로 세대원 일부가 이전하는 경우

|키워드| 전매제한의 특례

|해설| ① 세대주의 근무상 사정으로 인하여 세대원 전부가 수도권이 아닌 지역으로 이전하는 경우
② 세대원 전원이 2년 이상 해외에 체류하고자 하는 경우
④ 세대원 전원이 해외로 이주하는 경우
⑤ 상속에 의하여 취득한 주택으로 세대원 전원이 이전하는 경우

|정답| 13 ⑤ 14 ⑤ 15 ③

16 주택법령상 주택의 전매행위 제한 등에 관한 설명으로 옳은 것은? • 25회 수정

① 제한되는 전매에는 매매·증여·상속이나 그 밖에 권리의 변동을 수반하는 모든 행위가 포함된다.
② 투기과열지구에서 건설·공급되는 주택의 입주자로 선정된 지위의 전매제한기간은 입주자 모집을 하여 해당 주택의 입주자로 선정된 날부터 5년간이다.
③ 상속에 의하여 취득한 주택으로 세대원 일부가 이전하는 경우 전매제한의 대상이 되는 주택이라도 전매할 수 있다.
④ 사업주체가 전매행위가 제한되는 분양가상한제 적용주택을 공급하는 경우 그 주택의 소유권을 제3자에게 이전할 수 없음을 소유권에 관한 등기에 부기등기하여야 한다.
⑤ 전매행위 제한(토지임대부 분양주택은 제외)을 위반하여 주택의 입주자로 선정된 지위의 전매가 이루어진 경우 사업주체가 매입비용을 지급하고 해당 입주자로 선정된 지위를 매입하여야 한다.

키워드 주택의 전매행위 제한

해설 ① 제한되는 전매에는 매매·증여나 그 밖에 권리의 변동을 수반하는 모든 행위가 포함되지만, 상속은 그렇지 않다.
② 투기과열지구에서 건설·공급되는 주택의 입주자로 선정된 지위의 전매제한기간은 해당 주택의 입주자로 선정된 날부터 수도권은 3년, 수도권 외 지역은 1년으로 한다.
③ 상속에 의하여 취득한 주택으로 세대원 전원이 이전하는 경우 전매제한의 대상이 되는 주택이라도 전매할 수 있다.
⑤ 전매행위 제한(토지임대부 분양주택은 제외)을 위반하여 주택의 입주자로 선정된 지위의 전매가 이루어진 경우 사업주체가 이미 납부한 입주금과 그 입주금에 대하여 「은행법」에 따른 은행의 1년 만기 정기예금 평균이자율을 합산한 금액('매입비용'이라 함)을 그 매수인에게 지급한 경우에는 그 지급한 날에 사업주체가 해당 입주자로 선정된 지위를 취득한 것으로 본다.

17 주택법령상 주택의 전매행위 제한에 관한 설명으로 틀린 것은? (단, 수도권은 수도권정비계획법에 의한 것임)
• 27회 수정

① 전매제한기간은 주택의 수급상황 및 투기우려 등을 고려하여 지역별로 달리 정할 수 있다.
② 사업주체가 수도권의 지역으로서 공공택지 외의 택지에서 건설·공급하는 주택을 공급하는 경우에는 그 주택의 소유권을 제3자에게 이전할 수 없음을 소유권에 관한 등기에 부기등기하여야 한다.
③ 세대원 전원이 2년 이상의 기간 동안 해외에 체류하고자 하는 경우로서 한국토지주택공사의 동의를 받은 경우에는 전매제한 주택을 전매할 수 있다.
④ 상속에 의하여 취득한 주택으로 세대원 전원이 이전하는 경우로서 한국토지주택공사의 동의를 받은 경우에는 전매제한 주택을 전매할 수 있다.
⑤ 수도권이 아닌 지역으로서 공공택지 외의 택지에서 건설·공급되는 주택의 소유자가 국가에 대한 채무를 이행하지 못하여 공매가 시행되는 경우에는 한국토지주택공사의 동의 없이도 전매를 할 수 있다.

키워드 주택의 전매행위 제한

해설 수도권이 아닌 지역으로서 공공택지 외의 택지에서 건설·공급되는 주택의 소유자가 국가에 대한 채무를 이행하지 못하여 공매가 시행되는 경우에도 한국토지주택공사의 동의를 받아 전매를 할 수 있다.

정답 16 ④ 17 ⑤

CHAPTER 04 주택의 리모델링

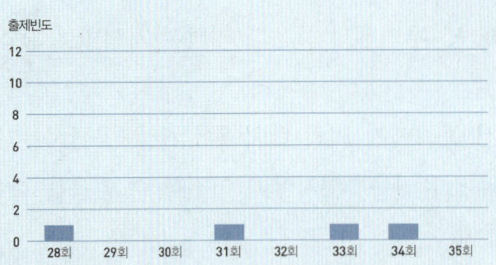

■ 8개년 출제 문항 수
총 40문제 中 평균 약 0.5문제 출제

■ 이 단원을 공략하고 싶다면?
리모델링 기본계획에 대한 기출 내용 위주로 알 아두자

↳ 기본서 [부동산공법] pp. 621~628

대표기출 2017년 제28회 A형 65번 문제 수정 | 난이도 중

주택법령상 공동주택의 리모델링에 관한 설명으로 틀린 것은? (단, 조례는 고려하지 않음)

① 입주자·사용자 또는 관리주체가 리모델링하려고 하는 경우에는 공사기간, 공사방법 등이 적혀 있는 동의서에 입주자 전체의 동의를 받아야 한다.
② 리모델링에 동의한 소유자는 입주자대표회의가 시장·군수·구청장에게 허가신청서를 제출한 이후에도 서면으로 동의를 철회할 수 있다.
③ 수직증축형 리모델링의 대상이 되는 기존 건축물의 층수가 15층 이상인 경우에는 3개 층까지 증축할 수 있다.
④ 주택단지 전체를 리모델링하고자 주택조합을 설립하기 위해서는 주택단지 전체의 구분소유자와 의결권의 각 3분의 2 이상의 결의 및 각 동의 구분소유자와 의결권의 각 과반수의 결의를 얻어야 한다.
⑤ 조합설립 시 증축형 리모델링을 하려는 자는 시장·군수·구청장에게 안전진단을 요청하여야 한다.

기출공략 [키워드] 공동주택의 리모델링

리모델링 허가사항에 대해 전반적으로 학습하여야만 정답을 찾을 수 있는 문제입니다.

28회, 31회, 33회

주택법령상 공동주택의 리모델링에 관한 설명으로 <u>틀린</u> 것은? (단, 조례는 고려하지 않음)
(②)

① 입주자·사용자 또는 관리주체가 리모델링하려고 하는 경우에는 공사기간, 공사방법 등이 적혀 있는 동의서에 입주자 전체의 동의를 받아야 한다. (O)

② 리모델링에 동의한 소유자는 입주자대표회의가 시장·군수·구청장에게 허가신청서를 제출한 ~~이후에도~~ 서면으로 동의를 철회할 수 있다. (×)
  → 리모델링에 동의한 소유자는 리모델링주택조합 또는 입주자대표회의가 시장·군수·구청장에게 허가신청서를 제출하기 전까지 서면으로 동의를 철회할 수 있다.

③ 수직증축형 리모델링의 대상이 되는 기존 건축물의 층수가 15층 이상인 경우에는 3개 층까지 증축할 수 있다. (O)

④ 주택단지 전체를 리모델링하고자 주택조합을 설립하기 위해서는 주택단지 전체의 구분소유자와 의결권의 각 3분의 2 이상의 결의 및 각 동의 구분소유자와 의결권의 각 과반수의 결의를 얻어야 한다. (O)

⑤ 조합설립 시 증축형 리모델링을 하려는 자는 시장·군수·구청장에게 안전진단을 요청하여야 한다. (O)

이론플러스 리모델링 허가 대상

입주자·사용자·관리주체	공동주택(부대시설과 복리시설을 포함)의 입주자·사용자 또는 관리주체가 공동주택을 리모델링하려고 하는 경우에는 허가와 관련된 면적, 세대수 또는 입주자 등의 동의 비율에 관하여 대통령령으로 정하는 기준 및 절차 등에 따라 시장·군수·구청장의 허가를 받아야 한다(법 제66조 제1항).
리모델링주택조합 또는 입주자대표회의	대통령령으로 정하는 기준 및 절차 등에 따라 리모델링 결의를 한 리모델링주택조합이나 소유자 전원의 동의를 받은 입주자대표회의가 시장·군수·구청장의 허가를 받아 리모델링을 할 수 있다(법 제66조 제2항).

01

주택법령상 리모델링에 관한 설명으로 옳은 것은? (단, 조례는 고려하지 않음) • 25회

① 기존 14층 건축물에 수직증축형 리모델링이 허용되는 경우 2개 층까지 증축할 수 있다.
② 리모델링주택조합의 설립인가를 받으려는 자는 인가신청서에 해당 주택소재지의 100분의 80 이상의 토지에 대한 토지사용승낙서를 첨부하여 관할 시장·군수 또는 구청장에게 제출하여야 한다.
③ 소유자 전원의 동의를 받은 입주자대표회의는 시장·군수·구청장에게 신고하고 리모델링을 할 수 있다.
④ 수직증축형 리모델링의 경우 리모델링주택조합의 설립인가신청서에 당해 주택이 사용검사를 받은 후 10년 이상의 기간이 경과하였음을 증명하는 서류를 첨부하여야 한다.
⑤ 리모델링주택조합이 시공자를 선정하는 경우 수의계약의 방법으로 하여야 한다.

키워드 리모델링

해설 ② 리모델링주택조합의 경우에는 토지의 사용승낙서가 필요하지 않다.
③ 리모델링허가를 받아야 한다.
④ 증축을 위한 리모델링인 경우 당해 주택이 사용검사를 받은 후 15년(15년 이상 20년 미만의 연수 중 시·도조례가 정하는 경우 그 연수) 이상의 기간이 경과하였음을 증명하는 서류를 제출하여야 한다.
⑤ 리모델링주택조합이 시공자를 선정하는 경우 경쟁입찰의 방법으로 하여야 한다.

02

주택법령상 리모델링 기본계획 수립절차에 관한 조문의 일부이다. ( )에 들어갈 숫자를 옳게 연결한 것은? • 27회

> 리모델링 기본계획을 수립하거나 변경하려면 (㉠)일 이상 주민에게 공람하고, 지방의회의 의견을 들어야 한다. 이 경우 지방의회는 의견제시를 요청받은 날부터 (㉡)일 이내에 의견을 제시하여야 한다.

① ㉠: 7, ㉡: 14
② ㉠: 10, ㉡: 15
③ ㉠: 14, ㉡: 15
④ ㉠: 14, ㉡: 30
⑤ ㉠: 15, ㉡: 30

> **키워드** 리모델링 기본계획 수립절차
>
> **해설** 리모델링 기본계획을 수립하거나 변경하려면 (㉠ 14)일 이상 주민에게 공람하고, 지방의회의 의견을 들어야 한다. 이 경우 지방의회는 의견제시를 요청받은 날부터 (㉡ 30)일 이내에 의견을 제시하여야 한다.

03 주택법령상 공동주택의 리모델링에 관한 설명으로 틀린 것은? (단, 조례는 고려하지 않음)

• 31회

① 입주자대표회의가 리모델링하려는 경우에는 리모델링설계개요, 공사비, 소유자의 비용분담 명세가 적혀 있는 결의서에 주택단지 소유자 전원의 동의를 받아야 한다.
② 공동주택의 입주자가 공동주택을 리모델링하려고 하는 경우에는 시장·군수·구청장의 허가를 받아야 한다.
③ 사업비에 관한 사항은 세대수가 증가되는 리모델링을 하는 경우 수립하여야 하는 권리변동계획에 포함되지 않는다.
④ 증축형 리모델링을 하려는 자는 시장·군수·구청장에게 안전진단을 요청하여야 한다.
⑤ 수직증축형 리모델링의 대상이 되는 기존 건축물의 층수가 12층인 경우에는 2개 층까지 증축할 수 있다.

> **키워드** 공동주택의 리모델링
>
> **해설** 사업비에 관한 사항은 세대수가 증가되는 리모델링을 하는 경우 수립하여야 하는 권리변동계획에 포함되어야 한다.

정답 01 ① 02 ④ 03 ③

04 주택법령상 리모델링에 관한 설명으로 옳은 것은? (단, 조례는 고려하지 않음) • 33회

① 대수선은 리모델링에 포함되지 않는다.
② 공동주택의 리모델링은 동별로 할 수 있다.
③ 주택단지 전체를 리모델링하고자 주택조합을 설립하기 위해서는 주택단지 전체의 구분소유자와 의결권의 각 과반수의 결의가 필요하다.
④ 공동주택 리모델링의 허가는 시·도지사가 한다.
⑤ 리모델링주택조합 설립에 동의한 자로부터 건축물을 취득하였더라도 리모델링주택조합 설립에 동의한 것으로 보지 않는다.

키워드 리모델링

해설 ① '리모델링'이란 건축물의 노후화 억제 또는 기능 향상 등을 위한 대수선, 일부 증축의 어느 하나에 해당하는 행위를 말한다.
③ 주택단지 전체를 리모델링하고자 주택조합을 설립하기 위해서는 주택단지 전체의 구분소유자와 의결권의 각 3분의 2 이상의 결의 및 각 동의 구분소유자와 의결권의 각 과반수의 결의가 필요하다.
④ 공동주택(부대시설과 복리시설을 포함)의 입주자·사용자 또는 관리주체가 공동주택을 리모델링하려고 하는 경우에는 시장·군수·구청장의 허가를 받아야 한다.
⑤ 리모델링주택조합 설립에 동의한 자로부터 건축물을 취득한 자는 리모델링주택조합 설립에 동의한 것으로 본다.

이론플러스 주택을 리모델링하기 위하여 주택조합을 설립하려는 경우에는 다음의 구분에 따른 구분소유자와 의결권의 결의를 증명하는 서류를 첨부하여 관할 시장·군수·구청장의 인가를 받아야 한다.

> 1. 주택단지 전체를 리모델링하고자 하는 경우에는 주택단지 전체의 구분소유자와 의결권의 각 3분의 2 이상의 결의 및 각 동의 구분소유자와 의결권의 각 과반수의 결의
> 2. 동을 리모델링하고자 하는 경우에는 그 동의 구분소유자 및 의결권의 각 3분의 2 이상의 결의

05 주택법령상 리모델링에 관한 설명으로 틀린 것은? (단, 조례는 고려하지 않음) • 34회

① 세대수 증가형 리모델링으로 인한 도시과밀, 이주수요 집중 등을 체계적으로 관리하기 위하여 수립하는 계획을 리모델링 기본계획이라 한다.
② 리모델링에 동의한 소유자는 리모델링 결의를 한 리모델링주택조합이나 소유자 전원의 동의를 받은 입주자대표회의가 시장·군수·구청장에게 리모델링 허가신청서를 제출하기 전까지 서면으로 동의를 철회할 수 있다.
③ 특별시장·광역시장 및 대도시의 시장은 리모델링 기본계획을 수립하거나 변경한 때에는 이를 지체 없이 해당 지방자치단체의 공보에 고시하여야 한다.
④ 수직증축형 리모델링의 설계자는 국토교통부장관이 정하여 고시하는 구조기준에 맞게 구조설계도서를 작성하여야 한다.
⑤ 대수선인 리모델링을 하려는 자는 시장·군수·구청장에게 안전진단을 요청하여야 한다.

키워드 리모델링

해설 증축하는 리모델링을 하려는 자는 시장·군수·구청장에게 안전진단을 요청하여야 한다(법 제68조 제1항).

정답 04 ② 05 ⑤

PART 6 농지법

	3회독 체크
CHAPTER 01 총칙	☐ ☐ ☐
CHAPTER 02 농지의 소유	☐ ☐ ☐
CHAPTER 03 농지의 이용	☐ ☐ ☐
CHAPTER 04 농지의 보전	☐ ☐ ☐

각 단원의 회독 수를 체크해보세요.

5%
(약 2문제)

PART 6 최근 8개년 출제비중

제35회 출제경향

농지법은 상난이도가 2문제 출제되었습니다. 총칙, 농지의 보전에서 각각 1문제씩 출제되었으며, 나머지 CHAPTER에서는 출제되지 않았습니다.

8개년 회차별 출제빈도 분석표

회차	28회	29회	30회	31회	32회	33회	34회	35회	비중(%)
CHAPTER 01	1		1					1	18.8
CHAPTER 02		1	1		1	1	1		31.2
CHAPTER 03	1			1	1		1		25
CHAPTER 04		1		1		1		1	25

* 복합문제이거나, 법률이 개정 및 제정된 경우 분류 기준에 따라 위 수치와 달라질 수 있습니다.

CHAPTER 01 총칙

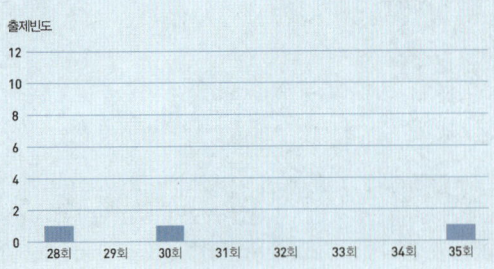

■ 8개년 출제 문항 수
총 40문제 中 평균 약 0.5문제 출제

■ 이 단원을 공략하고 싶다면?
농지, 농업인 등 용어의 정의에 대해 꼼꼼히 알아두자

↳ 기본서 [부동산공법] pp. 646~649

대표기출 2019년 제30회 A형 79번 문제 | 난이도 하

농지법령상 농지에 해당하는 것을 모두 고른 것은?

㉠ 대통령령으로 정하는 다년생식물 재배지로 실제로 이용되는 토지(초지법에 따라 조성된 초지 등 대통령령으로 정하는 토지는 제외)
㉡ 관상용 수목의 묘목을 조경목적으로 식재한 재배지로 실제로 이용되는 토지
㉢ 「공간정보의 구축 및 관리 등에 관한 법률」에 따른 지목이 답(畓)이고 농작물 경작지로 실제로 이용되는 토지의 개량시설에 해당하는 양·배수시설의 부지

① ㉠
② ㉠, ㉡
③ ㉠, ㉢
④ ㉡, ㉢
⑤ ㉠, ㉡, ㉢

기출공략 [키워드] 농지

용어에 대한 정의를 학습하면 바로 정답을 찾을 수 있는 문제입니다.

30회

농지법령상 농지에 해당하는 것을 모두 고른 것은? (③)

> ㉠ 대통령령으로 정하는 다년생식물 재배지로 실제로 이용되는 토지(초지법에 따라 조성된 초지 등 대통령령으로 정하는 토지는 제외) (O)
> ㉡ 관상용 수목의 묘목을 ~~조경목적~~으로 식재한 재배지로 실제로 이용되는 토지 (X)
>   → 조경 또는 관상용 수목과 그 묘목 등에 해당하는 다년생식물 재배지로 이용되는 토지는 농지에 해당한다. 다만, 조경목적으로 식재한 것은 제외된다.
> ㉢ 「공간정보의 구축 및 관리 등에 관한 법률」에 따른 지목이 답(畓)이고 농작물 경작지로 실제로 이용되는 토지의 개량시설에 해당하는 양·배수시설의 부지 (O)

이론플러스 농지의 범위

'농지'란 다음의 어느 하나에 해당하는 토지를 말한다.

1. 전·답, 과수원, 그 밖에 법적 지목(地目)을 불문하고 실제로 농작물 경작지 또는 다음의 다년생식물 재배지로 이용되는 토지(다만, 초지법에 따라 조성된 초지 등 대통령령으로 정하는 토지는 제외)
    ⓐ 목초·종묘·인삼·약초·잔디 및 조림용 묘목
    ⓑ 과수·뽕나무·유실수 그 밖의 생육기간이 2년 이상인 식물
    ⓒ 조경 또는 관상용 수목과 그 묘목(조경목적으로 식재한 것은 제외)
2. 농작물의 경작지 또는 다년생식물 재배지로 이용하고 있는 토지의 개량시설
    ⓐ 유지(溜池; 웅덩이), 양·배수시설, 수로, 농로, 제방
    ⓑ 그 밖에 농지의 보전이나 이용에 필요한 시설로서 농림축산식품부령으로 정하는 시설
3. 농작물의 경작지 또는 다년생식물 재배지에 설치하는 농축산물 생산시설의 부지
    ⓐ 고정식온실·버섯재배사 및 비닐하우스와 농림축산식품부령으로 정하는 그 부속시설
    ⓑ 축사·곤충사육사와 농림축산식품부령으로 정하는 그 부속시설
    ⓒ 간이퇴비장
    ⓓ 농막·간이저온저장고 및 간이액비저장조 중 농림축산식품부령으로 정하는 시설

01 「농지법」의 적용 대상이 되는 농지의 범위로 옳지 않은 것은? • 15회

① 농작물의 경작에 이용되고 있는 토지의 개량시설인 양수시설·수로·제방의 부지
② 농작물의 경작에 이용되고 있는 토지에 설치한 고정식온실 및 비닐하우스와 그 부속시설의 부지
③ 농작물의 경작에 이용되고 있는 토지에 설치한 농막과 「초지법」에 의하여 조성된 초지
④ 판매할 목적으로 조경 또는 관상용 수목과 그 묘목을 재배하고 있는 「공간정보의 구축 및 관리 등에 관한 법률」에 의한 지목이 답인 토지
⑤ 1996년 이후 계속하여 벼를 경작해 온 「공간정보의 구축 및 관리 등에 관한 법률」에 의한 지목이 잡종지인 토지

키워드 농지

해설 농작물의 경작에 이용되고 있는 토지에 설치한 농막은 농지에 속하지만, 「초지법」에 의하여 조성된 초지는 농지에서 제외된다.

이론플러스 지목이 잡종지인 토지는 농지에 해당되지 않지만, 1996년 이후 계속하여 벼를 경작해 온 기간이 3년 이상에 속하기 때문에 농지로 본다.

02 농지법령상 농지를 농축산물 생산시설의 부지로 사용할 경우 '농지의 전용'으로 보지 않는 것을 모두 고른 것은? • 35회

⊙ 연면적 33m²인 농막
ⓒ 연면적 33m²인 간이저온저장고
ⓒ 저장 용량이 200톤인 간이액비저장조

① ㉠
② ㉡
③ ㉠, ㉢
④ ㉡, ㉢
⑤ ㉠, ㉡, ㉢

키워드 농지를 농축산물 생산시설의 부지로 사용할 경우

해설 농림축산식품부령으로 정하는 시설인 연면적 20m² 이하인 농막인 경우 생산시설의 부지로 사용할 경우 '농지의 전용'으로 보지 않는다.

이론플러스 농막 등의 범위

영 제2조 제3항 제2호 라목 및 영 제29조 제1항 제7호에서 '농림축산식품부령으로 정하는 시설'이란 각각 다음의 시설을 말한다.
1. 농막: 농작업에 직접 필요한 농자재 및 농기계 보관, 수확 농산물 간이 처리 또는 농작업 중 일시 휴식을 위하여 설치하는 시설(연면적 20m² 이하이고, 주거 목적이 아닌 경우로 한정한다)
2. 간이저온저장고: 연면적 33m² 이하일 것
3. 간이액비저장조: 저장 용량이 200톤 이하일 것

03 농지법령상 농업에 종사하는 개인으로서 농업인에 해당하지 않는 자는? • 20회 수정

① 1년 중 150일을 축산업에 종사하는 자
② 1,200m²의 농지에서 다년생식물을 재배하면서 1년 중 100일을 농업에 종사하는 자
③ 대가축 3두를 사육하는 자
④ 가금(家禽; 집에서 기르는 날짐승) 1,200수를 사육하는 자
⑤ 농업경영을 통한 농산물의 연간 판매액이 100만원인 자

키워드 농업인

해설 농업경영을 통한 농산물의 연간 판매액이 120만원 이상인 자가 농업인에 해당한다.

정답 01 ③ 02 ④ 03 ⑤

04 농지법령상 농업에 종사하는 개인으로서 농업인에 해당하는 자는? • 28회 수정

① 꿀벌 10군을 사육하는 자
② 가금(家禽; 집에서 기르는 날짐승) 500수를 사육하는 자
③ 1년 중 100일을 축산업에 종사하는 자
④ 농산물의 연간 판매액이 100만원인 자
⑤ 농지에 300m²의 비닐하우스를 설치하여 다년생식물을 재배하는 자

키워드 농업인

해설 ② 가금(家禽; 집에서 기르는 날짐승) 1천 수 이상을 사육하는 자
③ 1년 중 120일 이상을 축산업에 종사하는 자
④ 농산물의 연간 판매액이 120만원 이상인 자
⑤ 농지에 330m² 이상의 비닐하우스를 설치하여 다년생식물을 재배하는 자

05 농지법령상 용어에 관한 설명으로 틀린 것은? • 27회

① 실제로 농작물 경작지로 이용되는 토지이더라도 법적 지목이 과수원인 경우는 '농지'에 해당하지 않는다.
② 소가축 80두를 사육하면서 1년 중 150일을 축산업에 종사하는 개인은 '농업인'에 해당한다.
③ 3,000m²의 농지에서 농작물을 경작하면서 1년 중 80일을 농업에 종사하는 개인은 '농업인'에 해당한다.
④ 인삼의 재배지로 계속하여 이용되는 기간이 4년인 지목이 전(田)인 토지는 '농지'에 해당한다.
⑤ 농지소유자가 타인에게 일정한 보수를 지급하기로 약정하고 농작업의 일부만을 위탁하여 행하는 농업경영도 '위탁경영'에 해당한다.

키워드 용어의 정의

해설 '농지'란 전·답, 과수원, 그 밖에 법적 지목(地目)을 불문하고 실제로 농작물 경작지 또는 다음에 해당하는 다년생식물 재배지로 이용되는 토지를 말한다.

> 1. 목초·종묘·인삼·약초·잔디 및 조림용 묘목
> 2. 과수·뽕나무·유실수 그 밖의 생육기간이 2년 이상인 식물
> 3. 조경 또는 관상용 수목과 그 묘목(조경목적으로 식재한 것은 제외)

정답 04 ① 05 ①

CHAPTER 02 농지의 소유

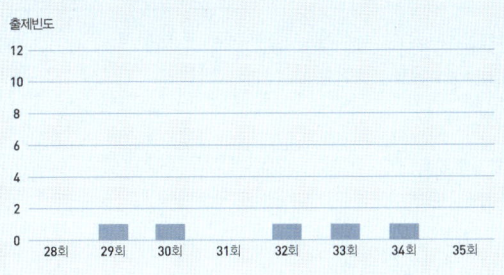

■ 8개년 출제 문항 수
총 40문제 中 평균 약 0.5문제 출제

■ 이 단원을 공략하고 싶다면?
농지소유의 원칙 및 특칙, 농지취득자격증명, 농지의 소유상한, 농지의 처분을 확실히 알아두자

↳ 기본서 [부동산공법] pp. 650~662

대표기출 2021년 제32회 A형 79번 문제 | 난이도 중

농지법령상 농지취득자격증명을 발급받지 아니하고 농지를 취득할 수 있는 경우가 아닌 것은?

① 시효의 완성으로 농지를 취득하는 경우
② 공유 농지의 분할로 농지를 취득하는 경우
③ 농업법인의 합병으로 농지를 취득하는 경우
④ 국가나 지방자치단체가 농지를 소유하는 경우
⑤ 주말·체험영농을 하려고 농업진흥지역 외의 농지를 소유하는 경우

기출공략 [키워드] 농지취득자격증명

농지취득자격증명의 발급 대상에 포함되는 경우와 제외되는 경우를 구별하여 숙지하여야 합니다.

32회

농지법령상 농지취득자격증명을 발급받지 아니하고 농지를 취득할 수 있는 경우가 아닌 것은?
(⑤)

① 시효의 완성으로 농지를 취득하는 경우 (O)
② 공유 농지의 분할로 농지를 취득하는 경우 (O)
③ 농업법인의 합병으로 농지를 취득하는 경우 (O)
④ 국가나 지방자치단체가 농지를 소유하는 경우 (O)
⑤ 주말·체험영농을 하려고 농업진흥지역 외의 농지를 소유하는 경우 (X)
→ 주말·체험영농을 하려고 농업진흥지역 외의 농지를 소유하는 경우는 농지취득자격증명을 발급받아야만 농지를 취득할 수 있다.

> **이론플러스** 농지취득자격증명 발급대상의 예외
>
> 다음의 어느 하나에 해당하면 농지취득자격증명을 발급받지 아니하고 농지를 취득할 수 있다.
>
> 1. 국가나 지방자치단체가 농지를 소유하는 경우
> 2. 상속(상속인에게 한 유증을 포함)으로 농지를 취득하여 소유하는 경우
> 3. 담보농지를 취득하여 소유하는 경우
> 4. 농지전용협의를 마친 농지를 소유하는 경우
> 5. 다음의 규정에 따라 농지를 취득하여 소유하는 경우
>   ㉠ 한국농어촌공사가 농지를 취득하여 소유하는 경우
>   ㉡ 「농어촌정비법」에 따라 농지를 취득하여 소유하는 경우
>   ㉢ 「공유수면 관리 및 매립에 관한 법률」에 따라 매립농지를 취득하여 소유하는 경우
>   ㉣ 토지수용으로 농지를 취득하여 소유하는 경우
>   ㉤ 농림축산식품부장관과 협의를 마치고 「공익사업을 위한 토지 등의 취득 및 보상에 관한 법률」에 따라 농지를 취득하여 소유하는 경우
> 6. 농업법인의 합병으로 농지를 취득하는 경우
> 7. 공유 농지의 분할로 농지를 취득하는 경우
> 8. 시효의 완성으로 농지를 취득하는 경우
> 9. 농지이용증진사업 시행계획에 따라 농지를 취득하는 경우

01 농지법령상 농지는 자기의 농업경영에 이용하거나 이용할 자가 아니면 소유하지 못함이 원칙이다. 그 예외에 해당하지 않는 것은? • 33회

① 8년 이상 농업경영을 하던 사람이 이농한 후에도 이농 당시 소유 농지 중 1만m^2를 계속 소유하면서 농업경영에 이용되도록 하는 경우
② 농림축산식품부장관과 협의를 마치고 「공익사업을 위한 토지 등의 취득 및 보상에 관한 법률」에 따라 농지를 취득하여 소유하면서 농업경영에 이용되도록 하는 경우
③ 「공유수면 관리 및 매립에 관한 법률」에 따라 매립농지를 취득하여 소유하면서 농업경영에 이용되도록 하는 경우
④ 주말·체험영농을 하려고 농업진흥지역 내의 농지를 소유하는 경우
⑤ 「초·중등교육법」 및 「고등교육법」에 따른 학교가 그 목적사업을 수행하기 위하여 필요한 연구지·실습지로 쓰기 위하여 농림축산식품부령으로 정하는 바에 따라 농지를 취득하여 소유하는 경우

| 키워드 | 농지 소유

| 해설 | 주말·체험영농을 하려고 농업진흥지역 '외'의 농지를 소유하는 경우에 농업경영자가 아니더라도 농지를 소유할 수 있다.

| 이론플러스 | **농업경영자 소유의 예외**

다음의 어느 하나에 해당하는 경우에는 농지를 소유할 수 있다. 다만, 소유 농지는 농업경영에 이용되도록 하여야 한다(2. 및 3.은 제외).

1. 국가나 지방자치단체가 농지를 소유하는 경우
2. 「초·중등교육법」 및 「고등교육법」에 따른 학교, 농림축산식품부령으로 정하는 공공단체·농업연구기관·농업생산자단체 또는 종묘나 그 밖의 농업 기자재 생산자가 그 목적사업을 수행하기 위하여 필요한 시험지·연구지·실습지·종묘생산지 또는 과수 인공수분용 꽃가루 생산지로 쓰기 위하여 농림축산식품부령으로 정하는 바에 따라 농지를 취득하여 소유하는 경우
3. 주말·체험영농을 하려고 농업진흥지역 외의 농지를 소유하는 경우
4. 상속[상속인에게 한 유증(遺贈)을 포함]으로 농지를 취득하여 소유하는 경우
5. 8년 이상 농업경영을 하던 사람이 이농(離農)한 후에도 이농 당시 소유하고 있던 농지를 계속 소유하는 경우
6. 담보농지를 취득하여 소유하는 경우(자산유동화에 관한 법률에 따른 유동화전문회사등이 제13조 제1항 제1호부터 제4호까지에 규정된 저당권자로부터 농지를 취득하는 경우를 포함)
7. 농지전용허가[다른 법률에 따라 농지전용허가가 의제(擬制)되는 인가·허가·승인 등을 포함]를 받거나 농지전용신고를 한 자가 그 농지를 소유하는 경우
8. 농지전용협의를 마친 농지를 소유하는 경우
9. 「한국농어촌공사 및 농지관리기금법」에 따른 농지의 개발사업지구에 있는 농지로서 대통령령으로 정하는 1,500m^2 미만의 농지나 「농어촌정비법」에 따른 농지를 취득하여 소유하는 경우
10. 농업진흥지역 밖의 농지 중 최상단부부터 최하단부까지의 평균경사율이 15% 이상인 농지로서 대통령령으로 정하는 농지를 소유하는 경우
11. 다음의 어느 하나에 해당하는 경우
    ㉠ 「한국농어촌공사 및 농지관리기금법」에 따라 한국농어촌공사가 농지를 취득하여 소유하는 경우
    ㉡ 「농어촌정비법」에 따라 농지를 취득하여 소유하는 경우
    ㉢ 「공유수면 관리 및 매립에 관한 법률」에 따라 매립농지를 취득하여 소유하는 경우
    ㉣ 토지수용으로 농지를 취득하여 소유하는 경우
    ㉤ 농림축산식품부장관과 협의를 마치고 「공익사업을 위한 토지 등의 취득 및 보상에 관한 법률」에 따라 농지를 취득하여 소유하는 경우
    ㉥ 「공공토지의 비축에 관한 법률」에 해당하는 토지 중 같은 법에 따른 공공토지비축심의위원회가 비축이 필요하다고 인정하는 토지로서 「국토의 계획 및 이용에 관한 법률」에 따른 계획관리지역과 자연녹지지역 안의 농지를 한국토지주택공사가 취득하여 소유하는 경우. 이 경우 그 취득한 농지를 전용하기 전까지는 한국농어촌공사에 지체 없이 위탁하여 임대하거나 무상사용하게 하여야 한다.

| 정답 | 01 ④

02

농지법령상 농지상한에 관한 내용 중 ( ) 안에 들어갈 내용은? [다만, 농지소유자가 농지법령에 따라 임대하거나 사용대(使用貸)하는 경우는 제외함]   • 21회 수정

> • 상속으로 농지를 취득한 사람으로서 농업경영을 하지 아니하는 사람은 그 상속 농지 중에서 총 (㉠)m²까지만 소유할 수 있다.
> • 8년 이상 농업경영을 한 후 이농한 사람은 이농 당시 소유한 농지 중에서 총 (㉡)m²까지만 소유할 수 있다.

① ㉠: 5,000, ㉡: 5,000
② ㉠: 10,000, ㉡: 5,000
③ ㉠: 10,000, ㉡: 10,000
④ ㉠: 30,000, ㉡: 10,000
⑤ ㉠: 30,000, ㉡: 30,000

키워드 농지소유상한

해설
• 상속으로 농지를 취득한 사람으로서 농업경영을 하지 아니하는 사람은 그 상속 농지 중에서 총 (㉠ 10,000)m²까지만 소유할 수 있다.
• 8년 이상 농업경영을 한 후 이농한 사람은 이농 당시 소유한 농지 중에서 총 (㉡ 10,000)m²까지만 소유할 수 있다.

03

농지법령상 농지소유상한에 관한 설명으로 틀린 것은?   • 19회 수정

① 지방자치단체가 농지를 임대할 목적으로 소유하는 경우에는 총 1만m²까지 소유할 수 있다.
② 8년 이상 농업경영을 한 후 이농한 사람은 이농 당시 소유 농지 중에서 총 1만m²까지만 소유할 수 있다.
③ 상속으로 농지를 취득한 사람으로서 농업경영을 하지 아니하는 사람은 그 상속 농지 중에서 총 1만m²까지만 소유할 수 있다.
④ 농지 소유에 관하여는 「농지법」에 정한 경우 외에는 특례를 정할 수 없다.
⑤ 농림축산식품부장관은 농지소유상한을 위반하여 농지를 소유할 목적으로 거짓으로 농지취득자격증명을 발급받은 자를 주무관청에 신고하는 자에게 포상금을 지급할 수 있다.

키워드 농지소유상한

해설 지방자치단체가 농지를 소유하는 경우에는 소유상한의 제한을 받지 않는다.

04 농지법령상 농지취득자격증명을 발급받지 아니하고 농지를 취득할 수 있는 경우에 해당하지 <u>않는</u> 것은?
• 26회

① 농업법인의 합병으로 농지를 취득하는 경우
② 농지를 농업인 주택의 부지로 전용하려고 농지전용신고를 한 자가 그 농지를 취득하는 경우
③ 공유 농지의 분할로 농지를 취득하는 경우
④ 상속으로 농지를 취득하는 경우
⑤ 시효의 완성으로 농지를 취득하는 경우

키워드 농지취득자격증명

해설 농지전용허가를 받거나 농지전용신고를 한 자가 그 농지를 소유하는 경우 농업경영계획서를 작성하지 아니하고 농지취득자격증명의 발급을 신청할 수 있는 사유에 해당하므로, 농지취득자격증명을 발급받아야 한다.

05 농지법령상 농지취득자격증명에 관한 설명으로 틀린 것은?
• 19회 수정

① 국가나 지방자치단체가 농지를 소유하는 경우는 농지취득자격증명을 발급받지 않아도 된다.
② 농지소유상한을 위반하여 농지를 소유할 목적으로 부정한 방법에 의해 농지취득자격증명을 발급받은 자는 3년 이하의 징역 또는 3천만원 이하의 벌금에 처한다.
③ 농업법인의 합병으로 농지를 취득하는 경우 농지취득자격증명을 발급받지 않아도 된다.
④ 상속으로 농지를 취득하여 소유하는 경우 농지취득자격증명을 발급받지 않아도 된다.
⑤ 농지소재지를 관할하는 시·구·읍·면장은 농지취득자격증명을 발급할 수 있다.

키워드 농지취득자격증명

해설 농지소유제한이나 소유상한을 위반하여 농지를 소유할 목적으로 거짓이나 그 밖의 부정한 방법으로 농지취득자격증명을 발급받은 자는 5년 이하의 징역 또는 해당 토지의 개별공시지가에 따른 토지가액에 해당하는 금액 이하의 벌금에 처한다.

정답 02 ③ 03 ① 04 ② 05 ②

06 농지법령상 농지소유자가 소유 농지를 위탁경영할 수 없는 경우는? • 25회, 29회

① 「병역법」에 따라 현역으로 징집된 경우
② 6개월간 미국을 여행 중인 경우
③ 선거에 따른 지방의회의원 취임으로 자경할 수 없는 경우
④ 농업법인이 청산 중인 경우
⑤ 교통사고로 2개월간 치료가 필요한 경우

키워드 농지의 위탁경영

해설 교통사고로 2개월간 치료가 필요한 경우에는 위탁경영할 수 없지만, 교통사고로 3개월 이상의 치료가 필요한 경우에는 소유 농지를 위탁경영할 수 있다.

07 농지법령상 농지의 소유자가 소유 농지를 위탁경영할 수 없는 경우만을 모두 고른 것은? • 30회

> ㉠ 과수를 가지치기 또는 열매솎기, 재배관리 및 수확하는 농작업에 1년 중 4주간을 직접 종사하는 경우
> ㉡ 6개월간 대한민국 전역을 일주하는 여행 중인 경우
> ㉢ 선거에 따른 공직취임으로 자경할 수 없는 경우

① ㉠
② ㉡
③ ㉠, ㉡
④ ㉡, ㉢
⑤ ㉠, ㉡, ㉢

키워드 농지의 위탁경영

해설 ㉠ 과수를 가지치기 또는 열매솎기, 재배관리 및 수확하는 농작업에 1년 중 30일 이상을 직접 종사하는 경우 소유 농지를 위탁경영할 수 있다.
㉡ 3개월 이상의 국외 여행 중인 경우에만 소유 농지를 위탁경영할 수 있다.

08 농지법령상 농지소유자가 소유 농지를 위탁경영할 수 있는 경우가 아닌 것은? • 34회

① 선거에 따른 공직취임으로 자경할 수 없는 경우
② 「병역법」에 따라 징집 또는 소집된 경우
③ 농업법인이 청산 중인 경우
④ 농지이용증진사업 시행계획에 따라 위탁경영하는 경우
⑤ 농업인이 자기 노동력이 부족하여 농작업의 전부를 위탁하는 경우

키워드 농지의 위탁경영

해설 농업인이 자기 노동력이 부족하여 농작업의 일부를 위탁하는 경우에 위탁경영할 수 있다.

09 농지법령상 농업경영에 이용하지 아니하는 농지의 처분의무에 관한 설명으로 옳은 것은? • 25회

① 농지소유자가 선거에 따른 공직취임으로 휴경하는 경우에는 소유 농지를 자기의 농업경영에 이용하지 아니하더라도 농지처분의무가 면제된다.
② 농지소유상한을 초과하여 소유한 것이 판명된 경우에는 소유 농지 전부를 처분하여야 한다.
③ 농지처분의무 기간은 처분사유가 발생한 날부터 6개월이다.
④ 농지전용신고를 하고 그 농지를 취득한 자가 질병으로 인하여 취득한 날부터 2년이 초과하도록 그 목적사업에 착수하지 아니한 경우에는 농지처분의무가 면제된다.
⑤ 농지소유자가 시장·군수 또는 구청장으로부터 농지처분명령을 받은 경우 한국토지주택공사에 그 농지의 매수를 청구할 수 있다.

키워드 농지의 처분의무

해설
② 농지소유상한을 초과하여 소유한 것이 판명된 경우에는 소유 농지를 초과하는 면적에 해당하는 농지만 처분하여야 한다.
③ 농지처분의무 기간은 처분사유가 발생한 날부터 1년 이내이다.
④ 농지전용신고를 하고 그 농지를 취득한 자가 질병으로 인하여 취득한 날부터 2년이 초과하도록 그 목적사업에 착수하지 아니한 경우에는 농지를 처분하여야 한다.
⑤ 농지소유자가 시장·군수 또는 구청장으로부터 농지처분명령을 받은 경우 한국농어촌공사에 그 농지의 매수를 청구할 수 있다.

정답 06 ⑤ 07 ③ 08 ⑤ 09 ①

10 농지법령상 주말·체험영농을 하려고 농지를 소유하는 경우에 관한 설명으로 틀린 것은?
• 26회

① 농업인이 아닌 개인도 농지를 소유할 수 있다.
② 세대원 전부가 소유한 면적을 합하여 총 1천m² 미만의 농지를 소유할 수 있다.
③ 농지를 취득하려면 농지취득자격증명을 발급받아야 한다.
④ 소유 농지를 농수산물 유통·가공시설의 부지로 전용하려면 농지전용신고를 하여야 한다.
⑤ 농지를 취득한 자가 징집으로 인하여 그 농지를 주말·체험영농에 이용하지 못하게 되면 1년 이내에 그 농지를 처분하여야 한다.

키워드 주말·체험영농

해설 농지를 취득한 자가 「병역법」에 따라 징집 또는 소집되어 그 농지를 주말·체험영농에 이용하지 못하게 되는 경우에는 처분의무사유에 해당하지 않는다.

정답 10 ⑤

CHAPTER 03 농지의 이용

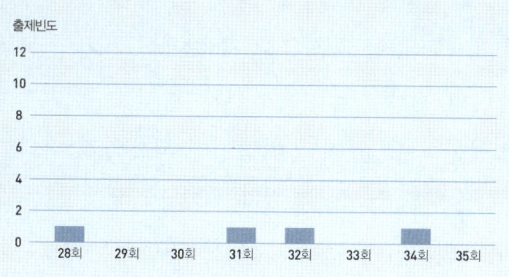

- **8개년 출제 문항 수**
  총 40문제 中 평균 약 0.5문제 출제
- **이 단원을 공략하고 싶다면**
  농지의 임대차 또는 사용대차와 대리경작자에 대해 꼼꼼히 알아두자

기본서 [부동산공법] pp. 663~672

대표기출 | 2020년 제31회 A형 79번 문제 | 난이도 중

농지법령상 농지의 임대차에 관한 설명으로 틀린 것은? (단, 농업경영을 하려는 자에게 임대하는 경우를 전제로 함)

① 60세 이상 농업인은 자신이 거주하는 시·군에 있는 소유 농지 중에서 자기의 농업경영에 이용한 기간이 5년이 넘은 농지를 임대할 수 있다.
② 농지를 임차한 임차인이 그 농지를 정당한 사유 없이 농업경영에 사용하지 아니할 때에는 시장·군수·구청장은 임대차의 종료를 명할 수 있다.
③ 임대차계약은 그 등기가 없는 경우에도 임차인이 농지소재지를 관할하는 시·구·읍·면의 장의 확인을 받고, 해당 농지를 인도받은 경우에는 그 다음 날부터 제3자에 대하여 효력이 생긴다.
④ 농지의 임차인이 농작물의 재배시설로서 비닐하우스를 설치한 농지의 임대차기간은 10년 이상으로 하여야 한다.
⑤ 농지임대차조정위원회에서 작성한 조정안을 임대차계약 당사자가 수락한 때에는 이를 당사자 간에 체결된 계약의 내용으로 본다.

기출공략 [키워드] 농지의 임대차

농지의 임대차에 관한 전반적인 내용을 알고 있어야 정답을 찾을 수 있습니다.

31회

농지법령상 농지의 임대차에 관한 설명으로 틀린 것은? (단, 농업경영을 하려는 자에게 임대하는 경우를 전제로 함) (④)

① 60세 이상 농업인은 자신이 거주하는 시·군에 있는 소유 농지 중에서 자기의 농업경영에 이용한 기간이 5년이 넘은 농지를 임대할 수 있다. (O)

② 농지를 임차한 임차인이 그 농지를 정당한 사유 없이 농업경영에 사용하지 아니할 때에는 시장·군수·구청장은 임대차의 종료를 명할 수 있다. (O)

③ 임대차계약은 그 등기가 없는 경우에도 임차인이 농지소재지를 관할하는 시·구·읍·면의 장의 확인을 받고, 해당 농지를 인도받은 경우에는 그 다음 날부터 제3자에 대하여 효력이 생긴다. (O)

④ 농지의 임차인이 농작물의 재배시설로서 비닐하우스를 설치한 농지의 임대차기간은 ~~10년~~ 이상으로 하여야 한다. (×)
  → 임대차기간은 3년 이상으로 하여야 하지만, 농지의 임차인이 농작물의 재배시설로서 비닐하우스를 설치한 농지의 임대차기간은 5년 이상으로 하여야 한다.

⑤ 농지임대차조정위원회에서 작성한 조정안을 임대차계약 당사자가 수락한 때에는 이를 당사자 간에 체결된 계약의 내용으로 본다. (O)

이론플러스 **임대차의 기간**

1. 임대차기간은 3년 이상(자경 농지를 농림축산식품부장관이 정하는 이모작을 위하여 8개월 이내로 임대하거나 무상사용하게 하는 경우는 제외)으로 하여야 한다. 다만, 다년생식물 재배지 등 다음에 해당하는 농지의 경우에는 5년 이상으로 하여야 한다.
   ㉠ 농지의 임차인이 다년생식물의 재배지로 이용하는 농지
   ㉡ 농지의 임차인이 농작물의 재배시설로서 고정식온실 또는 비닐하우스를 설치한 농지

2. 임대차기간을 정하지 아니하거나 3년(다년생식물 재배지 등의 경우: 5년) 미만으로 정한 경우에는 3년(다년생식물 재배지 등의 경우: 5년)으로 약정된 것으로 본다. 다만, 임차인은 3년(다년생식물 재배지 등의 경우: 5년) 미만으로 정한 임대차기간이 유효함을 주장할 수 있다.

3. 임대인은 질병, 징집 등 다음에서 정하는 불가피한 사유가 있는 경우에는 임대차기간을 3년(다년생식물 재배지 등의 경우: 5년) 미만으로 정할 수 있다.
   ㉠ 질병·징집·취학의 경우
   ㉡ 선거에 의한 공직(公職)에 취임하는 경우
   ㉢ 부상으로 3개월 이상의 치료가 필요한 경우
   ㉣ 교도소·구치소 또는 보호감호시설에 수용 중인 경우
   ㉤ 농업법인이 청산 중인 경우
   ㉥ 농지전용허가를 받았거나 농지전용신고를 하였으나 농지전용목적사업에 착수하지 않은 경우

01 농지법령상 (　) 안에 알맞은 것을 나열한 것은?

• 23회

- 유휴농지를 대리경작하는 경우 대리경작자는 수확량의 (㉠)을 그 농지의 소유권자나 임차권자에게 토지사용료로 지급하여야 한다.
- 농업법인이란 「농어업경영체 육성 및 지원에 관한 법률」에 따라 설립된 영농조합법인과 같은 법에 따라 설립되고 업무집행권을 가진 자 중 (㉡) 이상이 농업인인 농업회사법인을 말한다.

① ㉠: 100분의 10, ㉡: 4분의 1
② ㉠: 100분의 10, ㉡: 3분의 1
③ ㉠: 100분의 20, ㉡: 4분의 1
④ ㉠: 100분의 20, ㉡: 3분의 1
⑤ ㉠: 100분의 30, ㉡: 2분의 1

키워드 대리경작, 농업법인

해설
- 유휴농지를 대리경작하는 경우 대리경작자는 수확량의 (㉠ 100분의 10)을 그 농지의 소유권자나 임차권자에게 토지사용료로 지급하여야 한다.
- 농업법인이란 「농어업경영체 육성 및 지원에 관한 법률」에 따라 설립된 영농조합법인과 같은 법에 따라 설립되고 업무집행권을 가진 자 중 (㉡ 3분의 1) 이상이 농업인인 농업회사법인을 말한다.

정답 01 ②

02 농지법령상 유휴농지에 대한 대리경작자의 지정에 관한 설명으로 옳은 것은? •32회

① 지력의 증진이나 토양의 개량·보전을 위하여 필요한 기간 동안 휴경하는 농지에 대하여도 대리경작자를 지정할 수 있다.
② 대리경작자 지정은 유휴농지를 경작하려는 농업인 또는 농업법인의 신청이 있을 때에만 할 수 있고, 직권으로는 할 수 없다.
③ 대리경작자가 경작을 게을리하는 경우에는 대리경작기간이 끝나기 전이라도 대리경작자 지정을 해지할 수 있다.
④ 대리경작기간은 3년이고, 이와 다른 기간을 따로 정할 수 없다.
⑤ 농지 소유권자를 대신할 대리경작자만 지정할 수 있고, 농지 임차권자를 대신할 대리경작자를 지정할 수는 없다.

키워드 대리경작자의 지정

해설 ① 지력의 증진이나 토양의 개량·보전을 위하여 필요한 기간 동안 휴경하는 농지에 대하여는 대리경작자를 지정할 수 없다.
② 대리경작자 지정은 유휴농지를 경작하려는 농업인 또는 농업법인의 신청이 있을 때 지정할 수 있고, 직권으로도 지정할 수 있다.
④ 대리경작기간은 따로 정하지 아니하면 3년으로 한다.
⑤ 농지 소유권자나 농지 임차권자를 대신할 대리경작자를 지정할 수 있다.

03 농지법령상 농지를 임대하거나 무상사용하게 할 수 있는 요건 중 일부이다. ( )에 들어갈 숫자로 옳은 것은? •34회

- (㉠)세 이상인 농업인이 거주하는 시·군에 있는 소유 농지 중에서 자기의 농업경영에 이용한 기간이 (㉡)년이 넘은 농지
- (㉢)월 이상의 국외여행으로 인하여 일시적으로 농업경영에 종사하지 아니하게 된 자가 소유하고 있는 농지

① ㉠: 55, ㉡: 3, ㉢: 3
② ㉠: 60, ㉡: 3, ㉢: 5
③ ㉠: 60, ㉡: 5, ㉢: 3
④ ㉠: 65, ㉡: 4, ㉢: 5
⑤ ㉠: 65, ㉡: 5, ㉢: 1

> **키워드** 농지의 임대 및 무상사용
>
> **해설**
> - (㉠ 60)세 이상인 농업인이 거주하는 시·군에 있는 소유 농지 중에서 자기의 농업경영에 이용한 기간이 (㉡ 5)년이 넘은 농지
> - (㉢ 3)월 이상의 국외여행으로 인하여 일시적으로 농업경영에 종사하지 아니하게 된 자가 소유하고 있는 농지

04 농지법령상 농지의 임대차에 관한 설명으로 <u>틀린</u> 것은? (단, 농업경영을 하려는 자에게 임대하는 경우이며, 국유농지와 공유농지가 아님을 전제로 함) • 24회

① 농작물 경작지의 임대차기간을 정하지 아니하거나 5년보다 짧은 경우는 5년으로 약정된 것으로 본다.
② 「농지법」에 위반된 약정으로 임차인에게 불리한 것은 그 효력이 없다.
③ 임대차계약은 서면계약을 원칙으로 한다.
④ 임대농지의 양수인은 「농지법」에 따른 임대인의 지위를 승계한 것으로 본다.
⑤ 임대차계약은 그 등기가 없는 경우에도 임차인이 농지소재지를 관할하는 시·구·읍·면의 장의 확인을 받고, 해당 농지를 인도받은 경우에도 그 다음 날부터 제3자에 대하여 효력이 생긴다.

> **키워드** 농지의 임대차
>
> **해설** 농작물 경작지의 임대차기간을 정하지 아니하거나 3년보다 짧은 경우는 3년으로 약정된 것으로 본다. 다년생식물 재배지 등 대통령령으로 정하는 농지의 경우에는 5년으로 약정된 것으로 본다.

정답 02 ③ 03 ③ 04 ①

05 ⓢ 농지법령상 농작물 경작지의 용도인 국·공유재산이 아닌 A농지와 국유재산인 B농지를 농업경영을 하려는 자에게 임대차하는 경우에 관한 설명으로 옳은 것은? • 27회

① A농지의 임대차계약은 등기가 있어야만 제3자에게 효력이 생긴다.
② 임대인이 취학을 이유로 A농지를 임대하는 경우 임대차기간은 3년 이상으로 하여야 한다.
③ 임대인이 질병을 이유로 A농지를 임대하였다가 같은 이유로 임대차계약을 갱신하는 경우 임대차기간은 3년 이상으로 하여야 한다.
④ A농지의 임차인이 그 농지를 정당한 사유 없이 농업경영에 사용하지 아니할 경우 농지소재지 읍·면장은 임대차의 종료를 명할 수 있다.
⑤ B농지의 임대차기간은 3년 미만으로 할 수 있다.

키워드 농지의 임대차

해설
① 농지의 임대차계약은 그 등기가 없는 경우에도 임차인이 농지소재지를 관할하는 시·구·읍·면의 장의 확인을 받고, 해당 농지를 인도받은 경우에는 그 다음 날부터 제3자에 대하여 효력이 생긴다.
② 임대인의 취학 등의 사유로 임대차기간을 3년 미만으로 정할 수 있다.
③ 임대인의 질병치료 등의 사유로 임대차기간을 3년 미만으로 정할 수 있으며, 임대차계약을 연장 또는 갱신하거나 재계약을 체결하는 경우에도 동일하게 적용한다.
④ 농지를 임차하거나 사용대차한 임차인 또는 사용대차인이 그 농지를 정당한 사유 없이 농업경영에 사용하지 아니할 때에는 시장·군수·구청장이 농림축산식품부령으로 정하는 바에 따라 임대차 또는 사용대차의 종료를 명할 수 있다.

정답 05 ⑤

CHAPTER 04 농지의 보전

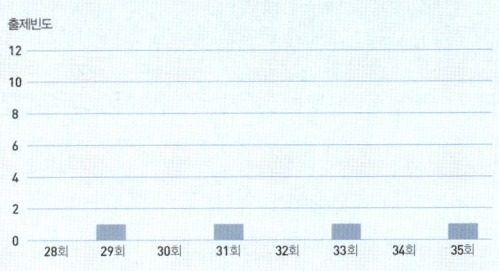

■ 8개년 출제 문항 수
총 40문제 中 평균 약 0.5문제 출제

■ 이 단원을 공략하고 싶다면?
농업진흥지역, 농지의 전용 등 그 주요내용에 대해 알아두자

↳ 기본서 [부동산공법] pp. 673~698

대표기출   2018년 제29회 A형 78번 문제 | 난이도 중

농지법령상 농지의 전용에 관한 설명으로 옳은 것은?

① 과수원인 토지를 재해로 인한 농작물의 피해를 방지하기 위한 방풍림 부지로 사용하는 것은 농지의 전용에 해당하지 않는다.
② 전용허가를 받은 농지의 위치를 동일 필지 안에서 변경하는 경우에는 농지전용신고를 하여야 한다.
③ 산지전용허가를 받지 아니하고 불법으로 개간한 농지라도 이를 다시 산림으로 복구하려면 농지전용허가를 받아야 한다.
④ 농지를 농업인 주택의 부지로 전용하려는 경우에는 농림축산식품부장관에게 농지전용신고를 하여야 한다.
⑤ 농지전용신고를 하고 농지를 전용하는 경우에는 농지를 전·답·과수원 외의 지목으로 변경하지 못한다.

기출공략 [키워드] 농지의 전용

농지의 전용에 대하여 명확하게 알고 있어야 정답을 찾을 수 있습니다.

29회

농지법령상 농지의 전용에 관한 설명으로 옳은 것은? (①)

① 과수원인 토지를 재해로 인한 농작물의 피해를 방지하기 위한 방풍림 부지로 사용하는 것은 농지의 전용에 해당하지 않는다. (O)

② 전용허가를 받은 농지의 위치를 동일 필지 안에서 변경하는 경우에는 ~~농지전용신고를 하여야 한다~~. (×)
　→ 농지전용허가를 받아야 한다.

③ 산지전용허가를 받지 아니하고 불법으로 개간한 농지라도 이를 다시 산림으로 복구하려면 농지전용허가를 ~~받아야 한다~~. (×)
　　　　　　　→ 받지 아니한다.

④ 농지를 농업인 주택의 부지로 전용하려는 경우에는 ~~농림축산식품부장관~~에게 농지전용신고를 하여야 한다. (×)　→ 시장·군수 또는 자치구구청장

⑤ 농지전용신고를 하고 농지를 전용하는 경우에는 농지를 전·답·과수원 외의 지목으로 ~~변경하지 못한다~~. (×)
　　　　→ 할 수 있다.

이론플러스 | 농지전용신고의 대상

1. 농지를 다음의 어느 하나에 해당하는 시설의 부지로 전용하려는 자는 대통령령으로 정하는 바에 따라 시장·군수 또는 자치구구청장에게 신고하여야 한다. 신고한 사항을 변경하려는 경우에도 또한 같다(법 제35조 제1항).
   ㉠ 농업인 주택, 어업인 주택, 농축산업용 시설(개량시설과 농축산물 생산시설은 제외), 농수산물 유통·가공 시설
   ㉡ 어린이놀이터·마을회관 등 농업인의 공동생활 편의 시설
   ㉢ 농수산 관련 연구 시설과 양어장·양식장 등 어업용 시설
2. 시장·군수 또는 자치구구청장은 신고를 받은 경우 그 내용을 검토하여 이 법에 적합하면 신고를 수리하여야 한다(법 제35조 제2항).

01 농지법령상 농업진흥지역을 지정할 수 없는 지역은?

• 31회

① 특별시의 녹지지역
② 특별시의 관리지역
③ 광역시의 관리지역
④ 광역시의 농림지역
⑤ 군의 자연환경보전지역

키워드 농업진흥지역

해설 농업진흥지역의 지정은 「국토의 계획 및 이용에 관한 법률」에 따른 녹지지역·관리지역·농림지역 및 자연환경보전지역을 대상으로 한다. 다만, 특별시의 녹지지역은 제외한다.

02 농지법령상 농업진흥지역에 관한 설명으로 옳은 것은?

• 22회 수정

① 농업보호구역의 용수원 확보, 수질보전 등 농업환경을 보호하기 위하여 필요한 지역을 농업진흥구역으로 지정할 수 있다.
② 광역시의 녹지지역은 농업진흥지역의 지정 대상이 아니다.
③ 농업보호구역에서는 매장유산의 발굴행위를 할 수 없다.
④ 육종연구를 위한 농수산업에 관한 시험·연구시설로서 그 부지의 총면적이 3,000m² 미만인 시설은 농업진흥구역 내에 설치할 수 있다.
⑤ 녹지지역을 포함하는 농업진흥지역을 지정하는 경우 국토교통부장관의 승인을 받아야 한다.

키워드 농업진흥지역

해설 ① 농업진흥구역의 용수원 확보, 수질보전 등 농업환경을 보호하기 위하여 필요한 지역을 농업보호구역으로 지정할 수 있다.
② 특별시의 녹지지역은 농업진흥지역의 지정 대상이 아니다.
③ 농업보호구역에서는 매장유산의 발굴행위를 할 수 있다.
⑤ 녹지지역을 포함하는 농업진흥지역을 지정하는 경우 농림축산식품부장관이 승인하기 전에 국토교통부장관과 협의하여야 한다.

정답 01 ① 02 ④

03 농지법령상 농지의 전용에 관한 설명으로 옳은 것은? • 24회

① 농업진흥지역 밖의 농지를 마을회관 부지로 전용하려는 자는 농지전용허가를 받아야 한다.
② 농지전용허가를 받은 자가 관계 공사의 중지 등 조치명령을 위반한 경우에는 그 허가를 취소하여야 한다.
③ 농지의 타용도 일시사용허가를 받는 자는 농지보전부담금을 납부하여야 한다.
④ 농지를 전용하려는 자는 농지보전부담금의 전부 또는 일부를 농지전용허가·농지전용신고 전까지 납부하지 않아도 된다.
⑤ 해당 농지에서 허용되는 주목적사업을 위하여 현장사무소를 설치하는 용도로 농지를 일시 사용하려는 자는 시장·군수 또는 자치구구청장에게 신고하여야 한다.

키워드 농지의 전용

해설 ① 농업진흥지역 밖의 농지를 마을회관 부지로 전용하려는 자는 농지전용신고를 하여야 한다.
③ 농지의 타용도 일시사용허가를 받는 자는 농지보전부담금을 납부하지 않는다.
④ 농지를 전용하려는 자는 농지보전부담금의 전부 또는 일부를 농지전용허가·농지전용신고 전까지 납부하여야 한다.
⑤ 해당 농지에서 허용되는 주목적사업을 위하여 현장사무소를 설치하는 용도로 농지를 일시 사용하려는 자는 시장·군수 또는 자치구구청장의 허가를 받아야 한다.

04 농지법령상 조문의 일부이다. 다음 ( )에 들어갈 숫자를 옳게 연결한 것은? • 28회

- 유휴농지의 대리경작자는 수확량의 100분의 (㉠)을 농림축산식품부령으로 정하는 바에 따라 그 농지의 소유권자나 임차권자에게 토지사용료로 지급하여야 한다.
- 농업진흥지역 밖의 농지를 농지전용허가를 받지 아니하고 전용한 자는 3년 이하의 징역 또는 해당 토지가액의 100분의 (㉡)에 해당하는 금액 이하의 벌금에 처한다.
- 군수는 처분명령을 받은 후 정당한 사유 없이 지정기간까지 그 처분명령을 이행하지 아니한 자에게 해당 농지를 감정평가한 감정가격 또는 개별공시지가 중 더 높은 가액의 100분의 (㉢)에 해당하는 이행강제금을 부과한다.

① ㉠: 10, ㉡: 25, ㉢: 50
② ㉠: 10, ㉡: 50, ㉢: 25
③ ㉠: 25, ㉡: 10, ㉢: 50
④ ㉠: 25, ㉡: 50, ㉢: 10
⑤ ㉠: 50, ㉡: 10, ㉢: 25

키워드 대리경작자, 농지전용허가, 이행강제금

해설
- 유휴농지의 대리경작자는 수확량의 100분의 (㉠ 10)을 농림축산식품부령으로 정하는 바에 따라 그 농지의 소유권자나 임차권자에게 토지사용료로 지급하여야 한다.
- 농업진흥지역 밖의 농지를 농지전용허가를 받지 아니하고 전용한 자는 3년 이하의 징역 또는 해당 토지가액의 100분의 (㉡ 50)에 해당하는 금액 이하의 벌금에 처한다.
- 군수는 처분명령을 받은 후 정당한 사유 없이 지정기간까지 그 처분명령을 이행하지 아니한 자에게 해당 농지를 감정평가한 감정가격 또는 개별공시지가 중 더 높은 가액의 100분의 (㉢ 25)에 해당하는 이행강제금을 부과한다.

정답 03 ② 04 ②

에듀윌이
너를
지지할게

ENERGY

쉬워 보이는 일도 해보면 어렵다.
못할 것 같은 일도 시작해 놓으면 이루어진다.

– 채근담(菜根譚)

부록

중요 지문 OX

PART 1 국토의 계획 및 이용에 관한 법률

CHAPTER 01 | 총칙

01 '공공시설'은 기반시설 중 도시·군관리계획으로 결정된 시설을 말한다. (O | X)

02 '광역도시계획'은 광역계획권의 장기발전방향을 제시하는 계획이다. (O | X)

03 국토의 계획 및 이용에 관한 법령상 '도시·군계획사업'이란 도시·군관리계획을 시행 (O | X) 하기 위한 도시·군계획시설사업,「도시개발법」에 따른 도시개발사업,「도시 및 주거환경정비법」에 따른 정비사업을 말한다.

04 하수도는 국토의 계획 및 이용에 관한 법령상 기반시설 중 방재시설에 해당한다. (O | X)

05 국토의 계획 및 이용에 관한 법령상 기반시설인 자동차정류장을 세분하면 여객자동차 (O | X) 터미널·물류터미널·공영차고지·공동차고지·화물자동차 휴게소·복합환승센터·환승센터·교통광장이 있다.

06 '도시·군계획'이란 특별시·광역시·특별자치시·특별자치도·시 또는 광역시 관할 (O | X) 구역 안의 군에 대하여 수립하는 도시·군기본계획과 도시·군관리계획을 말한다.

07 '기반시설부담구역'이란 개발밀도관리구역 외의 지역으로서 개발로 인해 기반시설의 (O | X) 설치가 필요한 지역을 대상으로 특별시장·광역시장·특별자치시장·특별자치도지사·시장 또는 군수에 의해 지정되는 구역을 말한다.

08 '도시·군계획시설사업'이란 기반시설을 설치·정비 또는 개량하는 사업을 말한다. (O | X)

09 용도지역·용도지구의 지정 또는 변경에 관한 계획은 도시·군관리계획으로 결정한다. (O | X)

10 지구단위계획은 도시·군관리계획으로 결정한다. (O | X)

정답과 해설

CHAPTER 01 ▶ 01 X, 공공시설 ⇨ 도시·군계획시설 **02** O **03** O **04** X, 하수도는 환경기초시설에 해당한다. **05** X, 교통광장은 광장의 세부항목에 해당한다. **06** X, '도시·군계획'이란 특별시·광역시·특별자치시·특별자치도·시 또는 군(광역시의 관할 구역 안에 있는 군은 제외)의 관할 구역에 대하여 수립하는 공간구조와 발전방향에 대한 계획으로서 도시·군기본계획과 도시·군관리계획으로 구분한다. **07** O **08** X, 기반시설 ⇨ 도시·군계획시설 **09** O **10** O

CHAPTER 02 | 광역도시계획

01 중앙행정기관의 장은 국토교통부장관에게 광역계획권의 변경을 요청할 수 없다. (O | X)

02 광역계획권이 하나의 도의 관할 구역에 속하여 있는 경우, 도지사는 국토교통부장관과 공동으로 광역계획권을 지정 또는 변경하여야 한다. (O | X)

03 중앙행정기관의 장, 시·도지사, 시장 또는 군수는 국토교통부장관이나 도지사에게 광역계획권의 지정 또는 변경을 요청할 수 있다. (O | X)

04 광역계획권은 국토교통부장관 또는 도지사가 지정할 수 있다. (O | X)

05 광역도시계획을 수립한 때에는 공고하여 관계 서류를 30일 이상 일반이 열람할 수 있게 하여야 한다. (O | X)

06 광역도시계획은 10년 단위로 수립하여야 한다. (O | X)

07 광역도시계획에 관한 기초조사로 인하여 손실을 받은 자가 있는 때에는 그 행위자가 속한 행정청이 그 손실을 보상하여야 한다. (O | X)

08 광역도시계획을 수립하려면 광역도시계획의 수립권자는 미리 공청회를 열어야 한다. (O | X)

09 시·도지사, 시장 또는 군수는 광역도시계획을 변경하려면 미리 관계 시·도, 시 또는 군의 의회와 관계 시장 또는 군수의 의견을 들어야 한다. (O | X)

10 광역계획권을 지정한 날부터 3년이 지날 때까지 관할 시장 또는 군수로부터 광역도시계획의 승인 신청이 없는 경우 관할 도지사가 광역도시계획을 수립하여야 한다. (O | X)

정답과 해설

CHAPTER 02 ▶ 01 ×, 없다 ⇨ 있다   02 ×, 국토교통부장관과 공동으로 지정 또는 변경하는 것이 아니라, 도지사가 광역계획권을 지정할 수 있다.   03 ○   04 ○   05 ○   06 ×, '광역도시계획'이란 이미 지정된 광역계획권의 장기발전방향을 제시하는 계획을 말하는 것이므로, 별도의 수립단위가 정해져 있지 않다.   07 ○   08 ○   09 ○   10 ○

CHAPTER 03 | 도시·군계획

01 시장 또는 군수는 5년마다 관할 구역의 도시·군기본계획에 대하여 타당성을 전반적으로 재검토하여 정비하여야 한다. (O | X)

02 「수도권정비계획법」에 의한 수도권의 시로서 인구 10만명 이하인 시는 도시·군기본계획을 수립하지 아니할 수 있다. (O | X)

03 광역도시계획의 내용과 도시·군기본계획의 내용이 다를 때에는 도시·군기본계획의 내용이 우선한다. (O | X)

04 특별시장·광역시장이 수립한 도시·군기본계획의 승인은 국토교통부장관이 하고, 시장·군수가 수립한 도시·군기본계획의 승인은 도지사가 한다. (O | X)

05 광역시장이 도시·군기본계획을 수립하려면 국토교통부장관의 승인을 받아야 한다. (O | X)

06 산업·유통개발진흥지구의 지정 및 변경에 관한 사항은 입안제안의 대상에 해당하지 않는다. (O | X)

07 도시·군관리계획의 원칙적인 입안권자는 특별시장·광역시장·특별자치시장·특별자치도지사·시장 또는 군수(광역시의 군수는 제외)이다. (O | X)

08 시가화조정구역의 지정에 관한 도시·군관리계획 결정 당시 이미 사업에 착수한 자는 그 도시·군관리계획 결정에 관계없이 그 사업을 계속할 수 있다. (O | X)

09 도시·군관리계획의 입안의 제안을 받은 자는 제안일로부터 30일 이내에 도시·군관리계획 입안에의 반영 여부를 제안자에게 통보하여야 한다. (O | X)

10 도시·군관리계획 결정의 효력은 지형도면을 고시한 날의 다음 날부터 발생한다. (O | X)

정답과 해설

CHAPTER 03 ▶ 01 O **02** ×, 「수도권정비계획법」에 의한 수도권에 속하지 아니하고 광역시와 경계를 같이하지 아니한 시 또는 군으로서 인구 10만명 이하인 시 또는 군은 도시·군기본계획을 수립하지 아니할 수 있다. **03** ×, 광역도시계획의 내용이 우선한다. **04** ×, 특별시장·광역시장이 수립한 도시·군기본계획은 승인받지 않고 특별시장·광역시장이 직접 확정한다. **05** ×, 국토교통부장관의 승인을 받지 않고, 광역시장이 직접 확정한다. **06** ×, 해당하지 않는다 ⇨ 해당한다 **07** O **08** ×, 그 도시·군관리계획 결정의 고시일로부터 3개월 이내에 그 사업 또는 공사의 내용을 관할 특별시장·광역시장·특별자치시장·특별자치도지사·시장 또는 군수에게 신고하고 그 사업이나 공사를 계속할 수 있다. **09** ×, 30일 ⇨ 45일 **10** ×, 지형도면을 고시한 날의 다음 날 ⇨ 지형도면을 고시한 날

CHAPTER 04 | 용도지역·용도지구·용도구역

01 도시지역의 축소에 따른 용도지역의 변경을 도시·군관리계획으로 입안하는 경우에는 주민 및 지방의회의 의견청취 절차를 생략할 수 있다. (O | X)

02 매립 목적이 그 매립구역과 이웃하고 있는 용도지역의 내용과 다른 경우 그 매립구역이 속할 용도지역은 도시·군관리계획 결정으로 지정하여야 한다. (O | X)

03 준주거지역은 국토의 계획 및 이용에 관한 법령상 아파트를 건축할 수 있는 용도지역이다. (O | X)

04 고도지구 안에서는 도시·군관리계획으로 정하는 높이를 초과하는 건축물을 건축할 수 없다. (O | X)

05 시·도지사는 도시자연공원구역에서 해제되는 구역 중 계획적인 개발이 필요한 지역의 전부 또는 일부에 대하여 지구단위계획구역을 도시·군관리계획으로 지정할 수 있다. (O | X)

06 국토의 계획 및 이용에 관한 법령상 시가화조정구역에 관하여 시가화유보기간은 5년 이상 20년 이내의 기간으로 한다. (O | X)

07 공익상 그 구역 안에서의 사업시행이 불가피한 것으로서 주민의 요청에 의하여 시·도지사가 시가화조정구역의 지정목적 달성에 지장이 없다고 인정한 도시·군계획사업은 시가화조정구역에서 시행할 수 있다. (O | X)

08 관리지역이 세부 용도지역으로 지정되지 아니한 경우에는 보전관리지역에 관한 규정을 적용한다. (O | X)

09 공유수면의 매립구역이 둘 이상의 용도지역에 걸쳐 있는 경우에는 걸친 부분의 면적이 가장 큰 용도지역과 같은 용도지역으로 지정된 것으로 본다. (O | X)

정답과 해설

CHAPTER 04 ▶ **01** ○ **02** ○ **03** ○ **04** ○ **05** ○ **06** ○ **07** ×, 주민의 요청에 의하여 시·도지사가 ⇨ 관계 중앙행정기관의 장의 요청에 의하여 국토교통부장관이 **08** ○ **09** ×, 공유수면의 매립 목적이 그 매립구역과 이웃하고 있는 용도지역의 내용과 다른 경우 및 그 매립구역이 둘 이상의 용도지역에 걸쳐 있거나 이웃하고 있는 경우 그 매립구역이 속할 용도지역은 도시·군관리계획 결정으로 지정하여야 한다.

CHAPTER 05 | 도시·군계획시설사업의 시행

01 사업시행자는 공동구의 설치공사를 완료한 때에는 지체 없이 공동구에 수용할 수 있는 시설의 종류와 공동구 설치위치를 일간신문에 공시하여야 한다. (○ | ×)

02 국가계획으로 설치하는 광역시설은 그 광역시설의 설치·관리를 사업목적 또는 사업종목으로 하여 다른 법률에 따라 설립된 법인이 설치·관리할 수 있다. (○ | ×)

03 장기미집행 도시·군계획시설 부지인 토지에 대한 매수청구에 관하여 해당 부지 중 지목(地目)이 대(垈)인 토지의 소유자는 매수의무자에게 그 토지의 매수를 청구할 수 있다. (○ | ×)

04 장기미집행 도시·군계획시설 부지인 토지에 대한 매수청구에 관하여 매수의무자가 매수하기로 결정한 토지는 매수 결정을 알린 날부터 2년 이내에 매수하여야 한다. (○ | ×)

05 국토의 계획 및 이용에 관한 법령상 매수의무자인 지방자치단체가 매수청구를 받은 장기미집행 도시·군계획시설 부지 중 지목이 대(垈)인 토지를 매수할 때에 비업무용 토지로서 매수대금이 2천만원을 초과하는 경우 매수의무자는 그 초과하는 금액에 대해서 도시·군계획시설채권을 발행하여 지급할 수 있다. (○ | ×)

06 도시지역에서 사회복지시설을 설치하려면 미리 도시·군관리계획으로 결정하여야 한다. (○ | ×)

07 도시·군계획시설 부지의 매수의무자인 지방공사는 도시·군계획시설채권을 발행하여 그 대금을 지급할 수 있다. (○ | ×)

08 도시·군계획시설 결정의 고시일부터 10년 이내에 도시·군계획시설사업이 시행되지 아니하는 경우 그 고시일부터 10년이 되는 날의 다음 날에 그 효력을 잃는다. (○ | ×)

09 「도시개발법」에 따른 도시개발구역이 200만m²를 초과하는 경우 해당 구역에서 개발사업을 시행하는 자는 공동구를 설치하여야 한다. (○ | ×)

10 둘 이상의 시 또는 군의 관할 구역에 걸쳐 시행되는 도시·군계획시설사업이 광역도시계획과 관련된 경우, 도지사는 관계 시장 또는 군수의 의견을 들어 직접 시행할 수 있다. (○ | ×)

정답과 해설

CHAPTER 05 ▶ 01 ×, 일간신문에 공시 ⇨ 점용예정자에게 개별적으로 통지 **02** ○ **03** ○ **04** ○ **05** ×, 2천만원 ⇨ 3천만원 **06** ×, 미리 도시·군관리계획으로 결정하지 않아도 설치가 가능하다. **07** ×, 도시·군계획시설 부지의 매수의무자가 지방자치단체인 경우에만 도시·군계획시설채권을 발행하여 그 대금을 지급할 수 있다. **08** ×, 10년 ⇨ 20년 **09** ○ **10** ○

CHAPTER 06 | 지구단위계획

01 주민은 도시·군관리계획의 입안권자에게 지구단위계획의 변경에 관한 도시·군관리계획의 입안을 제안할 수 있다. (O | X)

02 시장 또는 군수가 입안한 지구단위계획의 수립·변경에 관한 도시·군관리계획은 해당 시장 또는 군수가 직접 결정한다. (O | X)

03 국토의 계획 및 이용에 관한 법령상 도시지역 외 지구단위계획구역에서 당해 용도지역 또는 개발진흥지구에 적용되는 건폐율의 150% 이내에서 건폐율을 완화하여 적용할 수 있다. (O | X)

04 국토의 계획 및 이용에 관한 법령상 도시지역 외 지구단위계획구역에서 지구단위계획에 의한 건폐율 등의 완화적용에 관하여 계획관리지역 외의 지역에 지정된 개발진흥지구 내의 지구단위계획구역에서는 건축물의 용도·종류 및 규모 등을 완화하여 적용할 경우 아파트 및 연립주택은 허용되지 아니한다. (O | X)

05 「관광진흥법」에 따라 지정된 관광특구에 대하여 지구단위계획구역을 지정할 수 있다. (O | X)

06 도시개발사업에서 실시계획을 작성하면 지구단위계획이 결정·고시된 것으로 본다. (O | X)

07 「도시개발법」에 따라 지정된 20만m² 의 도시개발구역에서 개발사업이 끝난 후 10년이 지난 지역은 지구단위계획구역으로 지정하여야 한다. (O | X)

08 시·도지사는 「도시개발법」에 따라 지정된 도시개발구역의 전부 또는 일부에 대하여 지구단위계획구역을 지정할 수 있다. (O | X)

09 지구단위계획으로 차량진입금지구간을 지정한 경우 「주차장법」에 따른 주차장 설치기준을 최대 80%까지 완화하여 적용할 수 있다. (O | X)

10 시장 또는 군수가 입안한 지구단위계획구역의 지정·변경에 관한 도시·군관리계획은 시장 또는 군수가 직접 결정한다. (O | X)

정답과 해설

CHAPTER 06 ▶ **01** O **02** O **03** O **04** O **05** O **06** X, 도시개발사업에서 실시계획을 고시한 경우 그 고시된 내용 중 「국토의 계획 및 이용에 관한 법률」에 따라 도시·군관리계획(지구단위계획을 포함)으로 결정하여야 하는 사항은 도시·군관리계획이 결정되어 고시된 것으로 본다. **07** X, 정비구역과 택지개발지구에서 시행되는 사업이 끝난 후 10년이 지난 지역은 지구단위계획구역으로 지정하여야 하지만, 도시개발구역은 해당하지 않는다. **08** O **09** X, 80% ⇨ 100% **10** O

CHAPTER 07 | 개발행위의 허가 등

01 도시·군관리계획의 시행을 위한 「도시개발법」에 따른 도시개발사업에 의해 건축물을 건축하는 경우에는 개발행위허가를 받지 않아도 된다. (○ | ×)

02 경작을 위해 토지의 형질변경을 하는 경우에는 허가를 받아야 한다. (○ | ×)

03 개발행위허가의 대상인 토지가 둘 이상의 용도지역에 걸치는 경우, 개발행위허가의 규모를 적용할 때는 가장 큰 규모의 용도지역에 대한 규정을 적용한다. (○ | ×)

04 국토의 계획 및 이용에 관한 법령상 개발행위허가를 제한하고자 하는 자가 국토교통부장관인 경우에는 중앙도시계획위원회의 심의를 거치지 아니한다. (○ | ×)

05 개발행위허가를 받은 행정청이 기존의 공공시설에 대체되는 공공시설을 설치한 경우에는 새로 설치된 공공시설은 그 시설을 관리할 관리청에 무상으로 귀속된다. (○ | ×)

06 지구단위계획구역으로 지정된 지역으로서 도시·군관리계획상 특히 필요하다고 인정하는 지역에 대해서는 최장 5년의 기간 동안 개발행위허가를 제한할 수 있다. (○ | ×)

07 개발행위허가를 받은 사업면적을 5% 범위 안에서 확대 또는 축소하는 경우에는 변경허가를 받지 않아도 된다. (○ | ×)

08 성장관리계획구역 내 보전관리지역에서는 125% 이하의 범위에서 성장관리계획으로 정하는 바에 따라 용적률을 완화하여 적용할 수 있다. (○ | ×)

09 개발밀도관리구역 안에서는 해당 용도지역에 적용되는 용적률의 최대한도 50% 범위 안에서 용적률을 강화하여 적용한다. (○ | ×)

10 기반시설부담구역의 지정고시일부터 2년이 되는 날까지 기반시설설치계획을 수립하지 아니하면 그 2년이 되는 날의 다음 날에 기반시설부담구역의 지정은 해제된 것으로 본다. (○ | ×)

정답과 해설

CHAPTER 07 ▶ **01** ○　**02** ×, 허가를 받아야 한다 ⇨ 허가를 받지 아니한다　**03** ×, 가장 큰 규모의 용도지역에 대한 규정을 적용한다 ⇨ 각각의 용도지역에 대한 규정을 적용한다　**04** ×, 거치지 아니한다 ⇨ 거쳐야 한다　**05** ○　**06** ○　**07** ×, 개발행위허가를 받은 사업면적을 5% 범위 안에서 축소하는 경우에는 변경허가를 받지 않아도 되지만, 사업면적을 확대하는 경우에는 개발행위허가를 받아야 한다.　**08** ×, 보전관리지역 ⇨ 계획관리지역　**09** ○　**10** ×, 2년 ⇨ 1년

CHAPTER 08 | 보칙 및 벌칙 등

01 관계 중앙행정기관의 장은 국토교통부장관에게 시범도시의 지정을 요청하고자 하는 때에는 주민의 의견을 들은 후 관계 지방자치단체의 장의 의견을 들어야 한다. (O | X)

02 국토교통부장관이 직접 시범도시를 지정함에 있어서 그 대상이 되는 도시를 공모할 경우, 시장 또는 군수는 공모에 응모할 수 있다. (O | X)

03 도지사는 도시·군기본계획과 도시·군관리계획이 국가계획의 취지에 부합하지 아니하다고 판단하는 경우, 국토교통부장관에게 변경을 요구할 수 있다. (O | X)

04 중앙도시계획위원회가 분과위원회에 위임하는 사항에 대한 모든 심의는 중앙도시계획위원회의 심의로 본다. (O | X)

05 시장 또는 군수가 성장관리계획구역을 지정하려면 시·도지사의 의견을 들은 후 중앙도시계획위원회의 심의를 거쳐야 한다. (O | X)

정답과 해설

CHAPTER 08 ▶ 01 O **02** O **03** X, 국토교통부장관에게 변경을 요구할 필요 없이 국가계획의 내용이 우선한 것으로 판단한다. **04** X, 분과위원회의 심의는 중앙도시계획위원회의 심의로 본다. 다만, 중앙도시계획위원회에서 위임하는 사항은 중앙도시계획위원회가 분과위원회의 심의를 중앙도시계획위원회의 심의로 보도록 하는 경우만 해당한다. 그러므로 위임하는 모든 심의를 중앙도시계획위원회의 심의로 보지 아니한다. **05** X, 특별시장·광역시장·특별자치시장·특별자치도지사·시장 또는 군수는 성장관리계획구역을 지정하거나 이를 변경하려면 대통령령으로 정하는 바에 따라 미리 주민과 해당 지방의회의 의견을 들어야 하며, 관계 행정기관과의 협의 및 지방도시계획위원회의 심의를 거쳐야 한다.

PART 2 도시개발법

CHAPTER 01 | 도시개발계획 및 구역 지정

01 자연녹지지역에 도시개발구역을 지정할 때에는 도시개발구역을 지정한 후에 개발계획을 수립할 수 있다. (O | X)

02 개발계획 변경 시 개발계획의 변경을 요청받기 전에 동의를 철회하는 사람이 있는 경우 그 사람은 동의자 수에서 제외한다. (O | X)

03 개발계획의 변경을 요청받은 후부터 개발계획이 변경되기 전까지의 사이에 토지소유자가 변경된 경우 개발계획의 수립·변경을 위한 동의자 수는 변경된 토지소유자의 동의서를 기준으로 한다. (O | X)

04 한국토지주택공사 사장이 30만m² 규모로 국가계획과 밀접한 관련이 있는 도시개발구역의 지정을 제안하는 경우는 도시개발법령상 국토교통부장관이 도시개발구역을 지정할 수 있는 경우에 해당한다. (O | X)

05 도시개발법령상 도시개발구역으로 지정하기 위해서는 도시개발구역 지정면적의 100분의 30 이하인 생산녹지지역은 1만m² 이상이어야 한다. (O | X)

06 도시개발구역이 지정·고시된 날부터 2년이 되는 날까지 개발계획을 수립·고시하지 아니하는 경우에는 그 2년이 되는 날의 다음 날에 도시개발구역 지정이 해제된 것으로 본다. 다만, 도시개발구역의 면적이 330만m² 이상인 경우에는 5년으로 한다. (O | X)

07 도시개발구역을 둘 이상의 사업시행지구로 분할하는 경우 분할 후 사업시행지구의 면적은 각각 1만m² 이상이어야 한다. (O | X)

08 지정권자가 도시개발사업을 환지방식으로 시행하려고 개발계획을 수립하는 경우 사업시행자가 지방자치단체이면 토지소유자의 동의를 받을 필요가 없다. (O | X)

09 천재지변으로 인하여 도시개발사업을 긴급하게 할 필요가 있는 경우 국토교통부장관이 도시개발구역을 지정할 수 있다. (O | X)

정답과 해설

CHAPTER 01 ▶ 01 O 02 O 03 X, 변경된 토지소유자 ⇨ 기존 토지소유자 04 O 05 O 06 O 07 O 08 O 09 O

CHAPTER 02 | 도시개발사업

01 한국철도공사는 「역세권의 개발 및 이용에 관한 법률」에 따른 역세권개발사업을 시행하는 경우에만 도시개발사업의 시행자가 된다. (O | X)

02 도시개발사업에 관한 실시계획의 인가를 받은 후 2년 이내에 사업을 착수하지 아니하는 경우는 도시개발법령상 도시개발구역 지정권자가 시행자를 변경할 수 있는 경우에 해당한다. (O | X)

03 조합설립인가를 신청하려면 해당 도시개발구역의 토지면적의 3분의 2 이상에 해당하는 토지소유자와 그 구역의 토지소유자 총수의 2분의 1 이상의 동의를 받아야 한다. (O | X)

04 조합원으로 된 자가 금고 이상의 형의 선고를 받은 경우에는 그 사유가 발생한 다음 날부터 조합원의 자격을 상실한다. (O | X)

05 도시개발법령상 도시개발사업조합을 설립하려면 도시개발구역의 토지소유자 7명 이상이 정관을 작성하여 지정권자에게 조합설립의 인가를 받아야 한다. (O | X)

06 도시개발법령상 도시개발사업을 위하여 설립하는 조합에 관하여 의결권을 가진 조합원의 수가 100인인 조합은 총회의 권한을 대행하게 하기 위하여 대의원회를 둘 수 있다. (O | X)

07 도시개발법령상 도시개발조합에 관하여 토지소유자가 조합설립인가 신청에 동의하였다면 이후 조합설립인가의 신청 전에 그 동의를 철회하였더라도 그 토지소유자는 동의자 수에 포함된다. (O | X)

08 도시개발법령상 도시개발사업조합에 관하여 조합의 설립인가를 받은 조합의 대표자는 설립인가를 받은 날부터 30일 이내에 주된 사무소의 소재지에서 설립등기를 하여야 한다. (O | X)

정답과 해설

CHAPTER 02 ▶ 01 ×, 한국철도공사는 ⇨ 국가철도공단은 **02** O **03** O **04** ×, 조합의 임원으로 된 자가 금고 이상의 형의 선고를 받은 경우에는 그 사유가 발생한 다음 날부터 임원의 자격을 상실하지만, 조합원은 결격사유에 적용받지 않는다. **05** O **06** O **07** ×, 그 토지소유자는 동의자 수에 포함된다 ⇨ 그 토지소유자는 동의자 수에서 제외한다 **08** O

09 도시개발령상 도시개발사업의 사업시행자가 도시개발사업에 관한 실시계획의 인가를 받은 후 2년 이내에 사업을 착수하지 아니하는 경우 지정권자는 시행자를 변경할 수 있다. (○ | ×)

10 도시개발법령상 도시개발사업의 실시계획에 관하여 시행자는 사업시행면적을 100분의 10의 범위에서 감소시키고자 하는 경우 인가받은 실시계획에 관하여 변경인가를 받아야 한다. (○ | ×)

11 도시개발법령상 도시개발사업의 실시계획에 관하여 인가를 받은 실시계획 중 사업시행면적의 100분의 20이 감소된 경우 지정권자의 변경인가를 받을 필요가 없다. (○ | ×)

12 도시개발법령상 원형지의 공급과 개발에 관하여 공급될 수 있는 원형지의 면적은 해당 도시개발구역 전체 토지면적의 3분의 1 이내로 한정한다. (○ | ×)

13 도시개발법령상 원형지의 공급과 개발에 관하여 지방자치단체가 원형지개발자인 경우 원형지 공사완료 공고일부터 5년이 경과하기 전에도 원형지를 매각할 수 있다. (○ | ×)

14 단독주택용지로서 330m² 이하인 조성토지는 추첨의 방법으로 분양할 수 있다. (○ | ×)

15 조성토지등을 공급하려고 할 때 「주택법」에 따른 공공택지의 공급은 추첨의 방법으로 분양할 수 없다. (○ | ×)

16 도시개발법령상 토지 등의 수용 또는 사용의 방식에 따른 도시개발사업 시행에 관하여 시행자는 학교를 설치하기 위한 조성토지를 공급하는 경우 해당 토지의 가격을 「감정평가 및 감정평가사에 관한 법률」에 따른 감정평가법인등이 감정평가한 가격 이하로 정할 수 있다. (○ | ×)

17 종전 토지의 임차권자는 환지예정지 지정 이후에도 환지처분이 공고되는 날까지 종전의 토지를 사용하거나 수익할 수 있다. (○ | ×)

18 도시개발법령상 환지방식에 의한 사업시행에 관하여 시행자는 토지면적의 규모를 조정할 특별한 필요가 있으면 면적이 넓은 토지는 그 면적을 줄여서 환지를 정하거나 환지 대상에서 제외할 수 있다. (○ | ×)

정답과 해설

09 ○ 10 ×, 변경인가를 받아야 한다 ⇨ 변경인가를 받을 필요가 없다 11 ×, 100분의 20 ⇨ 100분의 10 12 ○
13 ○ 14 ○ 15 ×, 없다 ⇨ 있다 16 ○ 17 ×, 있다 ⇨ 없다 18 ×, 면적이 넓은 토지는 그 면적을 줄여서 환지를 정할 수 있지만, 환지 대상에서 제외할 수는 없다.

CHAPTER 03 | 비용부담 등

01 도시개발채권의 이율은 기획재정부장관이 국채·공채 등의 금리와 특별회계의 상황 등 (O | X)
을 고려하여 정한다.

02 도시개발사업을 공공기관이 시행하는 경우 해당 공공기관의 장은 시·도지사의 승인을 (O | X)
받아 도시개발채권을 발행할 수 있다.

03 지방자치단체의 장이 발행하는 도시개발채권의 소멸시효는 상환일로부터 기산하여 원 (O | X)
금은 5년, 이자는 2년으로 한다.

04 도시개발법령상 도시개발사업의 비용부담 등에 관하여 지정권자인 시행자는 그가 시행 (O | X)
한 사업으로 이익을 얻는 시·도에 비용의 전부 또는 일부를 부담시킬 수 있다.

05 도시개발조합은 토지 등의 매수대금의 일부를 지급하기 위하여 사업시행으로 조성된 (O | X)
토지·건축물로 상환하는 도시개발채권을 발행할 수 있다.

06 수용 또는 사용방식으로 시행하는 도시개발사업의 경우 한국토지주택공사와 공사도급 (O | X)
계약을 체결하는 자는 도시개발채권을 매입하여야 한다.

07 도시개발채권 매입필증을 제출받은 자는 매입필증을 3년간 보관하여야 한다. (O | X)

08 도시개발채권은 무기명으로 발행할 수 없다. (O | X)

정답과 해설

CHAPTER 03 ▶ 01 ×, 채권의 발생 당시의 국채·공채 등의 금리와 특별회계의 상황 등을 고려하여 해당 시·도의 조례로 정한다. **02** ×, 도시개발채권은 시·도의 조례로 정하는 바에 따라 시·도지사가 발행하며, 행정안전부장관의 승인을 받아야 한다. **03** O **04** ×, 도시개발사업에 든 비용의 일부를 부담시킬 수 있다. **05** ×, 도시개발조합이 아니라 지방자치단체의 장(시·도지사)은 도시개발사업이나 도시·군계획시설사업에 필요한 자금을 조달하기 위하여 도시개발채권을 발행할 수 있다. **06** O **07** ×, 3년 ⇨ 5년 **08** ×, 없다 ⇨ 있다

PART 3 도시 및 주거환경정비법

CHAPTER 01 | 총칙

01 공동작업장은 도시 및 주거환경정비법령상 정비기반시설에 해당하지 않는다. (O | X)

02 재개발사업은 기반시설이 열악하고 노후·불량건축물이 밀집한 지역에서 주거환경을 (O | X) 개선하거나 상업지역·공업지역 등에서 도시기능의 회복 및 상권활성화 등을 위하여 도시환경을 개선하기 위한 사업이다.

03 재개발사업에 있어서 토지등소유자는 토지 및 건축물의 소유자와 임차권자이다. (O | X)

04 건축물이 훼손되었거나 일부가 멸실되어 붕괴 그 밖의 안전사고의 우려가 있는 건축물 (O | X) 은 노후·불량건축물에 해당한다.

CHAPTER 02 | 기본계획 수립 및 정비구역 지정

01 기본계획의 수립권자는 기본계획을 수립하려는 경우 14일 이상 주민에게 공람하여 의 (O | X) 견을 들어야 한다.

02 시장은 도시·주거환경정비기본계획에 대하여 10년마다 그 타당성 여부를 검토하여 (O | X) 그 결과를 기본계획에 반영하여야 한다.

03 도시 및 주거환경정비법령상 도시·주거환경정비기본계획의 수립에 관하여 대도시의 (O | X) 시장이 아닌 시장은 기본계획의 내용 중 단계별 정비사업추진계획을 변경하는 때에는 도지사의 승인을 얻지 않아도 된다.

04 시장·군수등(특별자치시장 및 특별자치도지사는 제외)은 재건축진단 결과보고서를 제 (O | X) 출받은 경우에 지체 없이 국토교통부장관에게 결정 내용과 해당 재건축진단 결과보고 서를 제출하여야 한다.

정답과 해설

CHAPTER 01 ▶ **01** O **02** O **03** ×, 재개발사업에 있어서 토지등소유자는 정비구역 안에 위치한 토지 또는 건축물의 소유자 또는 그 지상권자이다. **04** O CHAPTER 02 ▶ **01** O **02** ×, 10년 ⇨ 5년 **03** O **04** ×, 국토교통부장관 ⇨ 특별시장·광역시장·도지사

05 도시 및 주거환경정비법령상 재건축사업을 위한 재건축진단의 실시를 요청하려면 정비계획의 입안을 제안하려는 자가 입안을 제안하기 전에 해당 정비예정구역에 위치한 건축물 및 그 부속토지의 소유자 3분의 1 이상의 동의를 받아야 한다. (O | X)

06 도시 및 주거환경정비법령상 정비구역에서 허가를 받은 행위는 「국토의 계획 및 이용에 관한 법률」에 따른 개발행위허가를 받은 것으로 본다. (O | X)

07 재개발사업에서 토지등소유자가 정비구역으로 지정·고시된 날부터 3년이 되는 날까지 조합설립인가를 신청하지 아니하는 경우(법 제31조 제7항에 따라 추진위원회를 구성하지 아니하는 경우로 한정)는 도시 및 주거환경정비법령상 정비구역의 지정권자가 정비구역 등을 해제하여야 하는 사유이다. (O | X)

CHAPTER 03 | 정비사업

01 도시 및 주거환경정비법령상 재개발사업의 시공자 선정에 관하여 토지등소유자가 사업을 시행하는 경우에는 경쟁입찰의 방법으로 시공자를 선정해야 한다. (O | X)

02 도시 및 주거환경정비법령상 재건축사업의 사업시행자는 사업시행으로 이주하는 상가세입자가 사용할 수 있도록 정비구역 또는 정비구역 인근에 임시상가를 설치할 수 있다. (O | X)

03 도시 및 주거환경정비법령상 재건축사업을 하는 정비구역에서 오피스텔을 건설하여 공급하는 경우에는 「국토의 계획 및 이용에 관한 법률」에 따른 준주거지역 및 상업지역 이외의 지역에서 오피스텔을 건설할 수 있다. (O | X)

04 도시 및 주거환경정비법령상 조합의 조합임원이 결격사유에 해당하여 퇴임한 경우 그 임원이 퇴임 전에 관여한 행위는 효력을 잃는다. (O | X)

05 재개발사업의 추진위원회가 조합을 설립하려면 토지등소유자의 4분의 3 이상 및 토지면적의 2분의 1 이상의 토지소유자의 동의를 받아 일정한 서류를 첨부하여 시장·군수 등의 인가를 받아야 한다. (O | X)

정답과 해설

05 ×, 3분의 1 ⇨ 10분의 1　**06** ○　**07** ○　**CHAPTER 03 ▶ 01** ×, 토지등소유자가 재개발사업을 시행하는 경우에는 사업시행계획인가를 받은 후 규약에 따라 건설업자 또는 등록사업자를 시공자로 선정하여야 한다.　**02** ×, 재건축사업 ⇨ 재개발사업　**03** ×, 준주거지역 및 상업지역 이외의 지역에서 ⇨ 준주거지역 및 상업지역에서만　**04** ×, 잃는다 ⇨ 잃지 아니한다　**05** ○

06 도시 및 주거환경정비법령상 토지등소유자의 수가 100인을 초과하는 경우 조합에 두는 이사의 수는 5명 이상으로 한다. (○ | ×)

07 도시 및 주거환경정비법령상 조합의 설립 등에 관하여 대의원회는 조합원의 10분의 1 이상으로 구성한다. 다만, 조합원의 10분의 1이 100명을 넘는 경우에는 조합원의 10분의 1의 범위에서 100명 이상으로 구성할 수 있다. (○ | ×)

08 도시 및 주거환경정비법령상 재개발사업조합의 이사는 대의원회에서 해임될 수 있다. (○ | ×)

09 도시 및 주거환경정비법령상 토지등소유자가 재개발사업을 시행하고자 하는 경우에는 토지등소유자로 구성된 조합을 설립하여야만 한다. (○ | ×)

10 도시 및 주거환경정비법령상 조합이 시·도지사 또는 토지주택공사등에게 재개발사업의 시행으로 건설된 임대주택의 인수를 요청하는 경우 토지주택공사등이 우선하여 인수하여야 한다. (○ | ×)

11 도시 및 주거환경정비법령상 관리처분계획 등에 관하여 사업시행자는 폐공가의 밀집으로 범죄 발생의 우려가 있는 경우 기존 건축물의 소유자의 동의 및 시장·군수등의 허가를 얻어 해당 건축물을 철거할 수 있다. (○ | ×)

12 도시 및 주거환경정비법령상 관리처분계획에 따른 처분 등에 관하여 사업시행자는 분양신청을 받은 후 잔여분이 있는 경우에는 사업시행계획으로 정하는 목적을 위하여 그 잔여분을 조합원 또는 토지등소유자 이외의 자에게 분양할 수 있다. (○ | ×)

13 관리처분계획을 수립하는 경우 정비구역의 지정은 이전고시가 있는 날의 다음 날에 해제된 것으로 본다. (○ | ×)

14 도시 및 주거환경정비법령상 청산금을 징수할 권리는 소유권 이전의 고시일로부터 5년간 이를 행사하지 아니하면 소멸한다. (○ | ×)

정답과 해설

06 ○ **07** ○ **08** ×, 있다 ⇨ 없다 **09** ×, 설립하여야만 한다 ⇨ 설립하지 않고 토지등소유자가 사업을 시행할 수 있다 **10** ×, 토지주택공사등이 ⇨ 시·도지사가 **11** ○ **12** ○ **13** ○ **14** ×, 청산금을 지급받을 권리 또는 이를 징수할 권리는 소유권 이전고시일의 다음 날부터 5년간 이를 행사하지 아니하면 소멸한다.

CHAPTER 04 | 비용부담 등

01 도시 및 주거환경정비법령상 지방자치단체는 시장·군수등이 아닌 사업시행자가 시행 (O | X) 하는 정비사업에 드는 비용에 대한 융자를 알선할 수는 있으나 직접적으로 보조할 수는 없다.

02 도시 및 주거환경정비법령상 시장·군수등이 아닌 사업시행자는 부과금 또는 연체료를 (O | X) 체납하는 자가 있는 때에는 시장·군수등에게 그 부과·징수를 위탁할 수 있다.

03 도시 및 주거환경정비법령상 청산금을 지급받을 자가 받기를 거부하더라도 사업시행자 (O | X) 는 그 청산금을 공탁할 수는 없다.

04 정비계획의 입안권자가 정비구역의 지정권자에게 공공재개발사업 예정구역 지정을 신 (O | X) 청한 경우 지방도시계획위원회는 신청일부터 30일 이내에 심의를 완료해야 한다.

정답과 해설

CHAPTER 04 ▶ 01 ✕, 국가 또는 지방자치단체는 시장·군수등이 아닌 사업시행자가 시행하는 정비사업에 드는 비용의 일부를 보조 또는 융자하거나 융자를 알선할 수 있다. **02** ○ **03** ✕, 없다 ⇨ 있다 **04** ○

PART 4 건축법

CHAPTER 01 | 총칙

01 건축법령상 '고층건축물'에 해당하려면 건축물의 층수가 30층 이상이고 높이가 120m 이상이어야 한다. (○ | X)

02 기존 건축물이 있는 대지에서 건축물의 높이를 증가시키는 것은 '증축'에 해당한다. (○ | X)

03 건축물의 기능향상을 위해 기존 건축물이 있는 대지에 건축물의 연면적과 건축면적 및 층수를 늘리는 것은 '개축'이다. (○ | X)

04 지하층은 건축물의 바닥이 지표면 아래에 있는 층으로서 바닥에서 지표면까지 평균높이가 해당 층 높이의 3분의 1 이상인 것을 말한다. (○ | X)

05 한쪽 끝은 고정되고 다른 끝은 지지되지 아니한 구조로 된 차양이 외벽(외벽이 없는 경우에는 외곽 기둥을 말함)의 중심선으로부터 3m 이상 돌출된 건축물은 특수구조 건축물에 해당한다. (○ | X)

06 철도의 선로부지에 있는 플랫폼을 건축하는 경우에는 「건축법」상 건폐율 규정이 적용되지 않는다. (○ | X)

07 지구단위계획구역이 아닌 계획관리지역으로서 동이나 읍이 아닌 지역에서는 「건축법」상 건축선에 의한 건축제한 규정이 적용되지 않는다. (○ | X)

08 도지사는 건축위원회의 심의 등을 효율적으로 수행하기 위하여 필요하면 자신이 설치하는 건축위원회에 건축민원전문위원회를 두어 운영할 수 있다. (○ | X)

정답과 해설

CHAPTER 01 ▶ 01 X, 이상이고 ⇨ 이상이거나   02 ○   03 X, 개축 ⇨ 증축   04 X, 3분의 1 ⇨ 2분의 1   05 ○   06 ○   07 ○   08 ○

CHAPTER 02 | 건축물의 건축

01 바닥면적이 각 80m²인 3층의 건축물을 신축하고자 하는 자는 건축허가의 신청 전에 허가권자에게 그 건축의 허용성에 대한 사전결정을 신청할 수 있다. (O | X)

02 건축법령상 건축허가의 사전결정신청자가 사전결정을 통지받은 날부터 2년 이내에 법령에 따른 건축허가를 신청하지 않으면 그 사전결정은 효력을 상실한다. (O | X)

03 국토교통부장관은 국토관리를 위하여 특히 필요하다고 인정하더라도 시장·군수·구청장의 건축허가를 제한할 수 없다. (O | X)

04 건축물의 착공을 제한하는 경우 제한기간은 2년 이내로 하되, 1회에 한하여 1년 이내의 범위에서 제한기간을 연장할 수 있다. (O | X)

05 국토교통부장관은 건축허가를 제한하는 경우 제한 목적·기간, 대상 건축물의 용도와 대상 구역의 위치·면적·경계를 지체 없이 공고하여야 한다. (O | X)

06 국토교통부장관은 보고받은 특별시장·광역시장·도지사의 건축허가 제한 내용이 지나치다고 인정하면 해제를 명할 수 있다. (O | X)

07 건축신고를 한 자가 신고일부터 1년 이내에 공사에 착수하지 아니하면 그 신고의 효력은 없어진다. (O | X)

08 사용승인서의 교부 전에 공사가 완료된 부분이 건폐율, 용적률 등의 법적 기준에 적합한 경우 허가권자는 임시사용을 승인할 수 있으며 그 기간은 1년 이내로 하여야 한다. (O | X)

09 단독주택을 다가구주택으로 변경하는 경우에는 건축물대장 기재 내용의 변경을 신청하지 않아도 된다. (O | X)

10 건축법령상 사용승인을 받은 건축물의 용도변경에 관하여 같은 시설군 안에서 용도를 변경하려는 경우에는 신고를 하여야 한다. (O | X)

정답과 해설

CHAPTER 02 ▶ 01 O 02 O 03 X, 제한할 수 없다 ⇨ 제한할 수 있다 04 O 05 X, 국토교통부장관은 건축허가를 제한하는 경우 제한 목적·기간, 대상 건축물의 용도와 대상 구역의 위치·면적·경계 등을 상세하게 정하여 허가권자에게 통보하여야 하며, 통보를 받은 허가권자는 지체 없이 이를 공고하여야 한다. 06 O 07 O 08 X, 1년 ⇨ 2년 09 O 10 X, 같은 시설군 안에서 용도를 변경하는 경우에는 건축물대장 기재 내용의 변경을 신청하여야 한다.

CHAPTER 03 | 건축물의 대지와 도로

01 면적 5천m² 미만인 대지에 건축하는 공장, 연면적의 합계가 1,500m² 미만인 공장, 「산업집적활성화 및 공장설립에 관한 법률」에 따른 산업단지의 공장은 건축물의 대지에 조경을 하지 않아도 되는 건축물이다. (O | X)

02 건축법령상 공개공지등을 확보하여야 하는 건축물의 공개공지등의 면적은 대지면적의 100분의 10 이하의 범위에서 건축조례로 정한다. (O | X)

03 건축법령상 도시·군계획시설에서 건축하는 연면적의 합계가 1,500m² 이상인 가설건축물에 대하여는 조경 등의 조치를 하여야 한다. (O | X)

04 건축법령상 면적 5천m² 미만인 대지에 건축하는 공장에 대하여는 조경 등의 조치를 하지 아니할 수 있다. (O | X)

05 건축법령상 건축물의 대지와 도로에 관하여 손궤의 우려가 있는 토지에 대지를 조성하면서 설치한 옹벽의 외벽면에는 옹벽의 지지 또는 배수를 위한 시설물이 밖으로 튀어 나오게 해서는 아니 된다. (O | X)

06 건축법령상 건축물의 지표 아래 부분은 건축선의 수직면을 넘을 수 있다. (O | X)

07 건축법령상 도시지역에 건축하는 건축물의 대지와 도로 등에 관하여 군수는 건축물의 위치나 환경을 정비하기 위하여 필요하다고 인정되면 4m 이하의 범위에서 건축선을 따로 지정할 수 있다. (O | X)

CHAPTER 04 | 건축물의 구조 및 재료

01 목구조 건축물의 경우 건축주가 착공신고 시 구조안전 확인서류를 제출하여야 하는 건축물은 3층 이상인 건축물 또는 연면적이 500m² 이상인 건축물이다. (O | X)

02 문화 및 집회시설 중 동·식물원은 건축법령상 국토교통부장관이 정하여 고시하는 건축물, 건축설비 및 대지에 관한 범죄예방기준에 따라 건축하여야 하는 건축물에 해당하지 않는다. (O | X)

정답과 해설

CHAPTER 03 ▶ 01 O 02 O 03 ×, 하여야 한다 ⇨ 아니할 수 있다 04 O 05 ×, 시설물 ⇨ 시설 외의 구조물
06 O 07 O CHAPTER 04 ▶ 01 O 02 O

CHAPTER 05 | 지역 및 지구 안의 건축물

01 하나의 건축물이 방화벽을 경계로 방화지구와 그 밖의 구역에 속하는 부분으로 구획되는 경우, 건축물 전부에 대하여 방화지구 안의 건축물에 관한 「건축법」의 규정을 적용한다. (○ | X)

02 건축법령상 벽·기둥의 구획이 없는 건축물은 그 지붕 끝부분으로부터 수평거리 1m를 후퇴한 선으로 둘러싸인 수평투영면적으로 한다. (○ | X)

03 건축법령상 공동주택으로서 지상층에 설치한 조경시설은 바닥면적에 산입하지 아니한다. (○ | X)

04 건축법령상 지하층에 설치한 기계실, 전기실의 면적은 용적률을 산정할 때 연면적에 산입한다. (○ | X)

05 건축법령상 건축물의 층고는 방의 바닥구조체 윗면으로부터 위층 바닥구조체의 아랫면까지의 높이로 한다. (○ | X)

06 건축법령상 건축물이 부분에 따라 그 층수가 다른 경우에는 그중 가장 많은 층수와 가장 적은 층수를 평균하여 반올림한 수를 그 건축물의 층수로 본다. (○ | X)

07 건축법령상 층의 구분이 명확하지 아니한 건축물의 높이는 4m마다 하나의 층으로 보고 그 층수를 산정한다. (○ | X)

08 건축법령상 도시지역에서 건축물이 있는 대지를 분할하는 경우에는 건폐율 기준에 못 미치게 분할하는 것도 가능하다. (○ | X)

09 건축법령상 전용주거지역과 일반주거지역 안에서 건축하는 건축물에 대하여는 일조의 확보를 위한 높이제한이 적용된다. (○ | X)

10 건축법령상 지역 및 지구 안에서의 건축제한 등에 관하여 3층 이하로서 높이가 12m 이하인 건축물에는 일조 등의 확보를 위한 건축물의 높이제한에 관한 규정을 적용하지 아니할 수 있다. (○ | X)

정답과 해설

CHAPTER 05 ▶ 01 X, 하나의 건축물이 방화벽을 경계로 방화지구와 그 밖의 구역에 속하는 부분으로 구획되는 경우, 그 밖의 구역에 속하는 부분은 방화지구 규정을 적용하지 않는다. **02** ○ **03** ○ **04** X, 연면적에 산입한다 ⇨ 연면적에 산입하지 않는다 **05** X, 위층 바닥구조체의 아랫면 ⇨ 위층 바닥구조체의 윗면 **06** X, 그중 가장 많은 층수를 그 건축물의 층수로 본다. **07** ○ **08** X, 도시지역에서 건축물이 있는 대지를 분할하는 경우에는 건폐율 및 용적률 등에 의한 기준에 미달되게 분할할 수 없다. **09** ○ **10** X, 3층 ⇨ 2층, 12m ⇨ 8m

CHAPTER 06 | 특별건축구역 · 건축협정 및 결합건축

01 건축법령상 건축협정에서 달리 정하지 않는 한, 건축협정이 공고된 후에 건축협정구역에 있는 토지에 관한 권리를 협정체결자로부터 이전받은 자도 건축협정에 따라야 한다. (○ | ×)

02 건축법령상 특별건축구역에서 「주차장법」에 따른 부설주차장의 설치에 관한 규정은 개별 건축물마다 적용하여야 한다. (○ | ×)

03 건축법령상 건축물의 소유자등은 과반수의 동의로 건축물의 리모델링에 관한 건축협정을 체결할 수 있다. (○ | ×)

04 건축법령상 건축협정에 관하여 협정체결자 또는 건축협정운영회의 대표자는 건축협정을 폐지하려는 경우 협정체결자 과반수의 동의를 받아 건축협정인가권자의 인가를 받아야 한다. (○ | ×)

05 건축법령상 허가권자는 최초의 시정명령이 있었던 날을 기준으로 하여 1년에 2회 이내의 범위에서 해당 지방자치단체의 조례로 정하는 횟수만큼 그 시정명령이 이행될 때까지 반복하여 이행강제금을 부과 · 징수할 수 있다. (○ | ×)

정답과 해설

CHAPTER 06 ▶ 01 ○ **02** ×, 특별건축구역에서는 '공원의 설치, 부설주차장의 설치, 미술작품의 설치'는 개별 건축물마다 적용하지 아니하고 특별건축구역 전부 또는 일부를 대상으로 통합하여 적용할 수 있다. **03** ×, 과반수의 동의 ⇨ 전원의 합의 **04** ○ **05** ○

PART 5 주택법

CHAPTER 01 | 총칙

01 주택법령상 주택도시기금으로부터 자금을 지원받아 건설되는 1세대당 주거전용면적 84m²인 주택은 '국민주택'에 해당한다. (O | X)

02 주택법령상 '간선시설'이란 도로·상하수도·전기시설·가스시설·통신시설·지역난방시설 등을 말한다. (O | X)

03 주택법령상 민영주택이라도 국민주택규모 이하로 건축되는 경우 국민주택에 해당한다. (O | X)

04 주택법령상 아파트의 경우 복도, 계단 등 아파트의 지상층에 있는 공용면적은 주거전용면적에 포함한다. (O | X)

05 주택법령상 도시형 생활주택은 세대수가 300세대 미만이어야 한다. (O | X)

06 준주거지역에서 도시형 생활주택인 소형 주택과 도시형 생활주택이 아닌 주택 1세대는 하나의 건축물에 함께 건축할 수 없다. (O | X)

07 주택법령상 사업계획의 승인을 받아 건설하는 공동주택으로서의 세대구분형 공동주택의 세대수가 해당 주택단지 안의 공동주택 전체 세대수의 3분의 1을 넘지 않아야 한다. (O | X)

08 주택법령상 주택단지의 입주자 등의 생활복리를 위한 유치원은 복리시설에 해당한다. (O | X)

09 주택법령상 폭 10m인 일반도로로 분리된 토지는 각각 별개의 주택단지이다. (O | X)

정답과 해설

CHAPTER 01 ▶ 01 O   02 ✕, '간선시설이란 도로·상하수도·전기시설·가스시설·통신시설·지역난방시설 등을 말한다'라고 표현하면 안 된다. 해당 시설 중에서 단지 안과 밖을 연결하는 시설이 간선시설이다.   03 ✕, 국민주택에 해당한다 ⇨ 국민주택으로 보지 않는다   04 ✕, 포함한다 ⇨ 제외된다   05 O   06 ✕, 없다 ⇨ 있다   07 O   08 O   09 ✕, 폭 10m ⇨ 폭 20m 이상

CHAPTER 02 | 주택의 건설

01 연간 20호 이상의 단독주택 건설사업을 시행하려는 자 또는 연간 1만m² 이상의 대지조성사업을 시행하려는 자는 국토교통부장관에게 등록하여야 한다. (O | X)

02 주택법령상 세대수를 증가하는 리모델링주택조합이 그 구성원의 주택을 건설하는 경우에는 등록사업자와 공동으로 사업을 시행할 수 없다. (O | X)

03 주택법령상 지역주택조합의 설립인가 후 조합원이 사망하였더라도 조합원 수가 주택건설 예정 세대수의 50% 이상을 유지하고 있다면 조합원을 충원할 수 없다. (O | X)

04 주택법령상 지역주택조합에 관하여 조합원의 사망으로 인하여 조합원의 지위를 상속받으려는 자는 무주택자이어야 한다. (O | X)

05 주택법령상 주택상환사채를 발행한 자는 발행조건에 따라 주택을 건설하여 사채권자에게 상환하여야 한다. (O | X)

06 주택법령상 주택건설사업에 대한 사업계획의 승인에 관하여 지역주택조합은 설립인가를 받은 날부터 2년 이내에 사업계획승인을 신청하여야 한다. (O | X)

07 주택건설사업에 관하여 사업계획승인권자는 사업계획승인의 신청을 받은 경우 정당한 사유가 없으면 신청받은 날부터 60일 이내에 사업주체에게 승인 여부를 통보하여야 한다. (O | X)

08 주택건설사업을 시행하려는 자는 전체 세대수가 600세대 이상의 주택단지를 공구별로 분할하여 주택을 건설·공급할 수 있다. (O | X)

09 주택법령상 주택건설사업계획의 승인을 받은 사업주체가 주택건설대지면적 중 100분의 95 이상에 대해 사용권원을 확보한 경우에는 사용권원을 확보하지 못한 대지의 모든 소유자에게 매도청구를 할 수 있다. (O | X)

10 주택건설사업을 공구별로 분할하여 시행하는 내용으로 사업계획의 승인을 받은 경우 완공된 주택에 대하여 공구별로 사용검사를 받을 수 있다. (O | X)

정답과 해설

CHAPTER 02 ▶ 01 O   02 ×, 주택조합(세대수를 증가하지 아니하는 리모델링주택조합은 제외)이 그 구성원의 주택을 건설하는 경우에는 대통령령으로 정하는 바에 따라 등록사업자(지방자치단체·한국토지주택공사 및 지방공사를 포함)와 공동으로 사업을 시행할 수 있다.   03 ×, 충원할 수 없다 ⇨ 충원할 수 있다   04 ×, 무주택자이어야 한다 ⇨ 무주택자에 한하지 않는다   05 O   06 O   07 O   08 O   09 O   10 O

CHAPTER 03 | 주택의 공급

01 주택법령상 한국토지주택공사가 사업주체로서 복리시설의 입주자를 모집하려는 경우 시장·군수·구청장에게 신고하여야 한다. (O | X)

02 「관광진흥법」에 따라 지정된 관광특구에서 55층의 아파트를 건설·공급하는 경우 분양가상한제는 적용되지 않는다. (O | X)

03 주택법령상 시·도지사는 주택가격상승률이 물가상승률보다 현저히 높은 지역으로서 주택 가격의 급등이 우려되는 지역에 대해서 분양가상한제 적용지역으로 지정할 수 있다. (O | X)

04 주택법령상 주택의 공급에 관하여 사업주체가 마감자재 목록표의 자재와 다른 마감자재를 시공·설치하려는 경우에는 그 사실을 입주예정자에게 알려야 한다. (O | X)

05 도시개발채권의 양도는 주택법령상 주택의 공급질서 교란행위에 해당하지 않는다. (O | X)

06 국토교통부장관은 반기마다 주거정책심의위원회의 회의를 소집하여 투기과열지구로 지정된 지역별로 해당 지역의 주택가격 안정 여건의 변화 등을 고려하여 투기과열지구 지정의 유지 여부를 재검토하여야 한다. (O | X)

07 주택법령상 주택분양실적이 전달보다 30% 이상 증가한 곳은 투기과열지구로 지정하여야 한다. (O | X)

08 주택법령상 조정대상지역으로 지정된 지역의 시장·군수·구청장은 조정대상지역으로 유지할 필요가 없다고 판단되는 경우 국토교통부장관에게 그 지정의 해제를 요청할 수 있다. (O | X)

09 주택법령상 사업주체가 전매행위가 제한되는 분양가상한제 적용주택을 공급하는 경우 그 주택의 소유권을 제3자에게 이전할 수 없음을 소유권에 관한 등기에 부기등기하여야 한다. (O | X)

10 주택법령상 세대원 전원이 2년 이상의 기간 동안 해외에 체류하고자 하는 경우로서 한국토지주택공사의 동의를 받은 경우에는 전매제한 주택을 전매할 수 있다. (O | X)

정답과 해설

CHAPTER 03 ▶ 01 X, 신고하여야 한다 ⇨ 신고하지 않아도 된다 **02** O **03** X, 시·도지사는 ⇨ 국토교통부장관은
04 O **05** O **06** O **07** X, 30% 이상 증가 ⇨ 30% 이상 감소 **08** O **09** O **10** O

CHAPTER 04 | 주택의 리모델링

01 주택법령상 공동주택의 리모델링에 관하여 입주자·사용자 또는 관리주체가 리모델링 (O | X) 하려고 하는 경우에는 공사기간, 공사방법 등이 적혀 있는 동의서에 입주자 전체의 동의를 받아야 한다.

02 주택법령상 공동주택의 주택단지 전체를 리모델링하고자 주택조합을 설립하기 위해서 (O | X) 는 주택단지 전체의 구분소유자와 의결권의 각 3분의 2 이상의 결의 및 각 동의 구분소유자와 의결권의 각 과반수의 결의를 얻어야 한다.

03 주택법령상 공동주택의 리모델링에 관하여 증축형 리모델링을 하려는 자는 시장·군 (O | X) 수·구청장에게 안전진단을 요청하여야 한다.

04 주택법령상 기존 14층 건축물에 수직증축형 리모델링이 허용되는 경우 2개 층까지 증 (O | X) 축할 수 있다.

05 리모델링주택조합의 설립인가를 받으려는 자는 인가신청서에 해당 주택소재지의 100 (O | X) 분의 80 이상의 토지에 대한 토지사용승낙서를 첨부하여 관할 시장·군수 또는 구청장에게 제출하여야 한다.

06 공동주택의 입주자가 공동주택을 리모델링하려고 하는 경우에는 시장·군수·구청장 (O | X) 의 허가를 받아야 한다.

07 주택법령상 공동주택의 리모델링은 동별로 할 수 있다. (O | X)

정답과 해설

CHAPTER 04 ▶ **01** O **02** O **03** O **04** O **05** X, 리모델링주택조합의 경우에는 토지의 사용승낙서가 필요하지 않다. **06** O **07** O

PART 6 농지법

CHAPTER 01 | 총칙

01 관상용 수목의 묘목을 조경목적으로 식재한 재배지로 실제로 이용되는 토지는 농지법 (○ | ×) 령상 농지에 해당한다.

02 1,200m²의 농지에서 다년생식물을 재배하면서 1년 중 100일을 농업에 종사하는 자는 (○ | ×) 농지법령상 농업에 종사하는 개인으로서 농업인에 해당한다.

03 농지법령상 실제로 농작물 경작지로 이용되는 토지이더라도 법적 지목이 과수원인 경 (○ | ×) 우는 '농지'에 해당하지 않는다.

04 농지법령상 인삼의 재배지로 계속하여 이용되는 기간이 4년인 지목이 전(田)인 토지는 (○ | ×) '농지'에 해당한다.

05 농지법령상 농지소유자가 타인에게 일정한 보수를 지급하기로 약정하고 농작업의 일부 (○ | ×) 만을 위탁하여 행하는 농업경영도 '위탁경영'에 해당한다.

CHAPTER 02 | 농지의 소유

01 농지법령상 농지는 자기의 농업경영에 이용하거나 이용할 자가 아니면 소유하지 못함 (○ | ×) 이 원칙이지만, 8년 이상 농업경영을 하던 사람이 이농한 후에도 이농 당시 소유 농지 중 1만m²를 계속 소유하면서 농업경영에 이용되도록 하는 경우는 예외에 해당한다.

02 상속으로 농지를 취득한 자로서 농업경영을 하지 아니하는 사람은 그 상속 농지 중에서 (○ | ×) 총 1만m²까지만 소유할 수 있다.

03 농지법령상 지방자치단체가 농지를 임대할 목적으로 소유하는 경우에는 총 1만m²까지 (○ | ×) 소유할 수 있다.

정답과 해설

CHAPTER 01 ▶ 01 ×, 조경 또는 관상용 수목과 그 묘목 등에 해당하는 다년생식물 재배지로 이용되는 토지는 농지에 해당한다. 다만, 조경목적으로 식재한 것은 제외된다. 02 ○ 03 ×, '농지'란 전·답, 과수원, 그 밖에 법적 지목(地目) 을 불문하고 실제로 농작물 경작지 또는 법령이 정하는 다년생식물 재배지로 이용되는 토지를 말한다. 04 ○ 05 ○ CHAPTER 02 ▶ 01 ○ 02 ○ 03 ×, 지방자치단체가 농지를 소유하는 경우에는 소유상한의 제한을 받지 않는다.

04 시효의 완성으로 농지를 취득하는 경우는 농지법령상 농지취득자격증명을 발급받지 아 (O | X)
니하고 농지를 취득할 수 있는 경우에 해당한다.

05 농지소재지를 관할하는 시·구·읍·면장은 농지취득자격증명을 발급할 수 있다. (O | X)

06 농지법령상 농지소유자가 선거에 따른 공직취임으로 휴경하는 경우에는 소유 농지를 (O | X)
자기의 농업경영에 이용하지 아니하더라도 농지처분의무가 면제된다.

07 농지법령상 주말·체험영농을 하려고 농지를 소유하는 경우 농업인이 아닌 개인도 농 (O | X)
지를 소유할 수 있다.

08 주말·체험영농을 하려고 농지를 소유하는 경우 농지를 취득한 자가 징집으로 인하여 그 (O | X)
농지를 주말·체험영농에 이용하지 못하게 되면 1년 이내에 그 농지를 처분하여야 한다.

09 교통사고로 2개월간 치료가 필요한 경우 농지법령상 농지소유자가 소유 농지를 위탁경 (O | X)
영할 수 없다.

CHAPTER 03 | 농지의 이용

01 농지법령상 농지의 임대차에 관하여 60세 이상 농업인은 자신이 거주하는 시·군에 있 (O | X)
는 소유 농지 중에서 자기의 농업경영에 이용한 기간이 5년이 넘은 농지를 임대할 수
있다.

02 농지법령상 농지의 임대차에 관하여 농지임대차조정위원회에서 작성한 조정안을 임대 (O | X)
차계약 당사자가 수락한 때에는 이를 당사자 간에 체결된 계약의 내용으로 본다.

03 농지법령상 지력의 증진이나 토양의 개량·보전을 위하여 필요한 기간 동안 휴경하는 (O | X)
농지에 대하여도 대리경작자를 지정할 수 있다.

04 농지법령상 대리경작기간은 따로 정하지 아니하면 5년으로 한다. (O | X)

정답과 해설

04 O   05 O   06 O   07 O   08 ×, 농지를 취득한 자가 「병역법」에 따라 징집 또는 소집되어 그 농지를 주말·
체험영농에 이용하지 못하게 되는 경우에는 처분의무사유에 해당하지 않는다.   09 O   **CHAPTER 03 ▶** 01 O   02 O
03 ×, 지정할 수 있다 ⇨ 지정할 수 없다   04 ×, 5년 ⇨ 3년

05 농지법령상 개인이 소유하고 있는 농지 중 3년 이상 소유한 농지를 주말·체험영농을 하려는 자에게 임대하는 것을 업(業)으로 하는 자에게 자신의 농지를 임대할 수 없다. (O | X)

06 농지법령상 농작물 경작지의 임대차기간을 정하지 아니하거나 5년보다 짧은 경우는 5년으로 약정된 것으로 본다. (O | X)

07 농지법령상 임대농지의 양수인은 「농지법」에 따른 임대인의 지위를 승계한 것으로 본다. (O | X)

CHAPTER 04 | 농지의 보전

01 농지법령상 농지전용신고를 하고 농지를 전용하는 경우에는 농지를 전·답·과수원 외의 지목으로 변경하지 못한다. (O | X)

02 농지법령상 농업보호구역의 용수원 확보, 수질보전 등 농업환경을 보호하기 위하여 필요한 지역을 농업진흥구역으로 지정할 수 있다. (O | X)

03 농지법령상 녹지지역을 포함하는 농업진흥지역을 지정하는 경우 국토교통부장관의 승인을 받아야 한다. (O | X)

04 농지법령상 농지를 전용하려는 자는 농지보전부담금의 전부 또는 일부를 농지전용허가·농지전용신고 전까지 납부하여야 한다. (O | X)

05 농지법령상 농지의 타용도 일시사용허가를 받는 자는 농지보전부담금을 납부하여야 한다. (O | X)

06 유휴농지의 대리경작자는 수확량의 100분의 10을 농림축산식품부령으로 정하는 바에 따라 그 농지의 소유권자나 임차권자에게 토지사용료로 지급하여야 한다. (O | X)

정답과 해설

05 ×, 없다 ⇨ 있다　**06** ×, 농작물 경작지의 임대차기간을 정하지 아니하거나 3년보다 짧은 경우는 3년으로 약정된 것으로 본다(다년생식물 재배지의 경우는 5년).　**07** ○　**CHAPTER 04 ▶ 01** ×, 변경하지 못한다 ⇨ 변경할 수 있다　**02** ×, 농업진흥구역 ⇨ 농업보호구역　**03** ×, 녹지지역을 포함하는 농업진흥지역을 지정하는 경우 농림축산식품부장관이 승인하기 전에 국토교통부장관과 협의하여야 한다.　**04** ○　**05** ×, 납부하여야 한다 ⇨ 납부하지 않는다　**06** ○

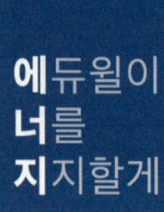

에듀윌이 너를 지지할게

ENERGY

삶의 순간순간이
아름다운 마무리이며
새로운 시작이어야 한다.

- 법정 스님

memo

2025 에듀윌 공인중개사 2차 단원별 기출문제집 부동산공법

발 행 일	2025년 1월 23일 초판
편 저 자	오시훈
펴 낸 이	양형남
펴 낸 곳	(주)에듀윌
I S B N	979－11－360－3638－4
등록번호	제25100－2002－000052호
주　　소	08378 서울특별시 구로구 디지털로34길 55 코오롱싸이언스밸리 2차 3층

* 이 책의 무단 인용·전재·복제를 금합니다.

www.eduwill.net
대표전화 1600-6700

여러분의 작은 소리
에듀윌은 크게 듣겠습니다.

본 교재에 대한 여러분의 목소리를 들려주세요.
공부하시면서 어려웠던 점, 궁금한 점,
칭찬하고 싶은 점, 개선할 점, 어떤 것이라도 좋습니다.
에듀윌은 여러분께서 나누어 주신 의견을
통해 끊임없이 발전하고 있습니다.

에듀윌 도서몰 book.eduwill.net
- 부가학습자료 및 정오표: 에듀윌 도서몰 → 도서자료실
- 교재 문의: 에듀윌 도서몰 → 문의하기 → 교재(내용, 출간) / 주문 및 배송

에듀윌 직영학원에서 합격을 수강하세요

언제나 전문 학습 매니저와 상담이 가능한 안내데스크

고품질 영상 및 음향 장비를 갖춘 최고의 강의실

재충전을 위한 카페 분위기의 아늑한 휴게실

에듀윌의 상징 노란색의 환한 학원 입구

에듀윌 직영학원 대표전화

공인중개사 학원	02)815-0600	공무원 학원	02)6328-0600	편입 학원	02)6419-0600
주택관리사 학원	02)815-3388	소방 학원	02)6337-0600	부동산아카데미	02)6736-0600
전기기사 학원	02)6268-1400				

공인중개사학원 바로가기

합격하고 꼭 해야 할 것 1

에듀윌 공인중개사
동문회 특권

1. 에듀윌 공인중개사 합격자 모임

2. 앰배서더 가입 자격 부여

3. 동문회 인맥북

업계 최대 네트워크

4. 개업 축하 선물

5. 온라인 커뮤니티

부동산 정보 실시간 공유

6. 오프라인 커뮤니티

지부/기수 정기모임

7. 공인중개사 취업박람회

8. 동문회 주최 실무 특강

9. 프리미엄 복지혜택

숙박/자기계발/의료 및 소식지 무료 구독

10. 마이오피스

동문 사무소 등록/조회

11. 동문회와 함께하는 사회공헌활동

※ 본 특권은 회원별로 상이하며, 예고 없이 변경될 수 있습니다.

에듀윌 공인중개사 동문회 | dongmun.eduwill.net
문의 | 1600-6700

> 합격하고 꼭 해야 할 것 2

에듀윌 부동산 아카데미 강의 듣기

성공 창업의 필수 코스
부동산 창업 CEO 과정

1 튼튼 창업 기초
- 창업 입지 컨설팅
- 중개사무 문서작성
- 성공 개업 실무TIP

2 중개업 필수 실무
- 온라인 마케팅
- 세금 실무
- 토지/상가 실무
- 재개발/재건축

3 실전 Level-Up
- 계약서작성 실습
- 중개영업 실무
- 사고방지 민법실무
- 빌딩 중개 실무
- 부동산경매

4 부동산 투자
- 시장 분석
- 투자 정책

부동산으로 성공하는
컨설팅 전문가 3대 특별 과정

마케팅 마스터
- 데이터 분석
- 블로그 마케팅
- 유튜브 마케팅
- 실습 샘플 파일 제공

디벨로퍼 마스터
- 부동산 개발 사업
- 유형별 절차와 특징
- 토지 확보 및 환경 분석
- 사업성 검토

빅데이터 마스터
- QGIS 프로그램 이해
- 공공데이터 분석 및 활용
- 컨설팅 리포트 작성
- 토지 상권 분석

경매의 神과 함께 '중개'에서
'경매'로 수수료 업그레이드

- 공인중개사를 위한 경매 실무
- 투자 및 중개업 분야 확장
- 고수들만 아는 돈 되는 특수 물권
- 이론(기본) - 이론(심화) -
  임장 3단계 과정
- 경매 정보 사이트 무료 이용

실전 경매의 神
안성선
이주왕
장석태

에듀윌 부동산 아카데미 | uland.eduwill.net
문의 | 온라인 강의 1600-6700, 학원 강의 02)6736-0600

꿈을 현실로 만드는 에듀윌

공무원 교육
- 선호도 1위, 신뢰도 1위! 브랜드만족도 1위!
- 합격자 수 2,100% 폭등시킨 독한 커리큘럼

자격증 교육
- 9년간 아무도 깨지 못한 기록 합격자 수 1위
- 가장 많은 합격자를 배출한 최고의 합격 시스템

직영학원
- 검증된 합격 프로그램과 강의
- 1:1 밀착 관리 및 컨설팅
- 호텔 수준의 학습 환경

종합출판
- 온라인서점 베스트셀러 1위!
- 출제위원급 전문 교수진이 직접 집필한 합격 교재

어학 교육
- 토익 베스트셀러 1위
- 토익 동영상 강의 무료 제공

콘텐츠 제휴 · B2B 교육
- 고객 맞춤형 위탁 교육 서비스 제공
- 기업, 기관, 대학 등 각 단체에 최적화된 고객 맞춤형 교육 및 제휴 서비스

부동산 아카데미
- 부동산 실무 교육 1위!
- 상위 1% 고소득 창업/취업 비법
- 부동산 실전 재테크 성공 비법

학점은행제
- 99%의 과목이수율
- 16년 연속 교육부 평가 인정 기관 선정

대학 편입
- 편입 교육 1위!
- 최대 200% 환급 상품 서비스

국비무료 교육
- '5년우수훈련기관' 선정
- K-디지털, 산대특 등 특화 훈련과정
- 원격국비교육원 오픈

에듀윌 교육서비스 **공무원 교육** 9급공무원/소방공무원/계리직공무원 **자격증 교육** 공인중개사/주택관리사/손해평가사/감정평가사/노무사/전기기사/경비지도사/검정고시/소방설비기사/소방시설관리사/사회복지사1급/대기환경기사/수질환경기사/건축기사/토목기사/직업상담사/전기기능사/산업안전기사/건설안전기사/위험물산업기사/위험물기능사/유통관리사/물류관리사/행정사/한국사능력검정/한경TESAT/매경TEST/KBS한국어능력시험/실용글쓰기/IT자격증/국제무역사/무역영어 **어학 교육** 토익 교재/토익 동영상 강의 **세무/회계** 전산세무회계/ERP 정보관리사/재경관리사 **대학 편입** 편입 영어·수학/연고대/의약대/경찰대/논술/면접 **직영학원** 공무원학원/소방학원/공인중개사 학원/주택관리사 학원/전기기사 학원/편입학원 **종합출판** 공무원·자격증 수험교재 및 단행본 **학점은행제** 교육부 평가인정기관 원격평생교육원(사회복지사2급/경영학/CPA) **콘텐츠 제휴·B2B 교육** 교육 콘텐츠 제휴/기업 맞춤 자격증 교육/대학취업역량 강화 교육 **부동산 아카데미** 부동산 창업CEO/부동산 경매 마스터/부동산 컨설팅 **주택취업센터** 실무 특강/실무 아카데미 **국비무료 교육(국비교육원)** 전기기능사/전기(산업)기사/소방설비(산업)기사/IT/빅데이터/자바프로그램/파이썬/게임그래픽/3D프린터/실내건축디자인/웹퍼블리셔/그래픽디자인/영상편집(유튜브) 디자인/온라인 쇼핑몰광고 및 제작 쿠팡, 스마트스토어/전산세무회계/컴퓨터활용능력/ITQ/GTQ/직업상담사

교육문의 **1600-6700** www.eduwill.net

·2022 소비자가 선택한 최고의 브랜드 공무원·자격증 교육 1위 (조선일보) ·2023 대한민국 브랜드만족도 공무원·자격증·취업·학원·편입·부동산 실무 교육 1위 (한경비즈니스) ·2017/2022 에듀윌 공무원 과정 최종 환급자 수 기준 ·2023년 성인 자격증, 공무원 직영학원 기준 ·YES24 공인중개사 부문, 2025 에듀윌 공인중개사 오시훈 합격서 부동산공법 (핵심이론+체계도) (2024년 12월 월별 베스트) 교보문고 취업/수험서 부문, 2020 에듀윌 농협은행 6급 NCS 직무능력평가+실전모의고사 4회 (2020년 1월 27일~2월 5일, 인터넷 주간 베스트) 그 외 다수 Yes24 컴퓨터활용능력 부문, 2024 컴퓨터활용능력 1급 필기 초단기끝장(2023년 10월 3~4주 주별 베스트) 그 외 다수 인터파크 자격서/수험서 부문, 에듀윌 한국사능력검정시험 2주끝장 심화 (1, 2, 3급) (2020년 6~8월 월간 베스트) 그 외 다수 ·YES24 국어 외국어사전 영어 토익/TOEIC 기출문제/모의고사 분야 베스트셀러 1위 (에듀윌 토익 READING RC 4주끝장 리딩 종합서, 2022년 9월 4주 주별 베스트) ·에듀윌 토익 교재 입문~실전 인강 무료 제공 (2022년 최신 강좌 기준/109강) ·2023년 종강반 중 모든 평가항목 정상 참여자 기준, 99% (평생교육원, 사회교육원 기준) ·2008년~2023년까지 약 220만 누적수강학점으로 과목 운영 (평생교육원 기준) ·에듀윌 국비교육원 구로센터 고용노동부 지정 '5년우수훈련기관' 선정 (2023~2027) ·KRI 한국기록원 2016, 2017, 2019년 공인중개사 최다 합격자 배출 공식 인증 (2025년 현재까지 업계 최고 기록)